21世纪世界历史学探微

中国社会科学院世界历史研究所学术文集
（2004—2019）

汪朝光 罗文东 主编

第四卷 西欧北美史研究

中国社会科学出版社

编 委 会

主　　　编　汪朝光　罗文东
编委会成员（以姓氏拼音为序）
　　　　　　　毕健康　高国荣　姜　南　刘　健
　　　　　　　罗文东　孟庆龙　饶望京　任灵兰
　　　　　　　汪朝光　俞金尧　张跃斌
编辑组成员　刘　健　任灵兰　刘　巍　马渝燕
　　　　　　　张　然　张艳茹　张　丹　王　超
　　　　　　　邢　颖　鲍宏铮　信美利　孙思萌
　　　　　　　郑立菲　罗宇维　时伟通　杨　洁

目 录

(第四卷)

全球化进程中的时间标准化 …………………… 俞金尧 洪庆明（1）
资本贪婪与金融危机：资本的本性、特点、霸权、
　　转嫁危机和思维方式 …………………………… 吴必康（34）
从世界史看当前金融危机的重大影响 ………………… 孟庆龙（43）
"回归欧洲"与东扩 ……………………………………… 周荣耀（59）
1937—1947：战争—世界 ……………………………… 端木美（72）
"火"的思想史和化学史 ………………………………… 李文靖（75）
猎巫运动的衰亡：一个社会思想史的维度 …………… 姚　朋（87）
法德英关系与欧洲一体化（1945—1993）…………… 姜　南（111）
英美现代警察调控职能和调控手段变化的
　　历史考察 ………………………………………… 谢闻歌（127）
工业革命时期英国人才环境探究 ……………………… 张　瑾（140）
17—18世纪英属大西洋世界的奴隶制度与废奴
　　运动 ……………………………………………… 余　海（153）
近代法国莱茵河"自然疆界"话语的流变
　　（1450—1792）…………………………………… 黄艳红（175）
孟德斯鸠对"礼仪之争"的解读 ……………………… 许明龙（212）
从德国十一月革命看近代德国工人运动的道路
　　选择 ……………………………………………… 王宏波（230）
希特勒民社党的社会政策（1933—1939）…………… 邱　文（248）
论科尔政府务实的德国政策
　　——以十亿马克贷款为例 ……………………… 王　超（264）

从西班牙历史看"民族国家"的形成与界定 ……… 秦海波（279）
试论瑞典的"充分就业" ……………………………… 张晓华（295）
美国联邦个人所得税制度的确立及其社会影响 ……… 张红菊（311）
美国的中国通与20世纪60年代初到70年代初的
　　美中关系 …………………………………………… 顾　宁（327）
近二十年来美国环境史研究的文化转向 ……………… 高国荣（343）
里根政府的环境政策变革探析 ………………………… 徐再荣（372）
桑巴特问题的探究历程 ………………………………… 邓　超（390）
"9·11"事件以来美国对外援助机构调整以及
　　效果分析 …………………………………………… 孙明霞（410）

全球化进程中的时间标准化[*]

俞金尧　洪庆明

对于全球化的历史，无论是把它限定在最近的三十年，还是将它追溯到五百年前的大航海时代，人们关注的都是人类活动空间范围的扩大和联系纽带的加强。学者们从交通联系、人员和经贸往来、文化交往，乃至物种和疾病的交流传播，多视角多维度地说明和诠释人类从彼此相对孤立的状态，转向相互联系渐趋密切，并最终发展成为一个整体的过程。但在当前的全球史叙述中，欠缺一个重要的维度，即世界各地趋向于使用统一的时间体系的过程，这是一个普遍存在的问题。[①] 事实上，时空不可分离，人类的一切活动都以相应的时间体系为参考，没有一个可以在全球范围内共享的时间体系，就会给人类在世界范围内的活动造成种种不便或阻碍，导致全球交往难以顺利展开。在全球化的历史进程中，人类空间联系的逐渐扩大和加强，与人类为建立全球统一的时间体系做不断的努力是同步进行的。可以说，时间的标准化，既是全球化进程的产物，同时也是推动全球化向纵深发展的重要因素。因此，关于全球化的历史阐

---

[*] 本文系 2015 年由中国社会科学杂志社《历史研究》编辑部主办的第九届历史学前沿论坛的会议论文。

[①] 例如中国学者吴于廑和齐世荣主编的被称为体现整体世界史观的六卷本《世界史》（高等教育出版社 1992 年版），美国学者杰里·本特利和赫伯特·齐格勒合著的《新全球史》（魏凤莲等译，北京大学出版社 2007 年版），都没有讨论"时间"这个主题。而斯塔夫里阿诺斯的《全球通史》（吴象婴等译，北京大学出版社 2006 年版）即使以两章的篇幅分别讨论了《全球统一性的开始》（第 25 章）和《全球统一性的巩固》（第 35 章），也只字不提时间在全球统一性中的作用，全球交往仿佛可以在标准的时间体系缺位的情况下建立和发展起来。

释，倘若缺乏"时间维度"，难免不够完整。

本文重在探讨自 16 世纪以来人类时间观念和计时体系在全球化进程中趋向统一的进程。由于时间的社会性，全球化导致人类在全球交往层面上的时间趋同。与全球化一样，全球时间标准化是一个必然的和无法抗拒的进程。但这不是一个纯粹自然的过程，由于时间的政治性，全球时间标准化的进程中充满了竞争和霸权。

一 时间的社会性

时间基本上可分为两类，一是自然时间，如天体运行所造成的周而复始的节律，四季循环和昼夜交替等都是自然形成的时间，霍金的《时间简史》探讨宇宙从大爆炸以来的变化过程，这是自然的时间史；二是社会时间，是人类为了生产和生活的需要而创造出来的时间，例如"周"作为一个时间度量单位，在不同的社群中"一周"由七日或八日等多少不一的天数所组成，这是与人类的生产和生活节律相协调的时间。[①] 我们在日常生活中所说的时间，通常是指社会时间。

不过，社会时间与自然时间并非截然分离，毋宁说，社会时间是根据自然时间来重新组织和划分的时间，"年"本来是天体运行所造成的自然的时间度量单位，但不同的文明根据自身的需要，有的选择了阴历年，如伊斯兰历；有的选择了阳历年，如古代玛雅人；但更多的历法在遵循月相变化的情况下，又顾及太阳，选择阴阳合历，如犹太历、古希腊历、高卢历、中国的历法，等等。而一年的起始在不同的族群中也多有不同，例如公历与我国农历的年，有各

---

① "周"作为一个时间单位的设立，有生物学基础，适合人类的自然状态。Anthony F. Aveni, *Empires of Time: Calendars, Clocks, and Cultures*, New York: Basic Books, 1989, pp. 100-106; F. H. Colson, *The Week: an Essay on the Origin & Development of the Seven-Day Cycle*, Cambridge University Press, 1926; Eviatar Zerubavel, "The Language of Time: Toward a Semiotics of Temporality," *The Sociological Quarterly*, Vol. 28, No. 3 (1987), pp. 349-352.

自的开端。这说明,"年"是人类根据天体运行周期而建立起来的具有社会和文化特性的时间单位。同样,地球自转一周产生由白天和黑夜构成的"一天",这也是自然形成的时间节律,人类无法改变。但一天从何时开始,这完全由人类决定。犹太人和穆斯林的一日从日落开始。历史上,古希腊人和巴比伦人也是这样。但传统的天文日和航海日是从正午开始的,这样以便把整个夜晚的观测都归入一个日期。到19世纪末期,人类才统一把一天的开始定在午夜。把一天分割为24个小时,更是人类的创造,而这也是在历史中逐渐形成的。① 可见,社会时间是人类在自然时间的基础上再造的时间。

的确,再造和完善时间体系是人类文明中普遍存在的事实。我们已知的一些古老文明都形成了一套与自身的条件相适应的时间体系。② 在当代世界,即使那些仍处在部落生活阶段的原始族群,也有他们独特的时间体系,例如,人类学家发现,生活在20世纪的非洲努尔人存在着与自身的生存环境和社会条件相适的"生态时间"和"结构时间"③。人类有自己的时间体系,这是一种基本的需要,如同人类对空间的需要一样。空间为人类提供了活动的场所,时间体系则为人类的生产和生活提供了秩序,它是

---

① 例如,把一天分为24小时也是到近代以后才成为全球共享的时间标准。日本人传统上将白天从日出到日落分为6个小时,这样一来,夏季一小时的长度要比冬季一小时长得多(参见 Carlo M. Cipolla, *Clocks and Culture*, 1300–1700, New York·London: W. W. Norton & Company, 1978, pp. 94–95)。中国人从汉代起就把一昼夜分为12个等分,每一等分为一个时辰,一个时辰就相当于现在的两个小时(可见刘乃和《中国历史上的纪年》,海豚出版社2012年版,第9—12页)。一昼夜24小时是根据西方的计时标准,但西方人在中世纪早期,昼夜各均分12小时,那时的一小时时间也长短不一。等时的"小时"在机械钟出现以后才逐渐成为惯例,到中世纪末,西欧大部分地区采用一天均分为24个小时的方法(参见 Paul Glennie & Nigel Thrift, *Shaping the Day: A History of Timekeeping in England and Wales 1300–1800*, Oxford: Oxford University Press, 2009, pp. 25–40)。可见,"小时"完全是人为划分的结果。

② 详细的研究可见 Anthony F. Aveni, *Empires of Time: Calendars, Clocks, and Cultures*, pp. 185–322; G. J. Whitrow, *Time in History: View of Time from Prehistory to the Present Day*, Oxford·New York: Oxford University Press, 1989。

③ 见[英]E. E. 埃文思-普里查德《努尔人——对一个尼罗特人群生活方式和政治制度的描述》(修订译本),褚建芳译,商务印书馆2014年版,第113–126页。A. Irving Hallowell, "Temporal Orientation in Western Civilization and in a Pre-literate Society", *American Anthropologist*, New Series, Vol. 39, No. 4, Part 1 (Oct.-Dec., 1937), pp. 647–670.

协调人们之间相互关系的工具。① 有了全社会共同遵守的时间规则，人类的生活才有秩序，即使人们从事涉及面比较广泛、复杂的社会活动，也能有序展开。

不仅每一个社会或文明都有自己独特的时间体系，而且，随着社会经济的发展，时间体系也会进一步完善。大体上，在农业文明时代，人类的生产活动和生活习惯追随大自然的节律，主要是适应自然时间，例如，人类根据季节的变化来安排生产活动，日常生活则遵循日出而作、日落而息的自然规律。在这种社会里，人们的时间观念和时间规则比较粗略，对时间作简单的划分基本上就能满足日常的需要，像"分"和"秒"这种细小的时间单位用处不大，"时"（无论是"小时"，还是"时辰"）就可成为分割一天时长的基本的时间度量单位。在中国传统社会里，比"时"更小的时间单位是"刻"②。但"刻"这个概念与其说是一个普通的时间度量单位，倒不如说，它常常出现在某些特定的时候，用来表示事物变化速度极快的关键节点，说明情势的紧迫或危险，如"即刻""此刻""顷刻""刻不容缓"，等等。"时"与"刻"连用，形成"时刻""时时刻刻"等用词，这同样意味着事情已处在重要的时间节点了。由此可见，以往的时间划分虽然比较粗放，但是已能够适应农业社会的需要。近代以后，工商业发展起来，社会经济生活变得更加复杂，曾经适用的时间体系现在已显得不够精细。此外，交通工具也得到改善，尤其是铁路开始运行，旅行速度加快，社会交往更加频繁，人类在日常生活中对时间的精细度及精确度有了更高的要求，比如以前在天文观测中才用到的"分""秒"，到后来就成了人们生活中的常用时间。"分秒必争"或"争分夺秒"这些用词只有在近代的社会生活中才显示出它

---

① A. Irving Hallowell, "Temporal Orientation in Western Civilization and in a Pre-literate Society", *American Anthropologist*, New Series, Vol. 39, No. 4, Part 1 (Oct. -Dec., 1937), p. 647.

② 中国古代用漏壶计时，一昼夜共一百刻。近代以后，人们普遍接受西式的钟表计时，以 15 分钟为一刻。

们的实际意义。① 可见，人类的时间观念和规则是为了适应社会生活的需要而形成和发展起来的，社会经济在发展，时间标准和规则趋于复杂、精细，时间体系也随之完善②，人类的时间本质上是社会文化时间③。

然而，时间的社会性决定了以往的任何一种时间体系都有其适用的限度，社会文化共同体的边界往往就是某一种时间体系的适用范围。也就是说，时间的社会性受到人类社会交往空间的限制，这在人类的历史处于分散、孤立发展的时代尤为明显。那时，人类的生产力还比较低下，人口和货物的流动较少，文化传播能力较弱，在相对独立地存在着的各个社会和文化共同体之间，难以建立较为密切的联系。在这种情况下，这些共同体各自所拥有的时间体系的应用范围也就止于各个社会或文化共同体的边界内。历史上，中东、东亚、南亚、美洲等古老的文明都创造了各自的时间体系，古代的希腊和罗马人也是如此，这些各不相同的时间体系，其适用范围与这些文明存在的空间范围大体上是一致的。不同的文明之间即使发

---

① 古巴比伦人已发明"分"这种时间单位，但在很长时期里，"分"在实际生活中的用处不大。14、15世纪，机械钟被发明，但那时的时钟也没有分针。钟表装上分针到16世纪才常见。家庭用的时钟一般不安装分针，伦敦最早出现安装时针和分针的家庭用钟是在1658年。Carlo M. Cipolla, *Clocks and Culture, 1300 – 1700*, New York·London: W. W. Norton & Company, 1978, p. 50; Paul Glennie & Nigel Thrift, *Shaping the Day: A History of Timekeeping in England and Wales 1300 – 1800*, Oxford: Oxford University Press, 2009, p. 12. 大概除了铁路、车站等地方以外，在19世纪人们的日常生活中，一根时针就足以划分一天的时间了。但是，到20世纪初，很多人不仅在乎"分"，而且也注意"秒"。在赛马场上，甚至使用了半秒、五分之一秒这种时间单位。Paul Glennie & Nigel Thrift, *Shaping the Day: A History of Timekeeping in England and Wales 1300 – 1800*, p. 271; Hannah Gay, "Clock Synchrony, Time Distribution and Electrical Timekeeping in Britain 1880 – 1925", *Past & Present*, No. 181 (November 2003), p. 117.

② Raija Julkunen, "A Contribution to the Categories of Social Time and the Economy of Time", *Acta Sociologica*, Vol. 20, No. 1 (1977), pp. 5 – 8.

③ 参见 Pitirim A. Sorokin & Robert K. Merton, "Social Time: A Methodological and Functional Analysis", *The American Journal of Sociology*, Vol. XLII, No. 5, (March 1937), pp. 615 – 629。J. David Lewis & Anndrew J. Weigert, "The Structures and Meanings of Social Time", *Social Forces*, Vol. 60, No. 2, Special Issue (Dec., 1981), pp. 432 – 462. Nancy D. Munn, "The Cultural Anthropology of Time: A Critical Essay", *Annual Review of Anthropology*, Vol. 21 (1992), pp. 93 – 123. Thrift, Nigel, "Time and Theory in Human Geography: Part I", *Progress in Human Geography*, 1977, 1, pp. 83 – 95.

生偶尔的、不确定的联系,也不至于在时间上产生严重的问题。

而这也意味着,一旦人类文明分散发展的局面被打破,人类的交往范围就会得到进一步扩大,而且交往会越来越密切,那么,来自不同社会文化背景的人群就很难守着各自所熟悉的时间观念和规则长期维持交往。例如,随着全球化的发展,人类就需要有一系列与之相适应的新的时间规则和标准①,否则,时间上的麻烦和不便会给全球性的社会交往造成困难。

的确,全球时间问题甚至在人类梦想进行环球旅行的时候就已经出现了。关于时差和日期差就是这样。很早就有人预见到,两个从东西方向分别作环球旅行的人,假如在同一天回到出发地,会产生日期差。向西的旅行者计算的日子会比留在老家的人所计算的日期早一天。而向东作环球旅行的人,他算的日期又会晚一天。到地理大发现时代,西方人环球航行证明,的确存在日期差的问题。② 带着各自的历法和纪年方式参与全球化,也会遇到麻烦。例如签订贸易协议,时间的不统一就是个问题。到18世纪中叶,欧洲各国基本上改用格列高利历了,但信奉东正教的俄国人一直使用儒略历,两种历法的日期误差多达11天,俄国人与其他欧洲国家的商人签订贸易协议就得写两个日期。③ 中国在1912年正式改用阳历,此前则长期使用阴历,同时还采用干支纪年、年号纪年等多种纪年方式,所以,中国人标注日期就有多种方式。查阅《辛丑条约》,我们会发现,这个丧权辱国的条约有很多涉及时间的条款均进行中西日期对照。这个条约上涉及的时间实际有三种,包括阳历纪年、年号纪年(光绪二十七年)和干支纪年(辛丑年)。由于年代学家已经把历史上的中西年代换算出来,我们现在可以方便地确定中国历史上的某个事件和某个人物与公元纪年的对应关系,否则,我们就不得不经

---

① Eviatar Zerubavel, "The Standardization of Time: A Sociohistorical Perspective", *American Journal of Sociology*, Vol. 88, No. 1 (Jun., 1982), pp. 1 – 4.
② Ian R. Bartky, *One Time Fits All: The Campaigns for Global Uniformity*, Stanford, California: Stanford University Press, 2007, pp. 10 – 11, 14.
③ Ian R. Bartky, *One Time Fits All: The Campaigns for Global Uniformity*, p. 23.

常在中西方多种纪年方式之间来回换算，这当然是一件令人头痛的事情。

到19世纪，世界市场已经形成，全球联系密切，各地之间的交往更加广泛，卷入交往的人也越来越多。例如，在1851年伦敦世界博览会期间，坐火车旅行的人达600多万[1]，这在当时是一件了不起的事情。海上运输也更加繁忙，当蒸汽机驱动的轮船取代木质帆船时，海上交通便进入了一个新的时代。但是，在时间尚未实现标准化的情况下，人们的交往越是快捷方便，遭遇到的问题就越是突出。

在航海中，航船定位、定向和计算时间的依据是本初子午线。自大航海以来，欧洲各国的航海人各自选择了适合自己的本初子午线，于是，经过里斯本、巴黎、格林尼治、哥本哈根、斯德哥尔摩、加的斯、里约热内卢等地的经线，分别被不同的航海者认作本初子午线，形成了很多条本初子午线并存的局面。据统计，在1884年华盛顿国际子午线大会之前，光是欧洲人的地形图上标注的本初子午线就多达14条。[2] 这就是说，一艘位于海洋某处的船只，如果依据14条本初子午线分别来表述其方位，人们就可以对这艘船的地理位置给出14个不同的但都准确的答案。这种状况给航海中的人们的相互交流和沟通造成极大的混乱。有时，这还隐藏着危险，华盛顿国际子午线大会主席、美国海军上将罗杰斯曾以自身的职业经历，讲述了在航海中有很多条本初子午线所带来的种种弊端和危险性。[3]

陆上的时间标准似乎更加复杂。大体上，在欧洲和北美时间标准化之前，每个城市都有自己的地方标准时间。[4] 东西之间的地域越

---

[1] Derek Howse, *Greenwich Time and the Discovery of the Longitude*, Oxford University Press, 1980, p. 105; Wolfgang Schivelbusch, "Railroad Space and Railroad Time", *New German Critique*, No. 4 (Spring, 1978), pp. 31–40.

[2] Ian R. Bartky, *One Time Fits All, The Campaigns for Global Uniformity*, p. 37.

[3] 见 *International Conference Held at Washington for the Purpose of Fixing a Prime Meridian and a Universal Day. October 1884. Protocols of the Proceedings.* Washington, D. C.: Gibson bros., 1884, p. 7。

[4] 地方的标准时间是以阳光正午为依据计算的，但阳光以每分钟12.5英里、每秒1100英尺的速度在移动（确切地说是因为地球在转动），因此，几乎每个城镇（市）都有属于自己的阳光下的正午，它们都是自己的"格林尼治"。

是辽阔，地方性的标准时间就越多，美国（不包括阿拉斯加和夏威夷）跨越的经度至少有57度，那里的时间标准曾数以百计。19世纪中叶，北美各地的官方时间多达144种。还有一种说法认为，1860年时，美国的地方时间多达300种。[1] 单是圣路易斯这个城市就有6种官方的铁路时间[2]，人们不难想象置身其中而产生的时间混乱。在使用传统的交通工具出行的年代，人们的旅行速度缓慢，对时差不太敏感。但现代化交通工具可以快速穿越东西[3]，一列以一定速度向西开行很多英里的火车，会显得比另一辆以同样的速度向正东开行了同样里程的火车快，这就出现时差问题，像美国和加拿大，这两个国家东西向的地域辽阔，火车行进在横贯东西的大铁路上，就需要不断地调整时间。欧洲不仅空间广大，而且国家众多，各国都有自己的标准时间，时间体系十分复杂，甚至在一国内部还存在着多种时间体系，如法国，在世界时间标准化之前，那里至少存在着天文时间、地方时间、巴黎时间和铁路时间一共4种时间体系。其中，天文时间来自固定的天体，大约比每一种地方时间晚约4分钟。而地方时间又有很多种，每个城市根据阳光的投影得到属于本地的时间。铁路使用的是巴黎时间，比格林尼治时间早9分21秒。1891年，巴黎时间成为法国的法定时间。而铁路为了保证旅客有充分的时间上车，实际的运行要比巴黎时间晚5分钟。于是，就出现了火车站内的时钟要比火车上的时钟快5分钟的情况。[4] 在德国，铁

---

[1] 见 Clark Blaise, *Time Lord: Sir Sandford Fleming and the Creation of Standard Time*, London: Weidenfeld & Nicolson, 2000, p. 39。Nigel Thrift, "Time and Theory in Human Geography: Part I", *Progress in Human Geography*, No. 1 (1977), p. 87.

[2] Clark Blaise, *Time Lord: Sir Sandford Fleming and the Creation of Standard Time*, p. 99.

[3] 1840年，美国客运列车的平均时速为15—20英里，到1864年，快车的平均时速提高到32英里，普通列车时速为26英里。到20世纪二三十年代，平均时速大约为45英里。这种速度跟今天的高铁速度当然没法比，但与过去相比，这是前所未有的高速度了。Carlene Stephen, "'The Most Reliable Time': William Bond, the New England Railroads, and Time Awareness in 19th - Century America", *Technology and Culture*, Vol. 30, No. 1 (Jan., 1989), pp. 22 - 23; W. F. Cottrell, "Of Time and the Railroader", *American Sociological Review*, Vol. 4, No. 2 (Apr., 1939), pp. 193 - 194.

[4] Ian R. Bartky, *One Time Fits All: The Campaigns for Global Uniformity*, p. 128.

路系统所用的时间体系也多达5种,在德国的北部和萨克森地区,使用的是柏林时间;在巴伐利亚,使用慕尼黑时间;在符腾堡使用斯图加特时间;巴登使用的是卡尔斯鲁厄时间;而在莱茵河边的帕拉廷人使用的是路德维希港地方时间。[1] 面对如此众多的时间标准和体系,时间观念错乱对陆上长途旅行者来说是常有的事。

人类在时间上所遇到的上述种种问题,从时间社会性这个角度来看,是由于不同地方、不同文化中原有的时间体系不能适应新的社会交往而引起的,这种交往越是广泛、深入,就越是需要有一系列与之相适应的新的时间规则或标准,就如"时间阁下"(Time Lord)弗莱明(1827—1915)所说的那样,人类很久以来都不需要一个公共的、统一的时间体系,但情况在变化,当空间距离逐渐缩小,世界各地成为近邻,人类就感觉到时间计算方面的不便和麻烦,现代文明要求有一个综合性的时间体系把时间这一抽象概念具体化。[2]

二 全球时间趋向统一

事实上,人类在自己的交往实践中一直致力于建立可共享的时间体系。有时,这表现为各国自愿地接受某种本来是"地方性",但越来越具有世界意义的时间规则,如历法格列高利历的传播;有时,一些国家或国际社会积极行动,有意推广某种现存的时间规则,使其成为具有普遍意义的时间标准,如将格林尼治经线定为本初子午线;在必要的时候,人类还创制全新的时间规则和标准,如时区的划分。总之,自16世纪以来,人类一直在努力推动时间的统一,其结果就是我们从长时段中看到了全球层面上的时间趋同。

西方的历法格列高利历(即俗称的阳历)发展成为现今世界通

---

[1] Ian R. Bartky, *One Time Fits All: The Campaigns for Global Uniformity*, p. 123.
[2] 见桑德福·弗莱明在1884年10月14日华盛顿国际大会上的发言。*International Conference Held at Washington for the Purpose of Fixing a Prime Meridian and a Universal Day. October 1884. Protocols of the Proceedings.* Washington, D. C.: Gibson bros., 1884, pp. 117–119.

用的"公历",便展现了这样一种趋势。自公元前46年恺撒历法改革至教皇格列高利十三世(1502—1585)再次进行历法改革,基督教世界采用的历法是儒略历。公元325年,在尼西亚宗教会议上,整个基督教世界将3月21日或者在3月21日后头一个圆月以后的头一个星期日确定为复活节,那个复活节正好也是春分日。但问题在于,儒略历的时间误差较大,该历把太阳年的长度取为365又1/4天,而太阳年的实际长度为365天5小时48分46秒,一年多出约11分钟。这相当于经历131年以后,就会产生一天的误差。年复一年不断积累,时间误差就会越来越大。到15世纪时,该误差已经引起了人们的关注,因为复活节的日期不断延后,任其发展的话,复活节的日期在理论上可能延至仲夏的某一天。与尼西亚会议时的复活节在春分日那一天相比,这种错时就可能是季节性的。正是在确定复活节日期上产生的种种问题,导致教皇格列高利十三世在1582年对历法进行改革①,新的历法称为格列高利历,它不仅使日期计算恢复正常,而且也更加精确,因为格列高利历的一年长度只有几秒的误差,历法上出现一天误差的情况需要经过三四千年才会出现,而且很容易调整。

显然,格列高利历是比较科学、合乎实际的历法。但是在欧洲,16、17世纪正是发生宗教改革和反宗教改革的时期,在新教看来,罗马教皇主持历法改革,这件事首先具有宗教上和政治上的意义,是新教要反对的,马丁·路德就声称,历法改革不是教会的事,而是各基督教公国大公的事务。② 东正教也不承认教廷的权威,从而导致格列高利历起初只能在天主教国家推行。1582年,西班牙、葡萄牙、法国、佛兰德、荷兰、洛林、意大利的大部分地区和德意志大多数信奉罗马天主教的诸侯国,首先采用了教皇主持修订的历法。在随后的几年里,又有巴伐利亚、波希米亚、匈牙利、摩拉维亚、

---

① Alexander Philip, *The Reformation of the Calendar*, London: Kegan Paul, 1914, pp. 108 – 111.

② 见[英]利奥弗兰克·霍尔福特-斯特雷文斯《时间的历史》,萧耐园译,外语教学与研究出版社2007年版,第180页。

波兰、西里西亚、奥地利的大部地区，以及一些城邦，采用了格列高利历。1610 年，普鲁士也采用该历法。至此，格列高利历成为一部绝对的天主教历法。

新教国家出于宗教和政治上的原因，长期抵制格列高利历。不过，由于格列高利历的科学性和实用性，在英格兰，自格列高利历问世以后，就有人主张采用该历法。英国内战期间，又有人建议，考虑到基督教欧洲的整体性，应该采用格列高利历。[1] 到 17 世纪末，新教国家的历法改革再次引起关注，因为在儒略历中，1700 年是一个闰年，但在格列高利历中却不是，致使两者相差的时间从 10 天扩大到 11 天。这一情形直接促使一些新教国家放弃宗教上的抵制，弃儒略历而改用格列高利历，挪威、丹麦、所有德意志地区和荷兰等新教国家，以及巴塞尔、苏黎世、日内瓦等瑞士的新教州，纷纷接受该历法。英国晚至 1752 年才采用格列高利历。不过，英国在这个时候采用新历法，除了让日期回归准确的计算这个原因以外，还有一个更直接的原因就是守着旧历法给越来越频繁的国际交往增添了麻烦。尤其是出于方便与外国贸易的考虑，英国人呼吁并推动着向格列高利历靠拢。英国最终采用了格列高利历，取消旧历上从 9 月 3 日到 13 日共 11 天时间，日期从 9 月 2 日星期三直接跳到新历 9 月 14 日星期四。英国的历法改革法案影响十分广泛，从此，格列高利历不仅适用于整个大不列颠，也适用于其殖民地和自治领地。[2] 瑞典和芬兰也在 1753 年先后了采用了格列高利历。[3] 到 19 世纪末，格列高利历已成为基督教世界的历法，并且通行于美洲、非洲、亚洲和大洋洲的欧洲人殖民地。

信奉东正教的国家对格列高利历的抵触似乎更强一些。20 世纪

---

[1] Robert Poole, "Give Us Our Eleven Days!", *Past & Present*, No. 149, Nov. (1995), pp. 106 – 107.

[2] Mark M. Smith, "Culture, Commerce, and Calendar Reform in Colonial America", *The William and Mary Quarterly*, Third Series, Vol. 55, No. 4 (Oct., 1998), pp. 557 – 584.

[3] Spencer Bonsall, "Computation of Time, and Changes of Style in the Calendar", *The Pennsylvania Magazine of History and Biography*, Vol. 3, No. 1 (1879), p. 66.

以前，没有一个东正教国家接受格列高利历。1916 年，保加利亚从日历上取消 4 月 1 日至 13 日。后来，爱沙尼亚（1917）、俄国（1918）、南斯拉夫（1919）、希腊（1924）等国家又陆续采用了类似的国家行动。[①] 但教会方面比较保守，1923 年，一些东正教国家的教会就"经过修正的儒略历"达成一致，以便使所用的历法与格列高利历大体上相协调。1924 年，希腊和罗马尼亚教会先后进行了历法改革，将日期前移 13 天。保加利亚教会直到 1968 年才进行改革，而俄罗斯、塞尔维亚、马其顿和格鲁吉亚的教会，与耶路撒冷和波兰的东正教一起，对于固定的节日仍使用儒略历[②]。

格列高利历的影响从 19 世纪 70 年代起就扩大到非基督教世界。1873 年和 1875 年，亚洲的日本和非洲的埃及成为最早接受格列高利历的非基督教国家。中国则在辛亥革命后的 1912 年宣布接受阳历。1925 年，土耳其也接受格列高利历。

从格列高利历的推广过程来看，早期的进程与宗教的关系比较明显，无论是接受它的还是抵制它的，皆因宗教、政治立场的差别而对历法表现出不同的态度。但是，随着世界联系的不断发展，在对待格列高利历的问题上，人们更注重时间的精确性和时间标准趋同在全球交往中的便利性和实用性，英国及其殖民地在 18 世纪中叶最终接受格列高利历，就与此因素关系极大。直接推动英国采用格列高利历的人是切斯特菲尔德勋爵，他曾任驻法大使，喜欢引入外国的文化和时尚。他在大使任内发现，用两种方式签署日期，实在令人生厌。这使他决心要消除现行的英国历法中存在的种种不便和丢人的错误，而这只要通过把英国的历法与欧洲大陆上通行的历法相协调就可以做到。于是，他请一批科学家帮他起草了有关历法改革的议案，而改革的理由就是"进步、科学，甚至爱国主义，以及

[①] Eviatar Zerubavel, *Hidden Rhythms*: *Schedules and Calendars in Social Life*, Chicago and London: The University of Chicago Press, 1981, pp. 98 – 99. 亦可参见 I. M. Kerzhner, "Converting Dates from the Julian (Old Style) or French Republican (Revolutionary) Calendars to the Gregorian (New Style) Calendar", *Taxon*, Vol. 33, No. 3 (Aug., 1984), p. 410。

[②] ［英］利奥弗兰克·霍尔福特 - 斯特雷文斯：《时间的历史》，第 188—189 页。

英国贸易方面的利益和影响",尤其是有利于英国的对外贸易,并与欧洲大陆的历法相一致。①

格列高利历的传播,尤其是19世纪70年代以后向全世界的传播,反映了西方世界主导全球化进程的事实,我们可以把格列高利历看成是西方人的一种软实力,把它的传播看成是西方文化向全球扩张的过程;而非基督教国家纷纷自愿地接受格列高利历,也可以理解为这些国家为融入西方主导的"全球化"这一世界性潮流所作出的一种努力。

日本是较早学习西方的亚洲国家,明治维新以后,日本更加崇尚西方,日本人对待西方文化简单地可以概括为"文明开化"四个字,这四个字成为日本人"当时的流行语"②。1871年至1873年,日本派出使团考察美国和欧洲,通过这次访问,日本人再次认识到欧洲文化的发达和国力强盛,下决心让日本也尽早跻身这些先进国家的行列。③ 日本人接轨西方,可以说是毫不犹豫,这在日本采用格列高利历上也体现出来。1872年(明治五年)11月,天皇下诏决定采用阳历,并把这年的12月3日直接改为1873年(明治六年)1月1日,还将日本原来遵守的昼夜12等分制,改为24小时制。

对于中国来说,辛亥革命之后的新政权马上宣布采用阳历,这一行动固然有政治上的意义,但也显示出一种追随世界潮流的姿态。鸦片战争后,中国被迫向世界开放,以公元纪年的方式也开始在沿海传播。像上海这样的通商口岸,是中西方经济、文化交流的中心,中西方合作共事广泛而密切,因为这种交往,了解西方的纪年和历法成了很多中国人一种必备的知识。④ 19世纪60、70年代,上海的一些重要报纸以中西历并用的方式标记日

---

① Robert Poole, "Give Us Our Eleven Days!", *Past & Present*, No. 149, Nov. (1995), pp. 102, 111, 112.

② [日] 坂本太郎:《日本史》,汪向荣等译,中国社会科学出版社2008年版,第401页。

③ [日] 坂本太郎:《日本史》,第372页。

④ 湛晓白:《时间的社会文化史——近代中国时间制度与观念变迁研究》,社会科学文献出版社2013年版,第2—11页。

期，方便读者对照时间。根据湛晓白的研究，清末，政府内已经有人认识到阳历的便利，把采用阳历看成是"取世界大同之政策"，因而推动中国的历法改革。辛亥革命前夕，清政府正式下诏筹办采用阳历事宜。可以说，改用阳历已提上当时清政府的议事日程。[①] 只是因为辛亥革命爆发，清政府丧失了改用阳历的机会。革命政府迅速宣布历法改革，表现出革命的姿态。如果撇去历法改革的政治意义，我们不难看到，采用阳历其实也是近代以来中国与世界交往不断加深的必然结果，即使不发生辛亥革命，清政府也已准备好改用阳历。当然，历法改革非一日之功，直到20世纪20年代末，国民政府还在不断地推动阳历在全国范围内的实施，甚至将阳历定为"国历"。这个过程与政治上的考量依然有关，不过，与世界接轨仍是"国历"运动的头号理由。1930年，政府编印了《什么叫做国历》的宣传大纲，列出了15条"实行国历宣传标语"，其中第一条标语写成这样："国历是世界上最通行，最进步的历法！"国民政府在把西方的历法尊为"国历"的同时，又把"国历"说成是"世界上最通行，最进步的历法"[②]，想让中国融入世界的急切心情跃然纸上。从这个意义上看，中国采用阳历并推行阳历的过程，迎合了时间统一的世界大势。

与历法和纪年方式的传播不同，国际通用的计时方式则是在19世纪由主导全球化的一些国家共同制定并建议各国遵守的时间标准，他们选择以经过格林尼治天文台的经线作为全世界的本初子午线，从而为各国计算经度和时间确立了世界通用的标准。

然而，这也经历了一个过程，人们在社会交往的过程中认识到时间统一的必要性，并不断地推进这个进程。在全球时间标准化之前，一些国家的铁路公司首先致力于辖区内的时间标准化。在英国，

[①] 湛晓白：《时间的社会文化史——近代中国时间制度与观念变迁研究》，第39—40页。
[②] 参见湛晓白在《时间的社会文化史——近代中国时间制度与观念变迁研究》一书的第57—58页上影印的材料。

1840年，西部铁路公司要求所属车站和火车时刻表都使用伦敦时间。在以后几年里，英国其他铁路公司也陆续跟进，伦敦时间统一了英国的铁路时间。但到后来，随着格林尼治天文台承担起向社会提供标准时间的服务，铁路的标准时间就与格林尼治时间保持一致。到1847年，几乎所有的英国铁路公司都采用了格林尼治时间。由于铁路对人们的生活产生了广泛的影响，使得英国很多城市也开始放弃自己的地方标准时间，改用了格林尼治时间。到1855年，占英国98%的公共时钟都使用了格林尼治时间。[1] 1880年，格林尼治时间成为英国的法定时间。1883年4月，北美的铁路大亨们决定，将北美铁路时间标准的数量从约50个减少到4个。11月18日，铁路标准时间在北美正式施行，形成了基于格林尼治子午线计算出来的5个时区。这一变革对美国社会各方面产生了根本性的影响，没过几天，大约有70%的学校、法庭和地方政府采用铁路时间为自己的标准时间。[2] 波士顿、布法罗、华盛顿、纽约、萨凡纳同哥伦布、芝加哥和圣路易斯等城市开始分享同一时间，这在美国历史上还是第一次。

关于航海的时间标准，多数国家也自发地向格林尼治时间靠拢。1853年，俄国海军上将废弃了专为俄国准备的航海历，把以格林尼治经线为基础的英国航海历引进俄国海军。学术界在推动时间统一问题上起了重要的作用，1871年，在安特卫普召开的第一次国际地理学大会上决定，各国航海图都要以格林尼治子午线为零度经线，并且还建议，今后航船在海上交流经度时，应当以格林尼治经线为基础。在1871年以后的十二年里，有十二个国家在新出版的海图上以格林尼治经线为基础计算经度。1883年，在罗马举行的第七次国际大地测量学大会指出，无论是出于科学研究的目的，还是因为航海、商业、国际交往的考虑，都需要经度和时间的统一。由于当时从事外国贸易的航海人中已有90%的人是根据格林尼治子午线来计

---

[1] Derek Howse, *Greenwich Time and the Discovery of the Longitude*, p. 113.
[2] Clark Blaise, *Time Lord: Sir Sandford Fleming and the Creation of Standard Time*, p. 104.

算经度的，会议建议各国政府将格林尼治经线作为本初子午线，任何企图寻找一条中性的子午线作为新的本初子午线的观点，都不予考虑。① 这次会议在世界时间标准化的过程中也起到了重要的作用，会议上达成的共识成为次年在华盛顿举行的国际子午线大会的基础。

1882 年 8 月 3 日，美国国会通过一个法案，授权总统召集一次与美国有外交关系的各国派代表团出席在华盛顿召开的国际会议，以确定一条能在全世界通用的计算时间和经度的本初子午线。② 当年 10 月 23 日，美国国务院致信各国，就是否需要召开这样一次会议征求意见。美国的建议得到积极的响应。1884 年 10 月 1 日，由 27 国代表参加的华盛顿国际子午线大会正式召开，这次会议决定：采用一条所有国家都通用的本初子午线，建议派代表参加会议的各国政府接受经过格林尼治天文台经纬仪的经线为本初子午线。自该子午线起，双向计算经度至 180 度，东经为正，西经为负。会议还建议各国，在不影响各地使用地方时间或其他标准时间的情况下，为方便起见采用"世界日"（universal day），该世界日为平太阳日，全世界都以本初子午线的平午夜那一刻为起始点，与民用日和本初子午线日期相吻合，时间从零点计算，直至 24 点。会议还建议，一旦采用世界日，世界各地的天文和航海上的日子也要从平午夜开始算起。③

在全球时间标准化进程中，华盛顿国际子午线大会是一个重要时间点，尽管这次会议通过的决定并没有立即得到各国的响应，但是，世界已经有了一个公认的标准，余下的事情就是逐渐去实施这个标准。需要指出的是，华盛顿国际子午线大会并没有就世界时区

---

① 参见 Ian R. Bartky, *One Time Fits All: The Campaigns for Global Uniformity*, pp. 74 – 81, 88。

② *International Conference Held at Washington for the Purpose of Fixing a Prime Meridian and a Universal Day. October 1884. Protocols of the Proceedings.* Washington, D. C.: Gibson bros., 1884, Annex I.

③ 这次会议的详细记录见 *International Conference Held at Washington for the Purpose of Fixing a Prime Meridian and a Universal Day. October 1884. Protocols of the Proceedings.* Washington, D. C.: Gibson bros., 1884。

的划分问题作出专门的决定①，但大会确立本初子午线和建议采用以格林尼治子午线为基准的"世界日"，为建立世界时区体系打下了基础。从华盛顿国际子午线大会以后，到整个20世纪，不断有国家和地区接受时区时间。大体上，欧洲国家和北美地区到20世纪上半期都已接受时区体系。在亚洲，日本的动作最为迅速，1886年7月12日，天皇下诏将格林尼治经线确定为日本计算经度的零度经线。1888年1月1日，又正式引进以格林尼治子午线为基础的标准时间。日本是参加华盛顿国际子午线大会的国家中最先接受国际时间标准的国家之一。此外，我国的台湾（1896）、菲律宾（1899）、朝鲜（1904）、我国东北（1904）、印度（1906）、锡兰（今斯里兰卡，1906）、伊拉克（1917）、巴勒斯坦（1917）、缅甸（1920）、爪哇（1924）、伊朗（1939）也是较早加入世界时区体系的亚洲国家和地区。沙特阿拉伯晚至1962年才加入。在非洲，南非（1892）、埃及（1900）、莫桑比克（1902）、罗得西亚（今津巴布韦，1902）、塞舌尔（1906）、毛里求斯（1907）、阿尔及利亚（1911）、突尼斯（1911）、冈比亚（1918）、尼日利亚（1919）等也较早加入。但参加华盛顿子午线会议的利比里亚直到1972年才接受世界时区体系。拉丁美洲的一些国家积极参加了华盛顿国际子午线大会，在27个与会国中，有10个是拉美国家。但拉美国家进入20世纪以后，才陆陆续续参加时区体系。②

从天主教会的格列高利历发展为全世界通用的公历，格林尼治经线被国际社会认定为本初子午线，到世界各国逐渐采用统一的全球时区体系，我们看到，随着全球化的发展，全球时间标准化在不断推进。如果我们把这个过程放在五个世纪的时间尺度上去观察，那么，我们不难发现，全球时间的标准化是与全球化进程相适应的

---

① 常常有一些论著认为，世界时区是在华盛顿国际子午线大会上划定的，甚至《不列颠百科全书》（国际中文版，中国大百科全书出版社1999年版）也这样认为。参见"标准时"词条。

② 参见 Derek Howse, *Greenwich Time and the Discovery of the Longitude*, Table Ⅲ, p. 154。

一个大趋势。

三 以法国革命历的废除为例

时间统一成为大势所趋，而趋势是不可阻挡的。从近代以来的世界历史来看，可以进一步说明这种趋势的还有一些反例，也就是说，世界近现代史上还存在过一些与这种趋势不符或阻挡这种趋势，但最终归于失败的事例，例如，法国大革命时期颁布过与格列高利历极为不同的历法；巴黎公社也仿照大革命推行过新历[①]；1929年，苏联曾废除基督教年，用新的历法取代格列高利历。但到1940年，它又重新恢复了格列高利历。[②] 这些历法无一不归于失败的命运，它们从反面说明：时间统一的趋势不可阻挡。

下文重点分析法国大革命历法的推行及其最后被废止的历史，反证全球时间趋向统一的必然性。

1793年10月5日，国民公会颁布"确立法国人纪年的法令"，在法国推行一种新的历法，史称共和历，又称法兰西历。根据该历法，新年从9月22日开始，这一天既是共和国的诞生日，又是秋分；一年分为12个月，但每个月均为30天，每月又等分为三个旬（décade），每天被均分为10小时，每小时为100分钟，每分钟为100秒。由于一年的日子只有360天，革命的历法在年末另加5天或6天作为公民节日补足一年的时间。[③] 10月24日，法布尔·戴格朗蒂纳为新历月、日命名的报告在国民公会获得通过，他按照自然节律为每个月起了富有诗意的名字，用大自然恩赐的各种动植物指称每一天，并将年末补充日命名为"无套裤汉节"（les sanscullot-

---

[①] Matthew Shaw, *Time and the French Revolution, The Republican Calendar, 1789 – Year* XIV, The Boydell Press, 2011, p. 57.

[②] [美] 丹尼尔·J. 布尔斯廷：《发现者》（上），吕佩英等译，上海译文出版社2014年版，第14页。

[③] "Décret qui fixe l'ère des Françaises", 5 Octobre 1793, J. B. Duvergier (éd.), *Collection complète des lois, décrets, ordonnances, réglements, et avis du Conseil d'Etat*, Tome 6, Paris, 1825, pp. 257 – 258.

tides）。①

该历法堪称近代以来世界历史上最激进、最具革命性的历法②，它颠覆了在法国已经实施了两百多年，并在当时的基督教世界发展势头强劲的格列高利历，呈现的是一种体现科学与理性、崇尚自然和普世主义的新时间体系。1793年9月20日，法兰西共和历的首要设计者罗姆在向国民公会所做的报告中，就新日历蕴涵的象征意义和普世价值充满激情地宣称，9月22日，"太阳同时照亮两极，继而照亮整个地球。同一天，纯洁通透的自由火炬，有史以来第一次闪耀在法兰西民族上空，有朝一日，它必将照亮整个人类"③。19世纪法国史学家茹勒·米什莱也对共和历及其精神内涵予以高度的赞美，称"共和历的诞生，使人类在这个世界上首次拥有真正的时间度量"；共和纪年意味着正义、真理和理性的时代，是人类走向成年的神圣时代。④

然而，共和历并没有如他们所期待的那样普及开来并惠泽整个人类，从1793年10月5日正式诞生，到1806年1月1日被最终废除，共存在12年2个月零27天。在其短暂的生存历史中，它只是在政治和军事权力的护卫下，扩展到被法国吞并的领土、第一共和国的"姊妹共和国"和殖民地；其身后的历史，除在1870年巴黎公社时期被短暂地复活之外，它也没有在法兰西民族的集体记忆中留下长久的印记。"作为历史上一种引人好奇的事物，革命历在废除后就没有复生，它极其迅速地陷入遗忘，不仅未能与永恒聚首，同时也未能与集体记忆相约。"⑤

---

① 戴格朗蒂纳的报告与国民公会法令，见 M. J. Guillaume, *Procès-verbaux de Comité de 'Instruction Publique de la Convention Nationale*, Tome2, Paris, 1894, pp. 696 – 713。

② Zerubavel, Eviatar, *Hidden Rhythms: Schedules and Calendars in Social Life*, Chicago and London: The University of Chicago Press, 1981.

③ G. Romme, *Rapport sur l'ère de la République*, Séance de la Convention nationale du 20 septembre 1793, imprimé par ordre de la Convention nationale, 1793, p. 5. 亦参见 M. J. Guillaume, *Procès-verbaux de Comité de 'Instruction Publique de la Convention Nationale*, Tome 2, pp. 440 – 451。

④ J., Michelet, *Histoire de la Révolution française*, Tome 2, Paris, 1869, pp. 1546 – 1547.

⑤ Bronislaw Baczko, "Le calendrier républicain", Pierre Nora (dir.), *Les lieux de mémoire*, Tome1, Paris, Gallimard, 1997, pp. 100 – 101.

众所周知，自法国大革命以来，正是现代性一路高歌猛进并成为现代世界主流的时代。那么，以科学、理性和普世价值标榜的共和历，为什么没有能像同时代其他公制单位改革一样流行后世？对于这个问题，史学家们给出的答案主要集中在以下几方面。一是宗教信仰的强烈，法国首位系统地梳理和研究共和历的学者乔治·维兰认为，在法国广大乡村民众明显同情倾向于限制共和历应用的天主教的情况下，没有可能在新旧两种历法的实施方面达成折中调和，这是共和历失败的原因，尽管它比旧历高明许多。[1] 二是传统和习惯的惰性，英语世界研究共和历的先行者 G.G. 安德鲁提出，新历失败的主要原因是社会的惰性、习俗和宗教情感。[2] 三是拿破仑的政治需要：出于地缘政治考虑欲修复与天主教会的关系；试图消除人们的共和国记忆以便以帝国代之。[3]

这些解释无疑都符合历史实情，因为作为法国大革命重要的制度性创新，共和历与当时法国社会的各个方面都有这样或那样的关系，所以其兴衰成败绝非出于某一种因素，而是各种因素辐辏且交互作用的产物。但在我们看来，上述诸多解释都将注意力放在共和历产生和应用的特定环境——时势不断变动的革命法国本身，主要探讨革命法国的政治、意识形态、宗教及社会对共和历成败的影响。他们没有注意到的是，从空间结构上来说，革命法国不是孤立存在的，它与外部世界有着难以割裂的关联与互动，因此，革命法国内部的结构和事件不可避免地会受到外来因素的影响，共和历也概莫

---

[1] Georges Villain,《Étude sur le calendrier républicain》, *La Révolution française Revue historique*, Tome8, p. 457.

[2] George Gordon Andrews, "Making the Revolutionary Calendar", *American Historical Review*, Vol. 36, No. 3 (1931), pp. 531 – 532. 安德鲁的这一看法，在后来几部有关共和历的研究著作中得到了进一步的阐述，如 James Friguglietti, *The Social and Religious Consequences of the French Revolutionary Calendar*, unpubl. Ph. D diss. Harvard University 1968; Noah Shusterman, *Religion and the Politics of Time*, Washington D. C.: The Catholic University of America Press, 2010; Matthew Shaw, *Time and the French Revolution*, New York: The Boydell Press, 2011。

[3] Robert Beck, *Histoire du dimanche, de 1700 à nos jours*, Paris: Les Éditions de l'Atelier/Éditions Ouvrières, 1997, p. 156; Service des Calculs et de Mécanique Céleste, *Le Calendrier républicain de sa création à sa disparition*, Paris: Imprimerie Argraphie, 1989, p. 90.

能外。换言之，共和历最终失败的命运结局，并不仅仅取决于法国内部的诸因素，也与更广阔的外部背景密切相关。

如前所述，从时间史的角度来看，近代世界历史进程的一个显著特点，就是计时体系渐趋同化，而革命法国的历法改革恰恰与外部这样的发展趋势相抵牾。共和历处处体现着鲜明的法国"特殊性"，其时间节律与日渐普及的格列高利历完全不一致，其节日和名称对国外人民来说毫无意义。[1] 这种情形，势必会给商贸往来以及社会和文化交流带来诸多不便，法国此举无异于自我放逐于国际社会之外。实际上，置身当时具体历史环境的法国人业已深刻地认识到这一点，它构成了共和历不断遭到抨击并最终被废除的重要理由。

早在共和历问世之前的1792年1月2日，就自由纪年究竟是从1月1日还是从7月14日算起的问题，立法议会内部曾有过较为激烈的辩论。议员多里齐（Dorizy）先生提出的议案是，为货币故，为会谈纪要故，自由纪年应遵循绝大部分欧洲都在使用的年序转换时间，也就是自由纪年从1792年1月1日开始，而不是7月14日。[2] 不难看出，多里齐议案所考虑的，正是为了避免因时间体制不同给法国对外交往带来的不便。雷波尔（Reboul）议员对此表示明确的支持："不可否认，7月14日是我国大革命中最荣光的日子，但我认为，全欧洲各国采用同一日历——格列高利历，已有200年时间。不应任由错误的激情扰乱长久以来便已存在，且几为所有国家所共有的既定秩序。"[3]

1793年10月共和历出台之际，正是激进意识形态和非基督教化运动如火如荼的时代，反对的声音遭到压制。即便在此背景下，质疑之声也未断绝。1793年11月，一位署名"拥护共和的无套裤汉"

---

[1] Eviatar Zerubavel, "The French Republican Calendar: A Case Study in the Sociology of Time", *American Sociological Review*, Vol. 42 (December) 1977, pp. 875–876.

[2] *Archives parlementaires de 1787 à 1860*, sous la direction de J. Mavidal et E. Laurent, Tome 37, Paris, 1891, p. 6.

[3] *Archives parlementaires de 1787 à 1860*, Tome 37, p. 6.

在致国民公会的信中问道:"采用不同的日历后,我们如何与外国建立关系往来,外国又怎么与我们建立关系往来?"他据此断言,法国的商业会因采用共和历而遭殃。①

热月政变后,随着大恐怖时期政治高压机制的解体,反对共和历的声音喷薄而出。在共和三年雪月和雨月(1795年初)有关旬日节的激烈争辩中,大量的小册子抨击共和历是恐怖和暴政的象征,对宗教、道德和社会生活构成了毁灭性的冲击。让-德尼·朗若伊耐②的指斥尤为激烈,其中一条重要的理由就是共和历妨害了法国的对外商贸往来:"两种历法世界的商业关系受到束缚或阻碍。除实行周制的中国人之外,商界分为犹太教徒、基督教徒和伊斯兰教徒三大教派,所有这些教派采纳的均为周制,七天固定为一个周期。"③来自地方的声音也同样直言不讳,鲁昂市府第26区的公民在牧月19日致国民公会的信里,吁请"摧毁这个荒唐的、毫无意义的历法",因为它在计时体制上把法国与欧洲和美洲分离开来,"不仅妨碍了对外商业关系,而且扰乱了国内(商业)运作"④。

共和五年果月18日(1797年9月4日)政变后,转向激进的督政府颁布一系列法令,强迫人们严格遵循共和历的时间节律,尤其是旬日节。⑤ 但该政策在推行中不仅遭遇到许多地方官僚系统和民众的抵制,而且也没有给共和历带来更多的合法性,批评的声音仍不

---

① Arvhives nationales,档案编号:F/17/1008/A。

② 大革命期间温和的自由派议员,因反对山岳派激进的政策主张,1793年逃亡外省藏匿起来,直至热月反动时期重返巴黎。

③ Jean-Denis Lanjuinais, *Sur l'introduction du calendrier des tyrans*, imprimée par ordre de la Convention Nationale, 1795. 类似的小册子还有不少,篇幅所限难以尽述。

④ "Annales patriotiques et litteraires, ou la tribune des homes libres", *Journal de politique et de commerce*, Rédigé par L. S. Mercier, No. 174(24 Prairial, l'an 3 de la Répub.「12 Juin 1795」), p. 844.

⑤ "Arrêté du Directoire. exécutif, qui prescrit des mesures pour la stricte exécution du calendrier républicain", 14 Germinal an XI(3 avril 1798); "Loi contenant des mesures pour coordonner les jours de repos avec le calendrier républicain", 17 Thermidor an XI(4 août 1798); "Loi relative à la célébration dès décàdis", 13 Fructidor an XI(30 août 1798); "Loi contenant des dispositions nouvelles pour l'exacte observation de l'annuaire de la République", 23 Fructidor an XI(9 Septembre 1798), J. B. Duvergier(éd.), *Collection complète des lois, décrets, ordonnances, réglements, et avis du Conseil d'Etat*, Tome10, pp. 292-294, 380-381, 398, 413-414.

绝于耳。1797 年，在一本题为《对新历的批判性研究》的小册子中，作者饶弗莱神甫对因共和历特殊性而致法国处于孤立状态大张挞伐。在他历数的共和历诸多流弊中，其中重要的一个，就是共和历的"特殊性"，将法国与世界其他国家永久地隔离开来。"它各个月份的命名，既不符合热带和寒带地区，也不符合温带部分地区的现实。譬如它的第一个月，对英国以及德国的大部分地区都不是葡月，对根本没有葡萄可收的北方诸国亦复如是。雾月对法国南部地区和欧洲几乎毫无意义，冬天的三个月对法国根本没有冬天的岛屿来说毫无意义"，这导致其信条和风尚不能见容于每一个政府，其神圣化的仪式孤立在各种风俗和环境之外。①

共和八年雾月18日（1799年11月9日）政变，是共和历命运的又一个转折点。到1806年1月1日被废除，这最后六年"无疑是它的衰落史"②。它为法国人规定的时间节律和意义，在此期间陆续遭到抛弃。1805年9月上旬，由雷涅奥和拉普拉斯起草的两份报告书，先后提交到元老院，判决共和历的死亡。雷涅奥除列举共和历在科学上存在的两大基本缺陷，哀叹这些缺陷使它不能享有成为整个欧洲历法的尊荣，而且他清醒地意识到了近代世界时间统一化的趋势，"格列高利历……是欧洲几乎所有民族共同遵循的，享有无法估量的优势"。正因为如此，皇帝陛下才提议恢复格列高利历。③ 9月9日，拉普拉斯在报告中则更加明白地指出："新历最严重的缺点，是在我们对外关系中制造了诸多不便，使我们在欧洲处于孤立状态。"而与之相对的格列高利历，由于被普遍采用，拥有共和历想要获得却无法获得的普遍性，这是它"最大的

---

① Gaspard-Jean-André-Joseph Jauffret, *Examen critique du noveau calendrier*, Paris, 1797, pp. 6 – 7.
② Bronislaw Baczko, *Le calendrier républicain*, p. 98.
③ Saint-Jean-d'Angély Regnauld, "Projet de sénatus-consulte relatif au rétablissement du calendrier gréorien", *Archives parlementaires: Recueil compliet des débats législatifs et politiques des chambres françaises de 1800 à 1860*, publiée par J. Mavidal et E. Laurent, Tome8, Paris, 1866, pp. 720 – 722.

优势"①。同一天，拉普拉斯的提案在元老院正式表决通过，这则短短两款的法令宣布："自次年雪月 11 日，即 1806 年 1 月 1 日起，在法兰西帝国全境使用格列高利历。"

历法的革命是法国大革命中极具象征意义的符号，深受历史学家的关注。对于该历法的出台和被废除的主要原因，人们多谈论宗教方面的原因，这当然也符合实情。然而，体现在法国革命历法中的理性，并不符合人类时间所特有的社会文化特征，它既违背了法国人长期形成的习惯和传统，也不利于人们的社会交往。而从全球化及伴随而来的时间标准化的长期趋势来看，大革命历法由于与这一大势相抵触，最终逃不过被废除的命运。法国革命当局坚持革命历法，不仅给贸易往来、文化和社会交流带来诸多不便，在某种程度上还使自己孤立于国际社会。就此而言，即使没有宗教上的原因，法国革命历恐也难以长久。

四 时间统一进程中的竞争和霸权

我们从时间的社会性这个角度，阐述了世界的时间随着全球化而趋向统一的必然性。然而，这个过程绝对不是一个自然的过程，仿佛全球化进程一旦启动，世界各地的时间体系就随之走向统一。由于对时间的掌握总是象征着权力，制定时间体系和发布时间规则，似乎就拥有了可以号令天下的权威。② 反之，甘愿接受某一时间标准，往往也意味着政治上的归顺。③ 这样，时间标准又具有强烈的政治色彩，罗马教皇制定和推广格列高利历是如此，法国大革命废除格列高利历也是这样。而日本、中国、俄国等国家在维新或革命以

---

① Laplace, "Project de sénatus-consulte portant rétablissement du calendrier gréorien", *Archives parlementaires: Recueil compliet des débats législatifs et politiques des chambres françaises de 1800 à 1860*, publiée par J. Mavidal et E. Laurent, Tome8, pp. 722 – 723.

② 例如，在中国古代，历法被视为皇权的象征，是封建王朝的政治工具，故历代历法均由官方颁行。见谭冰《古今历术考》，香港三联书店 2013 年版，第 23、163—184 页。

③ 例如，2014 年 3 月 21 日，克里米亚正式加入俄罗斯。当地时间 29 日晚 10 点，克里米亚将时间拨快 2 小时，改用莫斯科时间。

后，马上就宣布进行历法改革，其政治意义都十分突出。

正是因为时间的政治性，全球时间体系这个看上去只是属于全球层面的公共时间服务体系，在其形成和发展过程中伴随着权力的竞逐。就以计时体系来说，即使西方人主导了全球时间标准化的进程，当我们观察西方世界的内部，仍然发现，为争夺全球时间体系话语权，那里一直存在着国与国之间的明争暗斗，尤其是英法之间的竞争。而标准时间之争最终尘埃落定，基本上也是国家实力和霸权的反映。换言之，时间标准的制定过程也就是国家实力较量的过程，把经过格林尼治天文台的经线定为本初子午线，以格林尼治时间作为世界各地的参考时间，表面上看是国际社会讨论协商的结果，实际上折射出当时大英帝国的世界霸权。

在地理大发现时代，欧洲一些国家积极参加航海和探险活动，这些活动或者是出于海外贸易的需要，或者是为殖民活动做准备。有时，它们甚至直接就是殖民扩张的一部分。不过，在大航海时代，海上的经度测量是个难题，即使像达·伽马这样伟大的航海家，也由于缺乏精确测量经度的办法而曾在海上迷失过方向。殖民国家从世界各地搜刮来的财富在海上漂来漂去，海难时有发生，仅仅是1707年10月22日发生的一起因战舰触礁而导致的海难，便使英国丧失近两千将士的生命。[①] 所以，在那个时代，找出可以精确测量经度的办法，不仅事关生命和财富，而且事关国家荣耀。

不难理解，为配合航海所需的经度测量就这样成了国家的利益链中的重要一环。在那个时代，欧洲的航海大国都关注经度测量。法国、西班牙、意大利、荷兰、葡萄牙等国奖励人们寻找在海上能够精确测量经度的办法[②]，意大利天文学家伽利略（1564—1642）、荷兰数学家和天文学家惠更斯（1629—1696）等著名的科学家都曾名列奖金申请者的队伍中。1714年春，伦敦航行界的

---

① Derek Howse, *Greenwich Time and the Discovery of the Longitude*, pp. 45 – 46.
② Derek Howse, *Greenwich Time and the Discovery of the Longitude*, pp. 10 – 12, 51 – 57;〔美〕达娃·索贝尔：《经度》，肖明波译，上海人民出版社2007年版。G. J. Whitrow, *Time in History: View of Time from Prehistory to the Present Day*, pp. 140 – 146.

各路人马向议会发起请愿,要求政府关注经度问题。同年夏,英国国王颁布了经度法案,承诺为解决经度问题者提供一笔两万英镑的奖金。

为了解决在海上测定经度问题,一些欧洲国家还专门建起了天文观象台。在寻找海上精确测量经度方法的过程中,英、法互为主要的竞争对手。法国人清楚,英国成为一个大国,就是因为它的海上力量,而根据一般的标准来比较英法两国,无论从哪个方面看,英国只应当是一个二流国家。谁主宰了海洋,谁就主宰了世界。[①] 1667 年,法国国王路易十四支持建立了巴黎天文台。但英国人也知道,要发展海外商业贸易和强大的海上力量,没有天文学不行。所以,英国不惜一切代价把天文学发展到极致。1676 年,英国国王支持建立的格林尼治天文台也开始工作。

英法两国的竞争表现在很多方面,比如,为了奖励寻找在海上测量经度的办法,英国成立了一个由科学家、海军军官和政府官员组成的经度局,经度局负责发放奖金。法国人深受启发,仿照英国也成立了经度局。

寻找解决在海上测量经度问题的办法的竞争,还发生在两国的钟表制造方面。因为经度相当于时间[②],如果航船在海上航行时能知道确切的时间,那么,水手就可以方便地算出航船的经度,从而给航船定位、定向。所以,英法两国都把设计和制造适用于航海的钟表,当作国家机密对待。

但是,法国在很多方面不如竞争对手。

以钟表制作来说,英国的钟表匠约翰·哈里森(1693—1776)率先造出了可以用于测定海上经度的计时器。库克船长在远航时就带着这样的计时器,并在它的帮助下,制作了南太平洋诸岛的第一张高精度海图。有人这样评价哈里森的工作,说他"帮助英

---

① Derek Howse, *Greenwich Time and the Discovery of the Longitude*, p. 78.
② 一小时相当于 15 个经度,一经度则相当于 4 分钟。

国征服了海洋，因而成就了大英帝国的霸权"①。或许，因为有了这样一种精密计时器，英国才可以降服汹涌的波涛而领先于其他国家。

不过，为格林尼治经线被选为本初子午线奠定基础的是英国在天文学方面取得的成就。17世纪时，水手在海上测量经度的主要方法之一就是"月距法"。这种方法需要航海员非常精确地测量月亮与太阳（或行星）之间的角度，以及这两者在地平线以上的高度。长期持续的天文观察就可以得知月亮、太阳或其他行星的运动规律，为航海员在海上比较方便地测量经度提供相关的数据，比如，若能掌握月亮的运行规律，那么，人们就能预测在未来很多年月亮在星空中的位置。巴黎天文台和格林尼治天文台就是为此而建。但是，英国天文学家的工作十分出色。1761年，英国天文学家对月距的精确观察，已经可以保证在海上测量经度的误差不超过一度。1766年，英国首次发表了以格林尼治经线为基础的航海历。这一航海历使得航海员在海上测量经度变得十分方便，测量所需的时间从以前的四个多小时，减少到半小时左右。自那以后，英国的航海历每年出版，其在国际航海界所产生的影响广泛而深远。以前，航海员在海上测量经度或表示海船所在的位置，都选择适合自己的一条经线为本初子午线，通常是以航船的始发港或目的地的经线为依据，所以，在实际的航海中存在着很多条本初子午线。现在，水手们纷纷放弃了以前的做法，使用了基于格林尼治经线的英国航海历。在1774年至1788年间，甚至在那些使用以巴黎天文台所在的经线为基础的法国官方天文历的地方，也转而采用英国的航海历。② 由于航海员需要在航海图上标注自己的位置，地图和海图出版商也开始提供以格林尼治经线为基础的经度刻度图。最早的系列海图"大西洋海神"（*Atlantic Neptune*）于1784年首次出版，覆盖了从拉布拉多到墨西哥湾的北美东海岸的范围，系统地把格林尼治经线作为本初子午

---

① ［美］达娃·索贝尔：《经度》，第133页。
② Derek Howse, *Greenwich Time and the Discovery of the Longitude*, pp. 63–66.

线来应用。在以后的半个世纪里,该系列海图成为大多数美国航海图的主要资料。

事到如此,已不难看出格林尼治子午线作为公认的本初子午线的明显优势。[①] 1884年的华盛顿国际子午线会议确定以经过英国格林尼治天文台的经线为零度经线,只不过是对现实的认可罢了。

然而,法国人并不心甘情愿。参加华盛顿国际子午线会议的法国代表,从一开始就反对美国代表提出的、以穿过格林尼治天文台中心经纬仪的那条子午线作为本初子午线的建议。法国人认为,即使国际公认的本初子午线不是巴黎子午线,那也不能选择穿过格林尼治天文台的那条子午线作为零度经线。本初子午线的选择应当绝对中性,要确保所选的子午线对科学和国际贸易都有利,尤其是,该子午线不应分割欧洲大陆或美洲大陆。但是,现实中是否存在着这样一条中性的本初子午线?本初子午线如何能保证绝对中性?这是与会的多国代表与法国代表一再争论的问题。事实证明,法国的立场只是一厢情愿,当法国代表提出的选择一条"绝对中立的本初子午线"的建议付诸表决时,参加投票的24个国家中,投否决票的国家多达21个。[②] 而以格林尼治经线为本初子午线的建议付诸表决时,投赞成票的国家有22个。[③] 可见,把格林尼治经线当作零度经线是当时"国际社会"绝大多数国家的共同选择。

法国在这一问题上仍然特立独行,在时间标准上不愿使用

[①] 英国海军部所制系列航海图在很多国家广泛使用,据统计,从1877年至1884年第一季度,英国海军部出售的航海图达177795份,其中,有约1/5的航海图为法国、德国、美国、意大利、俄国、土耳其、奥地利政府或其代理机构所买。在同期,英国出售给世界各地的航海历每年基本上在1.5万本以上。*International Conference Held at Washington for the Purpose of Fixing a Prime Meridian and a Universal Day. October 1884. Protocols of the Proceedings*, Washington, D. C.: Gibson bros., 1884, pp. 97 - 98.

[②] *International Conference Held at Washington for the Purpose of Fixing a Prime Meridian and a Universal Day. October 1884. Protocols of the Proceedings*, pp. 84 - 85.

[③] *International Conference Held at Washington for the Purpose of Fixing a Prime Meridian and a Universal Day. October 1884. Protocols of the Proceedings*, pp. 199 - 200.

"格林尼治"这个词。① 当然，时间标准在20世纪有所调整，由于地球自转变慢，地球自身作为一个计时器也不够准确，结果，来自巴黎的"协调世界时"后来取代了格林尼治平均时间，成为真正意义上的世界时间。但是，这种变化主要是技术上的进步所致，"协调世界时"与格林尼治平均时间的差别仅限于一秒之内，人们在日常生活中感觉不到明显的变化。关键在于，本初子午线和世界时间仍然穿过格林尼治老天文台，这是国际社会在19世纪后期定下的标准。

而19世纪恰恰就是大英帝国的全盛时期。选择格林尼治子午线为本初子午线的直接原因当然是出于科学上和航海上的实际考虑，但这些实情正是英国在当时处于霸权地位的具体体现。

英国是世界上第一个工业化国家，19世纪中叶，英国成为"世界工厂"，到1870年，英国在世界工业生产中所占的比重仍高达31.8%，而法国只占10.3%。② 实际上，那时的英国是一个"帝国"，19世纪晚期，英国君主的统治面积扩大到地表的1/4，它所制的地图骄傲地将这1/4染成红色。③ 与发达的工业和幅员辽阔的帝国相联系，当时英国的对外贸易和航海业都居重要的地位，它有发达的海运业，是名副其实的海上霸主，1870年，英国的轮船吨位为569万吨，而法国只有100万吨。④ 1880年，英国拥有的汽船占世界汽船总吨位的一半以上。在1850年到1880年间，英国的汽船吨位

---

① 因为巴黎时间比格林尼治时间早9分21秒，为了避免使用"格林尼治"一词，1898年2月24日通过的一个法案，称法国的时间为早9分21秒的"巴黎平均时"。1911年3月9日通过的法案称"法国和阿尔及利亚的法定时间"为延后9分21秒的"巴黎平均时"。这其实还是依据格林尼治时间。

② [英] M. M. 波斯坦、H. J. 哈巴库克主编：《剑桥欧洲经济史》（第6卷），王春法主译，经济科学出版社2002年版，第24页，表2。

③ [英] 艾瑞克·霍布斯鲍姆：《帝国的年代，1848—1875》，贾士蘅等译，国际文化出版公司2006年版，第84页。

④ [英] M. M. 波斯坦、H. J. 哈巴库克主编：《剑桥欧洲经济史》（第6卷），第254页，表43。

增加了1600%，而世界其他地方的增加总数大约是440%。① 直到1890年以前，英国的商船运输居于领先地位。在全世界建造和拥有商船队以及战舰的国家中，英国几乎没有有力的竞争对手。② 不难理解，穿梭在茫茫大海中的航船，多数参考了格林尼治子午线。当时占全世界65%的船只数量和72%的总吨位数的海船使用了格林尼治经线为本初子午线。而使用巴黎经线为子午线的船只，只占总数的10%和总吨位的8%。③ 从1877年到1883年，英国海军部公开出售的航海图达84万多份，其中，约有1/5的海图为奥地利、法国、德国、意大利、俄国、土耳其、美国所购买。④

格林尼治子午线被选为本初子午线，美国起了极为重要的作用。这个曾经的英国殖民地尽管早已独立，但它在文化和利益上与英国有着割不断的联系。它是这次会议的发起者和东道主，它从自身的经历中感受到了缺乏一条能得到全球认可的本初子午线对于现代商业贸易的不便。尤其是，随着电报通信和铁路交通的发展，这个问题更加突出。1860年，美国的铁路里程达到3万多英里，几乎相当于整个欧洲所拥有的铁路总里程。⑤ 而且，美国铁路网基本上是在英国资本的帮助下建立起来的。⑥ 就在华盛顿国际子午线会议十多天之前，北美铁路正式实现了基于格林尼治子午线的时间标准化，使用标准时间的铁路线达到全部线路长度的97.5%。随之，美国的城市接受铁路的标准时间，当时，美国人口超过一万的城市中，有85%

---

① [英] 艾瑞克·霍布斯鲍姆：《资本的年代，1875—1914》，张晓华等译，国际文化出版公司2006年版，第70页。
② [英] W. H. B. 考特：《简明英国经济史（1750至1939年）》，方廷钰等译，商务印书馆1992年版，第371页。
③ 大英帝国代表桑福德·弗莱明在华盛顿国际子午线大会上提供的数据。*International Conference Held at Washington for the Purpose of Fixing a Prime Meridian and a Universal Day. October 1884. Protocols of the Proceedings.* Washington, D. C.: Gibson bros., 1884, p. 77.
④ *International Conference Held at Washington for the Purpose of Fixing a Prime Meridian and a Universal Day. October 1884. Protocols of the Proceedings.* Washington, D. C.: Gibson bros., 1884, p. 97.
⑤ [英] M. M. 波斯坦、H. J. 哈巴库克主编：《剑桥欧洲经济史》（第6卷），第237页。
⑥ [英] M. M. 波斯坦、H. J. 哈巴库克主编：《剑桥欧洲经济史》（第6卷），第219页。

的城市已采用了新的标准时间。① 所以,美国从一开始就倾向于选择以格林尼治经线作为本初子午线。1883 年 12 月 1 日,美国国务院在致美国邦交国派代表出席华盛顿国际子午线会议的邀请信中,明确讲到要采用格林尼治经线为本初子午线。② 在这种情况下,美国已不可能在自己召集的会议上放弃格林尼治子午线而选择别的本初子午线。从当时的会议记录中我们看到,在华盛顿国际子午线大会期间,美国铁路部门曾致信会议,认为美国和加拿大的铁路公司采用了以格林尼治子午线为依据的时间体系,这一体系运转情况令人满意,任何改变都是不适宜和不必要的。③

就这样,英美两国携手,以"方便"为理由,引导参会者选择格林尼治经线为本初子午线。英国在全球时间标准化的竞争过程中胜出,实际上是政治权力和商业贸易的迫切性共同作用的结果④,或者说,世界时间也可以被看成当时的霸权国家进行全球政治和经济整合的工具。⑤ 就此而言,格林尼治子午线及格林尼治时间可以被看成当时强盛的大英帝国的一个符号,标准时间体系提供了一幅全球性的网络,通过这张网,地图上的每一处空间位置都可以与英国相联系而在时间上确定下来⑥,它以提供标准时间的方式支配了全世界。

---

① *International Conference Held at Washington for the Purpose of Fixing a Prime Meridian and a Universal Day. October 1884. Protocols of the Proceedings.* Washington, D. C.: Gibson bros., 1884, p. 189.

② *International Conference Held at Washington for the Purpose of Fixing a Prime Meridian and a Universal Day. October 1884. Protocols of the Proceedings.* Washington, D. C: Gibson bros., 1884, Annex Ⅳ, pp. 211-212.

③ *International Conference Held at Washington for the Purpose of Fixing a Prime Meridian and a Universal Day. October 1884. Protocols of the Proceedings.* Washington, D. C.: Gibson bros., 1884, p. 103.

④ Clark Blaise, *Time Lord: Sir Sandford Fleming and the Creation of Standard Time*, pp. 203-204.

⑤ Hannah Gay, "Clock Synchrony, Time Distribution and Electrical Time-keeping in Britain 1880-1925", *Past & Present*, No. 181 (November 2003), p. 126.

⑥ Adam Barrows, "'The Shortcoming of Timetables', Greenwich, Modernism, and the Limits of Modernity", *MSF Modern Fiction Studies*, Vol. 56, Number 2 (Summer 2010), pp. 262-263.

五 结 论

人类的时间适应社会交往的需要，本质上是社会时间。随着全球交往的兴起和发展，全球社会开始形成，全球层面上的时间统一越来越成为人类社会的迫切要求，正如1882年10月23日美国国务院致相关国家派代表参加华盛顿国际子午线大会的信中所讲的那样，在缺乏一个国际共享的时间计算标准的情况下，人类在现代商业贸易事务中将经受诸多困境。[①] 全球时间趋向统一的过程是与人类从分散走向整体的历史相一致的，它们是全球化进程中不可分割的两面。如果说，全球化是人类历史发展的一个必然的结果，那么，全球时间的统一也是大势所趋，不可阻挡。

需要指出的是，我们所说的"趋势"是指一种不可抗拒的动态的进程，全球时间趋向"统一"也是相对而言，即使像华盛顿国际子午线会议那样具有标志意义的事件，也不是全球时间标准化的终点，而只是开始了时间标准化进程的一个新的阶段，例如，一天从何时开始、在何时结束，长期没有统一，天文学家、海员各有各的日期计算方法，与民间日常生活中日期计算都不同。[②] 尽管格林尼治时间曾被西方主导下的国际社会确定为"标准"时间，但随着科学的进步，人们逐渐发现这个"标准"其实也不是那么标准，地球自转速度在减慢，而原子钟运转更加稳定，从而也更加"标准"。现在，经过原子钟时间和地球自转时间协调以后的"世界协调时"（UTC），几乎取代了"格林尼治标准时间"（GMT）成为全球通行

[①] *International Conference Held at Washington for the Purpose of Fixing a Prime Meridian and a Universal Day. October 1884. Protocols of the Proceedings.* Annex Ⅲ. Washington, D. C.: Gibson bros., 1884.

[②] 例如，在日常生活中的星期一早上6点，对于航海者来说仍是上午6点，但对天文学家来说则是星期日的下午6点。不过，再过12小时以后，即日常生活中的星期一下午6点，对于航海者来说，这个时间已是星期二下午的6点，而对天文学家来说，这是星期一的上午6点。由于一天的始末标准不同而引起时间的混乱由此可见。Derek Howse, *Greenwich Time and the Discovery of the Longitude*, p. 149.

的时间标准。有研究者指出，直到21世纪初，向着统一的世界性的时间体系的转变也尚未结束。[①] 可见，全球时间的趋同是一个相对的、趋势性的进程，它趋向统一，但不一定终于某个时刻。

我们还要看到，时间的统一性和多样性是并存的。时间体系和观念是每一种文化的内在组成部分，而世界上的文化一直就是多样的。所以，当全球层面上的时间趋同的时候，很多"地方性"的时间体系和规则依然盛行。在中国，农历和阳历并存，这既保留了中国人的文化传统，又适应了中国与世界交往的需要。在信奉伊斯兰教的地区，几乎所有国家都在使用公历，但人们也常使用伊斯兰历，穆斯林的节日都按伊斯兰历计算，这在全世界都无例外。有的甚至把伊斯兰历当作主要的历法，如沙特阿拉伯王国。同样，很多国家也可以很好地协调本国的"地方时间"与国际标准时间的关系，如"北京时间"。可见，全球时间的标准化不一定以牺牲地方时间，以及改变各个文明或文化共同体传统的时间体系为代价。

（原载《中国社会科学》2016年第7期）

[①] Ian R. Bartky, *One Time Fits All*, *The Campaigns for Global Uniformity*, p. 241, note 52.

资本贪婪与金融危机：资本的本性、特点、霸权、转嫁危机和思维方式

吴必康

回顾西方资本的历史，有利于认识它的今天，预判其未来行动。马克思在《资本论》中科学地分析资本的融资流通等经济作用的同时，特意指出：资本需要流通，"只是在这个不断更新的运动中才有价值的增殖。因此，资本的运动是没有限度的"。他进一步指出：资本家的目的"不是取得一次利润，而只是谋取利润的无休止的运动"。马克思称之为"绝对的致富欲，价值追逐狂"，而且，"资本来到世间，从头到脚，每个毛孔都滴着血和肮脏的东西"[①]。

三百年来，西方国家发生的金融危机数以百计。资本追求利润的疯狂投机一直是其核心要素，即资本贪婪。资本贪婪是资本主义基本矛盾在金融领域的集中表现，不断有其历史和现实的表现。早在1720年，英国发生"南海泡沫"事件，形成了近代资本主义史上首次大规模金融危机，创造了"泡沫经济"这个名词。近三百年后的2009年，美国新总统奥巴马在就职演说中又承认当前金融危机是华尔街银行的"贪婪和不负责任"的结果。同时，美国金融界却在接受纳税人上万亿美元救助时，大规模"分红"，以至奥巴马公开指责他们。历史和现实都证明了资本的贪婪本性。

---

① 《资本论》第1卷，人民出版社1956年版，第167、173—175、829页。

一 历史和特点

17世纪末，英国资本主义的近代金融体系开始形成。1694年，建立股份制的英格兰银行，1695年，成立伦敦股票交易所。不久，就发生了第一次重大金融危机：1720年英国"南海泡沫"事件。当时，英国政府因海外战争等背负巨额债务，极需"解脱"，因此与1711年才成立的南海股份有限公司联手制造"股市繁荣"。南海公司同意承担巨额国家债务，换取南美贸易的垄断地位。该公司先后共承接了约941万英镑国债，就此得到了政府的"政策鼓励"如贸易垄断权等，于1720年发行股票上市，用以"圈钱"和"套现"。为刺激股票发行，南海公司编造了巨额的利润"预期"，而且进行金融"创新"，不仅"创新"出了"金融杠杆"，10英镑可购100英镑再附加20英镑，形成了1：12的有力"杠杆"，还接受分期付款购买新股的创新方式，这就为爆炒股价提供了强大的金融工具。乔治二世、议会和政府的众多高官纷纷购入捧场，于是诱惑了大量人们投资股票，形成了英国历史上第一次"全民炒股"高潮，股价成倍暴涨。从1720年2月中旬到6月底，南海公司股价从120英镑暴涨到950英镑左右。[1]

在疯狂炒作股价的过程中，政府于6月出台管制股市投机的《泡沫法》(The 1720 Bubble Act)。一方面，南海公司当时借此扼制其他公司趁机入市"圈钱"，以求自保[2]，另一方面，政府的主要目的还是用以推卸责任，转嫁危机。随后，南海公司股价"跳水"使许多人血本无归，倾家荡产，政府信用破产，引发经济混乱和社会政治危机。全部过程也就半年多。在炒股中先大赚后大亏的牛顿有

---

[1] John Munro, *Financial Crises Past & Present*, *the South Sea Bubble of 1720 and its Relationship to the Current Financial Crisis: An Old and Still Current Story of Greed, Fraud, and Stupidity*, University of Toronto, 2008, www.economics.utoronto.ca/munro5/South%20Sea%20Bubble.ppt.

[2] Ron Harris, "The Bubble Act: Its Passage and Its Effects on Business Organization", *The Journal of Economic History*, Volume 54, Issue 3; September 1994, pp. 610-627.

著名感叹："我能计算出天体的运行轨迹，却难以预料人们如此疯狂。"值得注意的是政治变化。野心勃勃的辉格党政治家罗伯特沃尔波尔乘机崛起，他在股价惨跌时提出救市政策来收拾危局，照顾权势阶层的利益，借此积极笼络多种政治势力。他由此攫取政权，成为英国的首任首相，实行寡头统治长达20年。

"南海泡沫"形成了有深远影响的四大特点：一是资本贪婪成为金融危机的核心要素。资本对利润的疯狂追求，时常是没有最疯狂，只有更疯狂。资本贪婪加上金融"运作手段"就如虎添翼，任何无价值东西都可炒出天价。二是官商勾结，共同吹出巨大的金融"泡泡"，政府默许纵容，甚至操纵利用，最后推卸责任。三是转嫁危机，"拖人下水"，不惜让社会经济付出沉重代价。四是新政治势力利用社会政治动荡取得政权，实行调控，收拾危局。

此后历次重大西方金融危机的历史有惊人的相似性。有着同样的外在表现，如虚假繁荣、诱人利润、股市暴涨、结局恶劣等；更有同样内在特点，即资本贪婪、官商勾结、转嫁危机、新政治势力崛起和实行危机调控（如罗斯福新政）。1929年美国股市崩溃是其典型之一。金融危机中转嫁危机现象十分突出，包括欺骗性举动。如1931年英国废金本位制，英镑大幅贬值，不少国家损失惨重，英国政府事前却信誓旦旦，声称不会有此举。1933年美国禁止储藏和输出黄金，美元大贬值以转嫁危机。资本主义金融体系崩溃，严重后果之一是酝酿了第二次世界大战。二战后，西方建立以美元为霸权的布雷顿森林体系，金融体系一度稳定，随后却是危机接连不断，只不过具体形式和内容因时更新。从60年代起，美国深陷越战，财政赤字巨大，国际收支恶化，开动印钞机大量发行钞票，形成"美元泡沫"，导致多次抛售美元抢购黄金的"美元危机"。1971年8月美国停止对外国央行以美元兑换黄金，实为无耻赖账。1973年3月美元大贬值再次引发危机，布雷顿森林体系崩溃。1987年10月19日美国股市再次大崩盘，引发经济危机。后有1999年美国互联网投机"泡沫"破灭，以及当今美国次贷危机。20世纪80年代以来的西方经济危机和金融危机都与官商勾结有关，特别是与美国里根政府和英国撒切尔政府积极推行新自由主义政策，放松管制，鼓励"金融创新"和纵容资本炒作股价房价等有直接关系。2008年，英国《金融时报》前总编辑理查德·兰伯特指出："放松管制也在今天的事件中扮演着角色。引用前美联储主席保罗沃克尔的话……今天，众多金融中介发生在有效的官方监管和监督之外的市场，全都装在不知有多少万亿规模的衍生品工具里。"①

这些危机的基本特点迄今依然是资本贪婪、官商勾结、转嫁危机、新政治势力乘机崛起（如今年奥巴马当选美国总统）。第二次世界大战后的新特点是：一是规模越来越大；二是发生频率越来越密，20世纪60年代以来48年中西方大规模金融危机约不到十年发生一次，超越以往历史；三是各种金融衍生工具手段越来越复杂，破坏性大增。

20世纪以来，金融资本的剥削作用越来越突出，规模越来越大。金融剥削是更高级的剥削形式，它不同于资本家直接雇用工人的劳动剥削（即资本榨取劳动力和劳动时间来占有剩余价值等，这种剥削方式在今天也越来越困难了），而是通过金融手段进行剥削，通过操纵汇率、金融衍生品、大宗商品的价格涨跌等获取巨额利润。虽然这在第二次世界大战前就已经出现，但主要还是在第二次世界大战后建立美国金融霸权以来最为突出。资本占有剩余价值，从实体经济中的剥削向虚拟经济中的剥削发展，由高成本低效率的劳动剥削向低成本高效率的金融剥削转变，由有形剥削向无形剥削转变，这是当代资本主义历史发展中的一个重大变化。金融剥削更有效更巧妙，成本更低，利润更高，也更加隐蔽和安全，欺骗性更大。通过操纵汇率、金融衍生品、大宗商品的价格涨跌等，西方资本获取了巨量财富。这在今天无须论证，因为全世界都深受其害。

20世纪70年代以来，西方国家鼓吹市场原教旨主义，特别是金融自由化，就是为这种超级形式的金融剥削鸣锣开道。西方资本的本质没有变化，其手段方式和理论变化了。市场机制和国家干预，

---

① 英国《金融时报》特稿：《历数全球金融危机》（上），2008年8月7日，FT中文网。

从来都只是两个工具，根据资本需要的不同情况随时变换，加以利用。无论是经济自由主义和新自由主义，还是凯恩斯主义等，也都是在实践中依据资本的需要而变化沉浮，此一时，彼一时。

二 金融霸权和转嫁危机

现代垄断资本主义的特点之一是金融资本随着经济全球化而大力扩张。它的一个重大历史趋势还在于形成金融霸权。金融霸权是超级大国的资本贪婪最高形式。20世纪先后有英国和美国的金融霸权。

金融霸权需要多种实力支撑，特别是实体经济和军事实力的优势。英国金融霸权就是如此建立，其丧失归根结底也在于失去了这些优势。今日美国依然有高科技实体经济的一定优势，保持了强大的军事优势，在其资本利益受重大威胁时，必然转嫁危机，包括在严重条件下制造国际紧张局势，利用军事优势胁迫别国，实现转嫁危机的可能性。

当前金融危机的一个重要特点是：转嫁危机在危机爆发前就已经大规模开始了，即通过金融衍生品的大量"自愿"的市场买卖已经转嫁，可谓先下一个大套，然后再制造危机。这也是这次金融危机来势迅猛，迅速波及全世界的主要原因之一。

更要注意的是，美国在20世纪以来的多次经济危机和金融危机中都居于中心，虽然都受到严重打击，但总是能在爆发危机后实行种种危机调控举措，包括转嫁危机，重新巩固霸权，接着制造新"泡沫"。历史证明：转嫁危机不仅是资本的天然和必然的本能举动，也是西方金融危机的重大特点和调控危机的必然之举，更是金融霸权国家谋求自救和重新巩固霸权的必然之举。

根据资本主义经济危机和金融危机的历史规律和一贯特点，转嫁危机和牺牲别国是必然之举。西方的转嫁危机目前只是初步露头。不过，种种转嫁危机的信号和论调已频频出现了。

一是种种贸易保护主义和金融保护主义。如2009年2月美国国会提出的"买美国货"。

二是中国责任论。这是由美国前后两位财政部长保尔松和盖特纳发出的,指责中国储蓄率太高,外汇储备太多,导致美国"失误"。

三是捆绑论。此论认为美国经济与其他国家密切交织,一荣俱荣,一损俱损。因此,承担美国的损失是自然和必要的。

四是通货膨胀论。肯尼思·罗格夫《是开动印钞机的时候了》一文提出:"中央银行要做的事情就是不停地印刷钞票以全部买进政府债务。"理由是:"现在全球经济在灾难的悬崖边摇摇欲坠。现在的衰退已经是一个完全的全球衰退。除非政府战胜债务问题,否则,我们将经历与自20世纪30年代以来我们见过的任何危机都不同的严重全球经济下滑",以及"世界上大多数大银行实质上已经破产了"。其他的对付办法,如降低利率、加强监管、大规模给银行注资等都无能为力了。"这就把我们带回了通货膨胀这一选择。"①

五是赖账论。哈佛大学经济教授尼尔·弗格森发表《美国如何走出危机!》②,公开呼吁"全面免除债务",为此提出了道德、历史和理论的依据,以及压力太大,没有办法,并隐含威胁等。该文提出了六点依据,第一,"在《旧约全书——利未记》中,上帝命令以色列子民每50年庆祝一次禧年……《圣经》对禧年的定义更严格:全面免除债务"。"这一点在《申命记》(Deuteronomy)中有清楚的说明:'凡债主要把所借给邻舍的豁免了;不可向邻舍和弟兄追讨;因为耶和华的豁免年已经宣告了。'"甚至,"就像《申命记》似乎在提议的那样,每7年就免除一次债务"。由此,"全面免除债务"有了神圣性和道德依据。第二,历史依据有:"凯恩斯曾经一再呼吁全面免除一战引起的战争债务和赔款。尽管各国政府间从来没有宣布过债务豁免,但它在1931年之后实际上发生了,首先是由美国总统

---

① [美]肯尼思·罗格夫:《是该开动印钞机的时候了》,《中国经营报》2009年1月10日。
② [美]尼尔·弗格森:《美国如何走出危机!》,英国《金融时报》2009年1月5日,FT中文网。

赫伯特·胡佛宣布战争债务和赔款均延期一年偿还。"第三，理论依据有："货币主义和凯恩斯主义曾被视为相互排斥的经济理论。当前这场危机之严重，已使世界各国政府都在同时尝试这两种方法。"第四，事实依据有："美国相当大部分家庭正被积重难返的借款压得喘不过气来，其家庭平均债务占可支配年收入的比例，已经从1990年的约75%，上升到了危机前夕的近130%。英国家庭的情况更糟。"第五，危险预后依据有，"美国处在危机中心，但欧洲和日本可能会遭受更严重的余震。至于被誉为'金砖四国'的巴西、俄罗斯、印度和中国的新兴市场，它们的股市一直在下跌，就像砖块一样"。第六，实施方法依据有，"只剩下转换这种方法了，例如，所有现有的按揭贷款，可全部或部分转换成固定低利率的长期贷款"。这一点似在谈论美国自己的债务处理，其实，同样意在国际债务方面。

两位哈佛大学教授的确提供了"好主意"，振振有词。实质问题却是：谁为美国付账？最富裕的唯一超级大国究竟有什么道理，要全世界穷人无辜承受巨量经济损失？

种种转嫁危机的手段方式可包括以下几个方面。一是西方国家采取集体行动向别国施加经济和政治外交压力，迫使其步步退让。二是美国选择适当时机，利用金融霸权开动印钞机，滥发美元，故意贬值。三是西方国家借市场名义，暗中联手操纵外汇汇率和国际商品价格大幅度波动，向中国等转嫁损失。四是西方贸易保护主义进一步发展，同时要求我国更多开放国内市场。五是利用政治和军事优势，制造新的国际危机，包括动用军事力量，以武力迫使别国就范，接受利益损失，维护西方利益。六是利用思想舆论和所谓"研究"等继续影响我国的政策思想，诱导让步，牺牲中国利益。七是利用经济危机诱发和激化我国社会的矛盾，阻挡甚至破坏我国的崛起趋势，推动西化和分化。对此必须警惕。

三　认清本质加强防范

当前的西方金融危机规模庞大，后果严重，对我国的各种影响复杂广泛。非常之事，要有非常之举。要有战略观察的眼光和全局性的思考，不能限于局部性的思考认识。

一般而言，西方经济危机通常可分为危机发生、蔓延的前期阶段，以及危机调控、处理的后期阶段，包括转嫁危机。自从奥巴马就任美国总统以来，当前的金融危机/经济危机可以说是开始进入了危机的后期调控阶段。

必须充分认识资本主义的本质，破除幻想，包括要清楚了解资本的思维方式和行动原则。如上文所引用马克思在《资本论》中所说的：资本的本质要求就是无休止地追求利润，资本的运动是没有限度的。

还要看到，要研究这个危机的后期阶段发展，需要理解资本的基本思维方式和行动原则。无论在国内还是在国外，无论在经济还是在政治方面，资本的基本思维方式和行动原则都是依据成本/效率（利润）的分析。资本所追求的永远是低成本/高效益（利润）。

历史地来看，资本的基本思维方式和行动原则，是有规律特点的，也可以说是有"定律"的。无数历史案例表明，资本的思维方式和行动原则有三个"定律"。

第一是根本利益定律。资本必须追求利润，否则就不是资本。而且，资本永远追求利润最大化。

第二是成本/效益定律。利润最大化是通过成本最小化加效益最大化来实现的。即：成本最小化＋效益最大化＝利润最大化。因此，资本在书本以外的实际世界中具有"商业化"的思维和行为：以各种方式手段（谈判、威胁、要挟、说服等）不断探查成本/效益，不断冲击对方的底线，查明自己的成本代价，同时向对方索要利益，取得成本/效益的最佳比例，由此实现利润最大化。反之，成本高于效益，是不可取的。

第三是"吃不掉对手，就妥协合作"定律。

根据这些定律，别人的软弱，甚至善意，在资本的眼里就是"低成本"表现，是获取高利润的机会。只有遇到坚定的抵制，资本的牟利成本升高，代价太大，效益降低，使资本不仅难以实现利润最大化，甚至可能亏本，资本才会走向"老实一些"的第三定律，才会"吃不掉对手，就妥协合作"。换言之，资本信奉的是实际原则，"欺软怕硬"。因此，要从实际利益得失的角度，从成本/效益的角度去了解和分析资本主义在现实世界中的思维方式和行为原则，深刻认识资本转嫁危机的行为特点。守住自己的底线，以其人之道，还治其人之身，不失为对应防范之道。

  危机是危险加机遇。从不同角度、不同利益看，机遇是不同的。这次大规模危机会导致世界经济秩序的新变化，机遇在其中，不容易，不放弃。危机推动我国的经济结构、经济质量和经济管理以及民生有重大改进，也是机遇。把我们中国自己的事情办好，就是大机遇。

（原载《世界历史》2009 年第 3 期）

从世界史看当前金融危机的重大影响

孟庆龙

资本主义经济危机是世界历史进程中的产物。根据马克思《资本论》中的"世界历史"思想及唯物史观的方法和理论，世界历史进程是在与资本主义同生共长、相互促进的关系中向前推进和发展的。一方面，资本主义的兴起和发展与世界市场的形成、全球一体化的进程密不可分；另一方面，资本主义对世界历史进程有着巨大的影响。与资本主义经济发展一直相伴的经济危机，是世界近现代史和当代史不可分割的重要内容。自19世纪以来，经济危机频频发生。[①] 这些危机都有相同的、规律性的东西，但危机的诸多方面、特别是它的历史影响，也有不尽相同之处。从世界历史背景下来分析19世纪50年代以来的重大经济危机，特别是在当代全球化高度发展的大背景下，把当前的金融危机与20世纪30年代大危机做一对比，不难发现，无论从资产阶级国家调控效用的减弱、资本主义发展不平衡矛盾的加剧，还是对资本主义传统价值观、社会心理、社会政治制度等意识形态的影响等，当前这次金融危机都更加明显地暴露出资本主义内在的发展动力不足，外部面临的挑战前所未有。此次金融危机的重大历史影响主要体现在以下几个方面。

---

① 从1825年英国发生世界上第一场经济危机开始，西方国家大约每十年发生一次危机。如1837年、1847年、1857年、1866年、1872年、1893年、1907年、1929—1933年、1948—1949年、1957—1958年、1973—1975年、1979—1982年、1987年经济危机，及1994年墨西哥金融危机、1997年亚洲金融危机、2008年9月美国次贷风暴引发的金融危机。

一 经济危机对资本主义经济关系的调整功能明显减弱

马克思在《资本论》中指出，由于资本主义生产方式的内在矛盾，即生产社会性和生产成本的资本主义占有形式之间的矛盾，资本主义经济危机不可避免。他预言，资本主义的自由竞争必然会产生垄断和金融寡头，以至于进一步产生"国家的干涉"[①]。

按照马克思的观点，经济危机对资本主义的影响具有双重性。他指出，资本主义经济危机是资本主义一切矛盾的爆发。危机一方面是旧的生产平衡破坏的结果，但另一方面又反过来成为解决原有冲突的力量，为生产力的新发展扫清道路。"危机永远只是现有矛盾的暂时的暴力的解决，永远只是使已经破坏的平衡得到瞬间恢复的暴力的爆发。"[②] 因此，世界性经济危机的爆发，一方面固然对资本主义生产的发展是一个破坏，甚至还威胁到资本主义的生存；但另一方面在客观上也对资本主义的发展起了某种促进作用。"世界市场危机必须看作资产阶级经济一切矛盾的现实综合和强制平衡。"[③] 通过这种"强制平衡"，资本主义经济关系可以得到暂时的、一定程度的调整，从而使资本主义获得新的发展。

从世界历史的实践看，几乎每一次面对经济危机，资本主义都在进行自我调整，且往往会取得一定的成效，特别是在生产管理、国家在经济生活中的作用等方面。在经历了多次经济危机，特别是20世纪30年代大危机的沉痛教训之后，资本主义国家都相继建立了国家宏观调控制度和政策体系，从而在一定程度上缓解了自由竞争造成的经济发展的巨幅波动。但随着经济危机一次又一次的爆发，经济危机对资本主义的调节功能在明显减弱。

---

① 《马克思恩格斯全集》第46卷，人民出版社2003年版，第497页。
② 《马克思恩格斯全集》第46卷，第277页。
③ 《马克思恩格斯全集》第26卷，人民出版社1973年版，第582页。

经济危机给资本主义造成巨大破坏。20世纪30年代大危机中，工业生产停滞，失业率达到前所未有的高度。商品价格急剧下跌，1929—1932年，制造业产品价格下降了1/3以上，粮食价格几乎下降了一半，原料价格下降了56%。美国总统罗斯福为了挽救资本主义，1933年一上台，便立即实施"新政"，采取扩大政府开支、推行公共工程、实施通货膨胀法令等一系列调节措施，取得了明显成效。

20世纪60年代后半期至70年代前半期的全球性生产过剩危机，法国、意大利和美国制造业的利润率下降了一半以上，日本下降了近3/4，英国下降了4/5以上。1973年春，布雷顿森林体系崩溃，危机达到了顶点。从1973年到1975年，道琼斯和标准普尔指数下降一半，金融时报指数下降了1/3以上。自1974年始，金融滑坡和世界性经济衰退相伴出现。到1976年，西方国家被迫"变通"，采取宏观经济政策。此后数年里，这些措施取得了成效，世界股票市场出现了短暂的繁荣。

但到了1987年的最后几个月，世界股票市场戏剧性崩溃，带来了严重的全球性衰退。为了应对衰退，西方国家重拾放松宏观经济的老办法。到20世纪90年代中期，这种政策再显成效，世界范围内的通货膨胀率从80年代的16%降至90年代的12%。然而，此种状况没能持续多久，90年代后半期，全球金融状况日益不稳定，世界经济一直跌跌撞撞。1997年出现亚洲金融危机。到了90年代末，世界性生产过剩危机更加明显。2000年初，世界股票市场陷入恐慌。2001年，全球经济陷入自20世纪70年代以来最严重的衰退，世界实际GDP增长率从2000年的3.9%降至1.2%。到2002年，道琼斯损失市值逾2/3，恒生指数和欧洲综合指数下降几近一半，日经指数下降近2/3，世界股市价值损失2/3以上。

第二次世界大战后、此次金融危机爆发之前，虽然资本主义经济危机呈周期性发作状态，但其破坏力都没有超过20世纪30年代大危机，这与资本主义国家的不断调控密切相关。以美国为例，从1945年到2001年，美国经济的运行共经历了10次大的波动，由于政府实施了较为广泛、持久的宏观干预,这10次经济周期性衰退的幅度均低于二战前。这看上去似乎经济危机使资产阶级的统治得以不断修补。20世纪后半期信息科技革命和全球化的兴起,推动了资本主义生产力的迅速发展,美国经济在20世纪后10年创造了高速增长的"神话"。但自2000年第四季度开始,美国经济便急剧降温,再次为周期性经济危机所笼罩。

从经济危机史和世界历史的发展来看,随着危机越来越具有世界性,资本主义进行自我调节的难度就越来越大,效果也越来越不显著。按照马克思的观点,一方面,资本主义的发展加深了世界历史联系的程度和世界历史发展的进程,加强了世界经济、政治、思想、文化的一体化,[①]"资本主义制度日益具有国际的性质"[②];另一方面,世界历史的形成和发展在为资本主义生产方式创造愈益广阔的发展空间的同时,也使资本主义生产方式产生的矛盾发展到极点,由此产生的经济危机越来越具有世界性,对资本主义发展史和整个世界历史的进程的影响也就越来越广泛、越来越深远。

不可否认,在世界日益走向一体化的条件下,在全球化没有得到充分发展之前,资本主义总是在遇到限制—克服限制——又遇到限制—再克服限制的矛盾运动中前行,尚能体现出发展的巨大潜能。资本主义国家可以利用关系越来越密切的世界市场,通过对外贸易、操纵主要产品的价格、金融投机等手段,转移国内经济危机,缓解和克制经济危机带来的不利影响;可以借助危机措施对各种关系进行调整,力求得到较大的发展空间和较多的发展时间,以获得尽可能多的发展动力,从而延长自己的寿命。但随着资本主义的发展,特别是当今越来越多的国家加入WTO、全球化程度日益加深,资本主义遇到的限制越来越大。因此,它无论是在国内还是国外,利用经济危机进行自我调节的难度越来越大,能量和余地越来越小。此

[①] 参见丰子义《"世界历史"与资本主义——〈资本论〉语境中的"世界历史"思想》,《学术研究》2005年第8期。

[②] 《马克思恩格斯全集》第23卷,人民出版社1972年版,第831页。

次金融危机表现得尤为明显。

这次金融危机之前的经济危机，许多危机发生后往往使资本主义走向新一轮的发展：危机消除或减少了一些不利于资本主义自身发展的落后、消极的东西，如淘汰了某些落后的生产力；在应对危机的过程中，新生产力的投入使用及国家或企业经济管理水平的提高，又会产生新的经济发展动力。但此次金融危机发生后，西方资本主义国家虽采取了一系列措施，但"救市"色彩浓厚，效果却不显著。以美国为例，2008年初，为了应对次贷危机，美联储救市力度前所未有，它和政府连出重招——布什政府和国会迅速通过总额达1680亿美元的刺激经济方案，美联储更是罕见地在两次例会之间降息75个基点，并在9天后再降50个基点。在财政和货币政策双管齐下之下，虽然美国金融市场暂时恢复了稳定，但信用危机蔓延和经济下行的风险并未消除。一年多来，美国等西方国家虽连出重拳，这场金融危机却仍未见明显缓解，更看不出对资本主义自身的发展产生了何种新的动力。

从世界历史的发展来看，每一次世界性经济危机的爆发，都会使资本主义生产方式遇到极限。当遇到最大的限制时，便会走向灭亡。当今世界，资本主义固有的基本矛盾依然存在，并不会因为发达资本主义国家科技、经济的发展而有本质的改变。它们采取的任何自我调节、改良和改善措施，虽可以缓解资本主义私有制对生产力发展的羁绊和束缚，使阶级矛盾和社会矛盾得到一定程度的缓和，但都无法抑制资本主义经济危机的爆发，不可能触动资本主义统治的根基，也不会从根本上改变资本主义制度的性质。因此，资本主义持续地进行自我改良的同时，也在无意中实现自我否定。

二 经济危机使资本主义发展的不平衡矛盾不断加剧

马克思在《共产党宣言》中分析道，随着生产力的发展，资本主义的生产社会化和资本主义私人占有之间的社会矛盾逐渐激化，从而揭示了"资产阶级的灭亡和无产阶级的胜利是同样不可避免的"①。列宁指出："经济和政治发展的不平衡是资本主义的绝对规律。"② 资本主义发展的不平衡导致了经济危机的不断爆发，一次又一次的经济危机又加剧了资本主义发展的不平衡。

财富分化是经济危机的根源之一，危机的爆发又进一步加剧了财富分化。以美国为例，20 世纪 30 年代大危机爆发之前，社会财富高度集中。16 家财阀控制着国民生产总值的 53%，占人口 5% 的最富有者占有全国 1/3 的国民收入。工业增长仅集中在少数部门，大批工人失业。从 1920 年到 1929 年，生产率增长了 55%，工人工资却只上升了 2%，约 60% 的家庭年收入 200 美元，21% 的家庭年收入不足 1000 美元。

在西方国家，自 20 世纪 70 年代以后，劳动者的实际工资开始下降。此后 20 年里，除了最上层 1/5 的职工的实际工资增长外，其余全是下降的，最底层降了 23%。这一时期，资本主义世界贫富差距不断扩大，资本家与劳动者之间的两极分化不断加剧。美国最富有的 1% 的人拥有全美家庭财富的 40%；英国最富的 20% 的人所占有的财富是最穷的 20% 的人所占财富的 10 倍。③ 联合国开发计划署《1999 年人类发展报告》指出：占全球 1/5 的人口生活在收入水平最高的国家，他们拥有全球国内生产总值的 86%，拥有全球出口市场的 82%，拥有外国直接投资的 68%，拥有全球电话总数的 74%。相比之下，占全球人口总数 1/5 的贫困人口，上述几项的占有率仅为 1%。在平均收入方面，贫富国家之间的差距是 74 倍（而 1960 年时这种差距仅为 30 倍）。20 世纪 90 年代末，

---

① 《马克思恩格斯选集》第 1 卷，人民出版社 1995 年版，第 284 页。
② 《列宁选集》第 2 卷，人民出版社 1995 年版，第 554 页。
③ ［美］莱斯特·瑟罗：《资本主义的未来》，周晓钟译，中国社会科学出版社 1998 年版，第 23、29 页。

全球尚有10多亿人每天消费额不到1美元。[1] 据埃及著名经济学家萨米尔·阿明的长周期统计，1800年前后时，世界贫富差距的最大比例是2∶1；到了21世纪初，这一比例已升至60∶1。他总结道，帝国主义利用全球化因素加剧了两极分化和全球"民族问题的不平等"，受益者只占全球人口的20%。[2] 美国依然是20%的人掌握着80%的国民财富。

严重的国际经济不平衡也是引发危机的重要原因。第一次世界大战后，美国从债务国一跃成为债权国，黄金储量在1924年占到世界的一半。美国虽然经济出现繁荣，但在繁荣的背后，长期盲目投资，经济比例失调，农业不景气，失业人员增加。盲目扩大的生产同容量相对稳定的国内外市场发生尖锐的矛盾，导致了1929年经济危机的爆发。二战后，美国对世界经济起着支配作用，它在1950年占世界GDP的40%以上。

随着资本主义的发展、经济危机的不断爆发，跨国公司对世界经济的控制日益加强。世界跨国公司总数从1980年的1.5万家增至1994年的4万家和1999年的6.3万家。[3] 据估计，21世纪初，世界总产值的1/3由跨国公司占有，其中9/10以上被少数巨型跨国公司控制。

发达国家与发展中国家之间的矛盾不断激化，矛盾的实质是资本主义基本矛盾在全球的重现。发达国家与不发达国家的发展差距不断拉大，令不发达国家几近窒息。据近年来统计，世界29个发达国家总人口仅占全球总人口的15.4%，却占有全世界GDP总量的54.6%和出口总量的70%。世界上最富有的500人的财富总和大于世界上4.6亿最贫困的人口的总收入。北方国家最富有的3个亿万

---

[1] 参见张雷声《从资本主义基本矛盾运动看资本主义历史走向》，《中国人民大学学报》2005年第3期。

[2] [埃及] 萨米尔·阿明：《帝国主义和全球化》，载张新生、宿景祥主编《全球化：时代的标识》，中国现代国际关系研究所全球化研究中心编译，时事出版社2003年版，第175页。

[3] 李琮：《当代国际垄断——巨型跨国公司总论》，上海财经大学出版社2002年版，第32—33页。

富翁的财富超过世界上 49 个最不发达国家的 GDP 之和。[①]

资本主义基本矛盾在全世界的激化,与经济全球化的迅速发展密切相关。随着世界一体化程度的不断加深,西方垄断资产阶级打着"参与全球竞争"的旗号,在国内削减民众福利,向国外转嫁负担,导致世界范围内的贫富悬殊和两极分化日趋严重。20 世纪 70 年代末,为了改变经济停滞局面,西方国家开始实行新自由主义经济政策,美元升值,使发展中国家的债务达到难以承受的程度。如 1982 年时,墨西哥的债务已从 1973 年的 86 亿美元升至 820 亿美元,以至于声称要拒付债务。到 2005 年时,不发达国家所欠外债达 25000 亿美元。

21 世纪,西方大国的社会经济政策纷纷向资本倾斜。美国布什政府推出"劫富济贫的减税政策",使美国的收入不平等退至 1920 年之前的水平。2007 年 11 月,由于法国政府借口解决赤字要取消铁路和地铁职工的"特殊退休制度",引发了长达 9 天的大罢工,几乎使巴黎和全国全面瘫痪。英国、德国、日本等国的贫富两极分化也都创了历史新高。

资本主义贫富两极分化状况的加剧,说明了资本主义生产和消费之间矛盾的激化。1948—1949 年、1957—1958 年、1973—1975 年、1979—1982 年、1987 年经济危机,以及 1994—1995 年墨西哥金融危机、1997 年亚洲金融危机,既是发展不平衡造成的,又加重了发展不平衡带来的矛盾,而且越来越不可调和。从 20 世纪 80 年代后期到 21 世纪的近 20 年里,世界 7 个发达资本主义国家发生的周期性经济危机达 20 余次。

随着经济危机一次又一次的爆发,资本主义不断增加的财富越来越集中在少数人手里,使贫富两极分化不断扩大,这必然会加剧资本主义的各种矛盾,会在新的基础上积累和加深资本主义社会的基本矛盾。2008 年 9 月美国次贷风暴掀起的危机浪潮一波高过一波,

---

① 崔立如主编:《国际战略与安全形势评估:2005/2006》,时事出版社 2006 年版,第 329—330 页。

美国金融体系摇摇欲坠，世界经济面临巨大压力，甚至资本主义制度都感到了威胁。西方国家政府重金投向金融机构和大公司，社会需求难以得到有效提升，生产力和生产关系的矛盾依然如故，这些又都进一步加重了资本主义发展的不平衡。

不可否认，经济全球化使当代资本主义的发展还有一定的回旋时间和空间，使资本主义仍然具有一定的生命力。但经济全球化程度的进一步加深也使资本主义基本矛盾运动逐渐加剧，从而使阻碍资本主义发展的各种因素不断累积。到20世纪后半期，科技革命的发展出现了以信息革命为中心的高新技术，资本主义基本矛盾的机制发生了变化，形成了新的机制：垄断与竞争并存的机制，使资本主义基本矛盾更趋深化，使社会生产力遭到严重浪费和破坏；国家与市场并存的机制，不但不可能解决资本主义再生产过程中固有的矛盾，反而会使这一矛盾进一步积累、加深，进而孕育新的弊端和危机。在这两大机制的作用下，资本主义基本矛盾的运动日益向纵深发展。因此，资本主义的全球化发展并不等于资本主义在全世界的胜利，而只是资本主义固有矛盾与危机在全世界的蔓延。

三 经济危机对西方价值观和社会心理的影响更加深远

从历史上看，经济危机不仅对资本主义的生产力产生了巨大的破坏作用，也对资本主义的价值观及资本主义国家的社会心理造成了日益深远的影响。资本主义国家对危机的处理及其取得的效果，民众越来越不满意。在危机面前，以美国为代表的西方国家极力标榜的民主权利、人道主义等"普世"价值观的"软"实力在日益削弱。

（一）资产阶级的危机处理措施越来越不顾民众的利益

在此次金融危机之前的经济危机中，西方各国走出经济危机的方式大都取得了不同程度的经济和社会效果，但随着经济危机一次又一次的爆发，这种效果和影响在发生变化。

一是资产阶级政府为促进社会稳定启动内需，增加就业，在一定程度上顾及民生。这是西方国家历史上经常采用的应对危机的方法，特别20世纪30年代大危机中的罗斯福"新政"，大搞公共工程来促进就业，此类措施实施得尤为典范。2008年美国次贷危机引发世界性金融危机后，美国等西方国家应对危机的措施与以前相比明显发生了变化。它们主要是向大的金融机构和大公司注入资金，公共工程启动较少，民生方面的投入大不如前。一向标榜人权至上的法国政府，一方面呼吁民众"过紧日子"，另一方面却多次调用巨额资金支持银行和汽车制造等行业，一出手就是上百亿。这使得民众不满情绪不断郁积，罢工不断，2009年1月29日全国发生了近200场、参加总人数达250万人的示威游行。西方政府这些不大关心民生的做法引发了民众的极大不满，不免对资本主义的"普世"价值观产生了疑问。

二是改善管理、提高科技水平，促使产业升级。历史上，经济危机发生后，西方国家往往在保持资本—劳动关系不变的前提下，适当调整生产关系，缓和社会矛盾，以维持生产力的不断发展。如19世纪下半叶，经济危机频袭西方各国，第二次工业革命则并未受影响。经济危机对于汽车、石油、钢铁、化学等大批新兴产业以及托拉斯、康采恩等许多新的企业组织和管理方法的兴起，起了相当的促进作用。股份公司借机大规模扩张和普及，现代企业制度也在这时开始全面形成。可以说，在一定程度上，第二次工业革命可视为对经济危机做出的积极反应。2008年的金融危机发生后，西方国家在金融体制和管理、推动产业升级等方面虽采取了一些措施，但至今尚未见明显效果。这不免使人们对资本主义引以为自豪的社会管理水平和自我管理能力产生了疑问。

三是寻找新的经济增长点。此前，经济危机发生后，西方国家往往都能找到新的经济增长点。这些经济增长点有时通过政府干预来实现，有时通过企业或发明家的创造来实现，有时偶然发生。2008年的金融危机发生后，迄今为止，西方国家尚未找到新的经济增长点，已经出现的社会不稳定局势也难以得到缓解。

19世纪以来西方国家渡过了多次经济危机，它们克服危机的手法多种多样，往往是多种并用，而且使用这些方法日趋老到。然而，不管控制和应付危机的手段多么完善，经济危机总是不能避免。危机的发生与危机的治理一样，都是不以人的意志为转移的。但总的来看，除了20世纪30年代等少数几次危机外，西方国家基本上可以把危机适当控制在可以接受的范围内，即在面临危机时，政府应对比较对路，可以使普通百姓能保证基本的生活水平，同时使经济结构能得到较为有效的调整，为下一轮的发展做准备。在较好的情况下，危机期间国家还可保持较低速度的发展。但2008年的金融危机发生后，西方国家几乎都难以对危机实现有效调控，虽出台了一些措施，均未收到理想效果。这使得美欧等国在全世界不遗余力推行的西方发展模式的号召力大为减弱。

（二）经济危机对资本主义社会心理的影响更加深重

从历史上看，经济危机对资本主义国家的社会心理产生的影响越来越大。以美国为例，1837年经济危机别称"1837年恐慌"，引起了银行业的收缩，这场恐慌带来的经济萧条一直持续到1843年；1907年爆发银行危机，当纽约一半左右的银行贷款被信托投资公司投在股市和债券上时，整个金融市场陷入了极度投机状态；1929—1933年的"大萧条"更是一场灾难深重的大恐慌。此前1922—1929年间，空前的繁荣和巨额回报使不少美国人卷入狂热的股票投机活动中，然而，骤然升温的股市却导致了股灾，引发了美国乃至全球的经济危机。此次危机对美国经济影响深重。按1982年不变价美元计算，大危机前的1929年，美国国民生产总值为7096亿美元，1939年仅有7166亿美元，比1929年增长不足0.1%，10年里经济几乎没有怎么增长。[1] 危机期间，美国社会呈现严重的不和谐。中小

---

[1] 陈宝森：《美国经济与政府政策——从罗斯福到里根》，世界知识出版社1988年版，第6页。

企业纷纷倒闭，城市贫困人口大量增加。不但如此，当时的美国矿难和火灾频仍，是工业化国家中工伤死亡率最高的国家。商品实际价格下跌、购买力减弱，供给大于需求，失业增加，库存扩大，生产萎缩，商业活动普遍低迷，经济复苏难度增加，民众普遍感到恐慌。"大萧条"不仅重创了美国经济，也给美国的人口、家庭、教育、道德、信念等方面造成了严重危害。

2008年的金融危机发生后，西方国家虽然没有出现严重的恐慌，这是因为政府和民众普遍地感到"不乐观"，这种情绪比起恐慌来，对资本主义来说更加"可怕"，说明民众对资本主义制度的信心正在减弱。

（三）经济危机对资本主义意识形态和价值观的"威胁"愈加严重

自20世纪出现资本主义和社会主义并存局面之后，两者之间就不仅有对抗和竞争，同时也有学习和借鉴。在此过程中，随着资本主义向社会主义学习的成分越来越大，资本主义意识形态和价值观遭遇的不满甚至怀疑越来越多。

面对经济危机，社会主义的实践显示出其制度的巨大优越性，吸引力越来越大。20世纪二三十年代，正当资本主义陷于经济萧条和大危机时，社会主义苏联在短短十几年里，成功地把一个落后的农业国建设成为世界第二大工业国，国民生产总值增长率两倍于美国，走完了西方几乎花200年才走完的路程。有西方学者称之为"现代史中最伟大的经济和社会改革"[①]，有人认为苏联"这一前所未有的成就具有国际性的影响，尤其是因为当时种种经济困难正使西方陷入困境"，苏联的经济成就和西方的大萧条"在两次世界大战之间也就显得特别突出。它们互相推动，都产生了至今仍可感觉到

---

① ［苏］罗伊·亚历山大罗维奇·麦德维杰夫：《让历史来审判》，何宏江等译，人民出版社1983年版，第225页。

的影响"①。苏联社会主义创造的这一经济奇迹,对资本主义国家的民众产生了巨大的吸引力。处于大萧条中的美国工人阶级就喊出了"推翻资本主义,建立社会主义"的口号。②

当然,在应对和利用经济危机上,社会主义和资本主义都有不同程度的相互学习和参考。苏联创造的奇迹,除了社会制度的优越性之外,也与直接引进和利用资本主义国家的先进技术分不开。1929—1933年大危机期间,资本主义国家竞相出售过剩产品和机器设备,苏联趁机大批引进工业化所需的先进技术设备。此外,苏联还高薪聘请了大批外国专家和技工,1929—1931年还派遣2000多人出国考察、学习和留学。③

苏联社会主义建设取得辉煌成就后,资本主义和社会主义互相学习、借鉴的程度进一步加深。应当说,马克思的思想和马克思主义的理论、社会主义国家的实践及取得的成就,再加上资本主义的经济危机,为资本主义进行调整和改良提供了学习和借鉴的"动力",其中,资本主义向社会主义学习的成分越来越大。

20世纪20年代陷于严重螺旋式衰退的世界经济,特别是1929—1933年大萧条使资本主义遭到致命打击,"把资本主义制度带上灭绝的边缘","好似势不可挡的资本主义制度当时只要再错几步就会消亡"④。正是这场前所未有的大危机,再加上苏联的惊人成就,逼使资产阶级开始认真反思并试图改进社会经济发展模式以及资本主义制度的痼疾。1929年,美国经济学家弗·曼·泰勒在《社会主义国家生产指南》一文中提出了"指导性计划"的概念,强调资本主义国家如采用"指导性计划"来对市场经济加以宏观调控,会大有好处。⑤ 大萧条期间,西方国家大学经济系有不少学生和研究

---

① [美]斯塔夫里阿诺斯:《全球通史:从史前史到21世纪》下册,吴象婴等译,北京大学出版社2005年版,第685页。
② 参见赵汇《论社会主义对资本主义历史、现实的主要影响》,《高校理论战线》2008年第1期。
③ 周尚文、叶书宗、王斯德:《苏联兴亡史》,上海人民出版社1993年版,第230页。
④ [美]莱斯特·瑟罗:《资本主义的未来》,第5页。
⑤ 肖枫:《两个主义一百年》,当代世界出版社2000年版,第159页。

生的兴趣转向马克思经济学①。

在实践上，罗斯福采取的国家干预经济的政策，显然借鉴了社会主义的做法，以至于遭到大资产阶级的反对。大垄断财团称罗斯福是"赤色总统""共产主义代理人"②。西方有人讽刺罗斯福抄袭了《共产党宣言》，还有人称他是用社会主义拯救了资本主义，右派甚至批判他是"本阶级的背叛者"③。从罗斯福"新政"开始，资本主义国家在面对经济危机时，往往都是通过搞计划调节和国家干预来改善经济运行。第二次世界大战后，资本主义正是进行了一系列自我调节才得以走出困境。西方人士并不讳言资本主义对社会主义的学习和借鉴，认为资本主义在当代的发展，很大程度上得益于马克思对它的批判。即使在20世纪90年代东欧剧变后，美国主流媒体也承认，《资本论》的"幽灵继续在徘徊，马克思不容忽视"；美国要人布热津斯基明确提出，共产主义思想的传播，对于资本主义国家"对付经济和社会弊端的倾向日益流行"起了重要作用。④

与20世纪资本主义向社会主义的学习遭到批评相比，此次金融危机爆发后，资本主义向社会主义的学习更加"自觉"，态度也更为"诚恳"。更为重要的一点是，西方国家采取的一系列干预经济的宏观调控措施，至今很少受到批评。西方坦率承认，中国特色的社会主义道路以及应对危机的做法，对资本主义的传统价值观和意识形态正在构成现实的"威胁"。

从中国与世界关系的历史进程来看，此次金融危机对社会主义和资本主义两种经济发展模式，乃至两种社会制度的发展前景，提供了难得的进行比较的历史机遇。中国的发展壮大正在促进世界格局发生积极变化，开始崛起的中国在全球范围内引起的震撼越来

---

① 如在剑桥大学，马克思主义就成为"可供选择的经济学之一"。参见［美］玛乔里·谢泼德·特纳《琼·罗宾逊与两个剑桥之争》，胡希宁、范重庆译，江西人民出版社1991年版，第85页。
② 参见涂金坤《资本主义半途夭折和寿终正寝语境下的"两个必然"和"两个决不会"》，《求实》2005年第12期。
③ ［美］斯塔夫里阿诺斯：《全球通史：从史前史到21世纪》下册，第768页。
④ 陈克敏等：《面向新世纪的思考》，上海人民出版社2001年版，第107—108页。

强烈,世界舆论在为中国的发展速度感到震惊之余,更加关注中国的发展道路/发展模式,"北京共识"和"中国模式"对世界各国、特别是第三世界国家的冲击已经显而易见。

对于马克思《资本论》阐述的经济学思想及其对全世界的影响、特别是对中国的影响,西方学者萨缪尔森的看法很有代表性。他在20世纪70年代就不无担忧地说:占世界人口1/3的10亿人把《资本论》视为经济学的真理;在世界范围内,马克思主义"在思想史和政治史上都起着关键性作用";中国如能成功地"在如此贫穷的地区消灭贫困,世界上就会有许多国家和地区向往寻求相同的模式",中国"就会成为世界左翼运动的榜样"①。还有西方学者认为,"中国实验"是当今世界"正在进行的最重要的经济实验之一,也许是唯一最重要的实验","中国实验的成败将会影响到中国以外的地区。世界上的其他国家和人民期盼着某种可行的经济模式"②。

这次世界性金融危机,对我国的经济产生了诸多负面影响,但也对我国综合国力的提高乃至实现突破性发展,提供了十分难得的机遇。我们可以充分利用世界独一无二的制造能力、巨大的外汇储备,再加上在世界各国、特别是第三世界国家长期以来积攒下来的"软"实力,同极力阻碍我们发展的西方大国进行一场不动用军事手段的"较量"。从我们为应对危机采取的国内外举措来看,对内大力扩大内需,增强民众信心;对外在与世界各国共同应对危机的同时,同美国、法国的"软"实力较量中,不但未落下风,甚至还处于优势地位。

世界历史的发展表明,从19世纪的自由资本主义到20世纪上半叶的国家垄断资本主义,再到今天的全球化资本主义或国际垄断资本主义,经济危机的爆发,既是资本主义社会一次次陷入矛盾的结果,又是资本主义逐步完善的动因。按照马克思的观点,就资本

---

① Paul A. Samuelson, *Economics*, New York: McGraw-Hill, 1976, pp. 1, 857, 876, 877.
② 参见 [美] 大卫·斯科威卡特《当代资本主义的批判与反思——美国学者与中国学者的学术对话》,欧阳康译,《学术月刊》2005年第9期。

主义与世界经济相互关系的一般发展趋势而言,世界性经济危机的出现和深化,是资本主义的矛盾发展到了顶点,同时资本主义制度也将最终走到尽头。这虽然并非意味着世界经济危机一爆发或爆发几次之后,资本主义就会很快衰落甚至走向灭亡,但一次又一次、一次比一次严重的经济危机对加速资本主义灭亡的作用,是不能否定的。

(原载李慎明主编《美元霸权与经济危机》,社会科学文献出版社 2009年版)

"回归欧洲"与东扩

周荣耀

2004年的春天,欧洲又一次被推向国际政治经济舞台的前沿。欧洲历史上一次大规模的整合,通过北大西洋公约组织和欧洲联盟几乎同时进行的东扩得以实现。这次整合,以"回归欧洲"(The Return to Europe)为念的东欧国家为主角,以和平的方式在两个属性不同的联盟机构中进行,它是两个联盟历次扩大中规模最大的一次,它引起了人们对欧洲历史的又一轮回溯和对欧洲现实的揣摩。

东欧和西欧同源不同流

北约的这次东扩,共接纳了七个新成员国,即保加利亚、罗马尼亚、斯洛伐克、斯洛文尼亚,以及爱沙尼亚、拉脱维亚、立陶宛等波罗的海三国。如果我们把波罗的海三国也看成东欧的延伸,那么北约扩大了七个东欧成员国(如果再加上1999年第四次扩大接纳的波兰、匈牙利和捷克就是十个东欧国家)。欧盟的这次东扩,共接纳了十个新成员,即波兰、匈牙利、捷克、斯洛伐克、斯洛文尼亚、爱沙尼亚、拉脱维亚、立陶宛,以及塞浦路斯和马耳他。除去不算东欧的塞浦路斯和马耳他,也有八个东欧国家。如此众多的东欧国家几乎同时加入北约和欧盟,真像是还了1989年剧变之后东欧人"回归欧洲"的心愿。

东欧和西欧文明同源

欧洲,它北临北冰洋,西濒大西洋,南傍地中海,东至乌拉尔山,约占世界陆地总面积的1/15。从地理上来讲,在上述范围之内,欧洲是一个整体。不管你把它怎样划分成西欧、东欧、南欧、北欧(就像是亚洲分成东亚、西亚、中亚、南亚,非洲分成东非、西非、北非、南非一样),在这个范围之内的国家都属于欧洲,谈不上什么"回归"不"回归"。显然东欧人说的"回归欧洲"不是指地理归属。那么,东欧人的"欧洲情结"究竟在哪儿呢?我们从历史和文化的源头上去找找看。

"欧罗巴"这个地名来自希腊,它指的是面对亚洲文明和希腊文明还没有开发的一片大陆。在希腊神话中,"欧罗巴"与那位被宙斯诱骗的地中海东岸腓尼基王国的美丽公主同名。欧洲,正是因这位叫"欧罗巴"的公主到来而得名。欧洲向文明跃进的第一步出自希腊人。[①] 希腊人以其在哲学、数学和自然科学领域以及在城邦方面的成就,为欧洲文明奠定了基础。公元前900年,希腊人到处迁移,他们与中东更早的希伯来先进文化有了接触,并最终将这些文化传到了欧洲。因此,今日的欧洲文明之源,实来自希腊文明和希伯来文明。

到公元前2世纪中叶,罗马人征服了马其顿人统治下的希腊,后来发展建立统一的罗马帝国。到公元1、2世纪,罗马帝国的鼎盛时期,版图西起西班牙、不列颠,东达幼发拉底河上游及今日亚美尼亚,北迄多瑙河与莱茵河,南至非洲北部。在这片辽阔的疆域里,罗马人在传播希腊文明的基础上,确立了罗马文明。尽管除去建筑和雕刻之外,罗马文明中的文化艺术和科学技术都不及希腊文明,

---

① 《不列颠百科全书》第6卷,国际中文版编辑部编译,中国大百科全书出版社1999年版,第158页。

但罗马文明对后来政治经济文化确实有一定影响。① 罗马为其所征服的欧洲部分不仅带来了希腊人始创的文明，也注入了自己的贡献。比如，《罗马法》不仅是迄今所知的第一部成文法，也是后世资本主义各种法规的基本精神来源。在它当时覆盖的欧洲范围内，罗马文明推进历史的作用是明显的。农业发达的地区有西班牙、高卢（今法国）和多瑙河流域，人们种植葡萄、橄榄和粮食。手工业在高卢和莱茵河一带比较发达。在达西亚（今罗马尼亚），采矿业和冶金业也兴盛起来。城市的发展也很快，像今天英国的伦敦，法国的里昂，德国的科隆特利尔，荷兰的马斯特里赫特，奥地利的维也纳，南斯拉夫的贝尔格莱德，当时这些城市的建设，都带有典型的希腊、罗马建筑风格。

也正是在罗马帝国最强盛的时期，后来在精神上统治了整个欧洲，乃至影响了世界的宗教——基督教开始兴盛起来。基督教起源于被罗马吞并的犹太人国家巴勒斯坦。基督教的教谕特别适合于贫贱的下层劳苦群众，他们从天国中看到了一种在尘世看不到的希望的信息。随着罗马帝国的政治经济状况不断恶化，信奉基督教的人越来越多。罗马皇帝君士坦丁于313年颁布《米兰敕令》，宣布承认基督教合法后，基督教很快成了帝国的官方宗教。到4世纪中期以后，基督教已扩展到帝国范围之外，在多瑙河畔的哥特人中扎下了根。进入中世纪，整个欧洲已处于基督教不同教派的控制之中。

"什么是'欧洲'？这个问题引发了许多争论，但多年来没有形成共识。欧洲北部、西部或南部的边界不存在争议，而东部边界则总是引发争论。"② 当然，欧洲的形成是一个漫长的历史过程。距今两千年前，人们头脑里还没有今天的"欧洲观念"，更谈不上"东欧"与"西欧"的区分。但是，通过回顾上述历史，通过对欧洲文明的追根溯源，不难得出一个结论：不管任何意义上的东欧和西欧，

---

① [美]菲利普·李·拉尔夫等：《世界文明史》第1卷，罗经国等译，商务印书馆1995年版，第286、332页。
② [英]弗雷泽·卡梅伦：《大欧洲》(Fraser Cameron, "The Wider Europe")，下载于 Http://www.theepe.net/ 10 June 2003。

从整体上来说（意思是说有的国家除外），今天都属欧洲文明，其源头是希腊文明和罗马文明。

东欧和西欧文明分流

其实，在欧洲这块土地上，真正隐含东欧和西欧这个历史文化概念的时代，还是要追溯到罗马帝国时期。因为罗马帝国最后分裂成了西罗马帝国和东罗马帝国，两个罗马帝国不仅在地域和历史跨度上有明显的差异，而且使来自同一个源头的欧洲文明也产生了差异。更有意思的是，这些差异与我们今天面对的东欧和西欧有着相当的重叠之处。因此，探讨一下这段历史沿革，可能更有助于了解欧洲的分与合以及欧洲今天的重新整合。那么，罗马帝国分裂成东、西罗马帝国后，它使日后的东西欧文明中产生了哪些差异呢？

第一，民族、国家的发展道路不同。罗马帝国是在武力征战的基础上维持统治的，长期战争使帝国在虚假繁荣中陷入内外交困。到3世纪后期，单一元首制已无法维持整个罗马帝国的统治，不得不实行分区管理，与此同时，帝国的重心也开始东移。4世纪末，罗马帝国正式分为两部分：西罗马帝国和东罗马帝国。[①] 在"蛮族"[②]大规模入侵过程中，西罗马帝国于476年灭亡。东罗马帝国直到1453年才为奥斯曼土耳其人所灭。

西罗马帝国灭亡了，后来在这片土地上，7世纪末曾建有查理曼帝国。被称作"罗马人皇帝"的查理曼，凭借武力建成庞大帝国，将今日西欧、中欧大陆的绝大部分纳入管辖之内。帝国疆域西临大西洋，东到易北河、多瑙河，北靠北海、波罗的海，南到地中海。但是，查理曼一死，帝国就分裂了。843年，《凡尔登条约》将帝国分成三部分，也就是今天法国、德国、意大利的雏形。10世纪，还

[①] 东罗马帝国亦叫拜占庭帝国，因首都拜占庭而得名，中国史书上称为大秦。拜占庭即今日伊斯坦布尔。

[②] "蛮族"是古希腊和罗马人对当时北方民族的蔑称，主要指日耳曼人、哥特人等。

是在这块土地上，德意志国王奥托一世创建"神圣罗马帝国"，它的疆域包括德意志、捷克、意大利，还到荷兰、瑞士一带，并常向东扩张，掠夺斯拉夫人的土地。神圣罗马帝国虽然名义上直到19世纪初才为拿破仑所灭，实际上从13世纪末起，帝国就分裂成众多割据的小国。不管查理曼帝国还是神圣罗马帝国，都未能维持一个统一的帝国，都没有实现恢复罗马帝国的美梦。为众多河流和山脉所分割的西欧地区，不仅不利于一个统一的帝国实施统治，反而更有利于使用某种语言的一个民族，沿着古希腊城邦体系的思路，倚靠山水天然屏障建立自己的民族国家。正是在这种基础上，民族国家最早孕育于中世纪的西欧，形成于近代西欧。也正是在西欧，民族国家在资产阶级同封建贵族的多轮搏斗中成熟起来，逐渐演变成近代西方民主体制国家。

而在与西欧相望的，处于欧亚平原的东部欧洲，在西罗马帝国灭亡之后，仍然在东罗马帝国治下度过了一千年。拜占庭帝国虽然有过辉煌的历史，但东欧而后又沦落于奥斯曼帝国治下。与此同时，一个新兴起的沙俄帝国也开始参加对东欧地区各民族的奴役与掠夺。在这些野蛮、残忍的帝国的反复蹂躏之下，欧洲东部地区的各个民族大多数未能在压抑下得到张扬性的发展，它们没有能够像西欧地区的法兰西、盎格鲁-撒克逊、德意志和意大利等民族那样强盛起来，只能成为弱小的受压迫民族。因此，它们在此基础上组成的民族国家，也只能是难以成熟的弱小国家。

第二，社会经济发展西快东慢，物质文明水平差距拉大。民族和国家的发展，促进了西欧地区经济上的发展。西欧地区遍布河流，面向海洋，这种优越的自然地理条件有利于商业往来和形成经济中心，有助于培育西欧年轻的资产阶级海外扩张的特性。在以武力为后盾的政治经济扩张野心的不断刺激下，西欧的航海技术、军事技术又推动了整个科学技术的全面发展。世界近代史上的西欧列强正是这样兴盛起来的。与此相对应的是，东欧地区的内陆国家大部分长期处于异族帝国统治下，受地理条件的差异和帝国的限制，封闭、保守、落后成了它们的共同特点。当西欧资本主义兴盛的时候，东欧国家的经济却难以发展,长期处于落后的农耕时代。拿城市发展来说,早在15世纪末,西欧的巴黎、那不勒斯、米兰、威尼斯的居民就超过了十万,伦敦、科隆、安特卫普、里昂、里斯本的人口都在五万人左右;而在东欧,直到18世纪初,一些主要国家首都的人口才不过三至五万。[①] 进入近代以后,东西欧之间物质文明水平差距越拉越大。

第三,东西欧宗教文化的分野。西罗马帝国灭亡以后,为了争夺势力范围,原已分属东西两个教区的基督教世界互不相让,欧洲西部以"普世性"自许,称"公教",即天主教(拉丁文明)为主,东部以"正宗"自居,称"正教",即东正教(拜占庭文明)为主,竞相要取得东欧斯拉夫人的信仰。从8世纪到10世纪,今日东欧地区的捷克、波兰、匈牙利、克罗地亚和斯洛文尼亚等民族,接受了拉丁文明,归属了罗马天主教。到13、14世纪,波罗的海的爱沙尼亚人、拉脱维亚人和立陶宛人[②]也加入了这个行列。但在这个时期里,拜占庭文明的东正教却打开了一个比其余欧洲地区合起来还要大的教区:988年,俄国大公接受洗礼皈依东正教。同时,塞尔维亚、保加利亚、黑山、马其顿和罗马尼亚也选择了东正教。[③] 另外,在奥斯曼帝国统治下,阿尔巴尼亚和波黑的部分斯拉夫人被迫放弃了基督教,转而信奉伊斯兰教。此时的基督教大分裂,与西欧中世纪的黑暗和拜占庭文明的兴盛直接有关。在当时的东正教信徒看来,西欧的日耳曼人、法兰克人、盎格鲁－撒克逊人简直就是粗鄙的野蛮人,是一群由腐败的主教所领导的文盲及暴乱的俗辈。1043年,迈克尔以拒绝听命于罗马教皇为条件接任东正教君士坦丁堡教宗职务。1054年罗马教皇利奥九世去世后,基督教正式分裂。

[①] [英]杰弗里·巴拉克勒夫主编:《泰晤士世界历史地图集》,生活·读书·新知三联书店1982年版,第144页。

[②] 1387年,为了继承波兰王位,立陶宛公国——欧洲最后一个不信教的国家皈依天主教。

[③] [美]威尔·杜兰:《世界文明史(信仰的时代)》,幼狮文化公司译,东方出版社1999年版,第750—751页。

如果从宗教文化的分野来看，今天意义上的东欧和西欧，情况很不一样。在西欧，尽管到16世纪又经历了宗教改革，出现了"新教"与"旧教"之分，但以基督教教义和思想为主的文化属性没有太大差异，应当说，整个西欧还是一体的。但在东欧就不一样。不同的民族和国家，大致分属西欧天主教拉丁文明、东正教拜占庭文明、伊斯兰教文明等三种文明，这三者之间的区别就太大了。

从这段东西欧文明的历史回溯，可以得出一个简单的结论：东西欧文明同源不同流。如果同意这个结论，从地理概念和历史文化概念上讲，对于"回归欧洲"这个提法就不好随便地呼应了，因为其中有不少值得推敲的地方。从地理概念讲，本来就谈不上"回归"，因为没有人说东欧不属于欧洲。从历史文化概念讲，首先，逻辑上就不通。东西欧文明同属欧洲文明的两个支流，其源头都是希腊文明和罗马文明，如果笼统地说东欧"回归欧洲"，等于确认西欧文明才是欧洲文明的正统。其次，即使东欧"回归欧洲"，从宗教文化角度讲，也难以相信东欧的东正教徒和伊斯兰教徒能够"回归"西欧的基督教。最后，俄罗斯也应当属于欧洲文明的一部分，如果"回归欧洲"成立，不管是东欧还是西欧，都应当同意接纳俄罗斯"回归欧洲"，但是，它们谁也没有表现出这种热情。因此，"回归欧洲"的提出，有东西欧之间的历史情结问题，不过，这只是一部分，甚至不是主要部分。那么，应该怎样看待"回归欧洲"的真实含义呢？

"回归欧洲"的真实含义

东欧与西欧的概念划分是历史的产物。在漫长的历史演变过程中，人们得出了东西欧的地理概念和历史文化概念。在谈到"回归欧洲"时，既然地理概念不是动因，历史文化概念也只是部分起作用，那就切忌忘记东西欧分界还有一个政治概念。这个政治概念是在第二次世界大战末期酝酿，在大战结束之后的东西方冷战中形成的。战争结束时，美国和苏联以它们各自的实际军事占领区为界，先是德国被分成东德和西德，接着欧洲就分成了东欧和西欧。在国际政治术语中，人们习惯于将欧洲西部的资本主义制度国家称为西欧，将东部社会主义制度的国家称为东欧，欧洲成了以美国为首的西方联盟与以苏联为首的东方联盟对抗的阵地。这就是东欧和西欧政治概念的来由。也正是这个政治概念上的东欧与西欧，成了"回归欧洲"的最直接动因。

首先是政治制度的选择，历史上，东欧地区长期就是各个帝国侵略、掠夺和控制的对象。在各个帝国长期的东西方争夺中，东欧地区要么成为向外扩张的跳板，要么成为防御进攻的牺牲品。第二次世界大战后又被强制性地纳入与美国对抗的苏联势力范围近半个世纪之久。东欧地区的民族性得不到张扬，人民生活得不到改善，民族自尊在压抑下受到伤害，国家主权受到削弱，毫无国际地位可言。为了摆脱苏联控制，东欧国家在战后几十年里有过多次尝试，直到1989年的政治剧变。①

1989年的东欧政治剧变，首先改变了东欧地区民族和国家的精神面貌和政治制度，随着两个德国的统一和苏联的解体，东西欧之间版图上存在几十年的政治分界线被彻底抹去了。其实，"回归欧洲"的呼声，最初只是东欧人对未来的向往和对过去的憎恨这两种感情的宣泄。在经过最初的几乎疯狂的宣泄之后，他们才对弗朗西斯·福山的"历史的终结"论作出理性的回应。福山强调，作为一个统治体系的自由民主的正统性，正在成为世界共识。自由民主可能形成"人类意识形态进步的终点"与"人类统治的最后形态"，构成"历史的终结"②。而欧洲正是西方自由民主的正统代表，是西方自由民主的发源地。既然自由民主制度是人类的最终社会形态，东欧人做出了政治上的选择，摒弃了苏联式的社会主义中央集权制，确立了欧洲的议会民主制；摒弃了社会主义的单一计划经济管理体制，选择了欧洲的市场经济管理体制。正是在这种政治背景下，"回

---

① 20世纪50年代的波兰、匈牙利事件，60年代的捷克事件，都应当是这种尝试。
② Francis Fukuyama, "The End of History?" *The National Interest*, Summer 1989.

归欧洲"成了推动东欧国家向西欧民主政治转型的有力口号。

其次是安全方面的考虑，东欧剧变后不久，原来维系苏联东欧集团的华沙条约组织和经互会就不存在了，历来只有依附于大国卵翼之下才有安全感的东欧弱小国家，好像一下子掉进了真空地带，四周茫茫，无所依托。来自两个方面的安全问题迫在眉睫。

一是东欧国家自身的安全问题。东欧地区历史上民族宗教问题复杂多变，多次战乱又遗留下许多边界领土争端。比如罗马尼亚与匈牙利、捷克与斯洛伐克、阿尔巴尼亚与南斯拉夫之间的民族问题和领土问题，过去被东西方两大集团的对抗局势所掩盖，如今无所约束，民族宗教冲突像开闸放水一样来势汹涌。特别是在巴尔干地区，民族宗教冲突不仅分解了南斯拉夫，还导致了战乱。东欧国家虽然也想通过谈判和缔约自己解决问题，但因为问题复杂，积重难返，不可能完全自己解决，又害怕问题激化难以收拾，因此寄希望于参加欧洲现存的两大国际机构北约和欧盟，以求东欧的安全和稳定。

二是担心外来威胁。东欧历来是东西方大国争夺的"软腹"，特别是波兰，近代以来曾三次遭到瓜分。如今，德国和奥地利已在北约和欧盟的管束之下，尽管东欧人仍对统一后的德国心有余悸，但来自这方面的威胁毕竟是出于对过去的回忆，并不是现实。东欧国家担心的是来自俄罗斯的威胁。东欧剧变和苏联解体以后，俄罗斯成为欧洲唯一不受盟约约束的大国。根据历史教训，东欧国家更是害怕这个过去的"家长"对自己"离家出走"的行为实施报复或惩罚。东欧国家认为，面对俄罗斯的威胁，只有北约和欧盟主观上愿意、客观上有能力使自己获得足够的安全。因此，必须回归以北约和欧盟为代表的欧洲。

当然，"回归欧洲"的提出，还包含着东欧国家对欧盟的经济利益的需求和期盼。这就是说，东欧国家以参加北约和欧盟为主要内容的"回归"言行，不是什么简单的历史文化情结问题，而是东欧人夹杂着历史文化情结的政治情感的宣泄和政治目标的表达。

"回归欧洲"以后

北约和欧盟的扩大并不是到此为止,"回归欧洲"也不能说业已完成,因为还有东欧国家在为入盟而努力。但这次有如此多的东欧国家同时加入北约和欧盟,应该说是东欧剧变以来"回归欧洲"的一大成功。无论是对欧洲还是对世界来讲,它的影响都不可低估。

对北约和欧盟两个联盟来说,这是一次最大的精神肯定。从东欧剧变到现在,在"回归欧洲"行动中,北约和欧盟都先后接纳了十个新成员。北约的势力范围扩展到从波罗的海到黑海的广大地区,欧盟的势力范围扩展到波罗的海和地中海中东部。两个联盟同时东扩产生了共振效应:无疑是向世界证明北约和欧盟不可替代的国际地位和作用,以及在后面支撑它们的西方自由民主原则的吸引力。它等于驳斥了自华沙条约组织解散后对北约必要性的种种质疑,并为北约从大西洋化到全球化、从纯军事化到政治化的转变提供了实证支持。它也表明,在欧盟发展过程中扩大与深化这一对矛盾不只是起阻碍作用,尽管谁也说不清未来的大欧洲是什么样,但它毕竟向世界展示了大欧洲以它合适的形式出现的可能性。而对刚入盟的新成员国来说,它们借此实现了"回归欧洲"的政治目标,使国家政治制度在向西方自由民主转轨的基础上进一步稳定。它们不仅从北约和欧盟获得双重安全保证,从欧盟获得经济利益,还以新盟友的崭新面孔出现在各种各样的国际舞台上。当然,通过东扩实现的"回归欧洲"给两个联盟带来的不只是正面效应,联盟内部会因新成员的不同情况带来新的问题和麻烦,比如利益分配和经费开支问题,内部机制改革问题等。不过,就目前来说,这些"内忧"还远不及"外忧"来得快。两个东扩,实实在在地影响了欧盟与俄罗斯、俄罗斯与美国、美国与欧洲之间在欧洲的大三角关系。

欧盟与俄罗斯同欧盟成员国签订有"伙伴与合作协定"。欧盟这次东扩的十个国家中,有七个是苏联的盟国或加盟共和国,俄罗斯同它们有较密切的经济关系,特别是像波兰、斯洛伐克等。俄罗斯一直担心，东扩后这些国家要实施欧盟的统一关税，俄罗斯的经济利益会受到损害。俄罗斯向欧盟要求补偿，正式提出"保护俄经济利益"的十四点建议，其中包括提高俄出口欧盟的钢材、粮食配额，扩大优惠范围等，并且提出将公民签证便利[①]和支持加入世贸组织一并解决。不然，将不同这些国家签署"伙伴与合作协定"。欧盟在表示愿同俄罗斯讨论各种问题、包括东扩带来的负面影响问题的同时，坚持认为欧盟的"历史性扩大将拉近欧盟与俄罗斯的距离"，拒绝俄罗斯为与新加盟国家签署伙伴协定提出先决条件，并威胁对俄进行制裁。

但俄罗斯对"拉近距离"的感受是另一番滋味。俄罗斯早就像东欧国家一样表示要"回归欧洲"，但一直得不到热情的回应。现在，对俄罗斯怀有特殊离异情绪的东欧国家已经"回归"，欧盟将势力扩展到俄罗斯门前，有了共同边界。如果与北约东扩到门前，也有了共同边界联系起来看，俄罗斯的紧张情绪和压力会陡增。不过，俄罗斯对欧盟东扩的反应总体上还是平静的。因为它意识到，俄罗斯的发展离不开欧盟，它也看到欧盟对俄罗斯的政策与美国有区别。因此可以说，对欧盟东扩，俄罗斯是在复杂心情中的平静反应。然而，对北约东扩就不一样了。

俄罗斯与美国

自从华沙条约组织解散以后，俄罗斯对北约一直高度警惕。它也曾做过加入北约的试探，希望能汇入"回归欧洲"的潮流中去，一旦无望，即历数北约不应该继续存在的理由，并坚决反对北约东扩，特别是反对苏联的盟国、加盟共和国和独联体国家参加北约。1999年，北约不顾俄罗斯的反对接纳了波兰、匈牙利、捷克，俄罗斯在无奈中转而同北约提升关系，希望通过建立新型合作关系扭转

---

① 俄罗斯的加里宁格勒因波罗的海三国和波兰加入欧盟成了俄罗斯在欧盟的一块"飞地"，如果实行欧盟的签证制度，将对来往于俄罗斯与"飞地"之间的公民极为不利。

俄罗斯面临的安全困境,但坚持认为北约东扩是一个错误。

北约进一步东扩是美国坚定不移的全球大战略方针。美国已经意识到,其全球战略要想得到落实,不仅不能依靠联合国,也不可能依靠欧盟,只有依靠在自己控制之下的北约才有可能,它必须接纳更多的新盟友。从这个意义上说,北约的不断扩大,也不是完全针对俄罗斯的。但是俄罗斯的的确确感到了安全方面的威胁。现在,俄罗斯不仅同北约有了直接的军事边界,而且,北约已决定在边界一侧加强军事设施和增派军力,是否部署非常规武器也成了令俄罗斯担心的问题。使俄罗斯更不安的是,北约的东扩还没有结束,还有乌克兰和高加索、中亚地区的苏联加盟共和国也要求加入北约。所以,俄罗斯认为北约东扩是对俄的现实威胁,无助于欧洲安全,只能增加不信任感。可见,在"回归欧洲"中实现的北约东扩,帮助美国进一步围堵了俄罗斯,东欧国家在东扩中有了安全感,俄罗斯却丧失了安全感。俄罗斯调整军事战略部署,增强军事防御能力势在必行。

美国与欧洲关于欧美分歧,西方学者这几年说得已经够多的了。查尔斯·A.库普骞认为,下一次文明的冲突将不是在西方和非西方之间,而是在美国和欧洲之间。他预言,欧盟将不可避免地成为美国的主要竞争对手。弗朗西斯·福山认为,美欧在世界观上将出现鸿沟,导致西方分裂。罗伯特·卡根将美国人描绘成来自火星,欧洲人来自金星,认为他们几乎没有共识,将会越来越不理解对方。而最近,关于美欧利用北约和欧盟相互较劲的评论也不断见诸报端。[①] 当北约完成这次最大规模东扩,俄罗斯正焦躁不安的时候,德国和法国首脑相继出访莫斯科,有人说是去"安慰"俄罗斯,有人说是为了抵消北约东扩的影响,显示欧洲人自己团结的信心。[②]

北约和欧盟东扩,如果从"回归欧洲"这个角度来看,目标应

---

① David P. Callo, "Transatlantic Folly: NATO vs、the EU," *World Policy Journal*, Fall 2003.
② Laure Mandeville, "Les relations entre Paris et Moscou au beaufixe," *Le Figaro*, Lundi 5 avril 2004.

该说是一致的。无论北约还是欧盟都是为了实现西方的自由民主价值观，在东欧国家推行民主化和市民社会化。这次北约东扩和欧盟的新成员大幅重叠也说明了这一点。北约和欧盟是战后西欧稳定发展的两大支柱。北约提供了军事安全，欧盟提供了经济基础，两者合起来构成了西欧的政治稳定。但是，冷战结束以后，由于美欧之间在理解自由民主价值观和推行自由民主制度以及许多具体问题上产生了深刻的分歧，为了保障自己的战略主张得到有效实施，美国竭力弥补北约的政治属性，欧洲竭力弥补欧盟的军事属性。这样，北约和欧盟在不知不觉中就滋长了一种新的功能，即分别成为被美国和欧洲利用来向对方施加影响和压力的工具。这是今后研究美欧关系时需重视的一个观察点。

（原载《国际经济评论》2004年第3期）

1937—1947：战争—世界

端木美

法国伽利玛出版社（Groupe Gallimard）2015年4月隆重推出《1937—1947：战争—世界》（*1937 - 1947 La guerre—monde*）一书，该书分上下两卷，由法国著名国际关系史专家罗伯特·弗兰克教授、抵抗运动史专家阿丽亚·阿格兰教授联袂主编。同时，集聚了法、英、德、意、加、奥等国50余位历史学家、哲学家和政治学家。跨学科国际团队联手打造这一重大学术工程，是为了阐明三个主旨：二战范围涉及全世界，特别是非洲和亚洲；全球化进程改变了二战时间和空间的范围和表征；这场战争本身就是一个世界。

东北抗战属于二战范畴

"这场冲突因在世界其他区域蔓延而具有全球性质"，书名鲜明地标出"1937—1947"，也与欧美历史学家把二战界定为1939—1945年不同。

书中明确指出，这场殃及世界的战争实际开始时间远早于1939年9月纳粹入侵波兰，即1931年在中国东北，1935年在埃塞俄比亚，特别是1937年中国爆发的全面、大规模的抗击日本入侵的战争。这在西方史学界比较罕见。书中界定的战争结束时间略有延长，确定为1947年2月10日，苏、美、英、法等战胜国与战败轴心国成员，在巴黎签署有关领土、经济赔偿的和平条约。之后，从同年3月宣布的杜鲁门主义到6月5日马歇尔在哈佛大学毕业典礼上发表演讲，出台战后援助欧洲复兴的计划，盟国被视为由此而分裂成两个集团。战争之后的世界并非和平的世界，而是美国与苏联进入冷战时期。因此，全书把1947年定为二战结束、冷战开始。

开放式的写作风格

基于撰写该书的三个主旨，编者指出，二战不仅跨越国门边界，而且在多国内部引发内战，参加战斗的涉及平民、军人、游击队和正规军。全书从全球和地区、海上与陆地、乡村和都市等不同层面展开叙事，对不同层次事件的认知与观点贯穿全书。其中，"导论"将篇幅大小不同、写作风格迥异的章节分成四部分，指出每部分均为开放式的内容，有助于读者思考。

首先，"进行战争"，从政治战略角度设计战争活动。其次，"制造战争"，用前所未有的形式掩盖意识形态侵略和军事战争，诸如针对犹太人灭绝种族的大屠杀等。再次，"战争生活"，讲述当战争使得日常生活失去寻常规律时，与战争共生的方法。最后，"战争遗产"，说明由于战争，当今世界与数百年的国际体系断裂，该体系1515—1945年间由某些欧洲强国组成的俱乐部掌控，之后则长时期由两个超级大国左右直至1991年。这期间国际体系实现非殖民化，产生了新的金融货币机构，同时也具有了新的哲学和法律体系。

维希再分析

全书对多年来的一些热点问题和敏感问题做了严肃的再思考。二战研究中引起最大关注和热议的，是令学界、政界均感敏感棘手、民众争议最大的历史遗留课题。如维希政府在营救法国犹太人免受纳粹迫害中起到的作用等。巴黎政治学院教授、维希时期历史学家克莱尔·安德里约在书中指出，包括历史学家在内的许多人，对二战中营救犹太人的问题仍然了解不够。因为不仅是主持正义的人士和教会组织的勇敢行动，能拯救一批法国犹太人免受集中营之灾；

维希政权如同意大利、保加利亚和罗马尼亚这些"德国卫星国"一样，既是犹太人的"屠杀者"，也是他们的"营救者"。她严肃指出，这样承认历史事实丝毫没有为维希政府翻案的目的。她说，1940年起维希政权颁布反犹法令，从1943年夏天起，德国纳粹对维希政权施压，要其接受一项剥夺1927年后加入法国籍犹太人国籍的法令，维希政权开始顶住压力，地方行政部门试图保护被送往集中营的法国犹太人。此外，她认为，1942年底开始头脑清醒者渐渐看出德国不可能在这场战争中获胜，他们出于对前途考虑而参与救助犹太人。总之，作者在书中以历史文件和实例，阐述了欧洲多国在营救犹太人过程中有细微差异的情况，指出其中不乏偶然性。

研究立足人民

在这部完全由欧美学者撰写的二战全球史中，涉及亚洲战场的内容有5章。主要执笔人之一巴黎第一大学当代亚洲史研究中心主任于格·戴和特教授指出，亚洲战火最初仍属地区性冲突，直到1941年底太平洋战争爆发，战争超越了中日冲突，才演变为真正的世界大战。他用较大篇幅痛陈日本在南京大屠杀中的罪行，以及在中国其他城市和地区发生的战事等。其中，还描述了今天中国政府与人民在南京等地保存的战争记忆，将读者带入从历史到现实的生动画面和真实感受。

作为在重大历史题材上跨国、跨学科学者通力合作创新的典范，该书问世以来引起学界、媒体及广大读者的高度关注。主编罗伯特·弗兰克教授不仅把国际关系史研究定格于国与国之间，而且强调要立足人民，认为在国际生活中对这些深层次力量的分析，有助于厘清各国对外政策决策过程中纷繁复杂的思路。他还以一名国际关系史专家的眼光，批判地看待欧洲中心论，该书就充分表达了这一思想。

（原载《中国社会科学报》2015年8月13日007版）

"火"的思想史和化学史

李文靖

在现代科学中,"火究竟是什么"已经不是一个需要研究的问题。刊于1975—1999年《科学》的研究论文中以"火"为主题的只有19篇,而这些文章多讨论森林火灾,只有一篇针对燃烧现象的本质。[①] 在帕廷顿(J. R. Partington)的《无机化学》一类普及化学课本中,也没有"火"这一章节。现代科学家测量热、讨论光和磁,却极少研究火。可以说,"火"几乎不在现代科学的问题域之内,不成其为现代科学的对象。

然而,西方思想史上的情况却绝非如此。从古希腊自然哲学、中世纪基督教、近代早期科学革命及至18世纪启蒙运动,"火"作为一个重要的哲学概念贯穿始终。它是历史上的思考者在认识自然、审视人类自身的诉求中急迫解决的首选问题之一,承载着特殊的认识意义。更为重要的是,它始终保有"活的""有生气的""引发变化的""主导性的""施加运动的""生成的""创造性的"一类含义,即"火"是一个独特的施动者,它促使变化的发生,主导变化过程。

一 思想史上的独特施动者

"万物因火而变;火因万物而变"[②],赫拉克利特(Heraclitus of

[①] Bumb, "Trace Chemistries of Fire: A Source of Chlorinated Dioxins", *Science*, Vol. 210, No. 4468, October 1980, pp. 385 – 390.

[②] T. M. Robinson, *Heraclitus Fragments*, Toronto: University of Toronto Press, 1987, p. 55.

Ephesus, c. 535 – c. 475 BC）的"存在即变化"思想中有一个居于其核心地位的"火"概念。在赫氏看来，所有的存在都在不断变化，在下一个时刻都不是原来的自身，唯有变化本身是真实而本质的，所以暗含于各种普通物质之下的本原物质须得具备看似不变、实则变化的特性。而燃烧的火焰不断吞噬燃料而消耗的样子看起来恰好反映出这种特性，因而世界的本原是"永生的火"。不仅如此，赫拉克利特残篇中还提及"灵魂（此处即指'火'）消亡而化为水，水消亡而化为土，土复生水，水复生灵魂（火）"和"火先化为海，海的一半化为土，土的一半成火焰"[①]。这些表述暗示出："火"既是变化过程的起始点，也代表了变化的目标和方向。

在亚里士多德（Aristotle, 384—322 B. C.）的物质理论中，"火"是组成世界的四个基本元素之一。亚氏将物质（matter）比作食物，将与物质相伴的形象（figure）或者形式（form）比作进食者（fed），并指出"火"是"火""气""水"和"土"四种元素当中"唯一的进食者（fed）"，因为"只有火接近形式，或者说火比其他所有简单物质更接近于形式，因为它依其本质接近极限"[②]。由于亚氏预设了物质—形式的张力关系（即形式和物质的结合产生运动或者变化，物质力求实现形式、为形式的存在所激发而活动），而"火"元素居于最高的天然位置，因而在元素嬗变（come-to-be 和 passing-away）过程中具有优先性。

"热"也是亚里士多德的一个重要概念。亚氏指出，四种性质的变化主导了物质的变化过程。"热"和"冷"两种性质是积极和主动的，"干"和"湿"是消极和被动的，而冷不过是热的缺乏状态。他特别指出：热的功能是"将同类的东西结合在一起"，从而产生"将异质的东西排除在外"的效果。[③] 不仅如此，"热"的作用显得

[①] T. M. Robinson, *Heraclitus Fragments*, Toronto: University of Toronto Press, 1987, p. 29.

[②] Aristotle, *On Generation and Corruption*, trans. by H. H. Joachim, 1922, Book II, part. 8. http://classics.mit.edu/Aristotle/gener_corr.2.ii.html, 1994 – 2009.

[③] Aristotle, *On Generation and Corruption*, trans. by H. H. Joachim, 1922, Book II, part. 8. http://classics.mit.edu/Aristotle/gener_corr.2.ii.html, 1994 – 2009.

功能强大而作用方向明确，亚氏在《论天》中论及催熟、沸腾、烘烤、固化以及腐坏等一系列具体变化过程。①

在亚里士多德的论述中，"火"是一种具有一定形式（form）特质的物质元素，而"热"是一种在具体物质变化过程中扮演动因角色的具有本原特质的性质，两者之间的区别是明确的。但是，在后来他人的著述中，"火"和"热"的区分显得模糊。公元5世纪亚里士多德著作的注释者、亚历山大里亚最后一代非基督教哲学家奥林匹奥德鲁斯（Olympiodorus the Younger, 495—570）直接称"火"是"第一动因"②。而这一说法在后来的炼金术传统中被不断强化。

亚里士多德有关运动变化中主动与被动两种基质的划分被斯多葛学派继承。斯多葛派认为，形式和物质都是有形体，形式由一种比较精细的材料组成，物质由粗糙的材料组成。由此，他们将运动变化的来源归于一种具体有形的火。火因纯净程度不同分为不同种类，并在各个领域发挥不同作用：天宇中充满火物质，地面上则遍布着另外一种火。宇宙从原初的圣火演化而来，气、水和土生于火，火渗透于这些较低级的元素之中，四种元素组成自然物质。火是塑造性的力量，驱动和改变其他普通的物质，它在无机界、植物界、动物界和人类活动中发挥不同的主导力量。

古代自然哲学中的"火"到了中世纪开始成为对上帝的神性的比喻。流行于公元5世纪的基督教读本、署名为丢尼修（Dionysius the Areopagite）的《论神圣等级》中指出"火的样子最大限度地昭显着上帝的神圣意志"，因其"存在于万物、穿透万物却不与之混同"，"它所向无敌，不与别的东西混同却能够分离其他的东西，不可改变，不断上升、穿透一切、地位崇高；它不屈从于任何低级的东西，不断运动，自我推动，并推动其他任何东西"③。此文中用火比及神

---

① Aristotle, *Meteorology*, trans. by E. W. Webster, Book Ⅰ – Ⅳ. http：//classics. mit. edu/Aristotle/meteorology. html, 1994 – 2009.

② Robert Bartlett, *Real Alchemy, A Primer of Practical Alchemy*, NP, USA：Quinquangle Press, 2006, p. 60.

③ Dionysius, *The Works of Dionysius the Arepagite*, trans. by John Parker, London：printed by John Parker, 1897, pp. 56 – 57.

性的提法影响了后世。

到了文艺复兴时期,库萨的尼古拉(Nicolas of Cusa)在《论有学问的无知》论及"土之于火就像世界之于上帝"。他说:"一切由土所生的事物好像无不是借助于火的这种或那种作为才得以存在,而且,事物形式的多种多样,似乎反映了火的功绩变化无穷,因而上帝从古时候就被称为'绝对消耗他者的火(absolute consuming fire)'。"① 以菲奇诺(Marsilio Ficino,1433—1499)为代表的新柏拉图主义者更进一步突出了"火"和"光"的概念。在《论太阳》一书中,菲奇诺提出:太阳为上帝的次子(他认为长子应不可见、地位高于次子),而太阳释放的光与热是上帝创造和掌管万物以及传递善的方式。

近代早期科学革命开始,随着伽利略(Galileo Galilei,1564—1642)区分物质的第一性和第二性,学者们开始有意识区分火的经验现象和导致这种现象的某种未知本质,指出"火非热,雪非冷,蜜非甜"②。根据这一时期的表述,"火"一词是对发光发热的一类经验现象的总称,"热"一词指更为具体的一种感官感受,所指范围小于"火"一词;至于导致火或者热现象的未知的本质,从学术意义上可被称为"火"。

那么"火"的本质究竟是什么?这是近代早期自然哲学家不断追问的一个问题。培根(Francis Bacon,1561—1626)通过对燃烧过程的研究来实现他的经验科学方法论。他将气态物质分为不纯气体物质、固定气体物质和纯气体物质。所有类型的烟都属于不纯气体物质。烟又分为金属和矿物煅烧产生的烟、干燥物质燃烧产生的烟以及在可燃物燃烧的火焰之后产生的"后烟"。培根认为,物质燃烧产生的视觉火焰与大气一样,是一种特殊的纯气态物质。在"论火焰的神秘性质"的实验当中,培根将蜡烛置于烛台,烛台置于一碗

---

① Nicolas Cusanus, *Of Learned Ignorance*, trans. by Germain Heron. London: Routledge & Kegan Paul, 1954, pp. 119 – 120.
② Thomas Reid, *Inquiry into the Human Mind: on the Principles of Common Senses*, London: Printed by Thomas Reid, 1769, p. 42.

酒精之中,同时点燃蜡烛和酒精,以此对比蜡烛燃烧产生的火焰和酒精燃烧产生的火焰的形状、大小和样态。[1] 而在欧洲大陆,笛卡尔(René Descartes,1596—1650)将火作为涡流物质理论的一个例证,指出火是由于地面上的物质被扯成碎片又被卷入最精微的物质颗粒的急速运动之中所呈现出来的一种状态,这种最精微的物质颗粒是"第一元素"(le premier élément)。[2]

1699年,巴黎科学院在《学院论文集》首版刊出马勒布朗士(Nicolas Malebrache,1638—1715)的《有关光、颜色以及火的产生的思考》一文。[3] 此文应和了笛卡尔有关火的理论,并提出一个更为精细的小涡流解释模型。到了18世纪中期,对于"火"的研究成为法国科学界笛卡尔派与牛顿派论战的焦点。1738年,巴黎科学院举行了一次以"火"为主题的有奖征文,伏尔泰(François-Marie Arouet de Voltaire,1694—1778)以《论火的本质及其传播》("Essai sur la nature du feu et sur sa propogation")一文获奖,标志着牛顿物理学在欧洲大陆的胜利。

随着启蒙运动的展开,上帝的权威受到削弱,人的主体地位上升,"火"所特有的"主动性""主导性"不再单纯是对神性的比喻,而开始和人性联系起来。在高乃依(Pierre Corneille,1606—1684)的作品中,"火"不指上帝的慈悲,而是指个人之间的情爱。这一新的联系影响不小,例如伏尔泰论及,"火"这个词用复数形式比用单数形式显得更文雅。伏尔泰还指出:当用"火"一词形容一个人的谈话时,指其表达生动活泼、神形兼备,文学作品中的"火"指一种激愤活跃的张力和冲突以及有多个人物展示其急迫的想法。[4]

"火"还是启蒙思想运动中的一种时髦、一种公共知识。卢梭

---

[1] J. R. Partington, *A History of Chemistry*, Vol. 1, London: Macmillan, 1961, pp. 389-345.

[2] René Descartes, *Principles of Philosophy*, trans. by V. R. Miller and R. P. Miller, Boston, D. Reidel: Dordrecht, 1983, pp. 219-236.

[3] Nicolas Malebranche, "Reflexions sur la Lumiere et les couleurs, la generation du feu", *Histoire de l'Académie Royale des sciences…avec les mémoires de mathématuqie et de qiysique…tirez des registres de cette Académie*, Paris, 1699, pp. 22-36.

[4] Denis Diderot, *Encyclopédie*, Vol. 6, Paris, 1753, p. 648.

(Jean-Jacques Rousseau, 1712—1778) 在其为数不多的科学作品之一《化学制度》(Institutions Chymiques) 一书中讨论过"火"。而卢梭的哲学家朋友霍尔巴赫 (Paul Henri Thiry d'Holbach, 1723—1789) 翻译了斯塔尔 (Georg Ernst Stahl, 1659—1734) 的《论硫》(De Sulphur)，并将他的"燃素"概念引入法国学界。卢梭的化学知识来自18世纪五六十年代巴黎最出名的公开课之一：鲁埃勒 (Guillaume-Francois Rouelle, 1703—1770) 的化学课。鲁埃勒的化学公开课网罗了包括狄德罗 (Denis Diderot, 1713—1784) 在内的一大批启蒙思想家，而他所提出的"火"、"气"、"水"和"土"四元素理论形式简单、易于传播，在拉瓦锡之前十分流行。

到了18世纪末19世纪初，启蒙大众热衷讨论的公共知识"火"开始降温，科学家们开始更多地关注"热"。研究者承认"火"和"热"都不能够指代他们要研究的那个本质，但是他们实际上更多的时候选择使用"热"一词。"卡路里"作为表述"热"的一个更为精确的术语开始大量出现。1799年，艾金兄弟 (Aikin) 在伦敦开办的化学公开课上，将"火"(Fire) 作为一章的大标题，但是具体内容却是"自由与结合卡路里"("Free or combined caloric")、"潜卡路里"(latent caloric) 和"光"(light)。1824年，卡诺 (Sadi Carnot, 1796—1832) 出版了《论火的动力》(Réflexions sur la puissance motrice du feu)。这部作品在标题中使用"火"一词，起到夺人眼球的广告效应，书中内容却是针对"热"而展开，此书是热动力学的开山之作。自此，思想史上一个十分重要的概念开始失去了它的认识意义。

二 "火"的化学史

"火"的认识意义何以消失？我们可以粗略地说：同"以太"等概念类似，"火"的认识意义经由哲学让渡给近代科学，又被科学在自身的概念框架中逐渐消解了。那么，这个消解的过程是如何发生的？我们不免要追问到历史上接管"火"这一概念的各个科学分支：光学、化学、电磁学和热动力学。其中由于化学具有的实践操作特点以及我们所熟知的拉瓦锡革命推翻"燃素说",化学史与这一概念转变的关系尤为引人注意。

从古代到18世纪中期之前,火作为一种现象和一类实验过程主宰着化学实践,占据了化学实践者几乎全部的视觉体验。正如巴黎科学家的第一代化学家N. 莱默里(Nicolas Lemery, 1645—1715)所说,化学是"火的技术"(pyrotechnia)。[①] 有机物燃烧和发酵(近代早期化学实践者认为发酵是温和的燃烧过程)是普通日常经验,金属和矿石煅烧在炼金术中普遍采用,加热蒸馏技术自亚历山大里亚时期便开始应用。有关蒸馏技术的较早记录见公元50年到70年狄奥斯科里德(Dioscorides)所著的《论医药》(*De Materia Medica*)。普林尼也记录了从树脂蒸馏得到松节油的过程。到了15、16世纪,随着制药业的发展,特别是酒精的大量制取,加热蒸馏技术日臻成熟。1500年,阿尔萨斯的不伦瑞克(Hieronymus Brunschwygk, 1450—1512)出版了专门的《蒸馏之书》(*Liber Distillandi*)。也就是说,在18世纪中期盐化学和溶液方法广泛应用之前,包含煅烧、燃烧、发酵、蒸馏在内的"火分析"方法统治着整个化学实践领域。

与化学实践相对应的是化学哲学,居于两者之间的是具体的化学理论。在近代早期帕拉塞尔苏斯派医药化学兴起之前,"火"的概念在化学理论中是缺失的。这种缺失并不反映为化学著述不提及"火",而是反映在化学著述者对"火"的高度形象化、神化。火被表现为一种令所有变化过程发生的动因。这个动因是神秘的,其作用过程是不可知的。因此,实际操作过程中普遍的燃烧现象在化学理论体系中只对应一个空泛的符号。

这种对应关系典型的例证是炼金术。炼金术士对于蒸馏和煅烧技术的普遍应用和日臻完善是功不可没的,这一点即使是18世纪蔑视传统的化学家也常有提及。而另一方面,炼金术文字著述从公元4世纪希腊文化末期亚历山大里亚的佐西玛(Zosimus)手稿开始,便

[①] Nicolas Lemery, *A Course of Chemistry*, London: Printed for A. Bell, 1720, p. 2.

采用大量隐喻、暗指、图画、符号来描述其操作过程，体现出一个高度抽象而富于神化特征的"火"。"火"的概念为炼金术士的活动提供了意义来源：植物、动物和矿物向着完美状态转化的速度是不同的，转化速度最慢的就是金属和矿石，而炼金术士的任务便是使用火人为地加速金属和矿石的转化，因为火能够使其以远大于在自然界状态下的速度脱去不纯成分。

高度抽象的"火"的概念反映出早期化学的特征。首先，化学实践者没有进入知识界。正如18世纪著名化学家布尔哈弗（Herman Boerhaave，1668—1738）所说，早期化学中之所以谬误重重，首先是因为古代的实践者"身处险境、充满惧怕、心神不定、智识不健、只为艰苦谋生"[1]。其次，炼金术以及其他手工业采用秘传的知识传播方式，传播范围小，只言传身授，对于严整的理论体系没有迫切的要求。因此，化学一方面诉诸哲学，一方面改进技术，而化学理论体系却远未形成。

到了16世纪，这种情况随着帕拉塞尔苏斯派医药化学的兴起而开始改变。由于帕拉塞尔苏斯（Paracelsus，1493—1541）及其追随者强调化学实验对于理解上帝、认识自然以及维护人类自身的重要意义，同时又继承了炼金术中的有关观念，所以近乎自然地强调一个具有化学动因意义的"火"概念。其基本观点为：火是唯一、普遍的分析工具，它将各种普通物质分解还原为硫、汞和盐三种基础物质，即"火证明三种物质的存在，并将它们变得纯洁、干净"[2]。

也就是说，火的使用保证了化学反应的发生，反应的方向是分解而不是结合，分解得到的产物必然是三种基础物质；反过来，由于实验操作得到的物质很容易被化学家指认为硫、汞和盐三种物质，因而他们可以声称火具有特殊的分析功能。这固然是一个循环论证，但是早期化学家似乎不以为意。实际上，"火"的特殊性和三基质理

---

[1] Herman Boerhaave, "Dissertatio De Chemia Suos Errores Expurgante", in *Boerhaave's Orations*, Leiden: Leiden University Press, 1983, p. 34.

[2] Paracelsus, *Essential Theoretical Writings*, trans. by C. A. Weeks, Leiden, Boston: Brill, 2008, p. 623.

论相互支持,这一互惠关系不但是帕拉塞尔苏斯的炼金术的理论基础,而且贯穿了他的哲学、天文学和医学思想。

此时的"火"已经在很大程度上抛去了其神秘未知的色彩,而与帕拉塞尔苏斯的物质理论结合起来,构成了一个反应机制和参与反应的物质体系相互支持的化学反应模型。这个反应模型提供了有关化学反应的知识的确定性、合理性和合法性,而这正是帕拉塞尔苏斯医药化学派在"对哲学的化学改造"过程中竭力追求的目标。

这一化学反应模型从一开始就受到亚里士多德学院派的攻击。16世纪70年代,海德堡大学医学教授伊拉斯谟(Thomas Erasmus,1524—1583)指出,燃烧产物中从来没有找到过所谓的硫、汞和盐。他还提出,应用火的化学过程可能产生多种多样的结果。更为切中要害的批评是:火作用的结果不一定是将物质还原为组成它们的原来成分,"岂能因为肺腐坏而产生脓肿就认为脓是肺的一个组成部分?"[1]

帕拉塞尔苏斯派和亚里士多德—盖伦派围绕"火分析"合理性的论战一直持续到17世纪中叶,双方都积累了大量的实验证据。最终,波义耳(Robert Boyle,1627—1691)在《怀疑的化学家》一书中集中总结了之前近一个世纪的经验证据,大力批判"火是唯一、普遍的分析工具"这一论断,质疑帕拉塞尔苏斯的三基质理论和亚里士多德派的四元素理论,从而为他的微粒哲学扫平道路。也就是说,当波义耳试图推翻原有的两类物质理论的时候,他注意到了并率先攻击这些物质理论与"火"的特殊"动因"意义之间存在的联系。

波义耳对于"火分析"的批判影响极大。N. 莱默里为了保证"火分析"模型依然有效,提出化学意义上的基础物质不同于哲学意义上的基础物质,即无论组成物质的基础物质是什么,化学家只关心火的操作过程中得出了几种基本组分。但是,这样一种调整也没有能够保住"火分析"的合法性,特别是在巴黎科学院布尔德兰

---

[1] Walter Pagel, *Paracelsus: An Introduction to Philosophical Medicine in the Era of Renaissance*, Basle: Karger, 1982, p. 320.

(Claude Bourdelin, 1621—1699) 耗尽一生的植物蒸馏实验宣告失败之后，18 世纪初的化学家翁贝格（Wilhelm Homberg, 1652—1715）等人彻底放弃了"火"分析的模型。

在"火"概念所具有的特殊"动因"意义受到质疑的同时，"火"的另外一个含义并没有被放弃，即"火"的物质实在性，这是在亚里士多德那里就存在的。18 世纪随着机械论的发展，帕拉塞尔苏斯的物质理论中带有神秘主义色彩、半物质半精神的"硫"元素开始成为化学家关注的具体有形的对象。翁贝格、L. 莱默里（Louis Lemery, 1677—1743）、布尔哈弗、鲁埃勒、马凯（Pierre Joseph Macquer, 1718—1784）和韦内尔（Gabriel François Venel, 1723—1775）都将"火"作为一个重要的问题加以研究。马凯在 1749 年版的《化学基础》中列出了化学家的研究对象有："元素火"（element of fire）、"太阳物质"（matter of the sun）、"光物质"（the matter of light）、"燃素"（phlogiston）、"火"（fire）、"硫基质"（sulphureous principle）、"可燃物质"（inflammable matter）等。[1] 这些名称往往被化学家交替使用，但是由于各个化学家讨论的理论框架不一致，即便是同一个词语，在不同的著述里面或者同一著述的不同部分所表达的意义也不相同。

一直到 18 世纪最后 1/4 部分，"火"的含义才集中在一般化学史所说的"燃素"上。[2] 拉瓦锡认为"燃素"不具有物质实在性，并指出："认为四种元素按照不同比例而组成各种已知物质的理论不过是一个假说，它在实验哲学的基本原理以及化学基本原理还没有建立起

---

[1] Pierre Joseph Macquer, *Elements of the Theory of Chemistry*, trans. by A. Reid, London: Printed by A. Millar and J. Nourse, 1749, p. 7.

[2] 科学史通常认为斯塔尔是燃素理论的开创者，但是斯塔尔在其著述中并不总是使用"燃素"一词。18 世纪化学家科万（Richard Kirwan）在《论燃素》(*An Essay on Phlogiston*) 一书提到，贝克尔（Becher）最先使用"燃素"一词。18 世纪 20 年代德巴赫（D'Holbach）将斯塔尔（Stahl）的《论硫》(*du Soufre*) 翻译为法文，将"燃素"（phlogiston）一词引入法国。帕廷顿在《化学史》一书中引用拉瓦锡的说法；1723 年版赛纳可（Senac）的《新化学教程：追随牛顿与斯塔尔原理》(*Nouveau Course de Chimye, suivant les principles de Newton and de Sthall*) 出版之后，法国化学家开始使用"燃素"一词。到了 18 世纪中期，伽艾勒（Rouelle）在其化学公开课的教学内容中，间或使用"燃素"一词。拉瓦锡与科万进行论战的时候，双方都大量使用"燃素"（phlogiston）、"燃素论者"（phlogistonians）和"反燃素论者"（anti-phlogistonians）等词汇。

来之前很早就存在了。那个时候，人们不掌握事实就建构各种理论体系；而现在我们已经累积了一些事实，如果这些理论体系跟我们的想法不一致，我们大概决意要抛弃这类理论体系了。"①

拉瓦锡要让新的化学语言来传递新的化学理论，他在《化学名称表》中用"卡路里"（caloric）代替一大串旧名词："热"（heat）、"热基质"（principle or element of heat）、"火"（fire）、"燃烧流体"（igneous fluid）、"火物质"（matter of fire and of heat），并且用"氧"（oxygen）代替原来的"脱燃素气"（dephlogisticated air）。

也就是说，尽管很多历史学家以及拉瓦锡本人都认为他的工作绝对超出前人，但是实际上拉瓦锡将"火"在化学理论体系中定位的努力与前人是一致的。他的工作看似将"燃素"逐出了化学体系，但是实际上新出现的"卡路里"在相当意义上保留了"燃素"的物质实在性，同时失去了"火"的特殊的"动因"含义。而对于"卡路里"的物质实在性的证明，拉瓦锡并没有做到。

当我们观察到思想史上存在一个根深蒂固、意味深长的特殊的哲学概念——"火"，又理解了拉瓦锡以及在他之前的化学家将"火"纳入化学理论框架的诉求之后，便可以尝试跳出传统的拉瓦锡革命叙事来审视近代化学形成之初某些暗含的基本观念转折。传统的化学史以拉瓦锡的工作为参照框架评价拉瓦锡之前的化学进展，突出"燃素论被推翻"这一标志性的事件和化学数学化的脉络线索。但是，考察"火"的思想史和化学史则显示出更加复杂的图景。

"火"的概念不但包含"物质"的含义，还具有"动因"的含义，因而拉瓦锡所做的并不仅仅是否定了"燃素"的物质实在性，而拉瓦锡之前的化学家也不是如原来所认为的那样毫无作为。帕拉塞尔苏斯派、波义耳、N. 莱默里、翁贝格、布尔哈弗、L. 莱默里、鲁埃勒、马凯等众多化学家有关"火"的研究，反映出化学合成模式、化学物质体系、化学动因等一系列化学基本概念的形成。在近代化学形

---

① Antoine Lavoisier, *Elements of Chemistry*, trans. by Robert Kerr. Edinburgh: Printed for William Creech, 1790, p. 52 – 54.

成之初，物质名称混乱，物质内部结构未知，对反应机制有多重解释，所以这些基本概念需要相互支撑。它们共同出现在化学家头脑中理解化学反应本身的基本图式当中，才能保证化学知识的合理性和合法性。因而，"火是令变化发生的动因"这一观念在化学家理解化学反应本身的基本图式中所扮演的角色意义和概念变迁，就显示出独特的研究价值。

（原载《自然辩证法研究》2013年第4期）

猎巫运动的衰亡：一个
社会思想史的维度

姚　朋

一　围绕猎巫运动及其衰亡的现代性：两个悖论

猎巫运动的兴起和衰亡体现了现代性（化）的一个悖论，这个悖论就是：现代化既是带来猎巫运动的原动力，亦是消解猎巫运动的终极因。长期以来，我们习以为常地用理性的兴起来解释巫术（猎巫运动）和迷信的衰亡，仿佛理性是光明，而巫术和"不理性"的东西是黑暗，当光明来到时，代表黑暗和龌龊的巫术连同猎巫运动就自然隐退了。然而，这一传统理解无法解释，为什么恰恰在理性大步迈进的大转折时代，猎巫运动却得到了它最强劲的动力？

自15世纪50年代到18世纪60年代，在上帝与撒旦的对立当中，西欧近代早期的猎巫运动获得了合法性和必要性，巫士之所以是恐怖的，是因为获得了撒旦注入的权力，"上帝—上帝的子民"和"撒旦—巫士"之间就是敌对和战争的状态。这看起来像是纯粹的宗教事件，与现代化进程没有什么联系。然而，作为肇始猎巫运动的宗教改革正是西欧现代化的原动力之一，新教革命的内核之一"世界的祛魅"正是猎巫运动的重要内涵，这一内涵日后也是启蒙运动的重要底蕴，即让世界达成理性，把巫术、迷信和不确定的东西从人脑和世界中驱逐出去。按照启蒙运动集大成者康德在《何谓启蒙？》中所指出的，启蒙就是人类"脱离自己所加之于自己的不成熟状态"，人类

"在一切事情上都有公开运用自己理性的自由"①;或者按照启蒙运动健将、现代进步观念的始作俑者孔多赛的经典表达:"人类理性……被迷信纠缠住了,从而在腐蚀它"②,他相信,当理性扬弃了迷信等枷锁之后,将不断获得新的力量,加快获得自由的时刻。其实,这也是启蒙哲学家们所表达的进步,按照乐观的孔多赛的表述,这种进步"将越发接近于囊括真正关系到人类幸福的一切东西在内"③!

因此,围绕猎巫运动的衰亡,这里就有了关于现代性这一悖论的第二层含义,即:因早期现代化进程而起的猎巫运动,为什么恰恰是现代化进程本身让它画上了句号?进而,这一悖论更在于:现代化的力量使得猎巫运动作为一种特殊历史现象衰亡了,但是,为什么现代化、理性和进步并没有让类似的"猎巫运动"、屠杀、大屠杀停步,反而在20世纪出现了阵发性和愈演愈烈的趋势?现代化、理性和进步之后的社会并未按照孔多赛设想的那样,完全在"真理、德行和幸福的大道上前进"。这是为什么?

通过仔细观察和反思猎巫运动的衰亡,无疑将有助于认识这些悖论,并且深化我们对西欧现代性和早期现代化进程的认识。

二 猎巫运动在西欧各国的衰亡

从17世纪晚期到18世纪早期,猎巫运动在西欧各国和地区进入衰亡阶段。1782年,当工业革命正要像当年猎巫运动一样席卷西欧的时候,瑞士的格拉鲁斯发生了近代欧洲最后一起猎巫事件,它标志着猎巫运动的结束。但是,各个国家和地区在猎巫行为衰亡的时间、方式上又存在很大的差异,并非一时在西欧各国以相同的方式自动完成。

可以观察到,如果以整个欧洲为考察对象,从总体上讲,越早进

---

① [美]詹姆斯·施密特:《启蒙运动与现代性:18世纪与20世纪的对话》,徐向东、卢华萍译,上海人民出版社2005年版,第60页。
② [法]孔多赛:《人类精神进步史表纲要》,何兆武、何冰译,生活·读书·新知三联书店1998年版,第127页。
③ [法]孔多赛:《人类精神进步史表纲要》,第187页。

入现代化阶段和实行宗教宽容的国家，猎巫运动的消亡来得越快；而在现代化后进的国家里，猎巫运动的消亡来得慢得多。在很早实现现代化的荷兰，巫术审判在17世纪中期就已经渐趋消亡，而在现代化后进国家波兰，19世纪30年代之后，巫术审判的数量才呈现明显下降的趋势。

从现象上看，猎巫运动的衰亡主要表现在西欧国家从认信主义（confessionalism）国家过渡到绝对主义王权国家之后，当绝对主义王权国家政权趋于巩固的时候，作为国家整合手段和规训大众手段之一的猎巫运动就慢慢地走向衰亡。

以荷兰为例，作为西欧最早的城市化、商业化国家，由于精英阶层较早就达成了一定程度的宗教宽容共识，而且，就总体而言对巫术信仰持质疑态度，因此，猎巫运动在荷兰一直没有什么大的声浪。与此同时，荷兰并未像德意志那样经历艰难的国家整合过程。因此，17世纪中期之后，荷兰少有巫术审判。当然，还应该看到，在近代西欧，荷兰的情况可以说是一种特殊。因为在与西班牙争夺自由权的时候，荷兰已然成为西欧其他国家新教徒、异教徒和无神论者的避难所。荷兰自身所遭受的被挤压的历史使得它具有伊拉斯谟式的人文主义传统，从而使得荷兰成为犹太人、加尔文教徒、天主教徒和其他派别新教徒融合共处之地，是西欧少有的"没有绞刑架的国家"。荷兰的最后一起巫术审判发生在1603年的尼木维根（Nimwegen），之后就再也没有官方的巫术审判了。

在法国，1630年之后，猎巫运动首先在巴黎所管辖的区域逐渐进入消亡，巴黎议会最后一次核准巫士死刑是在1625年。之后，关于巫术信仰和巫术审判的争论进入一个新的阶段。1682年，在路易十四治下，通过了结束巫术审判的法令。尽管法国在法令和形式上宣告猎巫运动的终结，但是，17世纪80年代之后的巫术审判仍然时有发生，1745年，法国结束了最后一起巫术审判。

在英格兰，其猎巫运动的规模始终没有达到欧陆和苏格兰的高度，其衰亡相对也来得较快。1646年，全国性的猎巫运动告一段落，1682年之后就没有公开的巫术审判了，大体上，英格兰从此实现了宗教宽容。尽管之后仍然有零散的巫术审判，但是其中多半都以释放和不了了之而告终。在埃塞克斯，大陪审团的乡绅们以"无稽之谈"的裁决拒绝采信指控者对巫术和恶巫的指证。1736年，议会最终废除了1604年有关惩罚巫术和巫士的法律，从而从法律上宣告了猎巫运动在英格兰的结束。

在苏格兰，不同于英格兰，猎巫运动的规模从人口基数而言堪比欧陆的重灾区。然而，自17世纪70年代开始，枢密院更严格地控制对巫士刑讯逼供，并且从比例上看，越来越多的被控者在审讯后被释放，理由多半是证据不充分，审判者认为她们头脑不清醒或者最后不了了之。[①] 在苏格兰，1690年之后，巫术审判的案子已经比较稀少。因此，1697年，当苏格兰伦弗鲁郡突然爆发较大规模的巫术审判的时候，许多苏格兰人都感到吃惊，因为当时已经少有巫术审判了，而且在20个被审讯的巫士当中，只有7个得到释放，其他13人被处死。与此同时，以苏格兰为例，处死巫士的方式也随着时段有所改变，在17世纪之前，巫士死刑犯多半都是被活活烧死，甚至是在公众场合被活活烧死。到17世纪末，绝大多数巫士死刑犯则是被绞死。在苏格兰，最后一起巫术审判是发生在1706年的高地首府恩华利斯，而之后1727年的多诺克巫术审判则是一起非法审判。

在德意志的许多地区，作为猎巫运动的重灾区，情况要复杂得多，而且巫术审判持续的时段也比英伦要长。尽管17世纪30年代之后，在德意志少有大规模的猎巫运动，但是，巫术审判一直稳定地持续到18世纪。在普鲁士，1728年猎巫运动才宣告结束；在维腾贝格，巫术审判持续到1749年。18世纪一二十年代在弗莱兴和奥格斯堡分别发生了较大规模的猎巫运动。而如果以整个德意志为考察单位，最后一起巫术审判则发生在1775年。

从形式上看，英国议会以正式的法律的方式取消巫术审判也是奇特的。在西欧，更多的国家以无声的方式宣告了巫术审判的结束，继

[①] Ian D. Whyte, *Scotland before the Industrial Revolution: An Economic and Social History 1050 – 1750*, London: Longman Group Ltd., 1995, p. 225.

荷兰和西班牙宗教裁判所之后，法国、俄罗斯和普鲁士都是如此。而到法国大革命之前，巫术审判以一种加速的方式被取消，并逐渐淡出人们关注的中心视野。

三　17、18世纪西欧思想风潮的转向和猎巫运动的衰亡

在宗教改革展开近一个世纪的时候，西欧进入了迈向现代化的大转折核心时代，这个时代伴随着宗教狂热，并且和西欧核心国家迈向认信主义国家和绝对主义王权国家的历程同步。在猎巫运动高潮期的1600年，布鲁诺因异端的罪名被送上了火刑架，这无疑预示17、18世纪将是一个宗教、社会思想激荡的年代，与异端布鲁诺一道被送上火刑架或绞刑架的还有数量庞大的巫士、异教徒、犹太人等。1633年，伽利略与教皇的关系决裂，但是，他的科学探索已经展示了俗人眼中以运动为中心的世界图景，这一图景相较中世纪的世界图景无异于一场颠覆。这个思想激荡的大转折时代在把猎巫运动带到高潮之后，即刻转向了否定宗教的另一个极端，更阔步地迈向现代化，并且为霍布斯鲍姆所谓的始自1789年的"革命的年代"开启了序幕。

猎巫运动的基石在于上帝与撒旦的对立关系，然而，自17世纪中期以来，针对撒旦、巫士的角色定位和能力的看法有了极大的变化。尽管在17世纪前40年，众多的巫术审判在西欧许多地区仍然如火如荼地进行着。然而，自17世纪50年代之后，除了诸如波兰、挪威和芬兰等个别国家和地区，西欧和北欧的猎巫审判数量呈急剧下降的趋势。究其原因，宗教、国家现代化的早期进程既带来了猎巫运动的高潮，而随后现代化在西欧的进展恰恰也带来了猎巫运动的消亡。自17世纪中期以来，关于巫术和巫术审判的大讨论，在西欧成为启蒙运动的先声，并且到后来事实构成了启蒙运动的一个重要组成部分。不但如此，在西欧中部，以巴伐利亚18世纪50年代巫术大讨论为代表的辩论是启蒙运动中最集中的大讨论之一。

其实，早在16世纪中后期，即便在猎巫运动的巅峰时期，对于巫

术审判的质疑和反对声从来就没有停止过,尽管在一片猎巫的喧嚣声中,质疑的声音几乎被完全湮没。16世纪80年代,英国猎巫运动渐入高潮的时候,理论家雷吉纳·斯科特就对撒旦和巫士的威力持怀疑态度,而且质疑猎巫的正当性和合法性。他在1584年成书的《探索巫术》中声称巫术和轻信相连,呼吁有思想的人,尤其是教会人士重新审视巫术观,同时呼吁国家重新考虑对巫术的定罪。他声称,那些所谓的巫士和撒旦之间的盟约其实完全是不可能存在的,而且,那些被指控的巫士绝大多数是"既老且穷且有残疾"的妇女,对于她们的乞讨和施舍的要求,许多人既不敢拒绝又不敢答应,她们是社会中的"他者",更不是什么巫士。对她们的巫术指控则源于无知、轻信和将自己的不幸迁怒到这些可怜的妇女身上。他形象地比喻说,如果巫女是恶魔,真有那么多威力和破坏力,那么,她们为什么会如同常人一样会死亡,连自己都保不住,这就证明,人们对巫士破坏力的指控其实只是一种想象,因为一个老得连牙都掉光,手无缚鸡之力的老妇怎能像人们所指控的那样腾空而起到另一个地方去作恶?[①]

从文艺复兴到猎巫运动的高潮,从来就不缺乏对巫术、巫术信仰的怀疑和否定。16世纪,除了前述的斯科特,对巫术信仰和巫术审判攻击最厉害的还有鬼神学家和牧师约翰·威尔,他16世纪中期的著作《论妖术》就是针对《女巫之锤》的反驳。威尔认为,虽然撒旦的威力和破坏力比人们想象中要厉害得多,但是,从罗马法的角度而言,巫士与撒旦之间的盟约是无效的,因此,巫术罪行也是不成立的。而且,那些无知的妇女虽然承认自己是女巫,但是,她们只不过是因为受错觉的影响而招供。威尔还利用他的医学知识解释说,所谓女巫的恶巫行为其实是自然和医学方面的原因造成的,而且,在很大程度上,巫士有关恶魔罪行的招供都源自子宫的精神抑郁症。总之,对于威尔来说,巫术就是由一些神经错乱的人供出的、在法律上不可能成立的

[①] Reginald Scot, "The Discovery of Witchcraft (1584)", in Alan Kors and Edward Peter, eds., *Witchcraft in Europe 1100 – 1700: A Documentary History*, London: Dent & Sons Ltd., 1972, pp. 315 – 319.

罪行。

颇具讽刺意味的是，斯科特的《探索巫术》其实也是英格兰历史上印刷的第一本关于巫术的书籍，并且如果对照当今西方主流社会对于巫术的看法，与斯科特相比并没有大的不同。然而，早在400年之前的16世纪，在猎巫运动的高潮时期，以威尔和斯科特为代表的思想家对巫术和巫术审判的质疑尽管引起了极大的反响，但是却没能动摇当时猎巫运动的思想根基。归结起来，其首要原因在于，他们的思想远走在时代的前面，并且未能形成一个解释系统，因此未能赢得同时代其他主流思想家和鬼神学家（Demonologist）的支持。斯科特将巫士"造成"的灾难称为"自然现象"，颇类似启蒙之后的机械观，这在当时实在是太超前和离经叛道了！以至于他们被对手斥之为"巫士"，苏格兰国王的詹姆斯六世更是诅咒斯科特是"该死的撒都该人"。究其原因，斯科特生活的年代，正是16世纪后半期宗教分裂的时段，大众还只能用头脑中已有的和新近获得的思维、概念和语言系统来应对骤然变得恐怖的恶魔巫术、异端和非传统的东西，以及最重要的：一个面临分裂和末日的世界。那个时代，人们普遍相信撒旦及其仆从巫士正在向他们的人性发起一次次致命的进攻，而改变这一状况正是16世纪20年代之初的路德和60年代的天主教宣称要进行宗教改革的初衷，并且得到了极其广泛的响应，斯科特们的反对之声只能被湮没在猎巫狂热之中。

与此同时，从写作的技术角度而言，斯科特和威尔无法有效地推卸那些他们所声称的患有抑郁症的老年女巫的道德责任，而且，在时人看来，患有抑郁症的妇女越是在社会中处于无助的境地，越有可能无法抵御撒旦的诱惑，从而成为撒旦的爪牙。还有，作为猎巫运动消亡的前提：宗教宽容在16世纪还远未被认识，更遑论广泛传播和宣讲了。16世纪中后期，不管在欧陆还是英伦，天主教和新教的斗争处于高峰阶段，在西欧核心区域，政教分离、教随国定还远未得到实现，最后通过三十年战争才阶段性地解决这一问题。在这之前，猎巫运动无疑是国家确立自身合法性和打击政治对手的重要手段。从当时正在追求认信主义国家的政府而言，如何管制社会和如何统治是他们考虑的中心问题和难题,正如福柯所指出的,如何统治乃是 15、16 世纪西欧国家面临的最基本命题之一,[①] 猎巫运动因此"应运"成为国家的重要规训手段。

然而,自 17 世纪三十年战争结束以来,新的世界观和思想风潮开始在西欧出现,西欧的社会思想经历了宗教改革以来第二次深化和转向,以完成大转折的后半段。从此,经验主义观察开始大行其道,传统的经院哲学遇到的反对之声越来越高,而经院哲学正是传统鬼神学和巫术猎巫运动的理论基础。新的哲学体系的兴起已经严重地削弱了鬼神学的理论基础,对现象的自然式解释越来越流行,斯科特一个世纪以前的观点逐渐得到大多数鬼神学家、宗教思想家们的肯定,并且被极大地丰富,这无疑从思想根基上动摇了巫术审判的理论基础。

17 世纪开启了批判宗教与创新现代思想的大破大立,到 18 世纪达成了西方历史的另一个重要转折点。在这个启蒙的世纪,人们已经把理性界定为人的基本特征,从而断言人的理性的至高性(即笛卡尔的"我思故我在")。与此同时,17 世纪作为天才辈出的世纪,在社会思想风潮转换方面,以上帝为中心的世界图景即将让位于以个人为中心的世界图景。启蒙运动和现代科学的兴起带来的新的哲学体系:自然主义、理性对巫术信仰本身又构成了挑战。作为结果,宗教多元化和宗教宽容带来了人们对这种巫术信仰的更宽容态度。在这种情况下,大众关于撒旦、恶魔的讨论已经有了初步结论:撒旦、巫士要么不存在,要么虽然存在,但是已经没有那种权力和破坏力,无法对人构成实质的伤害。

回顾并比较带动猎巫运动的经典文献,15 世纪 80 年代的《女巫之锤》和两个世纪之后清教徒巴斯特作于 1691 年的《灵界的真实》,可以发现,前者尽管逻辑严密,思维缜密,但是,其写作依据来源于《圣经》传统和前代圣人的教诲,换言之,其写作是相当本本主义的。而巴斯特的书因为成书于启蒙运动时代,所以其论证方式与《女巫之锤》完全不同。尽管该书从内容上看显得离奇,讨论的是灵界事物,

---

[①] [美] 詹姆斯·施密特:《启蒙运动与现代性:18 世纪与 20 世纪的对话》,第 389 页。

强调巫术的真实,然而其论证却不得不依靠经验观察,列举了大量他认定的"证据"和目击者的"报告"。换句话说,巴斯特需要以新时代的思维方式来论证他的巫术信仰,并且,巴斯特的结论是敞开式的,而非前者的权威式。在 17 世纪后期西欧零散的巫术审判中,这一思维方式的转变体现在法庭里就是,法官要求巫术指控者提供更多更有力的证据,当证据不那么充分的时候,许多巫术审判往往不了了之。

通过观察 17 世纪后期那些关于鬼神学的争论,不管是巫术信仰的怀疑论还是那些仍然支持巫术审判的言论,可以看出,17 世纪后期以来,由于思想风潮的转换,即便是那些支持巫术审判的名作,其关注点与猎巫运动高潮时期的鬼神学著作有着明显的不同和侧重点。与其说它们是纯粹的鬼神学著作,还不如说它们是借信仰在说政治事,以达到阐述自己的政治主张,打击自己的政论对手的目的,换言之,其关注的焦点是政治问题而非以前鬼神学家单纯关心的宗教、异端和巫术问题。以查理二世的宫廷牧师,剑桥柏拉图派神学家乔瑟夫·格兰威尔 1681 年出版的《与女巫和幽灵有关的完整直接证据》为例,他把信仰与不信仰巫术的存在比附为托利党和辉格党的政治主张,认为托利党支持巫术信仰,从而表明他们始终坚持传统道德和美德。[①] 进而,他认为托利党人正是传统政治和宗教价值的守护者;而激进的辉格党人在他看来毫无廉耻地背离了传统的虔诚,否认巫术和灵异的存在,以致最终背弃了神本身。其实,该书的直接论战对手是约翰·韦伯斯特和霍布斯。韦伯斯特是宗教非正统人士,而且写作了《展示所谓的巫术》一书,指斥格兰威尔是罗马天主教徒,而霍布斯则更是引起了格兰威尔的极大恐慌和憎恶。

霍布斯作为著名的无神论者和那个时代最杰出的思想家,在他的笔下,宗教已经退却到边缘地带。在欧陆旅行的时候,他广泛接触了伽利略、梅森和伽散蒂等启蒙运动和"科学革命"前锋健将。在他最

---

① Joseph Glanvill, "Full and Plain Evidence Concerning Witches and Apparitions", in Marion Gibson, ed., *Witchcraft and Society in England and America: 1550–1750*, London: Continuum, 2003, pp. 228–230.

重要的著作、1651年成书的《利维坦》中,尽管其本意是要承继马基雅维利,讨论的是利维坦式国家存在的必然性和必要性,并且以此开启了古典政治哲学的新时代,但是,霍布斯在该书中用大量篇幅来讨论鬼神学和巫术,原因就是作为那个时代最为杰出的思想家,他已经无法置身于这场关于巫术的大讨论之外。在与宗教经院哲学彻底分道扬镳之后,霍布斯他认为自己真正发现了基于政治学的人的本性,而非人们以前所熟悉的宗教理论!对于霍布斯而言,人和人之间的本来状态是现实和自然状态下"一切人反对一切人的"战争状态,而理性的任务则是寻找一种办法引导人们渴求舒适。在他看来,人的追求和欲望首先不再是宗教虔诚,而是"对权力永无止境,至死方休的追求"!

因此,在霍布斯那里,巫术的存在有极大的不确定,在《利维坦》中,霍布斯在"论外邦人的鬼神学及其他宗教残余"一节中分析了各种他认为的巫术,认为那其实都不过是欺骗、串通和作弊,并且出自人们对原因的愚昧无知。[①] 应该指出,霍布斯这一对巫术信仰的指斥是前所未有的。在霍布斯的另一部名著《论公民》中,尽管霍布斯仍然通过论述自然法是神的律法来证明立法与守信的必要性,然而,其中心点已经是强调自然权利和自然法,并且在上帝和人中间插入了"自然",让上帝变成了远景。霍布斯声称,在怀疑的阴霾中露出的一线理性之光,将指引我们走向豁然开朗[②],这和一个世纪之后孔多赛的乐观如出一辙。

牛顿在看上去变幻无常的偶然事件中发现了物质世界的简明秩序,在18世纪以前,没有谁比他更热衷于"祛魅"和取得如此大的成果。卢梭则在纷繁复杂的人类现象中首次发现了相形霍布斯更为深刻和丰富的人性。与此同时,卢梭所谓的人已经不是普通宗教意义上的人,

---

[①] Thomas Hobbes, "Leviathan", *Witchcraft in Europe 1100 – 1700: A Documentary History*, pp. 343 – 346.

[②] [英] 霍布斯:《论公民》,应星、冯克利译,贵州人民出版社2003年版,第3页。

而是恢复了自然人之后的文明人。① 另一个启蒙运动健将斯宾诺莎以经验说话,在《理性、人和恶魔》中写道:经验表明,人性的弱点也并非人性的恶和人性的堕落带来的。他雄辩地反问,如果说我们堕落是因为我们的第一个先祖被撒旦引诱而堕落,那么,撒旦又是被谁引诱呢?斯宾诺莎得出结论:"每个人都被理性所导引,每个人都可以用理性做向导来驾驭他自己的生活……每个人都被自身的快乐所左右……如果一个人正确运用理性,那么,他就决不会遭受蒙蔽和欺骗。"② 在斯宾诺莎的理论中,已经没有任何位置留给撒旦或者巫士。可以说,启蒙哲学家的理论从根本上动摇了猎巫运动的实践基础。

不只是启蒙运动中的那些无神论和泛神论者,许多教会精英人士也加入了质疑巫术信仰的行列。荷兰牧师、理性主义者巴尔撒泽出版于1691年的名作《着魔的世界》是17世纪末18世纪初最有影响的反击巫术信仰的书,该书出版不久就被接连译成法语、德语和英文,并多次印刷。巴尔撒泽掀起的关于巫术审判的讨论恐怕是启蒙运动前期最为激烈的争论之一,他的观点即便在早已禁止猎巫运动的他的母国都引起了轩然大波。他所在的教区就准备将他从教会开除,大部分回应者——包括理论家和普通教徒,对他走得"太远"表示愤慨。但是,这并没有影响作者以乐观的理性主义为武器,挑战巫术理论中赋予恶魔的重要角色,并且对社会失常和动荡给予了机械论的解释。他和同时代其他思想家一道,企图在理论上为鬼神巫术信仰寻找其他解释。巴尔撒泽并非完全否认存在巫术,而是认为恶魔巫术(即认为巫士和撒旦间有恶魔盟约)多半都是不存在的。他声称,撒旦邪恶地背叛了上帝,上帝又如何会允许它作恶于人间?如果是的话,这种作恶实在是有悖于上帝的正义。③ 换言之,他认为上帝不可能允许撒旦利

---

① [美]列奥·斯特劳斯、约瑟夫·克罗波西:《政治哲学史》,李天然等译,河北人民出版社1993年版,第707页。

② Benedict Spinoza, "Reason, Man and the Devil", *Witchcraft in Europe 1100 – 1700: A Documentary History*, pp. 338 – 339.

③ Balthasar Bekker, "The Enchanted World", *Witchcraft in Europe 1100 – 1700: A Documentary History*, pp. 371 – 375.

用巫士那样作恶于人类。他得出结论,那些被认为是巫术的事情,其实99%都不是真正的巫术,而是有其他更深层的原因。

需要指出,这种教会精英人士、鬼神学家和宗教理论家,乃至新教理论权威们对巫术的怀疑就牵涉文中提及的第二个悖论,即猎巫运动的衰亡亦是宗教改革的一个结果。这是因为,如果从一个长时段来看,宗教改革在很大程度上最终又导致了猎巫运动的终结,宗教改革后的理论家通常对巫术和迷信抱有非常排斥的态度。尽管这些宗教理论权威们坚信撒旦和恶巫对人和人性的破坏,然而,另一方面,他们又是要极力祛除巫术、迷信的,即把基督教的世界变成一个"祛魅"的世界。在路德、茨温利或加尔文看来,天主教那套礼仪其实和迷信、巫术有着实质的相通之处,这也是他们指斥这些礼仪是"天主教式的巫术"的原因。而天主教会在新教兴起的挑战下,也进行了自身的革新,其中的一个重要举动是指斥新教为巫术和恶魔的残余,并且逐渐脱去身上迷信和巫术的色彩。与此同时,天主教宗教改革还尤其关注清除大众文化中的迷信和巫术。当天主教会逐渐褪去迷信和巫术的色彩之后,当天主教会也变得越来越"理性化"的时候,新教在一定程度上相应地失去了打击对象,这无疑间接导致了猎巫运动走向衰亡。17世纪20年代,安特卫普的天主教教士马克西米利昂·恩纳腾主管教会读物的审查,就禁毁了一批故事书,原因是里面有关于巫术和魔法的内容,以此显示天主教和巫士、迷信的不沾边。

而且,相较天主教宗教理论家,新教方面的理论家更多和更有力地质疑巫术的真实性和巫术审判的合理性,从而从宗教思想基础上动摇了猎巫运动。在对传统鬼神学提出挑战方面,新教知识精英远比天主教知识精英更为激烈。法国胡格诺哲学家皮埃尔·贝勒是18世纪初期有名的巫术怀疑论者,尽管他本人没有完全放弃巫术信仰,但是,对于猎巫运动之类的迫害则充满了厌恶和反对,主张宗教宽容。贝勒高举理性批判的旗帜,对宗教神学进行批判,他从怀疑论立场指出,《圣经》和基督教教义中充满了神启和奇迹,包含着无数的矛盾,是靠盲目的信仰和对异教、所谓的巫士的迫害支撑着。天主教徒利用正统名义剥夺异教讲坛,禁止异教的任何偶像崇拜以及追逐、监禁、吊死新教徒的行径是违反上帝的"仁慈"的。他对巫术信仰的看法已经完全代表了18世纪初西欧精英界的主流观点,从怀疑论、笛卡尔式的机械主义和自然主义三个方面对巫术信仰进行了新的解释,是启蒙运动式的对现象更自然、更简洁的解释。

如果说教会精英对巫术信仰给予了一定的肯定,而只是对巫术审判抱有排斥态度的话,那么,大多数启蒙运动哲学家和那个时代的社会精英对于巫术信仰和猎巫运动的否定则表明,他们才代表了启蒙运动和之后的社会对于巫术信仰看法的主流。与此同时,还必须看到,启蒙哲学家们有关拒斥巫术信仰的言论和之前教会人士的言论有着本质的区别。这个区别就是,后者多接受巫术信仰,反对的是猎巫运动,而启蒙哲学家则是从根子上拔掉了巫术信仰,使附着其上的猎巫运动失去了正当性和理论基础,进而在一定程度上使猎巫运动的衰亡成为顺理成章的事情。换句话说,就结束猎巫运动的作用而言,启蒙哲学家比宗教人士起到了更大的作用。

康德在他颇具讽刺意味的论文《鬼魂式预言家的梦》中指出,鬼魅的存在与不存在都不可能在科学上得到证实。[①] 而且,在启蒙运动哲学家看来,祛魅、对巫术信仰的拒斥和宽容已经和进步联系在一起。休谟在《人性论》中声称,理性的进步,可以归功于自由和宽容。与此同时,休谟通过经验主义论述巫术等类似信仰是:人类有一种普遍的倾向认为所有存在物都像他们自己一样,于是他们就把自己内心意识到的亲密而又熟悉的特质转嫁到所有对象身上,这一论断已经和两个世纪之后人类学大师弗雷泽对交感巫术的界定非常接近了。在开普勒那里,地球和其他星球的公转与自转已经完全可以借助数学公式来计算,撒旦、恶魔、巫士等在他的解释系统中根本找不到任何容身之处。

在这个"科学革命"即将显示出"利维坦"式力量的大转折的第二阶段,"自然"和自然现象逐渐归于可计算的手段、工具和公式,

---

① Wolfgang Behringer, *Witches and Witch-Hunts: A Global History*, London: Polity Press, 2004, p. 192.

巫术连同撒旦恶魔一道进入边缘地带，离开它们曾经所处的宗教风暴中心。如果我们放宽考察视野，不单只是巫术信仰问题，更深层次的宗教怀疑论在启蒙运动时期高涨，这不但对猎巫运动构成直接的冲击，对于宗教本身亦然。与此同时，那些即便没有激烈抨击巫术信仰和猎巫运动的宗教精英或启蒙运动哲学家，或将自己置身于巫术信仰之外，或自觉不自觉地表露自己对巫术审判的不满。① 其深层次的原因很大程度上在于，在启蒙运动和"科学革命"时代，经验主义、机械论和科学研究开启了西欧千年未遇的、思想风潮的另一个崭新时代，即：对上帝所创造的宇宙结构的认识和研究，取代了中世纪以来天主教会强调的上帝启示过的教条和字句。在这个宏大的时代背景下，作为特殊历史现象的猎巫运动的谢幕成为必然。

四　17、18世纪西欧的社会变迁与猎巫运动的衰亡

在社会变迁方面，自17世纪中后期、18世纪初以来，一方面，以三十年战争的结束和英国"光荣革命"为代表，大多数西欧国家由认信主义渐次进入绝对主义王权或民族—国家的时代，并进入经济现代化的轨迹。在这一进程中，随着教会在国家事务的决断中退居边缘，以及中央集权的加强，巫术不再对国家威权和社会构成致命的威胁，而且国家已经有了其他的规训方式，规训重点也发生了转移。于是，随着政教分离的实行，宗教宽容在大部分西欧国家逐渐得到更多的肯定，这为猎巫运动的衰亡创造了必要条件。与此同时，也可以说，从大众文化中退出是宗教改革和天主教宗教改革的一个组成部分。② 尤其在法律和法律程序上，大部分西欧国家开始对巫术审判采取了更审慎的态度，这直接导致了猎巫运动的衰亡。

---

① James Sharpe, *Witchcraft in Early Modern England*, London: Pearson Education, 2001, p. 77.
② ［英］彼得·伯克：《欧洲近代早期的大众文化》，杨豫、王海良等译，上海人民出版社2005年版，第327页。

另一方面，自17世纪中期以来，巫术指控和审判所牵涉的农村邻里关系、大众的经济窘境、大规模的自然灾害等猎巫运动构成要素都经历了极大的变化，进而也助推了猎巫运动的衰亡。

1648年结束的三十年战争就是猎巫运动史上的一个标志性分水岭。作为一场惨烈的宗教战争，在战争前20年宗教气氛紧张的年代和战争期间，西欧以捷克、瑞士、德意志为代表的国家处于猎巫运动高潮期；而三十年战争的结束也契合了猎巫运动的衰亡。其原因在于，因宗教纷争而起的三十年战争以《威斯特伐利亚和约》的方式实现了和平，之前剑拔弩张的宗教紧张气氛得到了缓解，新旧教得到和解，宗教宽容得到了法律肯定。三十年战争以来，对于西欧绝大部分国家而言，已经有了新的亟待解决的棘手问题，巫术审判已经不是国家的规训重点所在。颇为耐人寻味的是，事实上，作为中世纪以来欧洲第一次大规模的国际战争，三十年战争开战不久，宗教意识形态的分歧就已经不再是交战双方的主要分野，这场开启现代国际关系史的规模空前的战争反而变成了一场钩心斗角和争权夺利、开疆拓土的混战。

因宗教原因而起，却在战争期间淡化宗教意识形态的三十年战争表明，之前那种上帝—撒旦间关系所代表的天启和最后审判气氛已经开始淡化。《威斯特伐利亚和约》本身就印证了这一点，和约制止了天主教会利用法庭迫害新教徒，卡尔文教派则获得了与路德教派相同的权利。这样，尽管德意志在政治上变得更加分裂，但是，各国和各个诸侯国内的宗教叛乱和纷争反而明显减少。简言之，三十年战争之后，原先构成猎巫运动要件的宗教纷争得到解决，宗教宽容在绝大部分西欧国家得到了很大程度的实行。因此，当不同教派可以在新的框架内和睦相处的时候，以前那种因宗教政治斗争所需的猎巫就失去了存在的价值。

1638年，在巴伐利亚的慕尼黑发生的两起性质截然不同的事件，可以作为17世纪西欧社会变迁和国家规训重点发生微妙转移的例证。德意志的诸多诸侯国在16世纪晚期和17世纪早期，一直是猎巫运动的重灾区，宗教斗争在这里也比西欧其他地区错综复杂得多，并且因之而带来了三十年战争。1638年11月7日，在慕尼黑的城市中心区域，市政厅的对面，在一片虔诚的目光注视下，一个巴洛克式的典礼正在举行，一个硕大的镀金童贞女玛利亚雕塑被树立起来。这被当地人看作是一个巨大承诺的实现，因为作为巴伐利亚最为虔诚的天主教王侯，选帝侯马克西米利昂一世在三十年战争期间，充当了天主教联盟的首领，并且决意在其境内推行天主教，以极大的兴趣致力于在他的领地范围内进行天主教宗教改革运动。与此同时，在他的治下，巴伐利亚通过了更严厉惩罚巫术、婚前性行为、通奸等犯罪行为的法律。在打击巫术方面，他要求完全遵循《女巫之锤》的猎巫指导来进行，还认为他的妻子之所以不能生育就是受巫术之害。[1] 童贞女玛利亚雕像就是为了感激玛利亚让慕尼黑免遭瑞典新教军队摧毁，并且让慕尼黑打上圣玛利亚城的烙印。与此同时，更具深意的是，马克西米利昂一世希望通过树立这一塑像表明，他所代表的宗教威权高于雕像对面的市政厅，[2] 因为慕尼黑是一座"童贞女城"。马克西米利昂一世似乎在宣告：治内所有人——无论贵贱高低，都应该以玛利亚作为衡量自身行为的维度。

而同一天，也在慕尼黑，就在距离市政厅不远的地方，作为一种挑战，一个叫玛丽亚（Maria Jaus）的普通女孩并未领会马克西米利昂一世对纯洁宗教的追求，在慕尼黑最高民事法庭控告工匠汉斯（Hans Renner），声称汉斯承诺娶她为妻，并和她发生了性关系，之后却借故不践约。她非常"现代地"要求，汉斯要么践约娶她为妻，要么赔偿她的精神、名誉和物质上的损失，还她"处女的荣耀"[3]。这起官司的结果如何其实并不重要，重要的是玛丽亚可以以一个婚前发生性行为的妇女的身份挑战天主教国王及其宗教威权。在马克西米利昂看来，所有的巫术、性越轨、通奸行为都会对他的整饬宗

---

[1] Tanya Sibai, *Witch Trials in Germany: Politics or Hysterics?* the Consord Review, Ralph Waldo Emerson Prize 2002, Available at: www.tcr.org, p. 88.

[2] Ulrike Strasser, *State of Virginity: Gender, Religion, and Politics in an Early Modern Catholic State*, Ann Arbor: The University of Michigan Press, 2004, p. 1.

[3] Ulrike Strasser, *State of Virginity: Gender, Religion, and Politics in an Early Modern Catholic State*, pp. 2–3.

教和社会秩序构成破坏；而在玛丽亚看来，她之所以打官司是因为汉斯"不践约"，违背了他许下的诺言，这才是问题的关键所在。

这两个性质截然不同的事件表明了社会风尚的微妙变化，预示了又一个转折时代的到来。在启蒙运动时代之前，西欧认信主义国家的合法性取决于是否实现了治内的宗教普世性统一，在那时，宗教意识形态就是国家唯一的意识形态。而在三十年战争之后，随着教随国定、宗教宽容的逐步实现，教会的势力在国家政治生活中逐渐退居边缘，宗教事务在国家政治中所占的分量显著下降，这些无疑对猎巫运动起到降温作用。以英格兰为例，自18世纪初以来，英格兰社会越来越呈现两党政治的趋势。尽管托利党出于传统仍然在一定程度上关注"基督教的联邦"（Christian Commonwealth）这一旧观念，然而，它已经是上一个时代的宗教理想的残余[1]，维持不了多久了。

1638年发生在慕尼黑的这两个事件还表明，在启蒙运动时代，随着大众识字率的提高、反教权情绪的加强，以及宗教宽容的逐渐传播，国家和教会已经越来越难以用传统方式规训大众[2]，巫术审判是自文艺复兴时代以来成为传统规训手段的。或者说，国家需要新的规训手段和方式以适应新时代。实际上，17世纪后期的绝对主义王权国家已经逐渐认识到，凭借暴力、监视工具，凭借强制性管理方法的科学化和进步，对肉体的强制和规训可以增长，猎巫作为一种暴力和某种程度上由地方教会和地方乡绅主导的审判，逐渐被国家放弃。这些新的规训手段的现代化虽然只是在现代威权国家中才大量出现，但是，在17世纪就已经初露端倪。国家越来越多地关注社会犯罪，因为各国相继注意到之前他们尚不熟悉的信念：神学和宗教上的争吵并不会分散国家的力量，而政治上的不同意见正是国家繁荣昌盛的奥秘所在。[3]

就西欧近代早期国家形态变迁和猎巫运动兴衰的关系而言，可以

---

[1] James Sharpe, *Witchcraft in Early Modern England*, p. 86.
[2] Gary Waite, *Heresy, Magic, and Witchcraft in Early Modern Europe*, New York: Palgrave, 2003, p. 231.
[3] ［英］阿克顿：《法国大革命讲稿》，秋风译，贵州人民出版社2004年版，第7页。

认为，猎巫运动就是西欧在认信主义国家阶段和相对无政府状态下基督教会权威的最后一次施展，而民族—国家和绝对主义王权国家在兴起之初也需要用猎巫来实现信仰统一的梦想和需要。换言之，国家和教会两者之间的短暂蜜月促发了猎巫运动。在认信主义时代，教会和国家追求的都是普世的和谐和一致，猎巫运动实际正好在这时满足了两者的共同需要，而当民族—国家兴起、已经确立其统治地位的时候，国家的追求也不再可能是宗教的"普世"的一致，而是治内的政权的稳定和其他内政外交的目标。在这种情况下，以宗教的"普世"和谐为目标的猎巫运动就不再是国家考虑的重点了，因为这时它已经有了新的规训重点和规训手段，以符合日益分裂化、世俗化的现代社会。与此同时，现实政治占据了国家的议事日程，宗教退居次要的位置。

当现代化早期社会的规训重点发生转移的时候，和巫术、恶巫罪行一起进入消解的罪行还有同性恋、人兽交（bestialitas）和溺婴等。与巫术罪行相似的是，对这些罪行的处罚在17世纪前后达到高峰，之后缓慢下降，到三十年战争结束的时候趋于快速衰亡。与此同时，在绝对主义王权国家和民族—国家兴起之后，从17世纪60年代开始，西欧进入政治相对稳定时期，教会的政治目标与国家的政治目标渐趋一致，教会甚至服务于国家的政治目标，服务于国家"祛魅"的文化目标，这也有助于猎巫运动的衰亡。以法国为例，17世纪晚期的法国也是詹森主义在教区牧师中流行的时代，越来越多的詹森派教士在神学院的研讨班接受培训，开始疏远教众中的"迷信"活动，巫术逐渐淡出教士精英人士和社会精英人士的关注的中心视野。也正是从这一时期开始，巴黎法院的检察官不再受理巫术指控。换言之，教会精英人士在一定程度上主导了大众脱离巫术信仰，从而脱离了巫术指控。这种情况在18世纪之后变得越来越普遍，因为迷信和巫术"现在已经不足为信"了。就是在偏居东欧的俄罗斯，1648年，沙皇阿列克谢也颁布敕令"整饬道德、废除迷信"。在这个敕令中，民间舞蹈、提琴手、面具和民间艺人都在禁止之列。

从经济变迁上讲，自17世纪中期以来，西欧面临资本主义的强烈诱惑和冲击，进入封建经济向资本主义经济转变的最后阶段。① 以英格兰和苏格兰为典型，城市化的推进和经济发展使得猎巫运动存在的土壤越来越缺乏。② 从 1660 年到 1700 年，伦敦的人口增长了 45% 左右。之前的猎巫运动主要发生在农村，而城市化则使得邻里关系经历了巨大的变化，更多的普通人和家庭呈现出丰富多彩的生活，这在以前是不可想象的。在启蒙运动之前的时代，由于社会分工还不充分，对于个人而言，邻居显然是他的竞争对手，诸多恶巫的指控建立在邻居经常不可避免地发生的各种纠纷，进而导致巫术指控。③ 而随着西欧经济状况的好转，尤其自 17 世纪 50 年代以来，谷物价格持续下降，工资水平也得到逐步提高。④ 与此同时，16 世纪 80 年代、17 世纪初给西欧造成重大经济损失的自然灾害也不再出现，这无疑有助于猎巫运动的消亡。

毫无疑问，当信众逐渐从经济上得到好处，家庭经济生活趋于稳定，日常生活也日趋世俗化，而将宗教和精神生活留给了约定时间的时候，猎巫运动作为欧洲近代早期特有的现象，也就失去了存在基础。因为，在这之前，宗教在漫长的中世纪和近代早期是人们自我认同的主要来源和评价标准，个人作为个体是从属于宗教和宗教生活的。因此，在那时，宗教和宗教生活对于人们而言是"随时"的。而在启蒙运动时代之后，宗教生活已经不再占据个人生活的主要部分，个人作为主体凸显了出来，宗教转而属于"约定"的时间，即宗教对于个人从"随时"这一状态过渡到"约定"的状态。换言之，宗教生活不再是个人生活的全部，因此，当日常生活愈益世俗化的时候，即使人们还相信确有撒旦和巫士，这些也已经不再是个人考虑的

---

① ［美］伊曼纽尔·沃勒斯坦：《现代世界体系：重商主义与欧洲世界经济体的巩固（1600—1750）》，庞卓恒等译，高等教育出版社 1998 年版，第 1 页。

② Owen Davies, "Urbanization and the Decline of Witchcraft", in Darren Oldridge, ed., *The Witchcraft Reader*, London: Routledge, 2002, pp. 399–411.

③ Robin Briggs, *Witches and Neighbors: the Social and Cultural Context of European Witchcraft*, Oxford: Blackwell Publishers, 2002, pp. 1–2.

④ ［美］伊曼纽尔·沃勒斯坦：《现代世界体系：重商主义与欧洲世界经济体的巩固（1600—1750）》，第 101 页。

现实的中心问题，因为撒旦和巫士不能够对其构成直接的危害。

自启蒙运动以来，随着资本主义和工业革命时代的到来，个人经济利益的首要地位的趋向，削弱了人际关系以及群体关系的重要性，对于以性别为基础的关系尤为如此①，这对于猎巫运动造成了极大的打击。因为，正像韦伯所指出的，性是人类生活中最强烈的非理性因素，它是个人对理性的经济目的的追求的潜在威胁。翻开猎巫运动的许多庭审材料，可以强烈感受到性在巫术审判中所承载的分量。而随着启蒙运动开启的第二波理性化、现代化浪潮，这些非理性的东西仍然存在，但是，在以后的工业资本主义的意识形态中，将通过更隐蔽和特殊的方式来规范、规训它们。在这个新的时代，个人和国家之间因经济利益达成了新的关系，按照梅特兰的话就是："第一次，绝对的国家正视了绝对的个人。"②

甚至，新的时代已经预示了个人主义时代的到来，大众——尤其是城市人体验的感情也经历了巨大的变化，这完全有别于猎巫运动那种宗教感情宣泄。现代小说作为一个新感情寄托对象已经在英国兴起，在笛福的笔下，妓女、海盗等都是普普通通的人，都是他们所处的社会环境的正常产物，而不是以往从宗教的角度来解释和演绎。以音乐为例，17世纪后期尤其是18世纪初以来的音乐都强调，完美的音乐应该从某种程度上模仿自然，音乐表达的重心也从强调宗教经文固有的内容转移到更"自然"直接表达感情方面。③ 在这一宏大的新时代背景下，当作为上帝的敌人——撒旦退居边缘的时候，猎巫运动相应遁形而去，巫士自然也就淡出了人们的中心视野，并且逐渐脱去恐怖的外衣，成为民俗和文学作品中令人忍俊不禁的形象。

---

① [美]伊恩·瓦特：《小说的兴起：笛福、理查逊、菲尔丁研究》，高原、董红钧译，生活·读书·新知三联书店1992年版，第70页。

② [美]伊恩·瓦特：《小说的兴起：笛福、理查逊、菲尔丁研究》，高原、董红钧译，生活·读书·新知三联书店1992年版，第63页。

③ [美]马克·邦兹：《西方文化中的音乐简史》，周映辰译，北京大学出版社2006年版，第210页。

五 余 论

如果把 15 世纪 50 年代至 18 世纪 50 年代的西欧大转折划分为两个阶段，即 15 世纪 50 年代至 17 世纪 30 年代的文艺复兴、宗教改革阶段，和 17 世纪 30 年代至 18 世纪 50 年代的启蒙运动阶段，可以认为，以宗教改革为标志的现代化在西欧的第一波浪潮带来了猎巫运动的高潮，同时，以启蒙运动为标志的现代化第二波浪潮带来了猎巫运动的衰亡。大转折内嵌的合理化、理性化进程亦是猎巫运动的终结者，因为从长时段来看，现代化的进程恰恰是以消除迷信、破坏巫术权力为基础的。17 世纪中期启蒙运动以降，当宗教意识形态不再是西欧的唯一政治意识形态的时候，撒旦、巫士和巫术的威力自然也就不比以前能够引起整个社会的恐惧，猎巫运动就必然走向衰亡。与此同时，在很大程度上，宗教现代化和宗教宽容在西欧是以一场极其惨烈的战争的方式得到部分实现的，三十年战争过后，绝大部分西欧国家从法律上肯定了宗教宽容，这也助推了猎巫运动的衰亡。

正如罗素所断言："从世界观的改变来看，现代世纪起步于 17 世纪。"猎巫运动的宗教思想底蕴来源于上帝与撒旦、善行与巫术之间的对立关系，来源于末日论和最后审判。与此同时，猎巫运动还迎合了大转折第一阶段认信主义国家对道德威权的诉求。然而，自 17 世纪中期启蒙运动以降，教会不能再像以前那样宣称能够提供各种各样的解释与慰藉，预测和控制，这对于教会主导的猎巫运动显然构成致命的打击。而且，从宗教现代化的角度而言，十六七世纪笃信宗教的人们与上帝之间那种亲密交往和熟悉的沟通，在洛克和英国辉格党人们这里，尤其是在杰弗逊和卢梭们这里已经丧失了。从 17 世纪晚期起，"上帝"已经从与人们的直接接触中抽身而去，而且他愈益退隐到晦暗的远处，就愈益变成了不过是终极因，或者是设计师，或者是宇宙的第一推动者。[①] 人们就此认为，上帝不是直

---

① ［美］卡尔·贝克尔：《论"独立宣言"：政治思想史研究》，彭刚译，江苏人民出版社版 2005 年版，第 22 页。

接通过神迹来显现,而是通过他的创造物——宇宙和宇宙结构——来体现他全能的力量并启示他的独断意志,先前使整个国家极度激动和恐惧的宗教问题不再引起人们的强烈关注,① 或者也可以说,在新的理性和崇尚进步的时代里,人们喜欢科学胜过宗教,自省胜过礼仪表达,猎巫运动于是丧失了其表演的舞台。

猎巫运动的衰亡和启蒙运动时代对博爱、自由、平等的伸张恰好体现和契合了时人对于进步的渴望,导致猎巫运动衰亡的那个时代以孔多赛为代表充满了自信甚至自满。因此,正像伯林所体察到的,18世纪或许是西欧历史上认为人类的无限知识这一目标唾手可得的最后一个世纪。② 然而,当人们逐渐从启蒙的象牙塔中走出,认识到知识和对世界的认识是无限的时候,不管是生活在18世纪的西方人,还是生活在21世纪的西方人,都可以毫不困难地体察到,即便猎巫运动已经消亡,但是,巫术和迷信仍将有自己的存在和施展空间。巫士的时代可能已经过去,但是,巫士和自称为巫士的人并没有消失。与此同时,那个烧死巫士的西欧特殊时代已告结束,但是,巫术仍然是这个现代社会必须面临的问题,况且,正如同理性还必须通过面对非理性来廓清自身的内涵一样,巫术信仰仍然顽强地附着在人类心灵的深处。甚至,当代研究现代性的西方学者还在探讨现代性与巫术的关联。

早在猎巫运动的高潮时代,时人培根就宣称,人类可以并且会摆脱古老的宗教和迷信。然而,事实证明,培根的预言并未得到实现,而旨在根除巫术、迷信的猎巫运动最后也只是一场狂热而已。实际上,在西方国家,猎巫运动衰亡以来,直到当代,对于巫术的信仰也并未呈现明显的衰退。早在1768年,循道宗神学家约翰·卫斯理就尖锐地

---

① [法]乔治·索雷尔:《进步的幻象》,吕文江译,上海人民出版社2003年版,第82、88页。

② [英]以赛亚·伯林:《启蒙的时代:十八世纪哲学家》,孙尚扬、杨深译,译林出版社2005年版,第4页。

指出过:"放弃巫术信仰其实就是放弃《圣经》本身!"① 就基督教理论而言,不管在中世纪还是在当代,离开撒旦和巫士的基督教理论仍然是不可想象的。

在很早就为我们展示现代性及其美好前景的霍布斯看来,在自然状态下,人类生活是"肮脏、野蛮而短促的"。在对现代性的追求中,在对人类能动性的极大追求和极大解放中,如同马克斯·韦伯一样,我们都坚信其中确实存在极大的价值。从我们的权利到我们的饭碗;从我们渴望的生活,到五彩缤纷的个人选择,现代性为我们展开了令人憧憬的生活和未来。而这,也正是扩展了现代性的启蒙运动的主要目的所在,因为正是启蒙运动力图在信仰自由和良心自由的原则下包容宗教现象的多样性,包容远比文艺复兴更为巨大的丰富性②。毫无疑问,猎巫运动的衰亡正是启蒙运动导致的宗教宽容和西欧现代化进程的结果。

理性化和现代化固然美好,然而,如果无视人性中的非理性成分,过分强调理性就会有很大的问题,正像海登·怀特所形象指出的,"野人"潜伏在每一个人的内心,吵嚷着要解放,而一味拒绝它,就可能付出生命的代价。现代性及其制度成长的一个大的缺陷就在于没有充分认识到,人类理性总是为非理性所渗透。③ 对此,哈耶克尖锐地指出,人类的理性要"理性地理解自身的局限性"④。或者,按照马克思主义历史大家霍布斯鲍姆所自觉到的,"历史是没有理性的,或起码它只是部分具有理性"⑤。然而,作为历史的真实进程,在很大程度上,现代性的进展恰恰又是以绝不容忍非理性而得到张扬的。因此,

---

① Wolfgang Behringer, *Witches and Witch-Hunts: a Global History*, London: Polity Press, 2004, p. 186.
② [德]恩斯特·卡西尔:《启蒙运动》,顾伟铭等译,山东人民出版社 1996 年版,第 160—161 页。
③ [美]威廉·巴雷特:《非理性的人——存在主义哲学研究》,杨照明、艾平译,商务印书馆 1995 年版,第 228 页。
④ [英]弗里德里希·哈耶克:《科学的反革命:理性滥用之研究》,冯克利译,译林出版社 2003 年版,第 96 页。
⑤ [英]霍布斯鲍姆、T. 兰格:《传统的发明》,顾杭、庞冠群译,译林出版社 2004 年版,第 31 页。

尽管猎巫运动被现代化进程和机制作用消解了,但是,猎巫运动的衰亡并未避免类似运动和政治迫害的发生。诚如克罗齐在 19 世纪就提醒的,在进步的图景下,"现在是幸福的,甚至在革命的屠杀中也是幸福的,未来是光明的,而对产生现代的过去则充满了蔑视与嘲弄"[①]。而且,在 20 世纪以各种进步和理性名义进行的政治迫害中,残暴更是以几何级数递增的方式频频上演。从这个角度而言,猎巫运动的兴起及其衰亡不但提醒我们现代化进程的复杂性和诡异性,也提醒我们在传统与现代、理性与非理性、个人与社会、主旋律与多样性之间或许应该达到的适度平衡。

(原载《学海》2010 年第 1 期)

[①] [意]贝奈戴托·克罗齐:《历史学的理论和实际》,傅任敢译,商务出版社 1997 年版,第 194—195 页。

法德英关系与欧洲一体化(1945—1993)

姜 南

在世界上诸多区域一体化的实践中，欧洲一体化以其一体化程度最高、成就最显著而著称。今天，欧盟已经有28个成员，人口超过5亿。欧洲一体化的发展受到大国关系的重要影响，因篇幅所限，本文仅探讨西欧大国（即法德英三国）关系与欧洲一体化的密切关联，对美苏两个大国与欧洲一体化的关系，不进行专门论述。目前国内史学界已有不少关于欧盟成员国与欧洲一体化关系的论著，其中论文以探讨一体化早期发展史居多，但多是就某个具体问题进行分析，时间跨度一般不大；专著不多，写英国与欧洲一体化关系的专著有几本，写德国与欧洲一体化关系的专著有一本。而对法德英关系对欧洲一体化的影响进行综合、系统的分析，且涉及20世纪后半叶近50年时间的论文，笔者尚未见到。[1]

---

[1] 关于德国与欧洲一体化的关系，主要论文有：吴友法：《"德国问题"与早期欧洲一体化——第二次世界大战后欧洲为什么走上联合道路》，《武汉大学学报》（人文科学版）2009年第4期；黄正柏：《阿登纳的欧洲联合政策及早期实施——兼谈德国对二战的反思》，《世界历史》1997年第1期；邢来顺：《德法关系的历史发展与欧洲联合》，《武汉大学学报》（人文科学版）2002年第2期；吴友法、梁瑞平：《德法和解是早期欧洲一体化的基石》，《武汉大学学报》（人文科学版）2002年第5期。关于法国与欧洲一体化的关系，主要论文有：黄正柏：《从"莫内的欧洲"到"祖国的欧洲"——法国与欧洲一体化中的国家主权问题》，《华中师范大学学报》（人文社会科学版）2006年第1期；周荣耀：《戴高乐主义论》，《世界历史》2003年第6期。关于英国与欧洲一体化的关系，主要论文有：赵怀普：《英国对欧洲大陆怀疑主义根源剖析》，《世界历史》2003年第3期；黄正柏：《英国为什么申请十年之后才加入西欧共同市场》，《华中师范大学学报》（哲学社会科学版）1990年第2期；黄正柏：《英国在欧洲联合初期对国家主权原则的坚持》，《华中师范大学学报》（人文社会科学版）2007年第5期。关于英国与欧洲一体化的专著有：洪邮生：《英国对西欧一体化政策的起源和演变（1945—1960）》，南京大学出版社2001年版；赵怀普：《英国与欧洲一体化》，世界知识出版社2004年版；马瑞映：《疏离与合作——英国与欧共体关系研究》，中国社会科学出版社2007年版。关于德国与欧洲一体化的专著有一本：张才圣：《德国与欧洲一体化》，人民出版社2011年版。

首先，我对"欧洲一体化"和"德国"的概念做一个说明。"欧洲一体化"指的是第二次世界大战以后从西欧开始的、以建立超国家机构为特征和起点的欧洲民族国家的联合进程。这种一体化要求创立诸如"欧洲煤钢共同体"和"欧洲经济共同体"这样的"超国家组织"，各成员国向超国家组织让渡部分政策的决策权，并受到该组织的一定约束，以区别于一般的政府间合作。① 从 20 世纪 50 年代起，欧洲一体化进入实质性的阶段，欧洲各国开始建立起超国家组织。欧洲一体化首先从西欧开始，后扩展到南欧和中东欧。但是，当欧洲一体化第一个具有超国家性质的组织"欧洲煤钢共同体"成立时，就使用了"欧洲"一词，而且其章程规定这是一个"其他欧洲国家都可以加入"② 的开放性组织。以后也一直沿用了"欧洲"的概念，而没有使用"西欧"概念。因此本文沿用这一约定俗成的用法。

"德国"概念本来无须说明，但是由于 1949 年德国分裂成德意志联邦共和国和德意志民主共和国两个国家，1990 年 10 月两德又重新统一，所以需要加以说明。德国分裂后参加欧洲一体化的是德意志联邦共和国，因此本文的"德国"大部分时间指德意志联邦共和国，而在 1945—1949 年之间是指分裂前的德国，1990 年 10 月以后指统一后的德国。

一　法德和解与欧洲一体化的启动

战后欧洲一体化是以法德两国的和解与合作为前提和基础的。战后初期，法国外交政策有两个基本特征：即削弱德国和在美苏之间奉行中间政策。与德国和解并与德国一起推进欧洲一体化并没有纳入法国的对外政策目标。

1945 年 9 月，美、英、苏、法外交部长在伦敦会晤，法国正式提

---

① M. J. Dedman, *The Origins and Development of the European Union, 1945 – 95*, London: Routledge, 1996, p. 7.
② ［法］皮埃尔·热尔贝：《欧洲统一的历史与现实》，丁一凡等译，中国社会科学出版社 1989 年版，第 102 页。

出自己的对德方案。方案内容包括：第一，不允许重建中央集权的德意志国家，反对德国建立全国性的政党和中央行政机构。第二，莱茵兰即莱茵河左岸地区脱离德国。科隆以南是入侵法国的通道，应该由法国永久占领；科隆以北的区域应该由荷兰、比利时甚至英国共同管辖。第三，实现鲁尔国际化，实现萨尔与法国的经济融合。此外，法国还要求大量赔款和拆迁德国工厂，以补偿法国的战争损失。这些主张形成法国战后对德政策的"法国方案"[1]。可以看出，"法国方案"只有一个主题，那就是肢解德国、削弱德国。

"法国方案"几乎得到法国从极左到极右各个政党的一致支持，但却遭到美、英、苏三国的一致反对。1947年3月到4月，美、英、苏、法四国外长在莫斯科举行会议。莫洛托夫否决了把鲁尔和莱茵兰从德国分离的提议，拒绝建立一个非中央集权的联邦制国家，并故意对法国关于萨尔的要求不置可否。美英代表比苏联的态度稍微缓和一些，他们同意萨尔与法国的经济融合，还答应由美英向法国供应德国煤。但是，对于肢解德国的方案却坚决反对。

莫斯科会议首先标志着"法国方案"的失败和法国对德政策受挫。其次，由于莫洛托夫反对法国的对德方案，法国逐渐远离苏联，站在美英一边。法国在东西方之间奉行中间政策的方针遭遇挫折，选择站在西方一边的政策初见端倪。最后，莫斯科会议受到"杜鲁门主义"出笼的影响，美苏对立加剧，其后美苏关系逐步陷入冷战的危机，使法国试图在东西方之间充当仲裁人的设想客观上也不可能。

1947年3月12日，美国总统杜鲁门要求国会授权向希腊、土耳其提供四亿美元的援助，并得到国会的支持，杜鲁门主义出台。它既是美苏冷战正式开始的标志，同时也是美国全球扩张战略的一个宣言。美国从称霸世界、遏制苏联的全球战略出发，推行复兴欧洲、扶植德国的欧洲政策。6月5日，马歇尔在哈佛大学发表了一篇著名演说，提出援助欧洲的"马歇尔计划"。很显然，美国在德国问题上的态度

---

[1] F. R. Willis, *France, Germany, and the New Europe, 1945 – 1967*, London: Oxford University Press, 1968, p. 15.

与法国提出的肢解德国、削弱德国的主张背道而驰。法国必须做出选择。1947 年 10—12 月，法国已经接受了美国 3.37 亿美元的紧急援助，1948 年 1 月 2 日又接受了 2.84 亿美元。[①] 在经济上仰仗美国援助的法国，不得不放弃在美苏之间充当"第三种力量"的政策，倒向美国。

1948 年 2 月，美、英、法、荷、比、卢六国代表在伦敦讨论德国问题，把苏联排斥在外，称六国伦敦会议。会议的中心议题是成立西德政府。最后达成了《伦敦协议》：召开西方占领区德国制宪会议，制定宪法，以便于 1949 年成立联邦制而非中央集权的西德政府；规定鲁尔的煤和钢由六国与西德共管。《伦敦协议》几乎否定了"法国方案"的所有重要原则。但是，法国在萨尔问题上得到满足后，还是同意了《伦敦协议》的条款。而后法国国民议会对是否批准法国同意该协议的讨论异常艰难，最后仅以 8 票的优势（297 票对 289 票）批准了协议。协议为西德的建立扫清了障碍。1949 年 8 月 20 日，德意志联邦共和国（简称西德）宣告成立，10 月 7 日，德意志民主共和国（简称东德）宣告成立。从此，德国正式分裂为两个国家，并各自纳入东西方两大阵营。

法国批准《伦敦协议》标志着它放弃了在美苏之间充当仲裁人的政策，明确选择了西方阵营。在德国问题上，法国同意成立联邦德国，标志着法德关系实现了从对立到缓和，从敌对到和解的转变。

1957 年 3 月，六国在罗马签署了《欧洲经济共同体条约》和《欧洲原子能共同体条约》，这两个条约合称《罗马条约》。1958 年，《罗马条约》正式生效，欧洲一体化从此进入了一个新阶段。1963 年 1 月 22 日，阿登纳总理访问巴黎时签署了《法兰西共和国和德意志联邦共和国关于法德合作的条约》，又称《爱丽舍条约》。《爱丽舍条约》使法德关系法律化和制度化，法德合作关系成为欧洲一体化的基础，正如戴高乐和阿登纳在科隆会晤后的两国宣言中所说，"我们坚信，德意志联邦共和国和法兰西共和国之间的紧密合作将是欧洲一切建设事

---

① F. R. Willis, *France, Germany, and the New Europe, 1945 – 1967*, p. 20.

业的基础"①。

法德和解与合作是欧洲早期一体化的发动机,它为战后西欧的一体化扫除了障碍,奠定了欧洲联合的政治基础。它不仅是两国关系史上具有划时代意义的事件,也是欧洲历史上具有划时代意义的事件。没有法德的和解与合作,欧洲一体化进程不可能顺利推进。

笔者认为,法德和解与合作的主要原因如下:

第一,战后国际局势的重大变化。战后不久,美苏两国结束了战时联盟关系,拉开了冷战的序幕。冷战把西欧推到美苏对峙的前沿阵地,西欧各国的生存环境恶化。法德成了同一阵营中被削弱了的中等国家,都要在美苏冷战的夹缝中求生存、求发展,因此化解宿怨、实现和解与合作成为法德两国的共同需要。对法国而言,冷战使苏联取代德国成为对法威胁的新对手,法国安全防务的主要目标从德国转向苏联,与法国和解后的德国将成为法国抵御苏联威胁的屏障。法国从法苏同盟遏制德国变为法德同属西方阵营共同遏制苏联,法国把德国当作同苏联对抗的一个可以团结和利用的力量。因此,法国的对德政策从肢解、敌对转变为和解、合作就成为顺理成章的选择。

第二,美国的欧洲和德国政策对法国的重大影响。在冷战的背景下,美国从称霸世界、遏制苏联的全球战略出发,推行扶植德国的政策。法国在经济上依赖美国援助,政治和军事上仰仗美国的支持和保护,不可能推行与美国政策背道而驰的对德政策。

第三,德国的分裂为法德和解提供了现实基础。德国的分裂让这个昔日的庞然大物变得弱小,使法国暂时打消了对德国挥之不去的戒备之心,法德之间的和解成为可能。正如戴高乐所说:"在分裂之后,德国作为一个称霸的和强大可畏的强国已不复存在。"②

第四,法国也意识到,把德国纳入欧洲一体化的进程是对德国的最好控制,是消除德国威胁的最好办法。

---

① [法]罗歇·马西普:《戴高乐与欧洲》,复旦大学世界历史系世界史组译,上海人民出版社1973年版,第30—31页。
② [法]戴高乐:《希望回忆录》(第一卷 复兴 1958—1962),上海人民出版社1973年版,第171页。

对联邦德国而言,摆脱战败国的低下地位是战后的当务之急,在依赖美国保护的同时,以相对平等的地位加入欧洲一体化过程中去,无疑脱去了战败国的紧箍咒,是求之不得的事情,符合联邦德国的国家利益。因此德国支持欧洲一体化是顺理成章、不言而喻的。

二 法英关系与欧洲一体化的延迟扩大

在法德终于实现和解,欧洲一体化艰难起步之后,英国加入共同体的问题,长期占据着一体化事务中的重要地位。在英国加入共同体的过程中,法国因为两次否决英国的申请而使英法之间的矛盾和冲突成为这一时期的焦点。法国的两次否决不仅对英国加入共同体产生了影响,也对共同体的发展产生了影响,它使共同体的扩大推迟了十年。

在欧洲一体化发展的早期,英国政府不仅拒绝了舒曼计划,而且也放弃了加入共同市场。然而,1961年8月9日,英国正式申请加入欧洲经济共同体,1962年2月28日,又提出加入欧洲煤钢共同体和欧洲原子能共同体的申请。但是,1963年1月14日,法国总统戴高乐在记者招待会上否决了英国加入共同市场的申请。1月29日,共同体同英国的谈判正式宣告失败。英国加入共同市场的第一次申请就这样夭折了。

1967年5月11日,英国工党政府第二次提出了加入共同市场的申请。但是,在11月27日的记者招待会上,戴高乐再次拒绝了英国。

戴高乐说明了法国拒绝英国的原因。他认为,英国在经济上与欧洲大陆国家不同,尤其在农业方面不同:"英国人民取得食物的方法,实际上是从南北美洲或从旧自治领廉价购买粮食进口的方法,同时还要给予英国农民以大量的补贴,这种方法显然是与六国为它们自己自然而然地所建立起来的制度不相容的。"① 英国的传统农业政策与共同农业政策的价格支持政策大相径庭。戴高乐对英国能否放弃自己的传

---

① 国际关系研究所编译:《戴高乐言论集(1958年5月—1964年1月)》,世界知识出版社1964年版,第410页。

统和英联邦的特惠制，真正从经济上融入共同市场表示怀疑。

在列举了经济上的原因后，戴高乐又列举了政治上的原因。他认为，英国加入共同体之后，自由贸易区的其他国家也会加入，这样的共同市场与六国建立的共同市场将截然不同：

> 可以预料，参加的成员这样多、这样复杂的一个集团，其内部团结是不会维持长久的，而且最后终究将会出现一个依附美国并在美国领导下的庞大的大西洋共同体，而且它将很快地把欧洲共同体吞掉。
>
> 有些人看来，这可能是一个完全合理的假定，但是这绝不是法国所希望做的，也不是它所做的。而法国的希望，法国在做的，是建设地道的欧洲。①

戴高乐的理由当然不止他在大庭广众之下所说的那些。在共同农业政策问题上，戴高乐不愿在该政策未制定完成前让英国加入。《罗马条约》规定实施一项共同农业政策，把共同市场扩大到农业和农产品贸易。但是，由于农业问题的复杂性和敏感性，《罗马条约》并没有规定共同农业政策的实施步骤和具体方案，这些工作留待条约生效两年后草拟。条约生效后，西德等国对共同农业政策的制定采取能拖就拖的办法，共同农业政策的制定一波三折，进展缓慢。戴高乐很清楚农业和农业共同市场对于法国的重要性："显然，农业在我们国家的整个活动中，是一个重要因素。我们不能设想有这样一个共同市场，法国农业在其中找不到适应它的生产的市场。而且我们认为在六国中，我们在这方面是具有最迫切需要的一个国家。"②英国国内农业部门早在1961年就明确表示，希望在共同农业政策还在制定的时候加入共同体，以便对共同农业政策施加影响。在共同农业政策未制定完成时让英国加入共同体，等于多增加一个共同农业政策

---

① 国际关系研究所编译：《戴高乐言论集（1958年5月—1964年1月）》，第411页。
② 国际关系研究所编译：《戴高乐言论集（1958年5月—1964年1月）》，第409页。

的反对派,对法国迫切需要的共同农业政策是个很大的威胁,可能会影响共同农业政策的形成。因此,法国并不希望英国在此时加入共同体。

农业方面的矛盾固然是法国拒绝英国的原因,但更重要的原因是政治上的。戴高乐欧洲政策的特点是,希望建立"各国的欧洲"和"欧洲人的欧洲"。"各国的欧洲"针对的是"超国家的欧洲"。"欧洲人的欧洲"则是针对美国的影响力和主导地位而说的。"各国的欧洲"与"欧洲人的欧洲"是相互关联的。戴高乐认为只有"各国的欧洲"才有可能成为"欧洲人的欧洲",而超国家的欧洲只能依附于美国。在1962年5月15日举行的记者招待会上,戴高乐公开指责超国家欧洲的拥护者是在替美国办事。

实际上,戴高乐的设想是建立以法德为核心、以法国为领导、排除美英影响的"欧洲人的欧洲",其根本目的是恢复法国在欧洲乃至世界的大国地位。而英国恰恰是可能把欧洲拖入美国主导的大西洋共同体中的力量。戴高乐不会忘记,在第二次世界大战中,丘吉尔曾经对他讲过一句名言:"您要知道,如果我必须在您和罗斯福之间作一选择时,我总是选择罗斯福的。您还要知道,当我必须在欧洲和大海之间做出选择时,我总是选择大海的。"[1] 英国对美国的亲近感和对欧洲大陆的距离感使戴高乐怀疑英国加入共同体的诚意和效果。戴高乐认为,英国不可能成为一个真正的欧洲国家,在关键时候会毫不犹豫地牺牲欧洲的利益而为大西洋利益服务,导致最后出现一个美国领导下的大西洋共同体。

事实上,戴高乐没有看错。麦克米伦首相并不打算使英国成为一个"欧洲国家"。他并不讳言英国人要坚持"大西洋联盟",坚持大西洋联盟是因为"欧洲不能够单独存在。它必须以平等的、体面的伙伴关系同自由世界的其余部分、英联邦以及美国合作"[2]。麦克米伦打算

---

[1] [法]罗歇·马西普:《戴高乐与欧洲》,第50页。
[2] [英]哈罗德·麦克米伦:《麦克米伦回忆录》第6卷《从政末期》,商务印书馆1980年版,第357页。

一进入共同市场，就着手把它变成西方防御的"第二支柱"，并同美国合作，使之成为扩大的大西洋伙伴关系的一部分。① 麦克米伦争取到了美国总统肯尼迪的支持。1962 年，肯尼迪在费城的演说中提出重振大西洋联盟的"宏伟计划"，建议在美国和欧洲经济之间建立公开的贸易联盟，成立一个大的自由贸易区。1962 年 8 月，"贸易扩大法"在美国国会获得通过。这项法案建立在英国加入欧洲共同市场的假设基础上，美国希望英国加入共同市场，利用同英国的"特殊关系"，实现自己重振大西洋联盟、领导大西洋联盟的设想。

在防务方面，肯尼迪提出建立北约"多边核力量"，把英法等国的核力量控制在北约手中，也就是控制在美国的手中。1962 年 12 月 21 日，美英在巴哈马群岛的拿骚举行会晤，就建立"多边核力量"计划达成协议。协议规定，美国向英国提供"北极星"导弹，并帮助英国建造配套的核潜艇和生产核弹头。英国要将这支核潜艇部队拨交北约，置于北约欧洲盟军最高司令部指挥之下，但是英国保留在国家的"最高民族利益"受到威胁时收回这些核力量，归自己支配的权利。肯尼迪写信告诉戴高乐将军，法国可以享有类似英国的安排，建议他购买"北极星"导弹。② 但戴高乐认为这是美国控制英法核武器的手段，参加北约的多边力量将使法国无法拥有自己独立的打击力量。③ 戴高乐对英国十分失望："英国把它仅有的一点原子力量交给了美国人。它很可以把它交给欧洲。但它做了自己的抉择。"④ 他认为，《拿骚协议》证明英国在美国和欧洲之间选择了美国，而非欧洲。在拿骚会议前戴高乐就考虑阻止英国加入共同体，《拿骚协议》正好提供了这样一个借口。当时担任英国驻法国大使的皮尔森·狄克逊证实了这一点。⑤

---

① [英] 阿伦·斯克德、克里斯·库克:《战后英国政治史》，王了珍、秦新民译，世界知识出版社 1985 年版，第 149 页。
② 张锡昌、周剑卿:《战后法国外交史》，世界知识出版社 1993 年版，第 161 页。
③ [法] 皮埃尔·热尔贝:《欧洲统一的历史与现实》，丁一凡等译，第 272 页。
④ 张锡昌、周剑卿:《战后法国外交史》，第 207—208 页。
⑤ P. Dixon, *Double Diploma: the life of Sir Pierson Dixon Don and Diplomat*, London: Hutchinson, 1968, pp. 299 – 300.

由于戴高乐将军两次把英国挡在共同市场门外，威尔逊首相对英国加入共同体丧失了信心："只要戴高乐将军还在爱丽舍宫，我们（英法）之间的关系将极难恢复。"① 对此，戴高乐也不讳言："英国有朝一日将加入共同市场，（但）毫无疑问那时我将不在位了。"②

1969年4月，戴高乐辞去法国总统职务，蓬皮杜当选为总统。当时西德实力明显增强，加上它推行"新东方政策"后，大大拓宽了对外关系，加强了在国际政治中的地位。这对法国是一个刺激，蓬皮杜决定同意吸收英国加入欧洲经济共同体，以平衡西德的势力。③ 另一方面，共同农业政策经过10年艰苦而漫长的制定过程，已经基本定型。1968年7月1日，欧共体六国取消了成员国间在大部分农产品上的贸易限制，制定了统一的价格，建立了共同的对外农产品关税壁垒，提前18个月实现了建成共同农业市场的目标。法国对英国有可能干扰共同农业政策的担心不复存在。1969年12月，法国总统蓬皮杜在欧洲经济共同体六国首脑会议上倡议扩大共同体，为英国加入共同体扫除了最大的障碍。

1970年6月，爱德华·希思领导的英国保守党上台执政后仅仅12天，即6月30日，希思政府同六国开始了谈判。1972年1月22日，英国、丹麦、爱尔兰和挪威在布鲁塞尔签署了加入欧洲经济共同体、欧洲原子能共同体和欧洲煤钢共同体的条约。1973年1月1日，条约正式生效。英国终于加入了欧共体，而这时离英国第一次提出申请已经十年有余。

回顾这段历史，可以看到，法英这两个大国关系不好的时候，曾长期阻碍欧洲一体化的进程，使共同体的扩大延迟了十年之久；关系好的时候，则迅速推动欧洲一体化的进程。

---

① 《威尔逊及其对外主张》编译组：《威尔逊及其对外主张》，上海人民出版社1975年版，第267页。

② D. W. Urwin, *A Political History of Western Europe since 1945* (5th ed.), London: Longman, 1997, p. 170.

③ R. Gildea, *France since 1945*, Oxford: Oxford University Press, 1996, p. 211.

三 法德合作与欧洲一体化的深化

1989年11月9日，柏林墙倒塌，曾经长期停滞的德国统一问题重新燃起了希望。此时，德国问题在两种意义上同欧洲一体化密切相关。其一是，如果德国统一，原民主德国将作为新德国的一部分进入欧洲一体化进程之中；其二是，欧洲一体化的深化，需要欧洲最大的国家——德国的支持。

影响法国对德国态度的有这样一个重要事实：德国如果重新统一，人口接近8000万，国民生产总值为1.4万亿美元，仅次于美国和日本，居世界第三位。以法国为首的欧共体国家自然会心生疑虑：统一后的德国会不会把欧洲变成德国的欧洲呢？德国还会继续忠实于欧洲一体化吗？法德两国还能成为一体化的轴心国家吗？英国也有多家媒体发表了评论。《每日快讯》说："重新统一对德国人民而言已经不再是幻想，然而它对于德国之外的许许多多的人，不管是民主世界的也罢，共产党世界的也罢，还仍然是一场梦魇。"[1]

为了打消法国和其他成员国对统一后的德国所持的怀疑和害怕心理，西德总理科尔很坚决地表示，德国的统一和欧洲一体化不矛盾，而是互补、相辅相成的。而且，德国尤其要优先考虑与法国保持积极的关系，把法德友好关系作为德国欧洲政策的基础。1989年11月18日，法国总统密特朗邀请共同体所有成员国首脑在巴黎会晤。科尔在12国晚宴上"长时间地发挥他所捍卫的论点：德国统一和欧洲统一是不可分的"。[2] 11月22日，科尔又在斯特拉斯堡欧洲议会重申，德国统一和欧洲一体化的过程必须紧密联系在一起。1990年12月19日，他仍然在说："德国的房子——我们共同的房子——只能在欧洲的屋

---

[1] ［德］维尔纳·马泽尔：《联邦德国总理科尔传》，潘琪昌等译，东方出版社1991年版，第274页。

[2] ［法］弗朗索瓦·密特朗：《被死神打断的回忆——密特朗回忆录》，曾令保、沈忠民、樊赤译，中国书籍出版社1998年版，第249页。

顶下建设。这是我们的政策目标。"①

德国虽然有了这样的表态，但是，法国是否能够理解德国，并且支持德国的统一，还需要在复杂的双边和多边关系中互相磨合。这种磨合最集中地表现在走向《欧洲联盟条约》(即《马斯特里赫特条约》，简称《马约》)的道路上。1992年2月签订的《马斯特里赫特条约》最重要的内容是达成了关于欧洲政治联盟和欧洲经济与货币联盟的协议。

1979年3月13日，在法国总统德斯坦和西德总理施密特的倡导和推动下，共同体9国建立了欧洲货币体系，使欧共体成为一个相对稳定的货币区，在走向经济和货币一体化道路上迈出了重要的一步。但是，欧洲货币体系也有消极影响：20世纪80年代，由于西德拥有欧洲最强大的经济和最稳定的货币，西德和其独立的联邦银行实际上获得了欧洲的货币主导权，法国对此十分愤怒。法国希望采用共同管理的欧洲货币，与西德分享货币主导权。因此，创建超国家的货币制度以实现对德国货币政策的控制就成为法国政府的中心任务。②

1988年6月，欧共体在汉诺威举行峰会，决定组织一个以德洛尔为主席的委员会，委员会由欧共体12国的中央银行行长组成，其任务是研究货币联盟的可能性。1989年4月，这个委员会公布了一个计划，即著名的"德洛尔计划"。计划规定经由三个阶段来实现完全的经济与货币联盟（EMU）。③法国当然是坚决支持该计划的。在1989年6月举行的马德里欧洲理事会上，德洛尔计划得到了各国首脑的认可。

但是，西德联邦银行和财政部是反对货币联盟的，它们认为货币联盟会对联邦银行的权力造成威胁，因此主张把精力放在单一市场计划的完成和货币联盟的第一阶段上。在1989年12月8日召开的斯特拉斯堡峰会前几天，科尔总理给密特朗总统写了一封信，不赞成就经

---

① Pierre Gerbet, *La Construction de l'Europe*, Nouvelle édition révisée et mise à jour, Paris: Imprimerie Nationale, 1994, p. 450.

② Pierre Gerbet, *La Construction de l'Europe*, Nouvelle édition révisée et mise à jour, p. 436.

③ http://ec.europa.eu/economy_finance/euro/emu/road/delors_report_en.htm, 2014-09-04.

济与货币联盟召集政府间会议设定一个固定的时间,而且他提议的经济与货币联盟的时间表比法国人的更慢。科尔还表示,德国赞成共同体的政治制度改革,尤其主张加强欧洲议会的权力,而这与法国的想法正好对立。科尔的信让法国政府很震惊,法国警告德国政府,两国关系处于危机之中。

在斯特拉斯堡峰会举行前几小时,法德之间终于达成了妥协。科尔同意了法国在1990年下半年就经济与货币联盟召开政府间会议的要求。法国也做出了让步,同意把会议推迟到12月2日的西德联邦选举之后。西德还获得了一个让步,即只要德国的统一是在欧洲一体化的环境下进行,将获得法国和其他成员国对单一德国国家的支持。法德关系破裂的风险被避免了。

尽管法德两国在斯特拉斯堡峰会上达成了妥协,但他们围绕德国统一问题的矛盾并没有就此消除。早在1989年7月,法国总统密特朗就对德国的统一表示了理解。但是,7月27日,密特朗在接受记者采访时强调,"统一只能'和平地、民主地'实现"。密特朗认为,为了捍卫和平,必须解决五大困难:德国承认奥得—尼斯河边界,而且立即由联邦德国承认;美国、英国、苏联和法国就移交权力给统一的德国达成协议;德国放弃核武器、生物武器和化学武器;德国继续归属于大西洋联盟;确认德国对欧洲共同体的承诺。[①] 12月6日,密特朗访问苏联时在基辅发表讲话,警告德国不要强力推进统一,因为这样做会打破欧洲的政治均势,并对欧洲一体化产生负面影响。他指出,在德国统一之前就应该实现进一步的欧洲一体化。[②] 12月19日,密特朗访问东德。密特朗在莱比锡重申了法国的警告,"德国人民在重新掌握自己命运的前夕,应该考虑到欧洲的均势","德国统一与欧洲统

---

① [法]弗朗索瓦·密特朗:《被死神打断的回忆——密特朗回忆录》,曾令保、沈忠民、樊赤译,第219页。
② "Mitterrand, in Kiev, Warns Bonn Not to Press Reunification Issue", *New York Times*, 1989-12-07, see M. J. Baun, "The Maastricht Treaty as High Politics: Germany, France, and European Integration", *Political Science Quarterly*, Vol. 110, No. 4 (Winter, 1995-1996), p. 614.

一应同步进行"①。西德认为这次访问是法国试图支撑一个正在迅速崩溃的东德,并因此而推迟德国的统一进程。德国人还相信,12月16日,密特朗在法属加勒比圣马丁岛上向美国总统布什肯定地表示过,对任何形式的德国统一,法国都积极主张向后推迟。②

1989年11月的最初9天,平均每天有9000个东德人绕道捷克斯洛伐克去西德,柏林墙已经形同虚设。③ 11月9日,柏林墙倒塌。此后三个月,平均每天仍然有2000个东德人去西德。④ 东德的政治、经济和社会秩序陷入混乱局面,领导人难以驾驭,不得不由反对德国统一转为同意德国统一。统一成为两个德国的共同选择。

1990年3月18日,民主德国举行全民选举。德国联盟是在科尔的鼓动下,由三个党派即基督教民主联盟、德国社会联盟和"民主觉醒"三个党派联合组成的。它是联邦德国执政的基民盟和基社盟的姊妹党,是社会民主党的主要竞争对手。德国联盟主张民主德国以州建制加入联邦德国。而社会民主党是联邦德国社会民主党的姊妹党,主张两个德国平等地通过公民投票来实现德国统一。⑤ 联邦德国各政党都全力以赴支援民主德国的姊妹党。科尔更以提供几十亿马克的援助等优厚条件来支持德国联盟。在基民盟的强力支持下,德国联盟获得了3月18日选举的胜利,并与自由民主联盟联合组阁,为科尔按其设想推动德国统一扫除了政治上的障碍。

法国看到德国的统一已经不可避免,终于十分明智地不再节外生枝了。法国外交部长罗兰·杜马发表声明,敦促波恩吸收东德,尽快完成统一进程,以便波恩再一次把注意力转移到共同体事务中来。

法德的合作推动了欧洲共同体的快速发展。1990年4月19日,经过数周的秘密讨价还价之后,科尔和密特朗给欧洲理事会的主席寄去

---

① [法]弗朗索瓦·密特朗:《被死神打断的回忆——密特朗回忆录》,第273页。
② [德]维尔纳·马泽尔:《联邦德国总理科尔传》,第287页。
③ [英]玛丽·弗尔布鲁克:《德国史:1918—2008》(第三版),卿文辉译,上海人民出版社2011年版,第292页。
④ [英]玛丽·弗尔布鲁克:《德国史:1918—2008》(第三版),第294页。
⑤ 朱忠武:《联邦德国总理科尔》,四川人民出版社1997年版,第226—227页。

了一封联名信。在信中他们不仅提议加速建立货币联盟的步伐，而且主动提出了建立一个政治联盟的新倡议。① 联名信建议在货币联盟的政府间会议之外，再为政治联盟召开一个政府间会议。1990年4月28日，在都柏林举行的欧洲理事会特别会议通过了经济与货币联盟谈判的时间表。6月25—26日，在都柏林举行共同体常规峰会，各国首脑们正式同意就政治联盟召开政府间会议，并且宣布经济与货币联盟和政治联盟的谈判都将于12月中旬开始。

启动经济与货币联盟和政治联盟两个平行的政府间会议是法国和其他成员国的显著成就。他们一直急切地希望德国能对经济与货币联盟做出承诺，现在终于获得了成功。10月27—28日，共同体的罗马特别峰会决定，经济与货币联盟的第二阶段应该从1994年1月1日开始，内容主要包括完成1992年单一市场计划，并成立一个欧洲货币机构。第三阶段将在第二阶段启动后的三年内开始，届时将使各国的中央银行独立，并对成员国的财政政策加以限制。虽然仍有许多问题没有解决，但是关于经济与货币联盟的大致轮廓和时间表都有了。② 12月7日，科尔和密特朗提出了一个联合议案，为政治联盟的谈判设定了轨道，其中心是发展共同外交与安全政策，并推动共同防务。此外，议案还倡导在国内安全与警务问题上加强政府间合作。国内安全与警务是德国政府提出的创意，并得到了法国的支持。③ 这个联合议案对法国和德国政府来讲，意义十分重要，它表明法德两国在经历了德国统一的检验后，又一次成为欧洲一体化的主动力。

1992年2月7日，在荷兰城市马斯特里赫特举行的欧共体峰会上，《欧洲联盟条约》正式签订（故称《马斯特里赫特条约》）。1993年11月1日，《马约》正式生效。

---

① Pierre Gerbet, *La Construction de l'Europe*, Nouvelle edition revisée et mise à jour, p. 450.

② D. Buchan and J. Wyles, "Thatcher Left Trailing as a Summit Fixes EMU Date", *Financial Times*, 29.10.1990, p. 1, See M. J. Baun, "The Maastricht Treaty as High Politics: Germany, France, and European Integration", *Political Science Quarterly*, Vol. 110, No. 4 (Winter, 1995 – 1996), p. 618.

③ G. Saunier, "La négociation de Maastricht vue de Paris", *Journal of European Integration History*, Vol. 19, No. 1, 2013, pp. 45 – 65; G. Saunier, "The Negotiation of Maastricht from the Perspective of Paris", *Journal of European Integration History*, Vol. 19, No. 1, 2013, p. 58.

《马约》确定了欧洲联盟的柱形结构：第一支柱为原有的三个共同体；第二支柱为共同外交与安全政策；第三支柱为加强内政与司法事务的合作。条约把欧洲经济共同体更名为欧洲共同体，成为欧洲联盟的主要组成部分。在第一支柱中，条约还设立欧洲联盟公民资格，详细规定了实现经济和货币联盟的日程表。《马约》对共同体的机构和决策程序进行了修改，扩大了欧洲法院和欧洲议会的权力，以及部长理事会中特定多数表决制的适用范围。第二支柱是建立共同外交与防务政策。成员国同意通过西欧联盟来实行共同的防务政策，采取共同行动时要求全体一致同意。第三支柱是针对欧盟国家在移民、打击跨国犯罪等方面面临的问题，开展内政和司法方面的合作。第二支柱和第三支柱都采用政府间合作的方式。《马约》标志着欧洲经济一体化和政治一体化都取得了重大进展，是欧洲一体化进程中具有里程碑意义的条约。

可以看出，20世纪80年代末90年代初，在东欧剧变和德国统一的背景下，法德两国彼此妥协和合作对1992年《马斯特里赫特条约》的签订和欧洲一体化的深化起到了至关重要的作用。

综上所述，在欧洲一体化的进程中，法国、德国、英国这三个大国之间的关系发挥了非常重要的作用：关系好则进程快，关系不好则进程慢。反过来，一体化进程又深刻影响了法德英三国关系。这对现在与未来其他地区的一体化或者多边合作具有重要启示：一体化区域内的大国，往往是决定该区域政治经济格局的关键因素，因此，大国之间的关系是一体化大厦的基础和梁柱，一体化发展的龙头；大国之间求同存异，追求最长远、最根本的利益，共同推动合作进程，是明智的选择；面对国际形势的变化，利益格局的变化，大国不能因循僵化，而是要根据需要及时调整政策；一体化是构建和平合作的大国关系的有效途径之一。

[原载《浙江大学学报》(人文社会科学版) 2015年第5期]

英美现代警察调控职能和调控手段
变化的历史考察

谢闻歌

笔者曾在《世界历史》2000年第6期上发表《英美现代警察探源及其调控职能透析》一文，探讨和分析了现代警察产生的历史原因及其行使社会调控职能的基本情况。本文将在前文的基础上，进一步考察英美现代警察诞生170多年来调控职能、调控手段、调控方式的若干历史变化，以求对现代警察社会调控职能有一个比较全面的了解和认识。

一 警察调控职能变化的三个历史发展阶段

笔者在前文提到，现代警察的社会调控职能包括三个基本要素：维护国家政权，预防和打击犯罪，提供社会服务。170多年来，警察的调控职能并非一成不变，相反在不同的历史时期，每一种调控职能都有着各自不同的表现。根据不同时期警察调控职能的不同变化，大致可以把英美警察一百多年的历史划分为三个阶段，即"政治化阶段""专业化阶段"（又称"打击犯罪阶段"）和"社区警务阶段"。在每个阶段，警察的调控职能都有着不同的变化。

（一）"政治化"阶段

这一阶段指从现代警察成立到19世纪末。新兴的警察与赋予它生命的政治实体有着千丝万缕的联系，党派和阶级倾向十分明显。一方面，维护统治阶级的整体利益，镇压敌对势力的反抗，这是警察的首要任务；另一方面，新兴的警察作为一个社会群体有着明显的依附性，成为在地方党派政治中被用来进行派别斗争、打击不同的派别和对手、实现地方党派政治目标的工具。

在这一时期，由于没有一个全国统一的规范，完全受地方政府摆布的美国警察的"政治化"倾向表现得尤为突出。

在成立初期，美国的警察机构实际上是一个政治实体，警员直接从所在的选区或街区中挑选，并由选举出来的政治官员任命。与英国警察的权威来源于国家宪法不同，美国"警察的权威来源于市民中政治多数派，而不是抽象的法律观念"[1]，"所以，警察不仅要依靠现实的法律去调解种族和阶级冲突，而且在执法中还要在某种方式上反映所属政治派别的道德标准"，"一个城市中不同政治派别的纷争也同样意味着警察一贯地卷入政治冲突"。

在这个阶段的地方派别斗争中，警察执法的一个显著特征是双重标准，当他们的支持者触犯法律时，他们经常视而不见；当反对者触犯法律时，便毫不留情地严加镇压。警察袒护那些掌权的政客及其支持者们的不法行为。选举时，警察还会通过恫吓、拘捕，有时甚至动武来迫使反对党的支持者们丢弃他们的选票。所以，政治化时期的警察由于党派的干预而深深地与腐败联系在一起[2]。谁控制了警察，谁就等于控制了法律。在这样的情形下，警察的执法力度和效果可想而知。沃尔克说："警察不执法是导致19世纪警察改革的主要原因。"[3]"城市警察的残酷无情，受党派操纵以及腐败成风唤起了对警察进行改革的呼声。"[4]"把政治从警察中赶出去，把警察从政治中解脱出来"成为改革警察制度的最强有力的要求。实际上，警察受到地方党派斗

---

[1] Robert H. Langworthy; Lawrence P. Travis Ⅲ, *Policing in America: A Balance in Forces*, Upper Saddle River, N. J.: Prentice Hall, 1999, p. 50.

[2] Robert M. Fogelson, *Big-city Police*, Cambridge, Mass.: Harvard University Press, 1977, p. 116.

[3] Samuel Walker, *The Police in America, an Introduction*, New York: McGraw-Hill, 1983, p. 66.

[4] Robert H. Langworthy; Lawrence P. Travis Ⅲ, *Policing in America: A Balance in Forces*, p. 86.

争的操纵，并不利于统治阶级对全社会的整体调控。

1893年，共和党在纽约州执政，于次年成立了"莱克索调查委员会"，调查出纽约警察大量的腐败事实。1895年纽约州议会通过了一项法令，成立两党制的纽约警察管理委员会。这项法令的通过标志着美国警察告别了政治化阶段，以新的面貌进入了20世纪。

（二）专业化阶段

这一阶段是20世纪初至六七十年代，最显著的特征是把执法和控制犯罪视为警察最主要的职能，警察的管理者们通过各种手段和方式，力图把每个警察都培养成为打击犯罪的专家。1909年，美国学者莱昂纳德·福德在其著作《警察管理：美国与海外警察组织的批判性研究》中认为："警察有两个基本功能：即防止犯罪功能和打击犯罪功能。"这种观点反映了当时大多数专业化改革者的看法。美国司法部的警察专家凯林和摩尔认为专业化改革已经使警察的调控目标发生了转变，"警察机构变成了执法机构，他们的目标就是控制犯罪"[1]。

最早倡导警察专业化运动的是美国国际警长协会主席理查德·西尔威斯特（1910—1915年在任）和加州伯克利市警察局长奥古斯特·沃尔默（1909—1932年在任）。专业化改革者们首先要求对警察领导机构进行整顿，强调警察机构应由超党派的专家来管理，并经过专门训练，具备实践经验。他们从军队和企业里雇用有丰富管理经验的人来领导警察局的工作，摆脱地方政治和党派对警察的控制，使警察成为一支独立的对法律负责的专职队伍。其次是提高全体警察人员的专业素质，包括提高警察的招收标准，强化对新老警察的培训，创立专门的警察培训学校，培养大学毕业的警察专门人才。接着是建立和发展警察的专业化部门，除传统的巡逻警和便衣警外，陆续出现了治安警、交通警、青少年管理警和防暴警察等一系列专业性警种。警察局的内部机构设置也越来越专门化，除传统

---

[1] G. L. Kelling and M. H. Moore, *From Political to Reform to Community: The Evolving Strategy of Police*, Washington, D. C.: U. S. Department of Justice, 1988, p. 8.

的刑侦、巡逻外，又出现了治安、交通管理、技术分析、青少年管理、纪律检查、人事、训练、行政等专业部门。

警察学的发展和完善是警察走向专业化的标志之一。警察学最初涉及的只是警察内部的管理和组织问题。20世纪，警察学作为一门科学越来越受到警察机构的重视。

19世纪末，法国人阿方索·贝迪永设计的罪犯供述记录格式"贝迪永系统"成为各国警察通用的认证记录的标准格式：被告身体的详细测量（脚长、颅骨尺寸、臂长等）；特殊的记号如伤疤、文身、照片、指纹。奥地利律师汉斯·格罗斯进一步发展了犯罪侦查术，他主张警察要学犯罪心理学，利用科技手段来帮助分析案情，并培养出了一批犯罪学专家。

警察学又一重要的发展是指纹辨认技术的提高，弗朗西斯·戈顿（Francis Galton）被公认为指纹认证术的发明者。由于人的指纹终身不变的事实得到确认，这就为辨认罪犯提供了迄今为止仍最为有效的方法。很显然，警察学的发展是以警察的工作实践为基础的，同时它又反过来指导和提高了警察工作的专业化水平。"警察改革的倡导者们现在可以宣称，有效的警务工作离不开专业的知识和经验。"[1]

专业化改革的另一个标志是警察的选拔和晋升有了一套公务员的程序。从理论上讲，公务员制度至少要对申请当警察者进行考核，警察的任命要依据他们的公务员级别，这意味着选拔警察标准是依据他们懂得什么，而不是看他们认识谁。这一重要区别意味着警察要适合他们的职位，必须忠于职守，忠于法律，而不是效忠某一个特殊的权力集团。

一战结束时，美国一些大城市对警察实行的公务员制进入规范化。正是这种公务员制才使得警官们第一次把自己看作一个独立的群体。正如福格尔森所说："直到20世纪初期，那些大城市的警察们才发现他们自己是警察，是一名与临时从工人、职员、火车售票员中雇来的

---

[1] Robert H. Langworthy, Lawrence P. Travis Ⅲ, *Policing in America: A Balance in Forces*, p. 94.

人完全不同的警察。"[1]

美国警察史学家大卫·约翰逊把1920—1965年这段时期称为"改革的胜利期"[2]，因为这一时期警察的专业化达到了高潮。警察专业化运动大大提高了警察队伍的人员素质和业务水平，受过高级专业教育的警察逐渐成为警察队伍的主体。专业警察部门的设立，使警察工作有了各自专一的方向，便于警察个人从事自己专门工作的研究，警察机构的调控能力和调控质量有了明显的改善。到20世纪60年代，警察专业化达到了顶峰。当一名警察不再只是一种普通的工作，公众和警察自己都把它当成了一项专门的职业。人们一般把警察看成是控制犯罪专家，称他们是"打击犯罪的战士"。

警察专业化改革的另一结果是导致了警察相对独立甚至封闭的管理模式。专业化时期的警察过于强调其执行法律和打击犯罪的职能，而对其他的调控职能显得漫不经心，其最主要的恶果之一就是使警察脱离了公众，疏远了警察与公众之间的关系。而事实证明失去公众支持的警察队伍，即使具有超人般的专业水平，也难以真正实现其调控目标。

与政治化阶段相比，专业化阶段警察的调控职能发生了明显的变化。警察不再受个别党派和政治团体的控制，警察机构的管理日趋规范，调控手段更加专业。警察绝大部分的时间被用于同社会犯罪行为做斗争，处处以公共安全利益为己任，扮演着公共安全保护者的角色。在这一时期里，警察的阶级倾向变得模糊起来，警察的管理者极力想让人们相信，警察只是极少数犯罪分子的克星。警察看上去似乎不再只是统治阶级的工具，而是整个社会的保护神。

事实上，专业化改革改变的只是警察调控机制的一些表象而非实质。警察脱离了少数利益集团的控制实质上更加符合统治阶级的整体利益。尽管警察把主要的精力都放在对付犯罪上，但一旦统治阶级的

---

[1] Robert M. Fogelson, *Big-city Police*, p. 116.
[2] David R. Johnson, *American Law Enforcement: A History*, St. Louis: Forum Press, 1981, p. 105.

政权受到威胁时,警察就会毫不犹豫地挥动镇压的铁拳。

(三) 社区警务阶段

专业化的警察大大提高了打击犯罪和巩固政权的能力,同时也导致了警察相对独立和封闭的管理。警察对自身能力的过于自信疏远了警察与公众的联系。警察的管理者们相信,只要不断提高警察的专业水平,强化警察的调控手段,警察的调控职能便可以得到完美的体现。

然而事实并非如此。二战后出现长时期的和平稳定局面很快给警察提出了新的难题。警察调控职能开始进入第三个阶段——社区警务阶段。这一阶段始于 20 世纪六七十年代直至今天。它实际上是警察管理者们对半个多世纪专业化改革进行总结和反思的结果。20 世纪 60 年代的世界是一个动荡的年代。欧美国家内部民权运动愈演愈烈,甚至经常发展为骚乱;在校园有静坐和示威,进而是学生暴动。旧的社会秩序在 20 世纪 60 年代受到了巨大冲击,而以维持社会秩序为己任的警察队伍不可避免地参加到这场社会大动荡之中。警察坚持镇压示威者的行为导致了公众甚至司法部门的反感,从而使本已相当疏远的警民关系更加恶化。

对专业化警察的另一个严重威胁是 20 世纪六七十年代犯罪率居高不下。它使政府机构甚至警察管理者本身也开始怀疑高度专业化的警察调控社会的真正能力。不断上升的犯罪率,日益恶化的警民关系,这些都酝酿着一场新的警察变革运动,目的是要重建警察与社区民众的关系。

从 20 世纪 60 年代末开始,警察、警察的领导层以及研究者们开始承认专业化警察存在的问题和局限,汽车巡逻和对犯罪分子的快速打击并不能增强公众的安全感和警察控制犯罪行为的能力。警察认识到预防和打击犯罪,对市民来讲都是同样重要的。警察应该为公众提供更好的服务以增加公众的社会安全感。一度被打击犯罪职能遮盖的警察的社会服务功能重新变得重要起来。

在社区警务阶段,犯罪控制仍然是警察的一项重要的但并非唯一的任务。这一时期警察工作的重点是努力改善公众的生活环境,从而达到预防和阻止犯罪的目的。警察管理者试图通过警察的努力使民众有更多的安全感，更积极地投入社区活动中去，进而有更多的居民遵纪守法，最终又使社区变得更加安全。因为他们认识到，产生社会犯罪和动乱的根源在于社会本身。警察作为强制性的调控工具，其维护权力的功能势必要同没有权力的个人和团体产生矛盾，就好像"羊群从不喜欢他们的牧羊犬一样"，而"羊群"接受"牧羊犬"的程度又直接影响到牧羊犬的工作和成绩，因而要长久地维护社会安定，就必须强化调控机制中服务社会的功能。

从专业化警察向社区服务警察的扩展，在警察哲学思维上体现为从以警察为主体转变为以社会为主体，在警务形式上体现为从以巡逻和刑侦为主的反应型警务转变为以服务社区为主的预防性警务，强调以全社会的力量来维护社会安定和法律秩序，重视警察调控机构与社会各部门的理解、协调与合作；在警民关系上努力使警察从"打击犯罪的战士"的形象，扩大到树立警察是公众的可靠朋友的"社会服务员"的新形象。

据统计，在进入社区警务阶段以后，警察有75%的时间是用在与犯罪活动不直接相关的社会服务上，包括调解家庭纠纷、照顾老人儿童等。美国学者伊莱恩·卡明指出，现在大部分要求得到警察帮助的主要是需要调解人际纠纷等。查罗姆·斯利尔尼克断言："警察正在执行社会机构的任务，不管他们愿意与否。"1989年10月17日，美国"国际警长协会"通过了一项新的《执法道德规范》，正式把社区服务放在了警察职责的首位，"警察的基本职责是为社区服务，保卫公民生命财产安全，保护无辜，维护治安，保障一切公民享有自由、平等与正义的权利"[①]。

通过对警察调控职能三个发展阶段的分析，我们可以看出，警察改革者们始终奉行一条主旨，那就是如何让警察这一重要的国家调控机器运转得更好更有效。随着其调控职能的不断变化，现代警察的阶

[①] [美] 西奥多·F. 小弗里曼：《美国警察职业道德规范发展》，《世界警察参考资料》1993年第10期。

级性变得越来越模糊，警察似乎不再只是统治阶级的专政工具，而是全社会公民的保护伞。实际上不管警察职能如何转变，不管哪一种职能占据主导地位，都改变不了警察调控的本质目标，即巩固资本主义国家政权，维护统治阶段的根本利益。正如彼得·曼宁所说，警察"摆脱不了与政治现状的紧密联系，而且实际上一直为支撑和维护政治现状而尽心尽责"①。警察阶级属性的淡化，缩短了警察作为调控者与调控对象的距离，拉近了警察与民众的关系，从而使警察在执法过程中遇到的阻力更小，警察巩固国家政权的调控目标也就更加容易实现了。

二　科技发展与警察调控手段的演变

在20世纪里，人类取得了比以往所有时间中加起来还多得多的科技成就。科学技术的飞速发展，如汽车和飞机的发明和广泛使用，信息通信技术的革新，原子能技术的开发与应用，电脑的诞生和普及等，给整个人类社会带来了翻天覆地的变化。科学技术的发展在提高生活水平、改变生活方式和思想意识的同时，也给警察的调控机制、调控手段带来了全新的挑战和机遇。早在20世纪初期，人们就已经开始惊叹："让人难以相信电报、巡逻马车、相机、汽车是怎样变革警察工作的，但它们确实做到了。"② 1903年美国芝加哥市的警察局长弗朗西斯·奥尼尔在总结美国警察使用科技方面取得的大踏步进展时这样说道："科学为警察都做了些什么呢？从打着灯笼巡夜报更的守夜者，到现在身穿制服、训练有素的警官，配备有电报、电话的正规化的警察机构，还有贝迪永的认证体系，这种巨大进步的确值得深思。"③

当然，任何一项新技术成果的推广和运用都不可能是一帆风顺的。在刚开始的时候，现代警察对利用新的科技成果有时也缺乏足

---

① Peter K. Manning, *Police Work: The Social Organization of Policing*, Cambridge, MA: MIT Press, 1977, p. 361.
② Robert H. Langworthy; Lawrence P. Travis Ⅲ, *Policing in America: A Balance in Forces*, p. 93.
③ Robert H. Langworthy; Lawrence P. Travis Ⅲ, *Policing in America: A Balance in Forces*, p. 94.

够的热情。一方面因为新科技装备的代价昂贵，另一方面也因为有关机构的保守性。如在19—20世纪之交，英国警察对使用自行车巡逻就有一种普遍的不情愿的情绪。1896年英国诺福克的警察联合委员会就曾否决了其属下一位警察局长要求购买6辆自行车的申请，并要求他"在遇有紧急情况时"去租一辆自行车，且"骑车人的风险自负"[1]。不过，这种人为的因素并不能真正阻挡新科技成果的推广运用。随着现代警察在国家调控机制中充当的角色和承担的任务越来越重要，警察采用新科技成果来改善调控手段和提高调控效益的速度也变得越来越快。以下我们将从四个方面来分析科学技术的发展给现代警察的调控手段带来的巨大变化。

首先，交通工具的现代化极大地提高了警察的快速反应能力。

汽车工业的发展带来了警车的普遍使用。用警车巡逻代替步行巡逻，这项变革在警察发展史上具有划时代的意义。汽车是20世纪给警察带来的一系列重大变化之一。汽车从在马路上出现的那一刻起，就给警察带来了一个特殊问题。如果说火车给了犯罪分子更大的流动性的话，那么汽车的出现则使这种流动性增大了许多倍。因而，汽车的发明使用也同时使警察在打击犯罪和缉捕逃犯的时候比过去要困难得多。

警察最初利用汽车是在20世纪第一个十年里。尽管警察对汽车的利用也有些滞后，但是到了20世纪30年代后，警车开始在美国得到推广。50年代时，美国绝大多数的警察部门都使用了警车[2]。到六七十年代，警车已经成为各国警察执行任务时的主要交通工具，大大提高了警察执行任务时的机动能力。原来需要有好几个警察步行巡逻才能完成的巡逻区域，现在只需要一个警察驾车就能完成，警察预防犯罪的能力得到提高。警车使警察的快速反应能力有了质的飞跃，在接到报警后能迅速赶到犯罪现场，为及时捕捉罪犯

---

[1] Clive Emsley, *The English Police: A Political and Social History*, New York: St. Martin's Press, 1991, p. 149.

[2] Samuel Walker, *The Police in America, An introduction*, p. 13.

提供了可能。在当代，飞机也得到警察的利用，从空中进行大区域的监控和快速运输。因而，交通工具的现代化成为警察作为"打击犯罪的战士"的重要标志，大大提高了警察的工作效率。

其次，通信设备的现代化使警察的"耳目"充满各个角落。

通信设备是警察在执行任务时必不可少的工具。伦敦大都市警察局早在19世纪50年代就开始使用电报通信。19世纪60年代伦敦的各警察局之间已经建立起一个电报通信网。后来，电话系统又开始取代电报网。1897年伦敦警察局设立了第一个电话房，10年后，已经在它下属的各区局里设立了33个警察专用的电话房或固定的电话站点[①]。到第一次世界大战结束之际，电话系统已经在警察局中普遍使用起来。1933年7月，英国内政大臣约翰·吉尔默尔爵士在报告中说："每个警察局都已经安装了电话，将近一半的设在农村的警察巡逻站点也装了电话，总数超过了5000部。"[②] 电话的普及给警察调控职能带来的一个重要影响则反应在警察与居民的联系得到加强，居民一旦发现犯罪或犯罪可能时，可以通过电话及时地向警局报案，从而增加了警察的耳目，提高了警察的效率。

新的无线电通信技术给警察工作带来了更多的便利，这也是在一战结束后不久开始出现的。坐在汽车里巡逻的警官配上迅捷的无线电通信，这些现在已经得到了充分的发展，在侦破案件和逮捕罪犯方面显现着巨大的价值。

20世纪30年代后无线电通信迅速地得到普及。二战后，警察部门相继建立起无线电指挥控制中心，外出巡逻的警察身上都配有无线电步话机，彻底改变了执勤警察孤立行动的局面，使警察与警察之间、警察各部门之间的相互联系变得非常容易，非常迅速[③]。另一方面，也包括了对被监控对象的通信如电话的各种监听技术等。到了今天，包括卫星通信和移动电话的迅速发展克服了普通电话和无线通信的空

---

① Clive Emsley, *The English Police: A Political and Social History*, p. 149.
② Clive Emsley, *The English Police: A Political and Social History*, p. 150.
③ Clive Emsley, *The English Police: A Political and Social History*, p. 154.

间局限，正逐步在警察的实际工作实践中发挥着更大的作用。

再次，信息技术的现代化给警察装备了一个超人般的大脑。

电脑的出现把人类社会带入一个信息化的时代，同样也给现代警察的社会调控工作带来了巨大的变化。电子计算机是在第二次世界大战中才出现的，20世纪60年代就开始运用到警察机构，其发展的速度是其他任何一项现代化技术所不能比拟的。警察机关通过电脑来储存大量的犯罪资料和信息情报，又通过计算机联网使全国乃至国际的警察信息情报中心连成巨大的网络。在计算机运用方面走在最前列的仍然是美国警察。美国联邦调查局在不长的时间内建立起了四大计算机系统网络：自动化情报系统，专门收集、分析、保存和传递侦查情报，服务于警察首脑机关，用于决策和警力的指挥和调度。计算机分析反应小组，主要针对计算机犯罪，广泛收集有关计算机犯罪的资料。全国犯罪情报中心，是一个全国性的以电脑为基础的查询—反馈情报资料系统，并通过它的子系统"州际情报索引系统"为全国的执法机构服务。该中心存储有2000多万条犯罪记录和33.5万名通缉犯的材料，每天接受59362家授权单位多达100万次的查询。自动化指纹鉴定系统储存有750万份指纹档案，每秒钟可鉴定出650多例指纹，被称为"20世纪执法工作最重要的成就之一"[1]。英国警察也不甘落后。1974年英国内政部开始使用全国警察计算机系统，其警察档案中心可以向全国各地的警察机构提供及时的查询服务。在1982年，该中心提供100多万次查询服务，其可用率保持在98%以上。[2] 计算机的使用给警察工作带来了革命性的变化。回想一下20世纪初"贝迪永认证系统"和指纹辨认法时候的状况，计算机几乎使犯罪分子到了插翅难逃的地步。

在当代，随着电脑在社会上的广泛使用，各种计算机犯罪和所谓"黑客"现象频繁出现，也促使警察迅速提高对信息技术的掌握能力和强化对电脑网络的监控。如今，在英美国家的警察学校里，计算机

---

[1] 马国华编译：《高科技在美国警务中的应用》，《世界警察参考资料》1994年第3期。

[2] Clive Emsley, *The English Police: A Political and Social History*, p. 119.

的运用已经是警察必须掌握的一门技术。在警察打击犯罪的活动、维护交通安全的工作中,在提供社区服务的户籍管理的工作中,计算机和网络已经成为不可或缺的工具。

此外,非致命武器的广泛应用大大减少了警察在强制执法过程中可能带来的社会负效应。

在警察的各种调控原则中,"最小武力"原则占有非常重要的地位。为避免"彼得卢大屠杀"那样的惨案再次发生,罗伯特·比尔给英国警察留下了非武装性的传统。他们当时唯一的武器是木制短警棍,后来逐渐装备上电警棍和高压水龙头。在面对大规模抗议运动和公众骚乱时,手无寸铁的警察不仅容易受伤,而且难以有效地达到控制局面的目的。统计数字表明,在骚乱事件的对抗中,警方伤亡人数有时会超过骚乱者。1972—1974 年间伦敦大都市警察局共遇到 54 次骚乱。其中,公众有 76 人受伤,警方有 297 人受伤[1]。尽管其他国家如美国并没有继承这一非武装性传统,但在使用武器上仍受到严格的限制。

非致命性武器的出现,使警察摆脱了武装与非武装之间的两难境地。1981 年 7 月英国德克斯特兹发生暴乱,警察第一次使用 CS 催泪弹。1984 年,英格兰和威尔士的 13 个警察机构装备了橡皮子弹[2]。非致命性武器是平息骚乱的最佳武器。一贯不主张警察佩带武器的英国人在这方面又走在了前面,他们研制出来的防暴武器出口到世界各国,其中最著名的便是橡皮子弹。橡皮子弹是一种长 10 厘米,直径约 2.5 厘米,时速在 130—170 公里、用橡皮和塑胶制成的子弹。它的发明使警察防暴武器发生了质的变化。橡皮子弹既可以迅速使人在短时间内失去知觉,又不至于伤及人命。警察利用它可以迅速达到平息骚乱的目的,又避免了因为误伤人命而引发新的更大的骚乱。英国警察还发明了一种闪光枪,发出的电光会使人产生轻度的晕厥,失去抵抗力。近年来英国警察还研制出一些新的化学武器,如让人呕吐的气体和喷在人身上会迅速凝固的泡沫枪等。当然非致命性武器也并非绝对安全。

---

[1] Clive Emsley, *The English Police: A Political and Social History*, p. 164.
[2] Clive Emsley, *The English Police: A Political and Social History*, p. 119.

在1972年4月至1981年8月期间的北爱尔兰冲突中，共有13人（6名儿童）为橡皮子弹所杀，更多的人受伤（失明等）。

所有这些非致命性武器的共同特点是，既可以达到警察使对方失去抵抗力的目的，又可以减少警察与抵抗者双方的伤亡，降低平暴行动中流血事件的社会负效应，特别是具有人道主义的和在现实政治上的可行性，使政府避免付出不必要的政治代价。

大量采用各种各样的先进技术，是包括英美警察在内的西方现代警察的一个普遍的重要特点，它不仅全面强化了警察对社会的监控能力，以及一些社会服务能力，也从一个重要方面反映了警察及其监控技术从不成熟到成熟的发展历程。

从1829年6月19日现代警察在英国诞生，至今已有170多年的历史了。在这漫长的实践中，英美警察经历了从无到有，从小到大，从简单粗暴到成熟老练的发展过程，调控的手段更加多样化，调控的方式更加巧妙圆滑，调控效率也不断提高。更为重要的是，作为整个国家调控机制的一个重要环节，它起到了维护社会稳定和秩序的重要作用，确保了社会政治制度的稳固。调控职能的演变和先进科学技术的广泛应用，就好像给警察这只无情的统治阶级"铁拳"戴上了一副表面柔软而富有弹性的"手套"。实践证明，戴上这种"手套"的铁拳在行使调控职责时显得更加得心应手了。

（原载《世界历史》2004年第2期）

工业革命时期英国人才环境探究

张 瑾

18世纪60年代到19世纪中后期的工业革命极大地改变了地球的面貌及其居民的生活。恩格斯说,"英国工业的这一次革命化是现代英国各种关系的基础,是整个社会的运动的动力"[①]。每一个人都生活在具体的现实社会环境中,人的发展会受到不同的社会环境的推动和制约;同时人又是能动的,可以在认识世界、改造世界的过程中不断改造和发展自己。毋庸置疑,英国工业革命时期需要人才,而同时这一大背景又为人才的发展提供了重要的契机。人才环境包括方方面面的因素,本文从政治、经济环境,人才流动环境,科教、文化环境,生活、社会保障环境等方面分析工业革命时期英国的人才环境。

一 政治、经济环境

政治环境为人才发展提供的是时代背景。英国资产阶级革命推翻封建制度,解决了资产阶级掌握政权和确立治国基本原则的问题。英国政治环境的相对平稳对工业革命的发展有着巨大的影响。

从地域经济角度看,经济繁荣是文化繁荣的基底。经济环境是科技人才发展环境中最关键的环节,起着基础性和根本性的作用。经济的发展状况对人才的出现与成长起着重要的作用。英国的封建制度瓦解较早,新兴的资产阶级日益强大,尤其是在海外占领了广大殖民地,

---

[①] 《马克思恩格斯选集》第1卷,人民出版社1995年版,第35页。

扩大了对外贸易，积累了大量的原始资本，有力地推动了资本主义工业化的发展。英国工业革命前的1747年，有材料记载了有关伦敦商人的言论："一旦我们成为了商业民族，文科和科学技术就开始复兴，洗去我们身上乡土气的愚昧和无知；人民找到满足其需要的新手段，国家内部积聚了财富，外部享有了国际威望……"① 1763年，英国打败法国，取得法属北美殖民地，确立了在印度的优势，成为海上霸主，也成为最大的殖民帝国。在工业化之前，家庭手工业以及工场手工业都是加工劳动的组织形式，经过工业革命过渡到工厂体制的一个重要阶段就是制造业的发展。制造业起初还比较零散，后来在这种新的经营形式中，商人通过经商积累了较大的资本，这些有资产的人的力量正在逐步发展。受过教育的人也开始对经济感兴趣，中古时期那种空论精神已被新时代的思维和认识所解体和替代。②

18世纪下半叶的英国社会的每个角落都面临巨大变化，技术发明层出不穷，新兴行业与日俱增。不少精明强干的冒险者或者所谓"富有进取精神"的人，抓住这一千载难逢的时机乘风而上，以发财致富为动机，对生产的每个部门进行全面技术改造，从而使生产力得到成百上千倍的提高。无数人加入这支探险大军，其中不少人跌得粉身碎骨，但也有许多人获得成功，成为新时代的开拓者。跻身这支探险大军中的，不仅有工业家、发明家，也有文学家、政治家，不仅有贵族富豪，也不乏平民百姓。所有这些人都是以"合理谋利"的精神武装起来的，顽强谋取利润是这些人共同的特点③。以"工业革命尖兵"著称的"新月社"就是一小批科学家和工业家组成的小团体，他们经常定期聚会，其中有化学家普利斯特利，工业家博尔顿、威季伍德以及瓦特等人。这个小团体被认为是科技与工业结合的象征。④

---

① Richard L. Tames (ed.), *Documents of the Industrial Revolution*, 1750 - 1850, London: Hutchinson Educational Ltd. 1971, p. 24.
② [德]鲁道夫·吕贝尔特：《工业化史》，戴鸣钟等译，上海译文出版社1983年版，第8—9页。
③ 钱乘旦、陈晓律：《在传统与变革之间——英国文化模式溯源》，浙江人民出版社1991年版，第101页。
④ 吴必康：《权利与知识：英美科技政策史》，福建人民出版社1998年版，第18页。

阿克莱特的水力纺纱机是纺织技术史上的一次大革命。水力代替了人力，从而提高了生产效率。水力纺纱机纺出的纱线结实，可以用作经线，从而使英国可以制造纯棉产品。1771年阿克莱特在克朗福德建立全世界第一个工厂，在这种生产组织形式中，成百上千的工人同时在同一个工作场地进行有组织的大规模生产，极大地提高了生产力。由于工厂的诞生，工业时代才真正到来，从此，它主宰了人类的生活方式，直至今日仍大体如此。[①]

到19世纪60年代，在产业革命时期开始建立的工业部门已经基本上建立完成，工场手工业也大多转变为机器生产。由于工业生产力的迅速增长，工业生产水平大大提高，工业生产在工农业生产中占到了主导地位，工业品输出量也在激增。这样，英国就成为"世界工厂"，执世界市场之牛耳。

19世纪对于地主阶级来说，最后也是最艰巨的挑战来自工业革命和工商业中产阶级的兴起而带来的巨大变革。从长远来看，这种变化的时代潮流是不可抗拒和不可逆转的。大部分地主阶级的权力、财富和地位幸存到了1880年。[②]

二 人才流动环境

这里的人才流动环境主要是指空间上和层级上的流动环境。本文中提及的人才流动主要包括国内不同阶级、阶层之间的转换以及国与国之间的空间流动。

圈地运动剥夺了农民的土地，一部分农民从农业生产中被排挤出来，为新兴工业提供了劳动后备军。行会制度的崩溃以及外国熟练工人因为宗教等原因逃亡到英国成为英国劳动力的重要来源。欧洲大陆上不断发生的宗教战争，曾迫使许多新教徒逃往不受罗马教皇统治的

[①] 钱乘旦、陈晓律：《在传统与变革之间——英国文化模式溯源》，第104页。
[②] Lawrence Stone, Jeanne C. Fawtier Stone, *An Open Elite? England, 1540 – 1880*, Oxford: Oxford University Press, 2001, p. 282.

英国避难。近代早期英国的社会人员流动异常频繁，当时英国社会的平民接受大学教育之后，一方面通过获得绅士身份，从非绅士阶层向绅士阶层流动；另一方面，也可以通过职业身份和相应的社会地位，实现向上层社会流动。接受大学教育成为社会流动的主要途径之一，有利于英国社会从传统向现代过渡。

当时的科技劳动者包括大大小小的发明家、科学家和技术人员。他们有学者教授、农夫工匠、地主官吏、水手、作坊主、牧师和理发匠等，具有社会广泛性的特点。瓦特、戴维和法拉第都是学徒出身，焦耳是酿酒工人，卡特莱特曾是牧师，卡文迪许是贵族，达尔文是名门之子，道尔顿是织工后代。这种情况从一个侧面反映英国社会的开放性和流动性。众所周知，社会的开放性和流动性的重要意义之一在于：突破压抑人才及其才能的身份、等级、职业和观念等消极束缚，尽可能地发挥人才的积极性，为之创造必要的社会条件。这也意味着在英国这个注重身份等级的传统社会中，科学开始走出"象牙塔"，走向社会，打破身份等级的旧传统限制。[①]

18世纪的英国拥有当时欧洲最先进的手工工场，这和它大量吸收别国先进技术后建立起自己雄厚的技术队伍是分不开的。16世纪中叶西班牙镇压尼德兰资产阶级革命时有上万名尼德兰工匠逃亡到英国。大量尼德兰工匠的迁入，对于英国发展强大的纺织工业提供了技术支持。后来英国在这一行业占据了领先地位。16世纪下半叶，英国的另一个重要竞争对手——法国开始了长达几十年的胡格诺战争，迫使部分法国新教徒带着资金和技术逃亡英国，这对英国手织业技术的改良起了重要作用。可以说英国的丝织业受到了1685年迁住英国胡格诺教徒的推动，而英国的亚麻布业则得到了欧洲大陆技术工人的帮助。英国重要的工业部门都不乏外国技师的参与，比如早期的炼铁工业中出现了瑞典的技师。纺织机器的先导是丝带织机，由德国人发明，后来传入英国。这些都促进了英国技术力量的发展和纺织工业技术水平的提高。欧洲大陆工匠不断移居英国，把熟练的技术一起带到英国，从

---

① 吴必康：《权利与知识：英美科技政策史》，第35—36页。

而提高了英国原有的工业技术水平，有的在拥有巨量资本的英国雇主组织经营之下，建立了新的工业部门。就这样，英国借助欧洲大陆的技术进一步壮大了自身技术力量，推动了工场手工业的发展，为夺取欧洲工业的优势创造了条件。

当时的人才流动并不是单向的。工业革命时期的英国有着其他国家无法企及的技术成就和工业制造业诸多领域的先进工艺，相应地，它的劳动力也是世界上最多样化的。大洋彼岸的美国尽管与英国相比只是处于经济发展的最初阶段，但这个年轻的国家有着对现代化工业的尝试，工人两天的劳动能赚取在英国一周的收入，所以很多英国人选择了移民美国，且由于拥有经验和技能使得他们在美国很受欢迎。尽管英国为了维持其在纺织业的垄断地位，曾经先后在1765年和1774年颁布法令，禁止受过训练的工人移民美国，禁止图样和纺织机器出口美国，但没能起到决定性的作用。美国的纺织业和钢铁业都派代表频繁地到欧洲招募一些满足他们需求的技术人才，特别是在英国取消1824年的技术移民禁令后[1]。

1824年前，英国议会和政府三令五申严禁人才、技术和机器外流，以没收家产、褫夺国籍、高额罚金和坐牢等法律严惩违令者。如1765年法令禁止英国技工受雇于外国，违者褫夺国籍没收家产，并对招募者处以一年内的监禁和100英镑罚款。1788年，对招募者的惩处加重到500—1000英镑罚金和5年监禁，输出工具或机器者处以500英镑罚金。以后又多次颁布类似法律，直至1824年英国工业优势已经确立时才撤销。由此可见国家权力以法律铁腕维护本国的科技利益。[2]这些都表明在工业革命的大部分时期内，英国对工业革命的成果和人才实行的是"只进不出"的垄断保护政策，是在运用国家权力干涉科技。

近年来的研究揭示，从1793年到1815年的英法战争期间，在法

---

[1] William E. Van Vugt, *Britain to America: Mid-Nineteenth-Century Immigrants to the United States*, Urbana: University of Illinois Press, 1999, pp. 60 – 61.

[2] 吴必康：《权利与知识：英美科技政策史》，第39页。

国发现的英国技师的数量大得惊人。这些人包括战俘和被俘虏的平民，他们因为有着专业知识而被迫在外国工作，但也有一些人是出于自己的意志出国工作的。他们的影响在机械制造中是非常关键的，如威廉·科克里尔于1799年在比利时的韦尔维耶落户，并在1807年移居比利时列日市，他的主要生产线是羊毛梳理机械和纺纱机，其产量的一半是在法国出售。威廉·道格拉斯前往巴黎，成为拿破仑的部长之一，他制造了羊毛纺纱机械，并建造了转机制造厂。此外，即使在战时，都有机械从英国走私的情况。① 另外，转让技术必然导致竞争更加激烈。战争结束的1815年后，法国的实业家和工程师一股脑地跑到英国制造业区。政府方面已经放弃工业间谍活动，但民营企业却开始介入。有些代理处从英国获得了当时仍被英国禁止出口的机器，还获得了英国的技术工人。事实上，在那些年里，一些英国的技术工人，流入了欧洲大陆，而且首先是到了法国。在19世纪20年代，这些外籍劳工的数量可能已经达到数千人。此外，一些英国的企业家在法国定居，设立了工厂，部分英国的劳动力也在那定居。②

三 科教、文化环境

马克思指出："环境是由人来改变的，而教育者本人一定是受教育的。"③ 可以肯定地说，人才成长的科教、文化环境与人才本身是密切相关的。历史上，英国教育存在重文轻理的现象。由于贵族的传统教育是人文和宗教，自然科学是中产阶级兴起之后才逐渐发展起来的，因而英国大学教育中的重文轻理已成为一种传统，而且重视基础理论研究，轻视应用技术研究。英国人认为从事基础理论研究是一种高尚的劳动，因而有才华的青年都愿从事这方面的工作。这使英国在物理、

---

① MikulášTeich and Roy Porter (eds.), *The Industrial Revolution in National Context: Europe and the USA*, Cambridge: Cambridge University Press, 1996, p. 38.

② MikulášTeich and Roy Porter (eds.), *The Industrial Revolution in National Context: Europe and the USA*, pp. 38 – 39.

③ 《马克思恩格斯选集》第1卷，第55页。

生物、化学、遗传工程等基础理论方面至今仍保持着世界领先地位。

英国科技教育主要的推动力来自传统大学教育机构之外。新式教育培养了大批近代资本主义社会所需要的经济、航海、科技、教育、法律等人才,正是这批人使工业革命时期的英国立于欧洲强国之首。文艺复兴运动后,英国的科学技术和经济水平一直是欧洲乃至世界的佼佼者。16 世纪初至 17 世纪中后期是英国从封建主义向资本主义的过渡时期,这一时期英国大学生的构成发生了明显的变化。中世纪英国大学生构成主体是神职人员,但 16、17 世纪英国大学生却主要来自世俗家庭。据统计,1575—1639 年牛津大学入学学生中,贵族出身的学生占 50%,平民出身的学生占 41%,神职人员出生的学生占 9%。[1]

17 世纪开始,非国教徒就建立了一批独立于宗教之外的学术团体,致力于自然科学的研究。但科学在这时影响很小,官方的"知识"是不承认科学的,统治者不以无知为耻,反以愚昧为荣。当时统治英国的人,实际上几乎是一帮不学无术而只靠血统和权术掌权的人。当时有一个外国人曾评论说,"英国是一个制造家和商人的民族,却在一个以无知为荣的贵族阶级统治下,贵族们对那些承受着民族的伟大与他们自身的伟大的经济基础一无所知,而他们竟是在牛津受完教育的。他们不愿接受丝毫的科学教育,把它斥为下里巴人和唯物主义,他们只要求一种完全的古典教育"[2]。但这种逆潮流的状况是维持不了多久的,工业化最终要嘲笑无知的统治者。科学在官办的大学无法立足,便以其他方式迅速发展。18 世纪,非国教教派开办的中等学校开始普遍开设文理科基础课程,从中培养出大批专门人才。1828 年,在边沁的影响下,功利主义者在伦敦开办了第一所世俗大学,称"大学学院",其课程完全是世俗化的,包括数学、语文、历史和政治经济学。其他地区,特别是工业中心,也出现了一些传授科学的高等学校。许多工业中心从 18 世纪末开始就形成类似于 17 世纪"无形学院"那

---

[1] Lawrence Stone, "The Educational Revolution in England, 1560 – 1640", *Past & Present*, No. 28 (July 1964), p. 60.

[2] 钱承旦:《第一个工业化社会》,四川人民出版社 1988 年版,第 227 页。

样的科学团体,如前文所述的"新月社"就包括一些著名的科学家、发明家和工业家。这些科学团体本身是工业革命的产物,它们的发展大大提高了科学的地位,促进了知识的传播。①

19世纪前期,英国各类私立学校迅速发展。这些私立学校重视科学学科的教学,培养了一定数量的技术人员、机械师、企业家等,传播了科学思想和科学态度,在一定程度上满足了工业革命时期经济发展的需要。与公学和文法学校相比,私立学校接受社会影响更为直接和迅速,在改革传统课程、实现教学内容的现代化和科学化方面采取的措施更为彻底、有效。为满足学生毕业后在工商等领域就业的需要,这些学校重视自然科学、英语、法语等课程,把希腊语和拉丁语置于次要地位。由于尊重学生的个体差异,英国私立学校的学生在大学入学考试、师范学院入学考试中都取得了不错的成绩,产生了积极的社会影响。19世纪初,牛津和剑桥仍以教授神学为主,外加两门古典语言,数学和历史只是副科。19世纪中叶,两校都进行了改革,不但很快在传统的古典学术研究方面卓有成效,而且在现代学术研究方面也崭露头角。

但是,19世纪以前,西方科技教育的改革只能算是一个开端,其间还有很多不足,主要表现为:科技课程零星、不完整,还不成体系,科技课程在整个课程体系中所占比例小。而且科技课程的教学从一开始就深受古典人文主义课程教学方法的影响,即采用理论性和描述性的方法,实验验证的方法只是偶尔才被采用。

随着工业革命生产的发展,资产阶级需要经济、技术、医药、建筑、航海、艺术家等各类人才,这对世俗教育事业的发展提出了更高的要求。市民阶层送自己的子女上学成为普遍现象。甚至农奴阶层随着自由身份的实现和经济能力的加强,他们也享有受教育的权利。经济和社会影响力正在上升的这些阶层对教育产生更大需求,成为教育发展的内在动力。同时,教育的发展又成为推动社会加速前进的巨大动力。

---

① 钱承旦:《第一个工业化社会》,第229页。

四 生活、社会保障环境

工业化给英国社会带来翻天覆地变化的后果理所当然也涉及人们日常生活方式和社会风气习俗等各方面。市民等级是一个复杂的组合体,它包括手工艺匠人、商人、雇工、作坊主,以及所有居住在城镇中的人,从中世纪的市民等级中,发展出后来的城市中产阶级。中世纪末期,英国仍是一个农业国,其人口的基本构成仍是农民,据估计,1500年时农业人口比例为95%,1700年时这一比例为85%。[①] 市民仅占总人口的5%—10%,在数量上并不引人注目,但在社会经济生活中,它却是一个极有活力的重要群体,它发挥的社会作用一直是英国经济的基本特色之一。城市作为自由、自治的市民社会取代了原有庄园,成为新的文明与经济火种,它创造出一种可以引发农民对市场的兴趣、把他们富余的产品出售到市场从而为自己增加收入的新机制。正是这种联系,形成了国内市场,并产生了两方面的后果:一是促进了加工产业的专业化分工,最终产生出英国的民族工业;二是孕育出一种与纯农业社会完全不同的精神追求和价值体系,正是由于这种追求和价值体系,才产生出工业民族精神。[②] 其主要表现在近代早期英国新兴的中间阶层人数大幅增加。有学者估计,1688年英格兰有10000名商人,10000名神职人员,大小官员各5000名,10000名律师,16000名从事自然科学和人文科学工作的人,9000名海、陆军官员,总计65000人。[③] 到了工业革命前夕的1730年,专业人员人数已增至55000—60000名。[④]

农业在国民经济中的地位直线下降,工业则直线上升。到1861

[①] Lawrence Stone, "Social Mobility in England, 1500 – 1700", *Past & Present*, No. 33 (April 1966), p. 20.

[②] 钱乘旦、陈晓律:《在传统与变革之间——英国文化模式溯源》,第85页。

[③] Lawrence Stone, "Social Mobility in England, 1500 – 1700", p. 29.

[④] J. A. Sharpe, *Early Modern England: A Social History 1550 – 1760*, London: Edward Arnold, 1987, p. 195.

年，英国工业产值已经是农业的两倍还不止，达24360万镑。当农业是主要经济部门时，最适宜耕种的地区必然人口最稠密，而当工业成为国民经济的基础后，工业基地就成为人口集中聚居地。尽管18—19世纪的英国发生了很多新变化，带来了新机遇，一些新职业替代旧职业，但即便到了19世纪中期，工厂的工人仍然不是一种典型的职业，农业从业者的数目仍超过其他任何一种职业。还应该认识到，一些职业并没有因机械设备的出现而有所改变，特别是建筑业和手工劳动力集中的行业，如，成年劳工和童工仍作坊式地制作靴子或家具，这种现象仍然"很典型"，持续到19世纪的下半叶。[1]

工业化初期健康问题严重，这也是英国工业革命的一个教训。蒸汽机的发明和广泛使用，一方面使生产力得到发展；另一方面工业发达的城市和工矿区也产生了大量的废弃物，污染环境的事件不断发生。恩格斯曾详细记述过当时英国曼彻斯特污染的情况。1873年、1880年、1882年、1891年和1892年英国伦敦多次发生可怕的有毒烟雾事件。城市和工业发展导致卫生条件恶化，这个问题直到19世纪中期才有人认识到它的严重性。城市在工业革命时期并不是理想的居住地。城市拥挤、喧闹，许多人挤在狭小的空间里，街道狭窄，房屋局促，空气、阳光都不好，垃圾难以清除，污水无处可排，卫生条件相当差。传染病流行时，城市就是死亡的墓地。大瘟疫扫荡欧洲后，城市往往十室九空。19世纪下半叶城市人口的平均寿命大大低于农村，下层人民的平均寿命大大低于上层。这种情况主要是由城市发病率高、儿童死亡率高所造成的。

有学者谈到工业革命时期人口死亡率的持续下降预示了人民生活情况的改善，这一情况可以归结于多个原因。其中包括住房条件变得不那么拥挤；获取更好的食品；物美价廉的衣物；还可能有更适度的习惯和更良好的个人卫生状况。另外一个对死亡率降低有影响力的因素是疫苗的引入，这对降低孩童的死亡率有显著效果。而在很多地区

---

[1] Richard L. Tames (ed.), *Documents of the Industrial Revolution*, 1750–1850, p. 89.

建设大量的路面排水系统也成为增强全民健康的因素。①

英国早在18世纪后30年就开始加速城市化建设。兰开夏最先发展纺织工业,它的居民人数在18世纪就从16万增加到1801年的69.5万。当时兰开夏成了英国人口最稠密的郡。1830年,英国总人口的1/3已生活在大城市中。据1851年人口统计,城市居民占总人口的一半。城市人口的增长不是连续的、平衡的,而是波浪起伏的。19世纪初,伦敦是当时世界上最大的城市,人口已突破百万大关。当时德国人口超过十万的城市只有四座。②

18世纪的英国社会在呈现出经济不断发展、民生渐趋改善的一面的同时,也始终面临着一些令人困扰的社会问题,贫困问题突出即是其中之一。在城市里,工商业越发达财富就越集中,社会两极分化也越明显。工业革命以后,英国社会的阶级对立更简单化,整个社会日益分裂为两大直接对立的阶级:大工业资产阶级和工业无产阶级。资产阶级和无产阶级各有自己的习惯、生活方式和自己的需要,而且分住在不同的地区或地段里。工业革命使英国成为当时经济最发达的国家,同时又是贫民窟最大、最多的国家。英国巨大的财富是无产阶级创造出来的,但是社会财富的创造者却陷于水深火热之中。

1700—1760年间,英国政府颁布了多个劳工法令,其中具有代表性的是1720年和1726年的劳工法令,这两个法令对于缓解当时的劳资关系产生了积极影响。1720年劳工法令是第一个正式承认劳工在工作之后获得合法报酬权利的法令,它保护了劳工的劳动成果,使劳工在雇主拖欠、克扣工资时提起申诉有了法律保障。1720年劳工法令的出台一定程度上抑制了当时劳资纠纷加剧的形势,缓和了劳资冲突。1726年劳工法令主要涉及毛纺织业,它继承了1720年法令对劳工联合和结社的关注。该劳工法令既禁止支付和接受高工资,也禁止支付更低的工资,这对于规范劳动力市场和平抑物价是有好处的。对于工资支付的形式,禁止用某些货物作为工资支付给劳工,保障了劳工的

---

① Richard L. Tames (ed.), *Documents of the Industrial Revolution, 1750–1850*, p. 141.
② [德] 鲁道夫·吕贝尔特:《工业化史》,第270页。

利益。1726年劳工法令规定对雇主也要进行肉体惩罚、流放等刑事处罚，一定程度上承认雇主与劳工法律地位平等，是一个重大进步。法令颁布后，毛纺织业劳工的联合和结社行动受到遏制，缓和了劳资关系，稳定了生产秩序。

社会保障方面，英国1897年开始实行事故保险，养老金、疾病、失业保险实行得更晚，直到第一次世界大战之前才在有限的范围内实施。但是，1924年以后，英国大力发展社会保险制度，1946年广泛发展全国的保健事业。①

工人阶级是社会财富的直接创造者，在社会人口中占多数，但他们并不是社会财富的拥有者和支配者，他们创造的剩余价值都被资本家占有。所以他们仍然在贫困的边缘挣扎。从表1的英国工人生活费与工资指数的对照中能够看出18世纪下半叶到19世纪初期工人阶级的生活状况②。很显然，18世纪中期到19世纪20年代，工人的名义工资上涨了40%，而实际工资却下跌了36%，生活费的急剧上升造成了实际工资与名义工资的巨大反差。

表1　　　　英国生活费和工资指数（1850年=100）

	1759—1768年	1779—1788年	1789—1798年	1799—1808年	1809—1818年
名义工资	81	86	94	114	114
生活费	72	85	97	137	159
实际工资	112	101	98	83	72

有学者认为，在这些科学活动较活跃的国家中，科学实践对于社会地位较高的人更为普遍，因为他们拥有更多时间和资源来进行思考和研究。对于那些出身下层的人们来说，从事科学工作是比较奢侈的

---

① ［德］鲁道夫·吕贝尔特：《工业化史》，第326页。
② ［苏］门德尔逊：《经济危机和周期的理论与历史》第一卷上册，斯竹等译，生活·读书·新知三联书店1975年版，第302页。

事情，因为对于他们来说，生存的日常需求优先于研究和思考①。近代科学的践行者不单是职业的科学工作者，还有很多其他的人，比如传教士、医师和业余爱好者，对于他们来说科学是一种辅助于其他事业的兴趣所在。科学家和其他人投身科学的原因是多方面的。最基本的原因是把科学当作乐趣。很多科学家，包括一些最伟大的科学家，从事科学工作并取得巨大成就纯粹是出于乐趣。宗教动机是很多科学家的重要动因，这样的科学家中最伟大的莫过于牛顿。牛顿在炼金术和化学上所花费的时间，比花在使他成名的物理学上的，可能还要多些。

一定时期的社会经济、政治、文化制度在很大程度上影响着人才的发展，而历史上诸多伟大人物的出现和他们的卓越成就，都与其所处的人才环境——社会环境、政治环境、经济环境和文化环境等密切相关。可以说，不同类型的社会大环境，营造不一样的人才环境氛围，进而也造就了各行各业的杰出人才。从对工业革命时期英国人才环境的考察中不难看出，这一生产、生活大变革的时期为大批人才的产生提供了较好的大环境。英国工业革命时期资本主义制度的确立、经济实力的雄厚积淀、科学文化水平和技术条件的日益成熟、社会保障的完善、生活条件的改善这些都一定程度上为英国人才的发展形成了较好的客观环境。

［原载《郑州大学学报》（哲学社会科学版）2015 年第 1 期］

---

① William E. Burns, *Knowledge and Power: Science in World History*, New York: Pearson Education, 2011, p. 4.

17—18 世纪英属大西洋世界的奴隶制度与废奴运动

金 海

在近代西方殖民国家的历史中，奴隶制度曾经起到十分重要的作用。它不仅一度是欧美资本主义国家资本原始积累的重要手段，而且也是其海外殖民帝国赖以存在和发展的经济基础。这一点在英国及其大西洋沿岸的殖民地表现得尤为明显。迄今为止，国内学者在奴隶制与废奴运动方面的研究与国外仍然存在着不小的差距，不仅视角单一，而且把目光局限于对一个国家的奴隶制（尤其是美国）进行研究和分析。① 实际上，奴隶制是近代欧美资本主义国家殖民扩张的产物，因

---

① 国内学者在奴隶制度上进行的研究起步并不晚，1981 年，刘祚昌先生就在《史学月刊》上发表过《美国奴隶制度的起源》一文。但此后国内学者对奴隶制度的研究步伐开始放慢，他们研究最多的是美国的奴隶制度，而且通常是把它作为美国内战的背景来考察。比如丁则民的《美国内战与镀金年代》（人民出版社 2008 年版）、王金虎的《南部奴隶主与美国内战》（人民出版社 2006 年版）和叶英的《美国内战前和内战期间黑人在教育中的主动性》（四川大学出版社 2008 年版）等。何顺果的《美国"棉化土国"史》以"棉花王国"的历史兴衰为线索，探讨了内战前美国奴隶制的性质和特点，奴隶制对南方经济的影响等，但他的目光仍然局限于美国国内，没有从整个英属大西洋世界相互影响的角度来考察奴隶制。在中国知网上进行的检索中，以"英国奴隶制"和"西印度群岛奴隶制"为主题词的论文检索结果都是零，只有以"美国奴隶制"为主题词才能检索到 6 篇论文，其中最近的一篇是李桂英、李庆华的《美国南方奴隶制度与俄罗斯农奴制度的差异》[《长春工业大学学报》(社会科学版) 2006 年第 3 期]。在废奴运动方面国内学者的研究成果相对而言较为丰富。如张旭、陈晓律的《英国大众废奴运动的兴起：社会运动的视角》(《学海》2009 年第 3 期) 考察了英国废奴运动作为一种群众性社会运动兴起的社会背景、动员方式和斗争方式。河南大学苏世强的硕士学位论文《英国废奴运动》(2009) 研究了英国废奴运动的大体发展历程。华东师范大学迟小蒙的硕士学位论文《苏格兰启蒙学派中的反奴隶制理论》探讨了英国启蒙思想对英国废奴运动的影响。东北师范大学赵文章的硕士学位论文《宾夕法尼亚殖民地教友会废奴主义运动初探》(2013) 和云南大学柴文吉的硕士学位论文《基督教在美国废奴运动中的作用》(2010) 考察了宗教在美国废奴运动中的影响。这表明在我国对于英美废奴运动的研究已经日益引起人们关注。

此无论是奴隶制的诞生和特征、奴隶的反抗运动还是废奴运动的形成和发展，都从一开始就带有跨国、跨地区的性质，这也是国外学者们在这个研究领域的发展趋向。[1] 然而，国外学者的研究往往集中于其中的一个部分，很少把奴隶制、奴隶的反抗和废奴运动作为一个整体加以考察。本文试从这一角度出发，考察英属大西洋世界[2]的不同社会经济特征及其需求是如何相互作用、相互影响，导致该地区奴隶制的产生和发展，最终孕育出反奴隶制的社会运动并使之不断发展壮大的。

一 英属大西洋奴隶制特征的形成

英属美洲大西洋奴隶制的特征主要是在三个方面的影响下形成的：16 世纪以来英国本土强迫"游手好闲者"工作的高压政策和对强制劳工的鄙视；西非沿海地区将奴隶视为财富的习俗；白人在社会和宗教上对黑人的种族歧视主义。

16 世纪初，英国人口开始迅速增长。16 世纪 20 年代英国人口只

---

[1] 国外学者日益开始从跨国、跨地区史的角度来研究大西洋奴隶制和废奴运动的发展，这方面的成果主要包括：Clare Taylor, *British and American Abolitionist*: *An Episode in Transatlantic Understanding*, Edinburgh, Chicago: Edinburgh University Press, 1974, 该书收录了当时英美废奴主义者之间的来往信件，展现了英美废奴主义者之间的合作与分歧。Simon P. Newman, *A New World of Labor, the Development of Plantation Slavery in British Atlantic*, Philadelphia, University of Pennsylvania Press, 2013. 分析了英国本土、英属西非以及英属美洲的强迫劳动制度是如何相互融合，最终形成英属大西洋世界奴隶制特点的。Gerald Horne, *The Count-Revolution of 1776*: *Slave Resistance and the Origin of the United States of America*, New York, New York University Press, 2014, 则考察了奴隶的反抗运动给大西洋地区的奴隶制度造成了什么样的影响。Abigail L. Swingen, *Competing Vision of Empire*: *Labor, Slavery and the Origin of British Atlantic Empire*, New Haven, CT: Yale University Press, 2015; Alexander X. Byrd, *Captives and Voyagers*: *Black Migrants across the Eighteenth-Century British Atlantic World*, Baton Rouge: Louisiana State University Press, 2008; David Brion Davis, *Inhuman Bondage, the Rise and Fall of Slavery in the New World*, New York: Oxford University Press, 2006; 这几部书考察了整个美洲奴隶制的发展历程。Christopher Leslie Brown, *Moral Capital*: *The Foundation of British Abolitionism*, Chapel Hill, NC: University of North Carolina Press, 2006, 该书则研究了在 18 世纪末启蒙学说和美国革命的影响下，废奴运动是怎样利用"自由"话语占据道德制高点，从小规模的慈善运动发展为群众性社会运动的。

[2] 从地理上说，英属大西洋世界指的是英国统治下的大西洋沿海地区及岛屿，包括英国本土、英国在西非为奴隶贸易建立的定居点以及英国在加勒比海和北美大陆上的殖民地。

有 240 万人，到 1581 年已经增长到了 360 万人，人口增长率也翻了将近一倍。① 与此同时，方兴未艾的圈地运动则使大量小地主和自耕农失去土地。于是结构性的失业和半失业成了经常性的现象，流浪的穷人越来越多，严重威胁到社会稳定。受当时的知识水平和信息传播手段的限制，16 世纪的英国人无法从社会整体发展的角度来理解这些问题，于是他们很容易把贫困简单地归咎于穷人宗教信仰不虔诚或个人道德水平有问题。英国各地的神职人员经常在布道时灌输这样的思想："对于许多身处贫穷的乞丐来说，只能归咎于懒惰，以及忽视教养他们的父母们。"②

对贫困问题的这种解释为政府采取强制措施迫使无业穷人接受条件恶劣的工作提供了借口。1547 年，英国政府通过《流浪法案》(Vagrancy Act)，规定任何人如果被控告"不从事某种诚实或为人们所接受的艺术、科学、劳动或服务"，或者在契约期满之前就离开其工作岗位的话，将被判有罪并成为起诉者的奴隶，为期两年。在此期间，主人可以"通过鞭打、给他们带上锁链来迫使奴隶工作"③。试图逃亡的奴隶将被判终身为奴，再次试图逃亡的奴隶就有可能被处死。这项法律实际上已经把没有工作的穷人贬低到了奴隶的程度，而且除了他们是白人、有明确规定的服务期限和不能随意买卖之外，这些英国奴隶的处境与美洲大陆和加勒比海地区的奴隶已经非常类似了。

虽然有了法律规定，但受制于本国经济发展状况，英国无力为所有的无业穷人提供工作岗位，缺乏劳动力的海外殖民地就成了英国减轻本土劳动力过剩的出口。最初这些无业穷人是以契约奴的身份前往英国在美洲大陆和加勒比海的殖民地的，然而，由于西印度群岛的可

---

① R. S. Schofield, *The Population History of England, 1541 – 1871: A Reconstruction*, Cambridge, Mass.: Harvard University Press, 1981, p. 328.

② "An Homyly against Idlenesse", in John Jeuel, *The Seconde Tome of Homilies of Such Matters as were Promised and Intituled in the Former Part of Homylyes, Set Out by the Aucthoritie of the Queenes Maiestie, And to Be Read in Euerie Parish Church Agreeablye*, London: Richarde Iugge, 1563, pp. 264 – 265.

③ Simon P. Newman, *A New World of Labor, the Development of Plantation Slavery in British Atlantic*, Philadelphia, University of Pennsylvania Press, 2013, p. 31.

耕地很快被分配完毕，契约奴在服役期满后获得一小块土地谋生的愿望无法满足，所以自愿前往美洲的白人越来越少。于是，非自愿的强制劳动力很快取代契约奴，成为英国向殖民地输出的主要劳动力形式。1664年，英国的海外殖民地理事会（Council of Foreign Plantation）建议英国议会应该采取行动，向殖民地出售城镇和乡村中的"穷人和懒汉"，"所有强壮的乞丐……以及其他屡教不改的流氓和游手好闲者"，并建议判处"所有的重罪犯和死囚徒"在英属美洲殖民地服五年、七年乃至更长时间的苦役。[1] 在这个名单上还包括宗教犯、英国内战中的战俘以及被逮捕的叛乱者和政治犯。由于他们的身份和英国本土流行的道德观，这些强制劳动力往往受到人们鄙视。1654年，前往巴巴多斯旅行的亨利·惠斯勒（Henry Whistle）甚至把这个接受强制劳动力最多的岛屿称为"全英国抛弃其无赖、强盗、罪犯……的垃圾堆"[2]。这些强制劳动者们在美洲的主人也就有理由将他们视为另类，可以随意践踏他们的社会乃至人身权利。在向英国议会提出的一份请愿书中，这些强制劳动者们抱怨他们受到了"像奴隶一样的对待"，可以"被一个种植园主卖给另一个种植园主"，任何违抗命令的行为都会导致他们"被主人视为无赖而绑上鞭刑柱受到鞭打"[3]。可以说，英属大西洋世界的奴隶制度下的奴隶所受到的残酷对待就是从这里滋生的。这种对穷人的鄙视和高压政策构成了英属大西洋世界奴隶制的第一个特征。

在英国本土，仆人一旦和主人签订契约，是不能随意买卖的。英国的《工匠法》规定，偷盗别人的仆人者将会被以盗窃罪起诉。但是，

---

[1] "Certaine Propositions for the Better Accommodating ye Foreigne Plantations with Servants Reported from the Committee to the Councell of Foreign Plantations (1664)", Papers Relating to English Colonies in America and the West Indies, 1627 – 1699, Egerton 2395, British Library Manuscripts Collection, pp. 277 – 278.

[2] Henry Whistle, "A Journall of a voyadg from Stokes Bay and Intended by Gods Assistance for the West Inga: and Performed by the Right Honorable Generall Penn: Admirall: As folowes. Taken by Mr. Henry Whistler, 1654", Sloane Ms. 3926, Manuscripts Collection, British Library, p. 9.

[3] Marcellus Rivers and Oxenbridge Foyle, *England's Slavery, or Barbados Merchandize; Represented in a Petition to the High Court of Parliament, by Marcellus Rivers and Oxenbridge Foyle gentlemen, on behalf of Themselves and Three-score and Ten More Free-born Englishmen Sold (uncondemned) into Slavery: together with Letters Written to Some Honourable Members of Parliament*, London, 1659, p. 5.

随着英国在西非沿海地区建立定居点，他们开始与当地的奴隶制发生接触。在西非，土地是归国王所有的，在土地上播种和耕作需要获得国王的批准，因此当地私有财产的主要形式并不是土地而是在土地上劳动的奴隶，人们主要通过控制奴隶的劳动和买卖奴隶来获取财富。长期以来，向撒哈拉以北地区和奥斯曼帝国出口奴隶就是西非国家的一个重要收入来源。正是西非经济制度中的这个特点构成了跨大西洋奴隶贸易的基础。1500—1600 年，从非洲运往美洲的黑人奴隶有 328000 人，占西非出口奴隶总数的 30.4%。很快，被白人卖到美洲的黑人奴隶人数及其在非洲出口奴隶总数中所占的比例迅速增加。17 世纪，被卖到美洲的黑人奴隶有 1348000 人，占非洲出口奴隶总数的 60%。18 世纪，运到美洲的黑人奴隶超过了 600 万人，占非洲出口奴隶总数的 82.4%。[①] 17 世纪，奴隶贩不仅从西非贩卖黑人奴隶，还将英国本土的白人强制劳动者卖到美洲。1651 年伍斯特战役之后，克伦威尔将数千名苏格兰战俘运往英国殖民地，其中送到巴巴多斯的 1300 人以每人 800 磅糖的价格被出售。直到 1685 年，苏格兰枢密院登记簿中还有这样的内容，当年有 500 名罪犯从爱丁堡运出，这些人在船只的清单上被列为"货物"，青少年则被列入"半货物"。[②] 花钱购买了这些"商品"的美洲种植园主自然也不会把他们当人看待，巴巴多斯岛的种植园主理查德·利根（Richard Ligon）明确声称这些劳工都是可以买卖的商品。他写道："在这些船只带到岛上的商品中，包括仆人和奴隶，其中既有男子也有女子"，他们在进口清单上同牲畜、工具之类的物品归为一类。[③] 在美洲，他们可以被随意买卖，可以被主人遗赠给后代，

[①] Simon P. Newman, *A New World of Labor, the Development of Plantation Slavery in British Atlantic*, Philadelphia, University of Pennsylvania Press, 2013, p. 45.

[②] Hume Brown, ed., *The Register of the Privy Council of Scotland*, Vol. 3, Glasgow: James Hedderwick and Sons, 1908, 3rd ser., p. 259.

[③] Richard Ligon, *A True & Exact History of the Island of Barbados. Illustrated with a Mapp of the Island, as also the Principall Trees and Plants there, set forth in their due Proportions and Shapes, drawne out by their severall and respective Scales. Together with the Ingenio that makes the Sugar, with the Plots of the severall Houses, and other places, that are used in the whole process of Sugar-making, viz, the Boyling-room, the Filling-room, the Cruing-house, Still-house, and Furnaces; All cut in Copper*, London: for Humphrey Moseley, 1657, p. 40.

成为赌桌上的赌注，贷款的抵押和被征税的对象。由此就形成了英属大西洋世界的奴隶制度的第二个特征：奴隶的商品化。

英属大西洋世界的奴隶制度的第三个特征是随着殖民者从以白人契约奴和强制劳工为主要劳动力朝着以黑人奴隶为主要劳动力的转变而出现的。造成这种转变的因素主要有两个方面：一方面，由于美洲实行种植园经济的地区多处于热带和亚热带，欧洲的白人很难适应当地的自然环境，在传染病和繁重的劳动压力下，他们很难活到契约期满。伍斯特战役后克伦威尔卖到巴巴多斯的1300名战俘中，最后只有一人生还。而且种植园所生产的经济作物对这些白人来说也是非常陌生的。黑奴恰恰可以弥补这些不足。黑人很容易适应热带和亚热带的自然环境，而且对于一些种植园作物的生产甚至比白人还熟悉。历史学家戴维·布里翁·戴维斯（David Brion Davis）就指出："差不多成百上千的黑奴比购买他们的欧洲移民更熟悉大米的种植、锄草、加工和烹调。"[1] 甚至有少数黑人在向白人展示了如何发展洼地畜牧业并帮助白人建造水渠控制稻田灌溉之后，还被提拔到管理岗位。因此，从种植园的实际运作角度，黑人明显比白人契约奴和强制劳工具有更大的经济价值。另一方面，英国本土社会中占主流地位的人口学观点发生了变化。17世纪初，许多人口学家都把贫穷的无业游民视为社会的包袱和潜在的危险，认为为了维护英国社会的稳定，应该把他们送往殖民地。但从17世纪后半期开始，重商主义的人口学家则认为所有人口（包括无业的穷人）都是潜在的劳动力和财富来源。他们把殖民地视为与母国争夺劳动力的潜在对手，强调需要通过适当的管理维持英国本土人口的增长。英国的经济理论家罗杰·库克（Roger Coke）在1670年警告说："我们人民的利益……要求我们减少向我们的殖民地的移民定居，并且限制在爱尔兰的重新移民。"[2] 经过英国内战和多次瘟疫暴发，当然还有向美洲的大规模移民之后，1656—1671年英国的

---

[1] David Brion Davis, *Inhuman Bondage, the Rise and Fall of Slavery in the New World*, New York, Oxford University Press, 2006, p. 137.

[2] Roge Coke, *A Discourse of Trade*, London, 1670, p. 43.

总人口减少了大约 40 万人，这似乎证实了这些人口学家的观点。于是，从 17 世纪末开始，从英国前往美洲的白人契约奴和强制劳工越来越少，价格也越来越贵，这也促使美洲的种植园主们从使用白人契约奴和强制劳工转而使用黑奴。

巴巴多斯是最早把黑奴作为主要劳动力的英属美洲殖民地，它大约在 17 世纪 40 年代完成了这一转变。1643 年底，巴巴多斯岛上的黑奴总人数还不到 3000 人，1646 年底该岛仅仅输入的黑奴人数就达到 24965 人，1656 年底输入的黑奴人数达到 45711 人。[①] 这一变化在英属北美殖民地发生得较晚。尽管据记载，第一批黑人是在 1619 年来到弗吉尼亚的，但是直到 17 世纪 80—90 年代，弗吉尼亚才从主要使用白人契约奴和强制劳动力变为主要使用黑奴。黑奴大量涌入切萨皮克湾地区则是进入 18 世纪以后的事情，1700—1720 年，平均每年有 1000 名黑奴被输入切萨皮克湾地区，1740—1760 年，这个数字达到了每年 5000 人的高峰。英属北美殖民地中另一个最大的黑奴进口者南卡罗来纳则是另一番景象。由于巴巴多斯岛上可耕地稀少，一些希望扩大其产业的种植园主就迁往北美大陆。17 世纪 70 年代起，他们开始在南卡罗来纳定居，随身携带的黑奴则成为当地黑人人口的主要来源。直到进入 18 世纪以后，南卡罗来纳的经济才发展到能够从奴隶贸易中吸取劳动力的程度。18 世纪 20 年代，南卡罗来纳每年大约输入 1000 名奴隶，10 年后几乎翻了一番。南方腹地很快取代切萨皮克湾地区成了英属北美最大的奴隶进口者。1620—1870 年，奴隶贩子一共将 60 万黑人卖到了后来成为美国的那片地区。[②]

由于黑人在肤色和外貌上与白人有明显的差别，白人种植园主立刻利用这种差别作为维护自身权威和地位的工具。他们声称黑人是与白人不同的异类，因此不受白人社会习俗和法律的保护。1661

[①] 摘自 David Eltis et al., *Voyages: The Trans-Atlantic Slave Trade Database*, http://www.slavevoyage.org/tast/assessment/estimates.faces, 登录日期 2012 年 5 月 27 日。

[②] David Brion Davis, *Inhuman Bondage, the Rise and Fall of Slavery in the New World*, New York, Oxford University Press, 2006, p. 196, 198.

年巴巴多斯颁布了"关于更好地整顿和管理黑奴的法案",强调黑奴是"野蛮的、粗野的和未开化的,完全不适于我们国家的法律、习俗和政策的统治"[1]。因此巴巴多斯殖民地议会将黑奴定义为一种比白人强制劳工更加无法享受英国臣民权利和自由的人。一些白人从《圣经》中去寻找依据。他们根据《圣经》中诺亚的儿子含因为看到父亲醉酒后裸睡而受到诅咒,他的后代"必给他的弟兄做奴仆的奴仆",声称含后来到了北非,是非洲人的祖先,因此黑人做白人的奴隶就是上帝的旨意。在北美大陆那些由宗教信仰强烈的清教徒建立的殖民地,这种观点更是为人们所普遍接受,从而给对黑人的种族歧视披上了宗教外衣。就连《独立宣言》的撰写人,被视为美国"民主之父"的托马斯·杰斐逊(Thomas Jefferson)也认为,黑人在记忆力方面也许与白人不相上下,"在思考能力方面他们则要低得多,因此我认为很难找到一个能够描述并且理解欧几里得几何的黑人,而且在想象力方面他们是迟钝的、无味的和古怪的"。杰斐逊对黑人的鄙视甚至涉及他们的肤色外貌,声称白人"在其肤色中充满了红色和白色的完美混合是热情的表示",而黑人那"掩盖了一切感情的无法消除的黑色表现出来的则是永恒的枯燥无味感"[2]。对黑人强烈的种族歧视加强了白人之间的团结,掩盖了以白人契约奴和强制劳工为主要劳动力时期殖民地劳动制度中的阶级特征。通过将印第安人、混血儿和黑奴归为下等种族,白人(不管是大种植园主、小种植园主、自耕农还是穷人)则都自认为是殖民地社会的主人,从而在白人内部发展出了某种程度上的平等感。因此,美国历史学家们认为"种族主义成为使弗吉尼亚人能够领导这个国家的共和思想的至关重要的……因素"[3]。

---

[1] "An Act for the Better Ordering and Governing of Negroes", 27 September 1661, Records of the Colonial Office and Predecessors, Barbados Acts, National Archives, CO 30/2, pp. 16 – 26.

[2] Thomas Jefferson, "Notes on the State of Virginia", in Willie Lee Rose, ed., *A Documentary History of Slavery in North America*, New York, Oxford University Press, 1976, pp. 71 – 70.

[3] David Brion Davis, *Inhuman Bondage, the Rise and Fall of Slavery in the New World*, New York, Oxford University Press, 2006, p. 135.

英属大西洋世界的奴隶制度的这三个特征是密切结合的：英国本土强迫无业游民工作的高压政策和鄙视强制劳工的传统，经过殖民地种植园主阶层规划之后，演变成了对奴隶劳工几乎是无限制的控制和利用，迫使他们服从种植园主严密、高效的生产组织方式，在种植园中从事经济作物的生产，从而参与到资本主义经济生产的过程中去。奴隶的商品化虽然古已有之，但由此导致的近代奴隶贸易盛行则成为资本原始积累的重要手段。强烈的种族色彩将黑人排除在白人殖民地社会的权利和法律保护之外，与欧洲强国的殖民扩张行动结合，为殖民地提供了稳定的劳动力来源，从而把种植园经济的劳动力成本降到最低，成为种植园经济生命力的重要来源。这三个特征结合起来，就把英属大西洋世界的种植园奴隶制经济的发展纳入了资本主义的轨道，成为资本主义经济发展的一个重要内容。

二　黑人反抗行动对英属美洲殖民地奴隶制的影响

随着黑奴取代白人契约奴和强制劳工成为英属美洲的主要劳动力，其重要性也日益为人们所认识。1689年，一个名叫利德尔顿的伦敦商人就承认："我们生活中的一大负担……就是购买黑奴。但是我们必须拥有他们；没有他们，我们就无法生活。"[①] 自从光荣革命后，英国殖民地的种植园主和商人们就不断要求政府开放奴隶贸易并且增加对殖民地的黑奴供应。1696年，英国议会下院接到了一份由"弗吉尼亚和马里兰的商人和贸易商"提出的请愿书，声称如果"他们能够获得充足的奴隶供应的话，他们能够把现在的产量提高一倍"，他们的"种植园"就能够获得更高的利润。这份请愿书抱怨说，实际上，"奴隶的短缺正在阻碍烟草殖民地的发展"[②]。在商人的压力下，英国政府

[①] Edward Littleton, *The Groans of the Plantations; or, A True Account of Their Grievous and Extreme Sufferings by the Heavy Impositions upon Sugar and Other Hardships Relating More Particularly to the Island of Barbados*, London: Clark, 1689, Huntington Library.

[②] *Minutes of Council in Assembly and Minutes of the House of Burgesses*, Folder 179, *Daniel Parish Slavery Transcripts*.

不断扩大向美洲运送黑奴的规模。1698年之前的15年,平均每年有5500名黑人被运到英属美洲殖民地,而1698年之后的15年,这个数字就增长到平均每年15000人了。[①] 到1740年,弗吉尼亚殖民地的副总督罗伯特·丁威迪(Robert Dinwiddie)声称"已有不下10万黑人出现在美洲大陆各地",另外"英国的产糖殖民地还雇用了23.1万名黑奴,按照每个黑人价值20英镑计算,这些黑奴的总价值达到……462万英镑"[②]。

对于强加给他们的奴隶锁链,黑人并不是顺从地接受,而是尽其所能以各种手段进行反抗。他们的反抗方式包括自杀、怠工、逃跑、破坏和举行暴动。17世纪末的记载表明,"在发生奴隶暴乱的美洲船只中,来自新英格兰的船只最多",其中来自马萨诸塞殖民地的船只更是名列前茅。[③] 奴隶们还知道利用争夺殖民地霸权的欧洲国家之间的矛盾,从一个国家的殖民地逃到另一个国家的殖民地去,以获得自由或更好的待遇。促使英国在1733年建立乔治亚殖民地的一个重要原因就是,设立一个缓冲区将南卡罗来纳与西班牙的殖民地佛罗里达和古巴隔开,以防止南卡罗来纳的黑人逃到西班牙殖民地上去。为此,乔治亚殖民地的创建者詹姆斯·奥格尔索普(James Oglethorpe)坚决反对将黑人引入乔治亚殖民地。他说:"如果黑人被允许进入,这个殖民地肯定立刻就会被毁灭。因为防止他们叛逃到西班牙人那边去是不可能的……西班牙人向所有逃亡的黑奴提供自由、土地和保护。"[④] 奥格尔索普的担心并非杞人忧天。在1739—1748年英国和西班牙进行的詹金斯之耳战争中,就不断出现黑人逃往西班牙方面的事件。根据一个乔治亚居民威廉·斯蒂芬斯(William Stephens)的说法,在1743年1月8日有30名黑人骑马离开南卡罗来纳,投奔西班牙军队。暴动

---

① Gerald Horne, *The Counter-Revolution of 1776, Slave Resistance and the Origins of the United States of America*, New York, New York University Press, 2014, p. 47.
② Governor Robert Dinwiddie to Board of Trade, 29 April 1740, in Robert Dinwiddie, *The Official Records of Robert Dinwiddie*, Vol. 1, Whitefish, MT: Kessinger Publisher, 2006, p. 101.
③ Thomas Gage, *A New Survey of the West Indies*, London: Clark, 1699, p. 7.
④ James Oglethorpe to Trustees, 16 January 1739, in Mills Lane, ed., *General Oglethorpe's Georgia: Colonial Letters, 1733 – 1743*, Vol. 2, Savannah, Georgia: Beehive, 1990, pp. 387 – 389.

是最强烈的黑人反抗形式。早在1530年，墨西哥就爆发了第一场黑奴起义。此后，黑奴杀死他们的主人或者酝酿进行大规模暴动的事例屡见不鲜。1675年，通过一个女奴的告密，巴巴多斯殖民当局发现了一起黑人暴动的计划，绞死了35个参加者。1702年，英国殖民当局声称，在纽约殖民地，黑奴的数量"每天都在增加，并且他们常常被发现成群结队地犯下各种罪行"，其中就包括"杀死或伤害他们的主人"或者"焚烧住宅、谷仓、兵营和粮食"以及杀死牲畜。[1] 1739年9月6日南卡罗来纳州的史陶诺起义是英属北美规模最大的一次黑奴起义。22名武装起来的黑人从史陶诺河出发，前往西班牙的佛罗里达殖民地，以获得西班牙许诺给予英国逃奴的自由和土地。沿途他们焚烧了6个种植园，杀死了42（一说47）名白人，最后被南卡罗来纳的民兵击败，44名黑人被杀。

那么，黑人的这些反抗行动对英属美洲的奴隶制度产生了什么样的影响呢？众所周知，这些反抗行动大多以失败告终，它们既没有推翻奴隶制度，甚至也未能给黑奴的处境带来丝毫改善。的确，黑人的反抗行动引起了白人殖民者的巨大恐惧。但讽刺的是，这种恐惧反过来却推动了英属美洲奴隶制度的进一步发展，它主要表现在两个方面：即奴隶制度在美洲大陆的进一步传播和以"黑人法典"的形式表现出来的对黑奴更加严格的管理。

英属西印度群岛是英属美洲最早建立奴隶制度的地区，那里对黑人反抗行动的恐惧也最为强烈。甘蔗是这些岛屿的主要作物，其生长特性决定了只有大规模生产种植才能获利，[2] 岛上本来就稀少的可耕地集中在少数大种植园主手中，从而挫伤了白人向这些地区移民的积极性，限制了这些岛屿白人人口的增长。黑人的大量涌入很快就使这些岛屿黑白人口的比例发生了变化。巴巴多斯在17世纪60年代、牙买加在17世纪80年代、背风群岛在17世纪90年代，黑人人口先后

---

[1] Legislation, 1702, "Miscellaneous Papers", *Daniel Parish Slavery Transcripts*.
[2] 甘蔗的生长期长达18个月，而且无论是种植、收割还是压榨和精炼都需要大量的劳动力。

超过了白人。到 1700 年，这些岛屿上的黑人人口已经是白人人口的 3—5 倍。① 在这种情况下，这些地区的白人们时刻担心黑人起义。哪怕是有关未遂的黑人起义的新闻也都足以促使许多白人离开加勒比海岛屿迁往更加"安全"的北美大陆。1736 年，牙买加殖民政府声称它破获了一个奴隶起义的计划，起义的黑人"决心完全……占有这个岛屿，该岛所有的白人移民都将被谋杀，奴隶们自己会建立一个新的政府"②。听到这个消息后，牙买加副总督的女儿伊莉莎·卢卡斯（Eliza Lucas）立刻迁居南卡罗来纳殖民地，并且发现"卡罗来纳要比西印度群岛好得多"③。北卡罗来纳殖民地的最后一任总督乔赛亚·马丁（Josiah Martin）也是这个时期从安提瓜迁到北美的。这些白人来到北美大陆的时候也带来了他们的黑奴，从而导致北美大陆黑奴人数的迅速增加，黑奴甚至进入了那些本来没有奴隶制的地区。罗德岛殖民地的纽波特就是一例。17 世纪末，加勒比海岛屿的白人移民和他们的黑奴一起涌进这个城市，将这个城镇变成了 18 世纪西半球主要的奴隶市场。1750 年，生活在加勒比海地区的黑人比生活在北美大陆的黑人还要多 50000 人，但到 1776 年，生活在北美大陆的黑人已经比生活在加勒比海的黑人多 30000 人了。加勒比海岛屿的白人和黑奴的涌入，导致了奴隶制在北美大陆的迅速传播。

对黑人反抗行动的恐惧迫使白人殖民者通过一系列的黑人法典加强对黑奴的控制。早在 1676 年，巴巴多斯就通过了一系列的法律，规定对非法侵害白人或其财产的奴隶处以更加严厉的刑罚。那些迁往北美大陆的加勒比海种植园主们也把这种恐惧传到了北美大陆。比如伊莉莎·卢卡斯迁居南卡罗来纳之后，仍然对黑人暴动提心吊胆，随着詹金斯之耳战争中西班牙雇用黑人士兵入侵英属北美殖民地，这个噩梦变得更加严重了。她在 1741 年 3 月充满忧虑地写道："查尔斯顿将

---

① Abigail L. Swingen, *Competing Vision of Empire: Labor, Slavery and the Origin of British Atlantic Empire*, New Heaven, Yale University Press, 2015, p. 162.
② Report, 26 January 1736, Folder 90, *Daniel Parish Slavery Transcripts*.
③ *Journals and Letters of Eliza Lucas*, Wormsloe, 1850, Cleveland Public Library.

在下个月一号之前被黑人的火与剑摧毁。"① 在这种恐惧的驱使下,西印度群岛那种把极端暴力作为控制黑奴手段的做法在北美大陆渐渐流行起来,英属北美殖民地先后通过了一系列越来越严格的黑人法令。1755 年马萨诸塞殖民地规定:"如果该殖民地内年龄在 14 岁以上的一个或几个黑奴、印第安人或混血儿奴隶,在警戒或入侵时期,被发现离开他们主人的住所或种植园一英里以上,而没有携带由他们主人颁发的表明他们被派出执行差使或商业活动的许可证……在上述距离范围之外发现这些奴隶的人或人们,可以合法地枪杀或用其他手段杀死这些奴隶,而不受起诉、谴责或告发。"② 1775 年,纽约殖民地则规定,除了工作时间之外,在任何时间、任何地点,三个以上的黑人聚集在一起就要受到鞭答,对于那些"阴谋暴动"的奴隶则可以处以死刑。

至少在一个问题上英属北美殖民地表现出了对黑奴更加严格的控制,那就是禁止黑奴加入武装部队服役。而在英国本土、英属西非和加勒比海岛屿,英国政府却都采取过在军队中雇用黑奴服役的做法。17 世纪英国内战时期的政治动荡使英国政府当局认为苏格兰和爱尔兰士兵不如黑人士兵可靠,它希望依靠黑人士兵维护英格兰对苏格兰和爱尔兰的权威。在英属西非,殖民者认为黑人和混血儿能够比白人更好地适应当地的气候和抵抗当地的疾病。在英属西非最大的海岸角要塞中,黑人、混血儿和白人士兵一起服役。该要塞的总督甚至要求"这些黑人士兵的领章和旗帜分为红色、黄色和褐色",以便在庆典仪式上"取悦城镇中的奴隶和其他黑人"③。西印度群岛则由于白人人口稀少,英国殖民当局不得不征用黑奴服役。1694 年,当法军入侵牙买加的时候,牙买加总督威廉·比斯顿(William Beeston)下令将"那些可以信任的黑奴"编入民兵队伍。他许诺"任何一个捕获或杀死法国士兵的黑奴都可以获得自由,这使他们比

---

① *Journals and Letters of Eliza Lucas*, Wormsloe, 1850, Cleveland Public Library.
② *Boston Evening-Post*, March 10, 1775.
③ Simon P. Newman, *A New World of Labor*, *The Development of Plantation Slavery in British Atlantic*, Philadelphia, University of Pennsylvania Press, 2013, p. 134.

士兵更加有用"①。1795—1808 年，为了应付法国的威胁，英国政府用925000 英镑购买了 13400 名黑奴加入它在西印度群岛的军队。但是北美大陆殖民地却坚决禁止黑人加入武装部队服役，这不仅仅是因为白人殖民者担心黑人可能会用他们手中的武器转而反对白人，更重要的是他们担心黑人和白人一起在军队中服役将给黑人留下他们可以与白人"平等"的印象，从而破坏北美大陆上已经建立起来的以种族为基础的奴隶制，进而损害白人内部的认同感和凝聚力。1768 年，驻波士顿的英军 29 团的黑人鼓手受命惩罚他们的白人同僚，这一幕在当地白人居民的心中留下了可怕的阴影，导致波士顿美洲革命者的领袖约翰·汉考克（John Hancock）及其追随者们相信，英国军队实际上是在鼓励奴隶们"割断他们主人的喉咙并且鞭打、凌辱和以其他方式虐待他们的主人"。美国历史学家吉拉尔德·霍恩（Gerald Horne）认为，在征召黑人入伍问题上的分歧体现了母国以英格兰对苏格兰和爱尔兰的"文化特权"为基础的统治模式与北美殖民地以白人对黑人的"种族特权"为基础的统治模式之间的不同，这个不同成为引发美国独立战争的重要原因。②

需要强调指出的是，黑人反抗行动不仅未能推翻奴隶制度，反而用一种意想不到的方式使奴隶制得到了扩大和加强。导致这种状况的一个重要原因是非洲大陆尤其是西非海岸和内陆地区在政治发展方面的落后状况。部族是那里主要的政治组织形式。西非的黑人没有形成民族认同感，不同地区和部族的黑人往往彼此仇视，这就使他们作为一个群体很难与当时正在逐步形成民族国家，发展出高度民族认同感的白人抗衡。因此黑人的反抗行动更多是对个人苦难的一种反抗行动，很少上升到民族自觉的高度，因此往往轻易为凝聚力强大的白人所粉碎，实际上许多黑人起义的计划就是由黑奴泄

---

① Sir William Beeston to Sir John Trenchard, 23 June 1694, TNA CO138/7, pp. 192 – 196; "A Narrative by Sir William Beeston of the Descent on Jamaica by the French", 23 June 1694, BL Add MS 12430, fols. 4 – 13.

② Gerald Horne, *The Counter-Revolution of 1776, Slave Resistance and the Origins of the United States of America*, New York, New York University Press, 2014, p. 47.

露给白人的（1736年安提瓜起义就是一个明显的例子）。在政治意识形态上，黑人无法提出一个口号与奴隶制抗衡。这种状况直到美国独立战争时期才发生变化。当时美洲的殖民者们开始用民主、平等、自由的语言反对英国统治，这种语言很快也渗入黑人的反抗运动中，使黑人的反抗运动有了新的号召和追求目标。1777年1月一群黑奴向马萨诸塞议会提交的请愿书表明了这种变化。它效仿《独立宣言》声称："你们的请愿者们认为，他们与其他人一样享有万物之父平等地赋予所有人类的自然的、不可剥夺的权利。"① 这种以自由、民主、平等的语言表达其反奴隶制诉求的做法使黑人反抗运动从18世纪末起获得白人废奴主义者越来越多的支持，对黑人反抗运动朝着民权运动的方向发展起了非常重要的作用。

三 英属大西洋世界白人的废奴运动

最早反对奴隶制的白人是一小批宗教人士，他们从基督教人道主义的立场抨击奴隶贸易和奴隶制的罪恶，并声称这是违背基督教义的。1640年，马萨诸塞殖民地的清教徒就曾判决一艘奴隶船的船长有罪，并用公款将这些奴隶送回非洲。在废奴运动中，英国和美洲的贵格教徒起了极为重要的作用，以至于英国的历史学家戈登·路易斯（Gordon L. Lewis）认为，英属大西洋世界的废奴运动是随着英国贵格教的创始人乔治·福克斯（George Fox）前往巴巴多斯和牙买加的传教过程中出现的。贵格教反对外部权威，强调教徒一律平等的教义成了废奴运动重要的思想基础。1688年，费城的贵格教徒提出《日耳曼敦抗议书》，首次明确指出奴隶制是完全违背基督教义的。英属北美殖民地的贵格教会向教内的奴隶主施加压力，要求他们要么解放自己的奴隶，要么被驱逐出教。英属美洲殖民地的许多限制奴隶贸易的法案都是在贵格教徒的推动下得以通过的。

---

① "Petition for freedom to the Massachusetts Council and the House of Representatives, [13] January 1777" (manuscript copy), Collection of the Massachusetts Historical Society.

但是在 18 世纪 60 年代以前，废奴仍然只是一小批宗教人士和慈善家的活动目标，参与废奴运动的白人无论在人数还是影响力方面都非常有限。究其原因，一方面在于当时人们往往认为奴隶贸易带来的巨大利润是大英帝国的力量和财富之源，正如当时的贸易理论家马拉奇·波斯尔思韦特（Malachy Postlethwayt）在 1746 年所断言的那样："也许可以公正地说，黑人贸易和由此产生的结果为这个国家的财富和海上力量提供了用之不竭的资金。"① 甚至那些反对奴隶制的人也不得不承认，一个没有奴隶制的大英帝国是不可想象的。约翰·赫德尔斯顿·怀恩（John Huddleston Wynne）就是如此，他在抨击奴隶制败坏了英国人的道德，并且可能导致血腥暴乱的同时，也承认南方种植园"需要人手耕种"使得奴隶制成为"一项必要的制度"，而且乔治亚殖民地的经历也表明"废除奴隶制是一项不切实际的措施"②。最终，他发现自己既不能鼓吹也不能反对奴隶制度。

另一方面，当时英属大西洋世界的白人废奴主义者们对奴隶贸易和奴隶制度的抨击仅仅停留在道德层面，很少考虑实际问题。英国卫斯理教派的创始人约翰·卫斯理（John Wesley）声称："任何理性的生物都不可能出于必要性的考虑而违反公正、仁慈和真理的原则。"③ 他甚至主张，如果帝国离不开奴隶制，那就干脆放弃帝国。这种只进行道德说教而提不出任何可行选择的做法使白人废奴主义者的呼吁显得没有丝毫说服力。

然而，18 世纪 60 年代之后，废奴运动却突然由个人的慈善之举朝着社会运动的方向转变。对于这一转变，英美历史学家们曾经提出多种解释。以托马斯·克拉克森（Thomas Clarkson）为代表的 19 世纪

---

① Christopher Leslie Brown, *Moral Capital: The Foundation of British Abolitionism*, Chapel Hill, NC.: The University of North Carolina Press, 2006, p. 209.

② John Huddleston Wynne, *A General History of the British Empire in America: Containing, an Historical, Political, and Commercial View of the English Settlement; Including All the Countries in North-America, and the West-Indies, Ceded by the Peace of Paris*, Vol. 2, London, 1770, pp. 540–541, 545.

③ John Wesley, *Thoughts upon Slavery*, 3rd. ed. London, 1774, p. 19.

初的历史学家们认为，这场运动是基督教和人道原则对个人私利的胜利，这个解释在整个维多利亚时期都一直为人们所接受。1944 年，埃里克·威廉姆斯（Eric Williams）在他的著作《资本主义和奴隶制》中，尝试用唯物史观来考察废奴运动，认为废奴运动兴起的根本原因是当时奴隶制已经无利可图。20 世纪 60—70 年代，西摩·德雷舍尔（Seymour Drescher）和戴维·布里翁·戴维斯（David Brion Davis）等人又提出了第三种解释，认为废奴运动的兴起是民主权利的扩大使许多原来被忽视的团体——特别是中产阶级和妇女——政治力量加强并且能够发挥其文化和意识形态影响所造成的结果。所有这些解释都忽略了以美国独立战争为顶峰的母国与殖民地之间权力斗争所造成的影响。

第一，母国与殖民地权力之争中，英美双方都采用了自由权利的政治语言，将自己塑造为自由平等原则的维护者，而把奴役专制的罪名加在对方身上。奴隶制作为与自由平等截然对立的制度，自然成了罪恶的东西，废奴运动则相应占据了道德制高点。当时英国主流社会的观点认为英国是世界上最自由的国家，甚至是自由标准的确立者。正如废奴主义诗人托马斯·戴（Thomas Day）所写的那样："只有在英国……最神圣的自然权利才获得最有力的认可。"① 英国人往往否认在英伦三岛上存在着奴隶制。1772 年萨默塞特案件②的辩护律师弗朗西斯·哈格雷夫（Francis Hargrave）把英国说成是一片"其空气过于纯净而不适合奴隶呼吸的土地"。英国政府负责美洲事务的国务秘书安布罗斯·赛尔（Ambrose Serle）说得更加直接："奴隶制并不是我们宪法的一部分，在我们的国家中也找不到它。这里的黑人，不管他们以前曾经是什么地方的奴隶，在他们踏上我们自由的海岸那一刻就获

---

① Thomas Day, *The Dying Negro, a Poetical Epistle from a Black, Who Shot Himself an Board a Vessel in the River Thames, to His Intended Wife*, 2nd ed. London, 1774, p. viii.

② 英国废奴运动中的一个重要案件。萨默塞特是一个英国海关官员在美洲弗吉尼亚购买的黑奴，1769 年他随主人来到英国之后试图逃跑，但被主人抓回。他的主人打算将他送往牙买加出售。英国废奴主义者格伦维尔·夏普得知此事后，以萨默塞特的名义向英国王室法庭提出起诉。1772 年大法官曼斯菲尔德勋爵判决："这里的法律不允许奴隶主用武力夺取奴隶并将之出售……因此这个人必须释放。"该案件往往被视为英国承认奴隶制为非法的标志。

得了解放。"① 对许多英国人来说，美洲的奴隶制是美洲人自己建立起来的，奴隶制的存在恰恰证明了美洲革命者所谓"天赋人权"理论的虚伪性。政治经济学家乔赛亚·塔克（Josiah Tucker）是美洲独立的热情支持者，但正是他在 1775 年提出了那个令美洲革命者感到极为尴尬的问题："为什么可怜的黑人以及可怜的印第安人却没有类似的权利和利益呢？这些不可变更的自然法则在他们身上是怎么变得如此不同，而且是如此无足轻重的呢？"② 在英国，奴隶制成了证明美洲革命者目标的狭隘性、自私性与虚伪性的工具。

相反，在美洲，奴隶制则成了抨击英国专制奴役罪恶的武器。1770 年 8 月 10 日的《新伦敦公报》声称："失去自由的预兆就是可耻的、令人震惊的奴隶贸易。一个夸耀其自由、自称是基督教和新教的国家已经从事这一贸易如此之久了！据说英国每年向它的美洲殖民地提供 10 万名以上的奴隶。为了完成这一贸易，他们鼓励非洲的酋长们彼此交战。"③ 当英国人为萨默塞特案件的判决而欢呼，并且希望"同样的人道行动能够扩展到更多人身上"④ 的时候，本杰明·富兰克林（Benjamin Franklin）却认为该判决"体现了这个国家的伪善态度"，因为"在促进（奴隶）贸易的同时，它还通过在法院给予一个黑人奴隶自由而将自己表现为一个充满美德、热爱自由和平等的国家"⑤。托马斯·杰斐逊在起草《独立宣言》的时候，更是将"默许奴隶贸易"和"把奴隶制强加给美洲殖民地"作为英王乔治三世的罪行之一，只是因为担心南方各殖民地种植园奴隶主的不满，最终的版本里才删掉了这方面的内容。就这样，英美双方为了证明自己在道义上的纯洁性，

---

① Ambrose Serle, *Americans against Liberty; or, an Essay on the Nature and Principles of True Freedom Shewing That the Designs and Conduct of the Americans Tend Only to Tyranny and Slavery*, London, 1775, p. 33.

② Josiah Tucker, *The Respective Pleas and Arguments of the Mother Country and of the Colonies, Distinctly Set Forth*, London, 1775, p. 5.

③ *New London Gazette*, August 10, 1770.

④ *London Chronicle*. June 20, 1772.

⑤ "The Somersett Case and the Slave Trade", *London Chornicle*, June 18 – 20, 1773, in Leonard W. Labaree et al., *The Papers of Benjamin Franklin*, Vol. 19, New Haven, Yale University Press, 1959, p. 188.

都力图与奴隶制拉开距离，从而使废奴思想和口号开始作为一项"道义资本"而为英美大众所接受。

第二，在母国与殖民地权力之争的范畴下，废奴开始作为一项具体的政治问题出现。英美双方为了加强己方观点的说服力，除了对奴隶制提出道义上的指责外，还力图在各自政治主张的框架下提出具体的废奴方案。英国人强调的是通过加强母国的权力而在殖民地实现废奴。英国第一个具体的废奴计划是由莫里斯·摩根（Maurice Morgan）提出的，他认为："这一罪行完全是由国家造成的，只能通过国家采取不同的方针和更好的政策来纠正它。"[①] 英国卫理公会牧师托马斯·维维安（Thomas Vivian）向前英属美洲事务大臣达特茅斯勋爵（Lord Dartmouth）提议，为美洲制定一部新的宪法，并让它"与我们自己的宪法一样"被置于"同一个最高立法机构之下"。爱德蒙·伯克（Edmund Burke）则宣称，在殖民地"对黑人的侵害应该被等同于……对英王陛下的任何臣民造成的侵害"，以支持英国法律在它的所有属地都拥有"至高无上的地位"[②]。美洲革命者们则针锋相对，强调通过殖民地议会的立法权来废除奴隶制。1769—1774年间，马里兰、新泽西、宾夕法尼亚、康涅狄格和罗德岛殖民地都颁布了禁止输入奴隶的法令，并对奴隶贸易征收禁止性的关税。特拉华、纽约、马萨诸塞和弗吉尼亚的殖民地议会也通过了类似的法律，但遭到英国总督和枢密院的驳回。最终，第一届和第二届大陆会议采取了更加积极的措施，使美洲的奴隶贸易在整个独立战争期间几乎陷于停滞。

就这样，18世纪60—70年代，虽然母国和美洲殖民地的权力之争日益激烈，但这场斗争却推动了英美的白人废奴运动走出了少数宗教人士和慈善家的圈子，朝着社会运动的方向转变。独立战争期间和之后，英美白人废奴主义者之间的交流与合作进一步扩大。1783年伦敦的支持受难者会议（London Meeting for Sufferings）[③] 全体大会上，

[①] Maurice Morgan, *Plan for the Abolition of Slavery in the West Indies*, London, 1772, p. 13.

[②] Edmund Burke, "Sketch of a Negro Code", in Paul Langford and P. J. Marshall, *The Writings and Speeches of Edmund Burke*, Vol. 3, Oxford: Oxford University Press, 2015, pp. 572, 580.

[③] 支持受难者会议是当地贵格教徒年会的执行委员会。

来自美国的贵格教徒代表约翰·彭伯顿（John Pemberton）和威廉·迪尔温（William Dillwyn）发挥了重要作用，推动英国贵格教会默认在废奴问题上承担义务，并且于6月26日向英国议会提交请愿书，声称"被奴役黑人的痛苦处境是要求立法机构进行人道主义干涉的问题"。威廉·迪尔温还被选入伦敦支持受难者会议组成的22人委员会，其目标就是"促进支持受难者会议在奴隶贸易方面的企图"[1]。世俗的废奴组织也迅速发展起来。1775年4月14日，美洲的12名白人废奴主义者在费城的太阳客栈聚会，成立了拯救受到非法奴役的自由黑人协会（Society for the Relief of Free Negroes Unlawfully Held in Bondage）。这是世界上的第一个废奴组织，它后来改名为宾夕法尼亚废奴协会（Pennsylvania Abolition Society），成了19世纪30年代前美国主要的废奴组织。英国的废奴运动则从18世纪80年代之后进入了发展高潮。用第一代废奴主义者格伦维尔·夏普（Granville Sharp）的话说，是来自美洲的请愿书推动了他"追踪这个罪恶的源头"。1787年，英国第一个废奴组织废奴委员会（Abolition Committee）成立，它依靠英国的贵格教徒积聚力量，使英国的废奴运动转变成一个由组织完善的地方协会支撑的全国性运动。19世纪30年代，废奴委员会的地方分会数量已经超过1300个。[2]

早期英美白人废奴主义者们遵循的路线有很大的相同之处，都是集中力量争取社会精英阶层的支持，依靠政府立法来逐步废除奴隶制，这就为他们之间的合作提供了便利。英国著名的废奴主义者威廉·威尔伯福斯（William Wilberforce）和格伦维尔·夏普都是宾夕法尼亚废奴协会的通讯会员。海地革命爆发后，英国废奴主义者为英国议会编写的小册子《圣多明各岛上黑人起义的原因调查》(An Inquiry into the Causes of the Insurrection of the Negroes in the Island of St. Domingo) 在美国广为传

---

[1] Society of Friends, London Meeting for Sufferings, *The Case of Our Fellow-Creatures, the Oppressed Africans, Respectfully Recommended to the Serious Consideration of the Legislature of Great Britain, by the People Called Quakers*, 2nd ed. London, 1784, pp. 4 – 5.

[2] Seymour Drescher, *From Slavery to Freedom: Comparative Studies in the Rise and Fall of Atlantic Slavery*, New York, New York University Press, p. 67.

播，甚至一度成为美国废奴主义者的行动指南。

18世纪末19世纪初，通过殖民来废除奴隶制的做法一度成为英美两国废奴运动的重要内容。这个计划最初是英国废奴主义者莫里斯·摩根在1772年提出的。美国独立战争之后，一些效忠派分子携带他们的黑奴回到英国，使伦敦的黑人人口剧增，一度达到7000人之多。救济贫困黑人委员会（Committee for the Relief of the Black Poor）认为，根本的解决之道在于应该把这些黑人送到"可以让他们自由和舒适地维持生活的地区"①。1786年2月，亨利·斯米瑟曼（Henry Smeathman）提出了一个在塞拉利昂殖民的计划，并且在救济贫困黑人委员会的帮助下，获得了英国财政部的支持。有意思的是伦敦的黑人对这个计划的反应，他们非常关心的是前往塞拉利昂之后能否继续保持他们在伦敦获得的自由。黑人的态度迫使斯米瑟曼在他的计划中明确宣称，黑人"将作为自由人被运往那里"，而且"他们和他们的后代将享有充分的自由"②。1787年，英国将400名自由黑人运到西非，在弗里敦建立了定居点，随后来自新斯科舍和牙买加的黑人也前往此处定居，这就是塞拉利昂的前身。虽然由于缺乏劳动力和必要的资金，塞拉利昂殖民地很快就陷入了困境。但是英国的这个做法却引起了美国废奴主义者的巨大兴趣。《解放者》杂志的发行人伊萨克·克纳普（Isaac Knapp）就认为，将黑人殖民海外使整个国家看到了"奴隶制这个巨大的、可怕的罪恶能够被根除"的希望。1816年，美国殖民协会成立，其地方分会很快超过200个。一个佛蒙特的报纸编辑声称："一旦其目标和意图得到充分理解的时候，地球上将没有哪一项慈善事业能够像这项事业（将黑人殖民海外）一样获得……所有人全心全意的支持。"③1822年，美国在西非的谷物海岸建立了一个黑人殖民地，这就是利比里亚的前身。

---

① *Morning Post*, 15 March 1786, 1b.
② Henry Smeathman, *Plan of a Settlement to Be Made near Sierra Leona, on the Grain Coast of Africa*, London, 1786, pp. 1, 18.
③ Richard S. Newman, *The Transformation of American Abolitionism: Fighting Slavery in the Early Republic*, Chapel Hill, NC: the University of North Carolina Press, 2002, p. 111.

除了需要庞大的资金与劳动力外，通过将黑人移民海外来废除奴隶制的计划还有一个根本的缺陷，那就是它从未问过黑人自己是否愿意离开英国和美国回到非洲去。因此美国著名的废奴主义者威廉·劳埃德·加里森（William Lloyd Garrison）认为，"来自有色人种的大量证据表明"，美国殖民协会只是加强了反黑人的感情。在他看来，废除奴隶制的正确途径是应该确保黑人获得与白人平等的地位。因此，"废除奴隶制并承认有色人种是同胞和兄弟已经成为这个国家神圣的责任了"[①]。根据这一观念，加里森开始致力于把白人的废奴运动与黑人相结合，这也成为19世纪30年代之后美国废奴运动的发展趋势。

通过对17—18世纪英属大西洋世界的奴隶制度的研究，我们可以得出这样的结论：英属大西洋世界的奴隶制度是在全球联系日益密切的过程中形成的，它不仅包括了大批黑人人口的跨地区流动，而且也包括了不同地区劳动制度、社会和经济特征以及文化观念的相互影响和相互碰撞。英属大西洋世界的奴隶制度的特征就是在这样一个跨国、跨地区、跨种族的交流过程中形成的。同样，为了废除奴隶制，单靠一个种族和一个国家的努力也是无法实现的，只有通过跨种族合作，进行世界范围的努力才有成功的可能，英美废奴运动的发展历程就充分证明了这一点。对于这样一种从产生、发展到灭亡都体现出跨国、跨地区和跨种族特征的制度而言，也许采用地区史的视角才能对它有更加全面的认识。

（原载《北京社会科学》2018年第9期）

[①] Richard S. Newman, *The Transformation of American Abolitionism: Fighting Slavery in the Early Republic*, Chapel Hill, NC: the University of North Carolina Press, 2002, p. 114.

近代法国莱茵河"自然疆界"话语的流变(1450—1792)

黄艳红

1813年,当欧洲大陆的拿破仑战争接近尾声时,德意志爱国主义诗人、民族主义运动的重要奠基人恩斯特·M. 阿恩特出版了一本题为《莱茵河:德意志的河流但非德意志的边界》的小册子,其中有言:"总有很多头脑错乱之人,老是以为莱茵河是法国和德国之间的某种不可争辩的、已然约定的边界,还把这当作一个原理去论证。"① 他自己坚决反对以这条河流作为德法两国的边界:"什么是民族(Volk)的自然边界?我认为,语言才构成真正有效的自然边界。神创造了语言差别。不同的语言构成民族和国家之间的自然分界线。"②

阿恩特在这里驳斥的,是欧洲近代史上一个著名的观念:莱茵河是法国和德国之间的"自然边界"或"自然疆界"。在他看来,这个论点不仅流传广泛,而且历史悠久,他在小册子开篇处列举了一长串人名:17世纪法国绝对主义的主要缔造者苏利(Sully)、黎塞留、科尔伯和卢瓦(Louvois)等大臣,古典主义时代的诗人布瓦洛(Boileau)和拉辛(Racine),还有1790—1800年间塞纳河边的革命"怪物"。所有这些人都在鼓吹莱茵河自然疆界论。③ 这就意味着,阿

---

① Ernst Moritz Arndt, *Der Rhein Deutschlands Strom aber nicht Deutschlands Grenze*, Mit einer zeitgemäßen Einleitung von Edgar Wildberg, Dresden: Carl Reißner, 1921, p. 18.
② Ernst Moritz Arndt, *Der Rhein Deutschlands Strom aber nicht Deutschlands Grenze*, pp. 20 - 21.
③ Ernst Moritz Arndt, *Der Rhein Deutschlands Strom aber nicht Deutschlands Grenze*, p. 17.

恩特认为这一观念在法国的政治界和舆论界至少有两百年的历史,而革命"怪物"们的叫嚣更是犹在耳畔:20 年前的 1793 年 1 月 31 日,法国大革命的演讲大师丹东在国民公会宣称:"法国的边界(limites)是大自然标示出来的。我们要在四个方向达到这一边界:大西洋、莱茵河、阿尔卑斯山和比利牛斯山。"① 丹东的这次演讲明确指出了法国人心中的"自然疆界"的具体内容。

阿恩特的指控在 19 世纪和 20 世纪初的法国史学中得到明确的证实。19 世纪末,历史学家阿尔贝·索雷尔认为,法国大革命的扩张政策在观念上跟旧制度时代是一致的,这个观念就是地理因素决定法国的对外政策:从 16 世纪以来(如果不是 12 世纪的话),法国就持续向大西洋、莱茵河、阿尔卑斯山和比利牛斯山扩张。如黎塞留所言:"要将法国的边界不知不觉地扩展到莱茵河"②,而丹东只是在重复好几个世纪以来的论点罢了。从绝对君主制的奠基者到国民公会的议员,这个观念一直是法国对外政策中的指导性原则,是标志着法国作为一个政治和地域实体存在的核心术语。20 世纪初,杰出的大革命史专家马迪厄也持同样的观点,在他看来,布里索(Brissot)等革命者只是"给自然边界这一君主制政策戴上了一顶红帽子",即便这个观念不总是明确地被当权者表达出来。③

因此,法国史学家的论点似乎进一步坐实了旧制度与大革命在"自然疆界"政策上的连续性,甚至把这一政策的源头推得更远。不过,在两次世界大战之间,执教于斯特拉斯堡大学的加斯东·泽勒对"自然疆界"特别是莱茵河作为德法自然疆界的问题发表了一系列论文,他质疑索雷尔等人的论断,认为"自然疆界"作为一种明确的领土诉求,直到 1792 年底才正式出现,而在此前的几个世纪中,虽然偶尔也可见到诸如此类的说法,但总的说来,对旧制度而言,"自然疆

---

① *Réimpression de l'ancien moniteur*, tome 15, Paris: Imprimerie d'A. René et Cie, 1840, p. 323.
② Albert Sorel, *Europe et la Révolution française*, Vol. 1: *Les Moeurs politiques et les tradition*, Paris: Plon, 1887, 2nd edn., p. 273.
③ Albert Mathiez, *Histoire de la Révolution française*, Vol. 2, Paris: Bussière, 1985, p. 186.

界"完全是一个虚妄的概念。① 二战以后，泽勒的观点被一些著名历史学家采纳，如研究大革命期间法国对外扩张的雅克·戈德肖同样认为，"自然疆界"并非旧制度的概念②；布罗代尔在《法兰西的特性》中也持类似的见解。③

但是，二战以后尤其是20世纪80年代以来，有关旧制度时期"自然疆界"的研究大大超越了泽勒等人的视野，并修正了相关的见解。丹尼尔·诺德曼非常赞赏泽勒对证据的敏感及其对实际政策的考察，但认为泽勒对材料的使用相对狭隘，因为他只考察政策制定者留下的政治文献。④ 随着新的研究视角的引入，新一代的研究者已不局限于从政治军事目标的角度去考察自然疆界，而是通过对历史文本、记忆和舆论的分析，揭示了"自然疆界"概念在近代法国的领土空间构建、民族国家认同中所起的作用。⑤

在关于近代法国自然疆界的讨论中，最引人关注的焦点是莱茵河，泽勒几乎将全部的研究都集中于这个方向。在近代法国⑥的一些

---

① Gaston Zeller, "Histoire d'une idée fausse", *Revue de synthèse*, Vol. 11, 1936, pp. 115 – 131; Gaston Zeller, "La monarchie d'ancien régime et les frontiers naturelles", *Revue d'histoire moderne*, Vol. 8, 1933, pp. 305 – 333.

② Jacques Godechot, *La Grande Nation, L'expansion révolutionnaire de la France dans le monde*, Tome 1, Paris: Aubier, 1956, pp. 78 – 79.

③ [法] 费尔南·布罗代尔：《法兰西的特性：空间和历史》，顾良、张泽乾译，商务印书馆1994年版，第263—264页。

④ Daniel Nordman, *Frontières de la France: de l'espace au territoire, XVI – XIXe siècle*, Paris: Gallimard, 1998, p. 90.

⑤ 这方面的研究参见：Bernard Guenée, "Des limites féodales aux frontières politiques", in Pierre Nora dir., *Les lieux de mémoire*, Paris: Gallimard, 1997, pp. 1103 – 1121; Daniel Nordman, "Des limites d'Etats aux frontières nationales", pp. 1125 – 1146; Peter Sahlins, "Natural Frontiers Revisited: France's Boundaries since the Seventeenth Century", *The American Historical Review*, Vol. 95, No. 5 (Dec., 1990), pp. 1423 – 1451; Léonard Dauphant, *Le Royaume des quatre rivières. L'espace politique français (1380 – 1515)*, Paris: Champ Vallon, 2012; Daniel Nordman, *Frontières de la France: de l'espace au territoire, XVI – XIXe siècle*。

⑥ 这里应对法国历史的断代划分作简要的说明。法国史学界所称的近代法国（La France Moderne），多指从中世纪结束（1450年前后）到大革命这段时期，即通常所称的"旧制度"时期；而现代或当代法国（La France Contemporaine）多指1815年之后的法国。处于这两个时段之间的大革命和第一帝国时代往往被视为一个断裂时期（参阅 François Furet, "Ancien Régime", in François Furet et Mona Ozouf éds., *Dictionnaire critique de la Révolution Française*, Paris: Flammarion, pp. 627 – 628）。本文所指的近代法国，大致与这一通常的断代符合。但考虑到论述的完整性，论述的时间稍后延至大革命前几年。

论者看来，这不仅是因为它被视为一条"自然"划定的国界，还因为这是有"历史"依据的。但这些论据几乎一提出就遭到德国人的反驳。毫无疑问，围绕莱茵河自然疆界问题的政治军事博弈和思想论争，随着拿破仑的扩张战争、德国民族主义运动的兴起、两国历史研究的发展和国民历史教育的普及而进入新的阶段。在学界对这个新阶段做深入研究之前，本文拟对此前的莱茵河自然疆界问题进行初步的梳理和分析。泽勒把1792年底作为"自然疆界"理论和实践真正的起点，本文将以这个时间点作为考察的终点。之所以作这样的断代处理，一个重要原因在于，到此时为止，法国舆论界围绕"自然疆界"使用的话语完成了一次转变，它标志着一个新时代的开端。从文艺复兴到18世纪末，法德双方在该问题上的言论，很大程度上为此后的论争奠定了基调。但与泽勒不同的是，本文主要考察的不是政治史和军事史，而是参照最近三十年来的记忆与认同研究，依据相关文献，对围绕"自然疆界"的话语言说进行分析，从学术表达和历史认知的角度阐述这一概念在三个世纪中的演变，尤其是它在文化阶层中产生和流播的过程。正如诺德曼指出的，一个历时悠久且流传广泛的观念，对其意义和价值的考察不能仅仅立足于政府文件，幻觉和想象本身就是历史的一部分并塑造着历史。[①] 本文试图指出，在不同的历史阶段，有关自然疆界的论说呈现出不同的形态，具有不同的合法性基础，并与当时的政治和思想氛围存在直接或间接的联系。笔者认为，揭示这一变迁不仅有助于加深我国学界对这一问题的认识[②]，对理解当今世界面临的问题亦不无裨益。

---

① Daniel Nordman, "Des limites d'Etats aux frontières nationales", p. 1129.
② 我国学界对这一问题亦有思考。刘作奎的分析侧重于大革命后的法国边疆变迁，以及"六角形"国土的政治文化意蕴，对大革命前的"自然疆界"的见解接近泽勒的看法（刘作奎：《论法国疆界变迁的政治学》，《欧洲研究》2005年第6期）。于逢春、冯建勇则重点分析了马克思、恩格斯对19世纪德国，尤其是法国的自然疆界论的批判（于逢春、冯建勇：《论马克思恩格斯对19世纪德法两国"自然疆界论"的剖析》，《中州学刊》2014年第1期）。但总的来说，我国学界对大革命之前法国自然疆界论的关注很少，对国际学界的新动向缺少跟进。

一 中世纪和文艺复兴时代：
"莱茵河边界"的早期表述

当代的研究认为，法国作为一个具有地域特征的政治实体，大概萌生于 1300 年前后，只是到这个时候，法兰西王国才日益被人想象和理解为一个空间和地域实体。[①] 当然，这并不是说中世纪的法国人没有空间和边界概念，而是说，国家边界在 1300 年之前只是很多边界中的一种，它并不比其他边界（如领主领地之间的边界）更为重要；可能更为重要的是，中世纪的国界大多并非连续的、线性的边界。[②] 中世纪的法国人没有见过法国地图，没有关于法国空间形象的具象感知，国王及其行政机构主要通过巡访和对标志物的描绘来认识和管理王国[③]，这是中世纪特有的空间表象和管理方式，它缺乏现代人关于空间和边界认知的精确性。[④]

对王国的东部边界而言，中世纪早期有一个具有奠基意义的说法，这就是 843 年《凡尔登条约》划定的边界。这次划分只是此前墨洛温和加洛林王朝历次分割继承的延续，不过其结果更为持久。秃头查理得到的王国后来演变成法国。理论上说，此后几个世纪中，法国的东部边界就是《凡尔登条约》划定的边界[⑤]，也就是所谓的"四河之境"：罗讷河、索恩河、默兹河和埃斯科河（亦称斯凯尔特河）。不

---

① Jacques Revel dir., *Histoire de la France: L'Espace français*, Paris: Editions du Seuil, 2000, p. 92.
② Bernard Guenée, "Des limites féodales aux frontières politiques".
③ Jacques Revel dir., *Hitoire de la France: L'Espace français*, pp. 93–105.
④ 对于相关问题，已有一些出色的研究，如：Alain Guerreau, "Quelques caractères spécifiques de l'espace feudal européen", in Neithard Bulst et al., dirs., *L'Etat ou le Roi. Les fondements de la modernité monarchique en France (XIV–XVIIIe siècles)*, Paris: Editions de MSH, 1996, pp. 85–101; Michel Lauwers and Laurent Ripart, "Représentation et gestion de l'espace dans l'occident médiéval", in Jean-Philippe Genêt, dir., *Rome et l'Etat moderne européen*, Rome, 2007 (Collection de l'Ecole française de Rome, 377), pp. 115–171。
⑤ Norman J. G. Pounds, "The Origins of the Idea of Natural Frontiers in France", *Annals of the Association of American Geographers*, Vol. 41, No. 2 (Jun., 1951), pp. 146–157.

过，在9世纪人的脑海中，荒无人烟的森林比河床更像是天然的分界线。很可能见证过《凡尔登条约》诞生的纪年作家尼塔尔（Nithard）记述说，当时三兄弟首先是按照伯爵领地（pagus）来划界的，但各伯爵领地之间往往有辽阔的森林和荒地，这样的边界不是一条线，而是一个地带。① 实际上，"四河之境"只是中世纪的作者为方便起见而采用的近似的、象征的说法，因为四条河显然不构成一条连续的分界线。早在9世纪，纪年作者雷吉诺（Regino）就采用了这种简单的方法：查理的王国"从不列颠海直到默兹河"②。当代学者认为，查理的王国有时延伸到四河之外，但经常达不到这个范围，如默兹河左岸的几个伯爵领地并不在王国之内，在某些地段，王国的实际界限不是默兹河，而是更接近其西侧的小河比斯梅河（Biesme）一带。随后三个世纪，随着王权的衰落，《凡尔登条约》确定的边界变得像王国内部的封建边界一样混乱。家族联姻、继承和封建效忠关系，使得这条边界日渐扭曲和复杂化，成为一个"边区"（marche），像诸侯领地之间的边区一样，这是一个有一定宽度的接触地带，而非轮廓分明的线性边界。在君主权力虚弱的时代，边区地带的居民的活动几乎不会考虑这条国界，远在天边的国王也鞭长莫及。③

不过，当这条边界在实际生活中变得日益复杂和模糊时，学者们却试图使它更清晰简单——正如雷吉诺那样，由此形成一种关于法国东部边境的学术化的记忆。11世纪初，劳尔·格拉贝尔（Raoul Glaber）修士在记述法国国王和德意志皇帝的一次会晤时再次指出，"默兹河是两个王国的界河"④。11世纪末，马里亚努斯·斯科特

---

① Norman J. G. Pounds, "The Origins of the Idea of Natural Frontiers in France", pp. 147 - 148.

② *Monumenta Germaniae Historicae*, *Scriptores*, I, p. 568. 原文为：Tres supradicti fratres imperium Francorum inter se diviserunt, et Carolo occidentalia regna cesserunt, a Britannico oceano usque ad Mosam fluvium, Hludowico vero orientalia, scilicet omnis Germania usque Rheni fluenta（上面提到的三个兄弟分割了法兰克人的帝国，他们把西部各王国让给了查理，从不列颠海直到默兹河，而路易得到了东部各王国，也就是以莱茵河为始的整个日耳曼尼亚）。虽然这位作者在谈到路易的领地时作了一些补充，但这种以河流为界的简便方法显而易见。

③ Bernard Guenée, "Des limites féodales aux frontières politiques", pp. 1109 - 1110.

④ "…super Mosam fluvium, qui limes est utriusque regni…" in Raoul Glaber, *Les cinq livres de ses histories*（900 - 1044）, publiés par Maurice Prou, Paris: Alphonse Picard, 1886, pp. 58 - 59.

（Marianus Scotus）修士在其世界纪年中也说，法王查理的王国一直延伸到默兹河。12世纪初，西格贝特·德·让布鲁（Sigebert de Gembloux）修士在自己的世界纪年中重申了马里亚努斯·斯科特的说法。西格贝特的世界纪年流传甚广，对后世产生了深远影响，以至于任何有点12—13世纪历史知识的人都不怀疑，查理的王国当时延伸到了默兹河。① 因此，如果说这个王国在1300年前后开始获得地域意识，那么历史书写和教会高级文化所传承的关于王国边界的记忆都扮演了重要角色。

1300年前后是法国政治史和地理空间构建过程中的重要转折时期，这首先反映在概念表达方面。众多研究者都提到术语方面的变化：新的"边界"（frontière）概念开始出现，而此前指称边界时多用limite一词。Frontière是一个带有军事色彩的词汇，指设防的前线。贝尔纳·葛奈认为，这种边界在法国最早出现在1312年。② 诺德曼则认为，frontière具有变动性，当这两个词出现在同一段文字中时，区分更加明确：在17世纪，一场军事冲突之后，官员被派往frontière，在那里确定limites。Limites即使不是大自然划定的，至少也是明确无误的，它不同于具有变动性的frontière。这两个词的区分相当明显，而且延续很久。在大革命时代的演说家那里，frontière一词仍保留它最初的含义，前引丹东的演说就是如此：他用的是limites而不是frontière，即确定的界线，而不是带有人为性质的变动的边界。甚至到19世纪历史学家也是这样理解的：为民族国家划定清晰明确的空间范围的界限被称作limite或limite naturelle（自然界线）。③ 但frontière的出现，是中世纪晚期一系列重大转变的一个表征，王权的增强、主权国家的兴起与扩张是其中最重要的根源。葛奈总结说，到1300年，封建主之间的边界不再是政治边界，而过去几个世纪中一直虚弱的王国边界渐渐成为唯一重要的边界④，而且是带有敌对意味

---

① Bernard Guenée, "Des limites féodales aux frontières politiques", p. 1110.
② Bernard Guenée, "Des limites féodales aux frontières politiques", p. 1112.
③ Daniel Nordman, "Des limites d'Etats aux frontières nationales", pp. 1137–1138.
④ Bernard Guenée, "Des limites féodales aux frontières politiques", p. 1109.

的界线。1296 年，为反击罗马教廷对其税收政策的干涉，法国国王腓力四世下令，任何武器、马匹和金银都不能越过边境（frontières），边境第一次成为王权控制的、具有海关功能的界线。[1]

在这个时代，一个引人注目的现象是：为了增强国土意识，人们开始频繁引用古籍作为证据，边界合法性的一个重要依据是它的古老历史。这就是葛奈所说的：历史定下的古老的王国边界，就是"自然"边界。边界之内是"王国的天然臣民"，服从他们的"主权者和天然的主人"。在这里，自然的边界与历史的边界是统一的。不过，此类说法的主要目的在于构建王权在其控制范围内的绝对权威，它针对的是封建主义潜在的分裂性。因为的确有人声称，王国的边界并不是永恒的，条约和转让能改变边界；而且，封建所有权（mouvance）和主权（souveraineté）不一样，封建效忠可以产生飞地，即一块土地可以在王国境内但不在其主权管辖之内，可以在王国之中但不属于这个王国。[2] 这种反对意见是封建时代空间管理形态的一种反映。阿兰·盖罗总结说，这种形态的典型特征在于它的特殊性（particularisme）以及同一土地上各种权利的交错叠加（enchevêtrement）。因此，当时的空间单位（比如国家）与当代人的理解不同，它不是同质的（homogène）、连续的、紧凑的（compact）[3]：如一块土地在某国境内但又不属其主权管辖，而且这种权力关系会随着效忠和联姻等因素而变动。

在这种条件下，强调古老边界的"天然"和神圣，有利于构建主权国家的空间。王权的辩护者们提出，一块坐落在王国内的土地必定属于王国。王国的边界是不可更动、不可让渡的。现存的"任何所有权和法规"，都不能违反王国的古老边界。即使一些不幸事件导致王国领土受损，损失的土地也应该回归，即回归"它的本性（或自然），回归法兰西王国"。于是，王国的"自然疆界"论，在腓力四世时代

---

[1] Jacques Le Goff, dir., *Histoire de la France: La longue durée de l'Etat*, Paris: Editions du Seuil, 2000, p. 105.
[2] Bernard Guenée, "Des limites féodales aux frontières politiques", p. 1117.
[3] Alain Guerreau, "Quelques caractères spécifiques de l'espace feudal européen", pp. 89 – 95.

就已经以明确的方式阐发出来，它具有神圣的不可更动的色彩。① 这种理论主要是对内的：它旨在为王国塑造一个紧凑的、连续的、排斥各种封建残留物的政治空间，国王的领土管辖权高于任何其他法权。②

上面说到的"自然疆界"的历史依据，主要来源于中世纪的记录。而根据中世纪史书的说法，王国的东部边界应为四河之境。这一学术性的记忆延续了相当长的时间。直到 16 世纪，法国的一位匿名作者仍然说，普遍的意见认为这四条河是"帝国和王国"的边界。建立在"古代纪年、历史和法国编年"基础上的学术言说，经常也持同样的立场。③ 在当时，这条象征性的边界简直具有神圣的性质，它因为历史悠久而受人尊重。四河之境不是军队进攻或防御的 frontières，而是自然划定的、靠誓言来维系的 limites，任何改变都会被视为亵渎。④ 15 世纪末，史学家菲利普·德·科明的一段记录可以为证。1477 年，法王路易十一没有接受骑士们的提议去占领这条界线另一边的埃诺地区，"这来自上帝的启示……他根本不想篡夺属于帝国的埃诺地区，这既是因为他没有权利，也是因为皇帝和法国国王的古老盟约"⑤。这个盟约依据的是关于《凡尔登条约》的历史记忆。因此，如果说当时的人们为论证王国的自然疆界而诉诸历史，那么这种历史是有明确指向的，即加洛林的遗产。⑥

不过，同样是在 1300 年前后，已经有人试图突破"四河之境"的中世纪传统。有文献可考的将法国的东部边境推到莱茵河的主张，最早可见于腓力四世时代皮埃尔·杜布瓦的《论收复失地》，这位市

---

① Bernard Guenée, "Des limites féodales aux frontières politiques", p. 1117.
② Léonard Dauphant, *Le Royaume des quatre rivières. L'espace politique français (1380–1515)*, p. 118.
③ Peter Sahlins, "Natural Frontiers Revisited: France's Bondaries since the Seventeenth Century", p. 1426.
④ Léonard Dauphant, *Le Royaume des quatre rivières. L'espace politique français (1380–1515)*, pp. 126–127.
⑤ B. de Mandrot, dir., *Mémoire de Philippe de Commynes*, I, 1464–1477, Paris: Alphonse Picard et Fils, p. 407.
⑥ Léonard Dauphant, *Le Royaume des quatre rivières. L'espace politique français (1380–1515)*, p. 119.

民出身的律师在积极鼓吹王权至上的同时,还敦促国王兼并莱茵河左岸的所有土地。① 研究者认为,这个说法可能是某种朦胧的政治意愿的折射。1299 年,腓力四世和德国君主举行边境会晤时,相传后者曾允诺法国国王可以在莱茵河左岸自由行动。此说见于法国的一些史书②,但现代学者则认为其真实性很不可靠。③

杜布瓦并未从历史或自然的角度来论证莱茵河作为"自然疆界"的依据。中世纪德国的历史文献中倒是有过类似的暗示。1114 年,弗赖兴的奥托(Otto Frisingensis)将皇帝渡过莱茵河描述为从德国前往"高卢"(Gallia)。④ 不过在 12 世纪,国家主权概念十分淡薄,这样的说法没有多大意义,实际上也没有产生深远的影响。但到文艺复兴时期,随着主权国家观念的成长以及王朝扩张政策的出现,自然疆界便成为一个政治问题。就莱茵河与德法边界来说,对文艺复兴时期的两个重要现象产生了重大影响。一是古典学术的复兴与弘扬,二是近代绘图学的发展。二者导致的后果是,关于古代高卢的历史记忆开始苏醒。

百年战争结束时,新君主国的鼓吹者们便已开始赞颂王国领土的美好。在《英法国王传令官之争》中,查理七世的传令官贝里(Berry)说,法国的国土"比例优美",它夏无酷暑,冬无严寒。⑤ 这是新的民族情感的一种反映,而且此类描述让人想起古典作家斯特拉波关于高卢的赞颂之词⑥,这位希腊作家的作品正是从此时

---

① "…quod dominus rex pro se et heredibus suis haberet…totam terram sitam citra Rinum Coloniensum," In Pierre Dubois, *De recuperatione terre sancte*, dir. , Ch. – V. Langlois, Paris: A. Picard, 1891, p. 104.

② Norman J. G. Pounds, "The Origins of the Idea of Natural Frontiers in France", p. 153.

③ Bernard Guenée, "Des limites féodales aux frontières politiques", pp. 1113 – 1114.

④ "…de Alemannia in Galliam transmisso Rheno se recipiens…" in *Monumenta Germaniae Historica*, *Scriptores*, XX, p. 359.

⑤ Léopold Pannier, éd. , *Le débat des hérauts d'armes de France et d'Angleterre*, Paris: Librairie Firmin, 1877, pp. 46 – 48.

⑥ 准确地说,斯特拉波赞美的是大西洋和地中海之间的纳尔榜高卢地峡的"合理安排"。中译本见[古希腊]斯特拉波《地理学》(上卷),李铁匠译,上海三联书店 2014 年版,第 259 页。

开始进入法国人的政治意识[1]，而"高卢"这一概念也渐渐带上了政治色彩。

最近有学者指出，一直到查理七世时期（1422—1461），高卢这一概念的政治含义远高于文化含义。恺撒的《高卢战记》的罗曼语改编版在中世纪仍有流传，但这些著作同时指出，法国在恺撒时代更为广大，因为它包括萨伏伊和特里尔。不过这一评注并不意味着领土要求。[2] 如上文的传令官贝里就明确提到："索恩河将法兰西王国和帝国分开"[3]，他显然认同"四河之境"的历史概念。但同样是在查理七世时期，高卢这一历史主题获得了新的意义，开始向政治话语转变。新的历史著述在这方面扮演了重要作用。如纪年作家弗里布瓦（Noël de Fribois）在1460年前后这样描写高卢的边界：

> 从莱茵河到大海，从阿尔卑斯山……直到普罗旺斯濒临的地中海，再到比利牛斯山或纳瓦尔，全都是十分古老、至为虔诚的基督教王国的身体；英勇无比的国王克洛维从其祖先那里接受并幸福地享有所有古代高卢身体的各部分，这一切，显然都是为历史证明的最可靠的真相。[4]

这就把法国这个"至为虔诚的基督教王国"的源头追溯到克洛维及更早的高卢，而不是凡尔登的分割了。因此，在法国刚刚走出百年战争的混乱之时，虽然人们对王国自然疆界的理解深受凡尔登遗产的影响，但古典时代高卢的地理形象已然进入了高级文化表述之中，并且已经相当明确地表达了法国对莱茵河左岸土地的"历史权利"。作为一种政治话语，莱茵河自然疆界论的出现应比布罗代尔认为的早一

---

[1] Colette Beaune, *Naissance de la Nation France*, Paris: Gallimard, 1985, p. 34.
[2] Léonard Dauphant, *Le Royaume des quatre rivières. L'espace politique français (1380–1515)*, pp. 145–146。
[3] Léopold Pannier, éd., *Le débat des hérauts d'armes de France et d'Angleterre*, p. 47.
[4] 转引自 Léonard Dauphant, *Le Royaume des quatre rivières. L'espace politique français (1380–1515)*, p. 146.

个世纪。①

像四河之境一样,莱茵河疆界论也有历史依据,而且是更早的历史依据。恺撒和塔西佗等古罗马作家反复提到莱茵河是高卢与日耳曼的界河。恺撒的《高卢战记》一开头就说,日耳曼人住在"莱茵河的对岸"(sunt Germanis, qui trans Rhenum incolunt)②。在君主国兴起的时代,文艺复兴对古典学识的发掘,有时会自觉或不自觉地带上政治意图。历史学者加甘(Robert Gaguin,1433—1501)的工作就是一个例证。他在翻译《高卢战记》的前言中曾对高卢和法国作了区分:"您的王国坐落于高卢,并占据了它的大部分土地"。③ 但他不久后的信件中,这种区分已经模糊了,法国(Francia)开始与恺撒的高卢合一。④ 正是这种复兴古代学术的人文主义思潮,让高卢的形象进入了法国的书面文化中。在15—16世纪之交的意大利战争期间,高卢一词不时让人想起王国及其君主国周边的边缘地带。当让·道顿(Jean d'Auton,1466—1527)等作者提到"萨伏伊人和高卢其他民族"时,很难让人相信这个说法没有任何政治意味。⑤

但在16世纪,法国对意大利的兴趣远远超过对莱茵河的兴趣,尽管从地缘战略的角度考虑,这显然不是国王扩张的最佳选择——或许"历史"也是影响这一政策选择的因素之一。不过当时并不缺少对莱茵河边界的讨论。1537年的一份匿名小册子便否认这一中世纪的传统,认为默兹河不是王国和帝国的边界,因为法兰西王国将"几个地方和领地扩展到这条河那一边"⑥。有人则致力于为王国的扩张寻找更为古老的理由。于是,出现了一种创造历史延续性、将所有的过去跟

---

① [法] 费尔南·布罗代尔:《法兰西的特性:空间和历史》,第263页。
② Caesar, *The Gallic War*, Cambridge, MA: Harvard University Press, 1958, p. 2.
③ Robert Gaguin, *Les commentaries de Julius César*,无出版信息,导言第2页。
④ Robert Gaguin, *Epistole et orations*, publié par Louis Thuasne, Paris: Librairie E. Bouillon, 1903, Tome 1, pp. 185 – 299.
⑤ Léonard Dauphant, *Le Royaume des quatre rivières. L'espace politique français (1380 – 1515)*, p. 148.
⑥ Peter Sahlins, "Natural Frontiers Revisited: France's Bondaries since the Seventeenth Century", pp. 1426 – 1427.

当下的政治诉求联系起来的现象。这种学术与政治的结合绝不是19世纪历史学的独创，可以说为"民族史"建构的学术努力在16世纪就已产生。[1] 正是在这种背景下，古罗马作家笔下的高卢形象开始呈现在一些学术著作和历史地理读物中。1575年，法国作者贝尔弗雷（François de Belleforest）说，从前各国划分的依据是山脉河流，但今天有人要根据语言划分各王国，这样一来，所有讲德语的地方都是德国的，它延伸到了默兹河，甚至更远。但作者反驳说，必须铭记：莱茵河才是高卢和日耳曼的分界线，因此莱茵河左岸的城市属于高卢而非日耳曼，是好战的日耳曼人掠夺了高卢的大片土地。他在自己的论著中轮番列举斯特拉波、恺撒和塔西佗等古典作家，以证明是"阿勒曼尼人"越过了高卢和日耳曼的边界。[2] 为法国国王服务的宇宙志学家安德烈·泰韦（André Thevet）更为明确地表达了高卢与法兰西合一的理念，并指出了它的边界：

> 法兰西，或高卢，它开始被我们的国王占有时，就是天底下边界最好的地方，因为它在比利牛斯山脚……直到比斯开湾，意大利方向是阿尔卑斯山，北方是海，低地国家方向是莱茵河，这些都是它的边界。王国几乎包括上面的所有地方，除了莱茵河。[3]

泰韦所说的边界，既是"自然的"，因为全都以自然地形为界，也是"历史的"，因为它是法国的前身高卢。如诺德曼所言，16世纪的政治和地理文献并不关心现实的边界，而是一种学术建构，它采取的是时间的视角，把历史的论据和自然地理的论据结合在一起。[4] 高卢天然而和谐的边界，在有些论者那里简直就是神的恩赐。1568年，

---

[1] Jacques Revel dir., *Histoire de la France. L'Espace français*, pp. 10–11. 关于16世纪法国历史学中的民族意识，可参阅 Donald Kelley, *Foundations of Modern Historical Scholarship: Language, Law, and History in the French Renaissance*, New York: Columbia University Press, 1970。

[2] François de Belleforest, *Cosmographie universelle de tout le monde*, Paris: M. Sonnius, 1575, Vol. 1, pp. 161–170.

[3] 转引自 Daniel Nordman, "Des limites d'Etats aux frontières nationales", p. 1127。

[4] Daniel Nordman, *Frontières de la France: de l'espace au territoire, XVI–XIXe siècle*, p. 85.

法国大贵族吉斯公爵（Duc de Guise）的医生好人·让（Jean le Bon）声称，莱茵河可以成为保护法国的屏障。塔瓦纳（Gaspard de Saulx Tavannes）更进一步，说莱茵河作为法国的边界是神的意志："看来神已经安置屏障……法国有大海、比利牛斯山、莱茵河和阿尔卑斯山。"[①] 于是历史论据还被涂上了一种自然命定论的色彩。

上述包含领土要求的言论，自然引起德国人的回应。德国的一些人文主义者已经意识到古代典籍对高卢的描述给德国造成的麻烦。还在贝尔弗雷的论著发表之前，在受法国此类言论直接影响的莱茵地区，一些人文主义者对法国人的"历史权利"说进行了反驳，他们提出的反证十分重要，这正是贝尔弗雷要反驳的论点：语言是国家或种族的基础。这种意识在中世纪后期的英法两国都有表现，到 16 世纪成为欧洲广泛流行的一种意识，以致有"国随语定"（ejus region, ejus lingua）的提法。[②] 德国人雷泽里亚努斯（Resellianus）著书驳斥塔西佗，因为后者将莱茵河描述为高卢的边界，[③] 雅各布·温费灵（Wimpheling）在 1501 年写的一份致斯特拉斯堡市政官的小册子《日耳曼的斯特拉斯堡》（*Germania ad rempliblican argentiensem*）——将在随后几个世纪中不断再版——主张莱茵河左岸的日耳曼语区属于德国，为此温费灵与持反对意见的穆尔纳（Murner）修士发生了一场论战。后者试图从语言的角度去反驳温费灵，但论战结果显然更有利于温费灵。[④] 显然，如果以语言为论据，法国的自然疆界论很难站得住脚。像温费灵一样，"德国的斯特拉波"塞巴斯蒂安·明斯特在其 1544 年出版的巨著（前述贝尔弗雷的作品即为对该著的回应）的论述采取了同样的论证方法。这部流传甚广的作品认为：

---

① Norman J. G. Pounds, "The Origins of the Idea of Natural Frontiers in France", p. 154.
② Daniel Nordman, *Frontières de la France: de l'espace au territoire, XVI – XIXe siècle*, pp. 473 – 474.
③ Norman J. G. Pounds, "The Origins of the Idea of Natural Frontiers in France", pp. 154 – 155.
④ Daniel Nordman, *Frontières de la France: de l'espace au territoire, XVI – XIXe siècle*, pp. 474 – 475.

从前各地区以山脉河流为界：正因为如此，高卢一直延伸到莱茵河，那里是高卢人与日耳曼人或阿勒曼尼人的分界线。但今天，语言和领主权将各个地区划分开，人民的语言延伸到哪里，每个地区的范围就到哪里。因此阿尔萨斯、乌得勒支、布拉奔……和其他条顿民族根本不属于法兰西，而是德意志的民族。①

但在文艺复兴时代，绘图学的发展，包括德国的绘图学，某种程度上推动了高卢形象的传播。一般认为，第一幅法国现代地图是数学家奥伦斯·芬那（Oronce Fine）绘制的，其年代大概在1525年前后。这幅很不准确的地图提供了关于法国的最早的空间视觉形象。引人瞩目的是，它把法国的东南边界一直划到意大利中部阿尔诺河附近，即所谓的卢比孔河——古代高卢和意大利的分界线。这种古典记忆很可能反映了法国半个世纪来对意大利北方的领土要求：它同样是基于"历史"的。②但贝尔弗雷绘制的"法国全图"，其轮廓与安德烈·泰韦等人的文字描述大致接近，法国和意大利的边界在阿尔卑斯山。③

在印刷术的推动下，文艺复兴时代的地理学家们制作了很多地图，但他们仅仅满足于以大尺度表现世界，象征性地标志欧洲和法国的大致位置，对于边界范围的标示并不具有现代地图的精确性。④奥伦斯·芬那的地图将当时的法国等同于古代高卢，而且，那幅地图的标题就是"高卢地图"（Charte gallicane）。⑤但是，德国的地图绘制者同样以莱茵河为边界，这跟德国人文主义者的文字表述很不一致。有人认为，这可能是因为当时的制图者非常忠实于托勒密的地理资料。例如加斯帕·屈克塞尔（Gaspard Trechsel）在以地图来阐释托勒密的学说时，不仅将莱茵河视为德国的界河，而且还在边缘处注明：德国以

---

① Sebastian Münster, *La cosmographie universelle*, Basel, 1552, p. 80.
② Jacques Revel dir., *Histoire de la France: L'Espace français*, pp. 127 – 132.
③ François de Belleforest, *Cosmographie universelle de tout le monde*, 地图参见 "Description générale de toute la France".
④ Daniel Nordman, "Des limites d'Etats aux frontières nationales", p. 1125.
⑤ Jacques Revel dir., *Histoire de la France: L'Espace français*, p. 132.

莱茵河、多瑙河和维斯瓦河为界。① 明斯特的巨著附了很多地图,但这些地图及其说明文字表明,作者对古代地理概念和当代的政治空间并未作明确的区分,这与前引他的文字论述形成了奇特的反差。比如,关于法国的地图,其说明文字是"法兰西王国(或高卢)",并说它包括比利时、阿基坦和凯尔特,这跟恺撒在《高卢战记》中的说法是一致的。因此在德国人的地图中,高卢和法国的形象也混合在了一起。关于日耳曼尼亚(Germanie)的地图说明更为明确地援引了托勒密等人。② 除了古典学术的影响,③ 技术手段的欠缺无疑也是个重要原因:在这种条件下,山脉河流就成了重要的标记,但它们的走向同样是很不准确,这跟中世纪作者描述法国东部边界的做法颇为接近。加斯东·泽勒曾认为地图在莱茵河"自然疆界"观念的形成和传播中发挥过不小的作用,甚至认为它是"绘图学的女儿"④。

综上所述,中世纪晚期开始出现的自然疆界论,一开始并没有明显的扩张色彩而主要致力于君主国内部的建构,尤其是当它限定于"四河之境"时。莱茵河"自然疆界"说在15世纪后期出现。从某种角度看这是古典学术影响的结果。但是,当这个王国日渐稳定并开始向外扩张时,这条重新被发掘出来的边界难以避免地带上了政治色彩。虽然强调这条边界的著作带有明显的学究气(如贝尔弗雷的著作,部头很大),其接受的范围必然有限。尽管如此,诺德曼仍认为,此类观点可能代表宫廷顾问们的看法,宫廷有时甚至在挑唆和利用这种著作。⑤ 这一点在17世纪绝对君主制大扩张的时代表现得更为明显,此时莱茵河自然疆界成为一种普遍的意识。

---

① Norman J. G. Pounds, "The Origins of the Idea of Natural Frontiers in France", p. 155.
② Sebastian Münster, *La cosmographie universelle...*, 地图参见 "Description nouvelle des Gaules", "Description nouvelle de la Germanie"。
③ 诺德曼曾说,古代历史是当时地理学的导论,从这一点来说,"历史的"和"自然的"似乎更容易统一在一起。参见 Daniel Nordman, *Frontières de la France: de l'espace au territoire, XVI - XIXe siècle*, p. 106。
④ 转引自 Peter Sahlins, "Natural Frontiers Revisited: France's Bondaries since the Seventeenth Century", p. 1428。
⑤ Daniel Nordman, "Des limites d'Etats aux frontières nationales", p. 1127.

二　扩张时代："自然"与"历史"的重合

在中世纪晚期，历史著述中的学术记忆与边境地带居民的日常感知仍有不小的差距。一个日益强大的国家和吹毛求疵的官僚机构希望划定简单的线性边界。但实际情况很棘手，尤其是在法国北部和东北部边境，人口较稠密，封建主义造成的法权关系很复杂。有时为了确定某个地区或村庄的归属，人们会咨询当地居民的"记忆"。但是，这种政府行为并不总是受当地居民的欢迎，因为它往往意味着政府对其生活的干预，尤其是为征税做准备。因此，边境地带的居民在政治归属方面会采取摇摆态度：当某个政权来询问他们的归属时，他们会说自己是邻国居民，反之亦然。因此这种不确定性往往持续很久。1500 年前后，法国东北边境享受这种优越地位的居民说："我们的处境很好，没有人向我们要求任何东西。让诸侯们接着吵架吧。"[1]

因此，考察近代民族国家认同和民族情感的发展，不仅要关注时代问题，还应关注地域问题。不过在这个进程中，有一点可以确认，那就是关于国家疆域认同的塑造中，自然疆界观念首先是一种学术建构，随后逐步扩展到受教育的文化阶层，并逐步与新兴王朝国家的政治诉求结合在一起并服务于后者。这一点在 17 世纪法国大扩张的时代表现得很明显。不过在进入这个话题之前，先应对一个学术公案略加申述。

16 世纪法国对外政策关注的中心是意大利，17 世纪莱茵河方向成为法国的边疆建设、地理形象的塑造及军事行动的焦点。因此这个时期是考察莱茵河自然疆界问题的关键时期。在 19 世纪的法国，众多历史书写者，包括阿尔贝·索雷尔等知名学者，都在传播这样的观念：国民公会的对外举措只是重拾旧君主国的既定政策，即恢复古代高卢的边界，而黎塞留是这一政策最知名的代表者和执行者。[2] 在法国的

---

[1] Bernard Guenée, "Des limites féodales aux frontières politiques", p. 1113.
[2] Daniel Nordman, *Frontières de la France: de l'espace au territoire, XIV-XIXe siècle*, pp. 88-89.

对外扩张史上，对莱茵河天然疆界的要求长期被认为是黎塞留追求的一项战略目标。相传这位大臣在其《政治遗嘱》中有这样的话："我任期内的目标是恢复大自然为高卢划定的界线，将所有高卢人置于高卢王的统治之下，使高卢与法国合一，所有高卢故土都要恢复成新高卢。"① 阿尔贝·索雷尔也曾引用这段话，虽然他对其真实性曾表示过怀疑，但他接着解释说："从民族传统看，不管作者是谁，它还是反映了这位大臣的思想。"② 他的这一论断进一步巩固了一个久已形成的观念，并为20世纪的很多人引用。③

对于这一看法，泽勒在两次世界大战之间的20世纪20—30年代作了认真的批驳。④ 他试图证明，"自然疆界"的意识形态跟1792年之前法国的外交政策和黎塞留本人都没有关系，这是一个在19世纪和20世纪初才被大肆渲染的说法，主要与大众历史读物和学校课本中关于民族认同的建构、报刊界的民族主义宣传有关，但并没有充分的历史依据。当代学者大多认可泽勒在文献考证方面的工作。庞兹跟他的立场非常接近，认为即使在路易十四大力扩张的时代，也很难看出法国的对外政策中有明显的自然疆界诉求。⑤ 诺德曼则指出，黎塞留的对外政策是机会主义的，不能以前引那句黎塞留的话（虽然在19世纪反复被人引用）作为其追求莱茵边界政策的依据⑥；萨林斯更为肯定地说，前引那句黎塞留的话实为伪作，泽勒的怀疑和考证是可靠的。⑦

广泛流传的说法是，前引黎塞留的那句话，出自他的《政治遗

---

① Hic igitur ministerii mei scopus, restituere Galliae limites quos natura praefixit, reddere Gallis regem gallum, confundere Galliam cum Francia, et ubicumque fuit antiqua Gallia ibi restaurare novam. 转引自 Gaston Zeller, "La monarchie d'ancien régime et les frontiers naturelles", pp. 311 – 312。

② Albert Sorel, *Europe et la Révolution française*, Vol. 1：*Les Moeurs politiques et les tradition*, Paris：E. Plon, Nourrit et Cie, 1885, pp. 277 – 278.

③ Daniel Nordman, *Frontières de la France：de l'espace au territoire*, XIV – XIXe siècle, p. 89.

④ 尤其参阅 Gaston Zeller, "La monarchie d'ancien régime et les frontiers naturelles"。

⑤ N. J. G. Pounds, "France and 'Les Limites Naturelles' from the Seventeenth to the Twentieth Centuries", *Annals of the Association of American Geographers*, Vol. 44, 1954, p. 51.

⑥ Daniel Nordman, *Frontières de la France：de l'espace au territoire*, XIV – XIXe siècle, pp. 95 – 98.

⑦ Peter Sahlins, "Natural Frontiers Revisited：France's Boundaries since the Seventeenth Century", p. 1425.

嘱》(Testament politique, 拉丁文标题 Testamentum politicum), 这部著作是在黎塞留死后不久(1643年)在里昂出版的, 泽勒判定它是伪作, 但对作者的真实身份持保留态度。不过, 他在论文注释中提到好几篇关于这部文献作者身份的研究, 一般认为它的作者叫菲利普·拉博(Philippe Labbe), 此人是耶稣会修士、地理学者, 有人认为他提出这一观念是曾受黎塞留的启发, 但泽勒认为这仅仅是个猜测。[1]

泽勒指出, 这一伪作几乎一开始就被人揭发出来, 但其中的错误说法"十分具有吸引力", 以致很多史学家不是简单地抛弃, 而是结合具体环境作一番发挥。即使从未想过要去支持这句话真实性的人, 也会对其源头作一番评述, 而不是澄清事实。比如有人会说, 这虽然不是黎塞留说的, 但至少真实地反映了他的思想, 阿尔贝·索雷尔就是这样推论的。接着, 泽勒以黎塞留的《回忆录》及相关文献为依据, 对这位大臣在三十年战争期间有关法国在其东北边境的行动的言论作了细致的分析。他认为, 黎塞留即使对洛林采取军事行动时, 也没有援引过莱茵河自然疆界一说。1648年《闵斯特和约》签字时, 同样没有人以这个观念来论证法国占领阿尔萨斯的合法性。黎塞留的继任者马扎然在这个问题上立场跟其前任完全一致。因此这两位绝对君主制的重要缔造者都没有把莱茵河自然疆界作为政策目标, 甚至没有明确表达过这一意愿。[2]

但另一方面, 泽勒也提到, 黎塞留当政时的一些文献的确表达过莱茵河自然疆界的观念。如1625年的一份文献说, "如果国王想以牺牲别人来扩张……如果他想收复我们国土的古老遗产, 重新夺取莱茵河这个我们国家许多世纪以来的边界(bornes)……就不能失去这个机会。"1631年梅茨(16世纪后期开始被法国控制)的一名教士在著作中也提到了这个观念, 并请求国王"将古老的边界还给他的国家"。在一些高级官员中, 这样的观念表述得更为清楚。从1641年起, 曾担任洛林等地督办的香托罗·列斐伏尔(Chantereau-Lefebvre)开始发表

---

[1] Gaston Zeller, "La monarchie d'ancien régime et les frontiers naturelles", p. 312.
[2] Gaston Zeller, "La monarchie d'ancien régime et les frontiers naturelles", pp. 312–320.

论著，论述如何维持法国新近在东北边境获得的新领地："神造就了……路易十三和他……无与伦比的大臣，他们给法兰西君主国带回了属于它的光荣，恢复了其古老而合法的边界，这边界不是别的，就是德国那边著名的莱茵河。"因此泽勒也承认，在黎塞留周围，在以他的名字执笔的文人当中，有人支持莱茵边界一说，但他认为这对黎塞留没有实际的影响。①

随着最近的研究转向，学者们开始注意到泽勒忽视的问题。诺德曼评论说，幻觉和想象本身就是历史的一部分并塑造着历史。一个历时久远的历史想象不能仅仅从战争和外交的维度来思考。实际上，泽勒自己的表述已经佐证了诺德曼的见解：连阿尔贝·索雷尔这样的历史学家都认为，即使黎塞留没有说过莱茵河自然疆界之类的话，但他内心是赞成这一说法的。这种心态和文化上的影响力同样是历史学家应该考察的。②萨林斯强调，17世纪的自然疆界理论为当时法国的国家构建和认同提供了一种理论依据，自然疆界是理想的国家实体的象征和意象，它为正在构建的君主制国家提供了一种理想空间，有时也直接服务于外交和军事目标。③我们已经看到，三十年战争期间一些涉及莱茵河自然疆界的言论，正是出自东北边境地带的精英和官僚的手笔，这显然与法国在该地区的扩张形成某种呼应。泽勒虽然认为莱茵河自然疆界论在16世纪的法国仍很孤立，但他列举的几个宣扬该理念的人，恰恰都是在为法国16世纪后半叶在洛林等地的扩张或为清除法国领土上的新教异端寻找依据——前文提到的好人让说得清楚："当巴黎啜饮莱茵河，整个高卢就抵达其尽头。"④

实际上，正如索雷尔等人已经提到的，虽然黎塞留在实际政策中的确没有把莱茵边界作为政策目标，但他至少不反对甚至推动了这种观念的流传。例如，17世纪的地图仍在很大程度上延续了16世

---

① Gaston Zeller, "La monarchie d'ancien régime et les frontiers naturelles", pp. 315–318.
② Daniel Nordman, "Des limites d'Etats aux frontières nationales", p. 1129.
③ Peter Sahlins, "Natural Frontiers Revisited: France's Bondaries since the Seventeenth Century", p. 1424.
④ Gaston Zeller, "La monarchie d'ancien régime et les frontiers naturelles", p. 309.

纪的做法，以山脉河流等自然标记作为政治分界线。17世纪政府的首席制图师桑松（Nicolas Sanson）就是这样做的。虽然此时的科学手段已有所改进，但受自然疆界的诱惑，他仍将自然标志作为政治边界。1627年，他绘制的高卢地图赢得黎塞留的欣赏，该图将边界划到了莱茵河。17世纪30年代的很多地图都曾得到黎塞留的首肯，它们都将法国等同于高卢。这显然是对16世纪绘图学中高卢与法国合一的传统的刻意延续和利用。而伪托的黎塞留遗言"使高卢与法国合一"，则最明确无误地表达出一种历史记忆和边界合法源泉的位移，即从凡尔登的记忆转向古代高卢的记忆，从四河之境转向莱茵河等"自然疆界"。前文已经提到，843年查理曼帝国的分割在学术记忆中留下了深刻的印记，其影响一直延续到16世纪。但到17世纪，一些文献开始公开抨击凡尔登的分割，后者不再是法国空间范围的合法性的源泉，而是一种堕落。这里可以举图尔盖·马约尔内的一份旅行指南为例。作者在介绍法国时开宗明义地指出：

> 今天的法兰西王国只是古代法兰克人在高卢的征战成果的一部分，从前的界线在莱茵河，从河流的源头附近开始，经过海洋、比利牛斯山、地中海和亚平宁山……法兰克人最早定居点在特里尔、科隆附近以及莱茵河口……但邪恶的诸侯……几次分割这个王国，成了几个主权国家……由一个王国分裂成四个：奥斯特拉西亚、纽斯特里亚、阿基坦和勃艮第。[①]

对于凡尔登分割造成的"四河之境"，马约尔内显然持批判立场：这条线使王国的东侧沿线的几个大省"失去了最初的征服成果"，"默兹河与莱茵河之间的地区"从此落入德意志（有时也有法兰西）诸侯之手。作者倾向于认为，在中世纪，这是个主权关系很不清晰的地

---

① Théodore Turquet de Mayerne, *Sommaire description de la France...*, Paris: Jacob Stoer, 1618, pp. 1–3.

带。① 值得注意的是，这一地带属于凡尔登分割时的中间王国，它在中世纪经历的政治变迁最为剧烈，也是后来法德两国争夺的焦点地带。但诺德曼指出，对这个已然消逝的罗退尔王国的记忆同样很长。② 在 15 世纪后期，当勃艮第公爵大胆查理在这一地带获得辽阔的领地时，人们回想起当初罗退尔的国家便很自然了。③ 因此这里牵涉关于中间王国的历史记忆和表述问题。很可能是由于 19 世纪民族主义历史学的影响，法德之间的这个重要历史因素被掩盖和忽视了。

因此，在 17 世纪初，关于王国东部边界的记忆，已经明确地从凡尔登的四河之境转向高卢的莱茵河，作为法德边界的这条河，同样既是"历史的"又是"自然的"。这与当时法国的对外扩张政策颇为契合，正如萨林斯指出的，莱茵河自然边界理念首先在法国重塑其东北边境的过程中起到了文化和学术支撑的作用。④

马约尔内只是当时舆论大合唱的一个参加者。泽勒认为，菲利普·拉博的伪作、列斐伏尔等人宣扬的莱茵边界论，只是在 19 世纪之后才引起广泛的反响，他们在自己的时代并没有多大影响。⑤ 但诺德曼的研究推翻了这个说法。黎塞留的近臣瑟里奇埃（René de Ceriziers）对法国疆界的理解，跟后来丹东的理解完全一致："阿尔卑斯山和比利牛斯山，两海和莱茵河之间的这部分欧洲地区同世界其他部分分开，从前这里是历史上所称的凯尔特人和高卢人的国家。大自然就这样确定了边界。"⑥ 因此莱茵河自然疆界对法国决策层而言绝非陌生。

更为重要的是某种舆论的形成。实际上，前引马约尔内的著作不是一部学术著作，而是一份面向大众和旅行者的印刷读物，它在

---

① Théodore Turquet de Mayerne, *Sommaire description de la France...*, pp. 3 – 6.
② Daniel Nordman, *Frontières de la France: de l'espace au territoire, XVI – XIXe siècle*, p. 76.
③ ［法］乔治·杜比主编：《法国史》（上卷），吕一民等译，商务印书馆 2010 年版，第 540 页。
④ Peter Sahlins, "Natural Frontiers Revisited: France's Bondaries since the Seventeenth Century", pp. 1429 – 1430.
⑤ Gaston Zeller, "La monarchie d'ancien régime et les frontiers naturelles", p. 318.
⑥ Daniel Nordman, "Des limites d'Etats aux frontières nationales", p. 1128.

1615—1642年间多次再版，其影响相当广泛。① 必须再次强调，"自然疆界"不能从某些被反复引用的政策制定者的文献去分析。在17世纪的法国，形成了某种关于国家地理形象的朦胧信念和历史回忆，它是匿名的、集体性的，但很强大，也许比某位大臣的政治意愿更强大。因为它渐渐成为某种普遍的思想状态，为法国的对外政策提供了民意基础。在关于黎塞留对外政策的讨论中，莱茵河自然疆界的概念，即使不是法国明确的战略目标，至少也是被人清晰地感知和确认过，它使得众多法国人相信，王国在这个方向的扩张有"历史"和"自然"的依据。②

马约尔内的旅行指南之类的作品，无疑促进了这种信念的传播，但其最主要的缔造者和宣扬者是17世纪的耶稣会教士们。这些人不仅在宫廷显贵当中有广泛的影响力，更重要的是，他们是当时中等教育的主要承办者。耶稣会教士编纂的历史地理课本对塑造真正的民族意识和公共舆论起了无可比拟的作用。这些课本大多是古代文本的摘录汇编。在17世纪，此类读物10次、20次地重版，印次数以百计，总共印了15—20万册。1630年前后，耶稣会中学共有约4万名学生，其他学校的学生可能也在使用类似的课本。这些课本都在宣扬，法国曾经有一条历史悠久且"自然"的边界，但最近三个世纪以来它缩小了很多。古代的文本、最新的地图，都在强化这一记忆：古代的高卢和当下的法国合一了。③ 仅在黎塞留时代，4万名耶稣会学校的学生（还不包括其他文化阶层）中，不知有多少人梦想着这条已经失落的古老而光辉的边界！④ 上文提到的耶稣会士拉博神甫，也曾编写过一本《王家地理学》（*La Géographie royale*），这本著作出版于1646年，到1681年时再版已经超过10次。它既是给学生用的，也是献给路易十

---

① Daniel Nordman, *Frontières de la France: de l'espace au territoire, XVI – XIXe siècle*, p. 83.
② Daniel Nordman, *Frontières de la France: de l'espace au territoire, XVI – XIXe siècle*, pp. 98 – 99.
③ Daniel Nordman, *Frontières de la France: de l'espace au territoire, XVI – XIXe siècle*, pp. 99 – 105.
④ Daniel Nordman, "Des limites d'Etats aux frontières nationales", pp. 1128 – 1129.

四的:"陛下,您从祖先那里继承来的这个繁盛的王国,就是1300年前的高卢,它的边界是莱茵河、阿尔卑斯山、比利牛斯山、地中海和大西洋。"① 因此,17世纪的自然疆界理论不仅涉及纯粹的利益诉求,还是一种意识形态,它勾勒出一个理想的法国空间形象。而且,这种形象和观念,绝非仅限于宫廷大臣的圈子,而是进入了文化阶层(虽然人数当时仍很有限)的历史和地理意识中。

在17世纪,从亨利四世、黎塞留、马扎然到路易十四早期,法国在东北方向获得了大片土地,1681年占领斯特拉斯堡这个莱茵河畔的桥头堡,标志着法国向东北扩张达到顶点。漫长的路易十四时代也是法国领土和边疆构建的时代。在确定新边界的过程中,一个引人注目的现象是:一些关于新边界的言说,除了援引历史之外,还着重从战略和法学的立场去论证。例如,1652年,耶稣会士让·弗朗索瓦(Jean François)强调山脉作为防御屏障的重要作用。这也是当时地理学中常用的说法。拉博等人也说,山脉是"天然堡垒"。耶稣会的学者们在王权的支持和鼓励下,在著作和课堂中宣讲王国的防御策略,从战略和实用角度传播自然疆界论。这种观念和历史依据一样,演变成法国对外政策中的一个理论依据。1659年法国和西班牙签署确定比利牛斯山一线的边界条约时,第42条规定将东比利牛斯的鲁西永省转让给法国,并宣称:"从前作为西班牙与高卢分界线的比利牛斯山,从此将作为两个王国之间的分界线。"因此,安全策略加上历史渊源,成为法国构建国土空间的重要思想渊源。② 16世纪中后期开始出现的对莱茵河边界的要求,同样可以从这个角度来理解。

在文艺复兴时期的法国,以历史为依据的莱茵河边疆学说已经出现在学术著作中,到17世纪,它通过大众读物——尤其是通过中等教育而扩大影响力,并与战略考量一起服务于边疆的构建。上文已经指出,黎塞留等政治家的目标首先是机会主义、实用主义的,它跟学术

---

① 转引自 Daniel Nordman, "La géographie, oeil de l'histoire", *Espace Temps*, Vol. 66 – 67, 1998, p. 50.

② Peter Sahlins, "Natural Frontiers Revisited: France's Bondaries since the Seventeenth Century", p. 1425.

和舆论中的观念并不完全一致，但这并不排除他们会利用学术和舆论中流传的观念。不过，很多人的计划肯定比大臣们的目标要宏大得多。比如，一个叫奥贝里（Sieur Aubery）的人连莱茵河边界都不感到满足。他不仅指责德国君主捕鸟者亨利在10世纪窃取了罗退尔的中间王国，还要求法国国王成为查理曼的继承人，统治整个德意志。这无异于加洛林帝国的重现，他理所当然地认为法国就是这个帝国的合法继承人。这种论调太极端了，连国王都把作者送进了巴士底。[①]

面对来自法国的"历史"和"自然"学说，德国人赫尔曼·孔林（Hermann Conring）于1653年出版了一部论述德意志帝国疆界的书[②]，这部长达千页的著作驳斥了法国人对默兹河和罗讷河以东的所有领土要求。孔林被视为德国法学的重要先驱，他指出了中世纪两个王国的边界，并描绘了他所谓的法国人入侵的轨迹。针对法国人的"自然"疆界要求，他以语言为依据进行反驳。这里我们再次看到了文艺复兴时代德国学者反击自然边界论时的路径。1501年温费灵的小册子，也在1649年以拉丁文和德文出版。[③] 这为19世纪的争吵提供了样板。

三 启蒙和大革命时代："自然"与"历史"的脱钩

路易十四死后，法国的边境扩张接近尾声，此时法国和整个欧洲在启蒙运动中进入了崇尚理性的时代。文艺复兴时代推崇古典文化，启蒙时代的理性以"自然"为准则，自然法被视为最高权威：在中世纪自然法源自神，在启蒙时代它来自理性。[④] 要全面理解启蒙时代的法国边疆政策和关于边疆的认识，首先应考察启蒙作家们对相关问题

[①] Norman J. G. Pounds, "The Origins of the Idea of Natural Frontiers in France", p. 156.

[②] 标题为：*Opus de Finibus Imperii Germanici*: *Quo Iura Finium*, *quibus illud continetur*, *a primo eius exordio usque ad haec notra tempora illustrantur*（《论日耳曼帝国的疆界：从开端到当前时代的边疆法学论说》）。

[③] Daniel Nordman, *Frontières de la France*: *de l'espace au territoire*, *XVI – XIXe siècle*, p. 475.

[④] N. J. G. Pounds, "France and 'Les Limites Naturelles' from the Seventeenth to the Twentieth Centuries", p. 51.

的表述。

孟德斯鸠关于地理因素与政制关系的论述广为人知。他从地理角度来思考国家疆界，这也符合其"法是由事物的性质产生出来的必然关系"①的论断。他的确提到一个君主国应有其"天然界限"，但在具体论述中，天然界限与其说是扩张的口实，不如说是约束扩张的法则："一个君主国只能在合适它的政体的天然界限之内进行征服扩张。当它逾越这些界限的时候，智虑便立即要求它停止"；而且对被征服地区应给予"极为温厚宽仁的待遇"，应保留其原有的法律、习惯、特权等，否则边疆就不得巩固，这对旧有领土亦是沉重负担。②孟德斯鸠把对外政策跟内政联系到了一起。不过他并没有明确法国的天然界限究竟在哪里。

卢梭的看法跟孟德斯鸠很接近，但更具有"政治几何学"的色彩。"一个体制最良好的国家所能具有的幅员也有一个界限……每个政治体都有一个它所不能逾越的力量极限。"③ 这个笼统的说法同样有约束扩张的意思。在另一部论著中，卢梭更为明确地提到了自然条件对国家幅员的决定性作用："我们先看一下欧洲目前的总体状况。这里的各个国家以山脉、海洋和河流为边界，山脉、海洋、河流的状况看来决定了国家的数量和大小；可以说，地球这一部分的政治秩序，从某些方面看是大自然（Nature）的作品。"④ 但这个说法太笼统。稍后，卢梭明确提到莱茵河并稍加发挥："这不是说，阿尔卑斯山、莱茵河、海洋、比利牛斯山对野心构成不可逾越的障碍，而是说这些障碍因为其他强化因素而稳固，或者说，当暂时性的努力使得边界发生偏离时，它们会使其回到原来的边界上"；他随后又指出，欧洲秩序的真正支柱之一是和谈。⑤ 显然，卢梭这里表达的政治原则虽然以"自然"为依据，但其意图跟16世纪末和17世纪扩张时代的领土诉求

---

① ［法］孟德斯鸠：《论法的精神》（上册），张雁深译，商务印书馆1997年版，第1页。
② ［法］孟德斯鸠：《论法的精神》（上册），第144—145页。
③ ［法］卢梭：《社会契约论》，何兆武译，商务印书馆2002年版，第59页。
④ J. J. Rousseau, *Extrait du projet de paix perpétuelle de Saint-Pierre*, 1761, pp. 41–42.
⑤ J. J. Rousseau, *Extrait du projet de paix perpétuelle de Saint-Pierre*, pp. 48–49.

有所不同，其主要目的在于如何建构欧洲和平秩序，遏制扩张与侵略。但是，从另一方面来看，卢梭列举的上述山川，与文艺复兴以来法国舆论界关于自然疆界的主流言说完全一致，自然疆界作为一种记忆一直在延续。

在当时的知名作家中，达尔让松侯爵（Marquis d'Argenson）明确提到过莱茵河边界的概念。他在日记中说，瑞典国王曾试图劝说法国跟他和俄国结盟，反对丹麦、波兰和普鲁士，这样"我们将得到天主教尼德兰的十个省：这满足了我们在北方和东北方以莱茵河为边界的美好愿望"①。这个说法更是直接证明，莱茵河自然疆界的意识形态在启蒙时代依然存在。但泽勒认为，达尔让松的这句话更像是个玩笑，这位作者实际上认为，"法国可以满足于自己的幅员和规模。在忙于占领的统治领土的时期过去之后，终于到了开始治理的时代"。在实际政策方面，对外扩张和兼并的时代已经结束。孟德斯鸠和卢梭都将自然疆界视为防御性的要素，这种心态不仅表现在哲人那里，政府大臣同样如此。杜尔哥强调："大自然在各国之间设立界限。"他说过这样一个警句："一个霸权回收到大自然赋予的界限之内时，它就回归成一个国家。"路易十六的外交大臣甚至说，"法国应害怕扩大，更不要说扩张的野心了"②。

上面的引文证实了这样一个说法：启蒙时代关于自然疆界的言论和前几个世纪有所不同。哲人们很少以历史为自然疆界的依据，"自然疆界"论开始同历史论脱钩。"自然法"是比历史更高的权威，即决定国家幅员大小的是自然因素和客观条件。从这个原则出发，启蒙哲人和旧制度的大臣提到自然疆界时，不仅强调这是抵抗侵略的屏障，还认为这是一个国家力量的限度所在。在这个意义上说，18 世纪的边界与 limites 的含义十分接近：它是和平的保障，是野心的限度。因此，与 16 世纪末和 17 世纪相比，启蒙时代谈论的自然疆界更具有和平与防御色彩。达尔让松明确指出，法国的领土已经达到极限——尽

---

① Gaston Zeller, "La monarchie d'ancien régime et les frontiers naturelles", p. 320.
② Gaston Zeller, "La monarchie d'ancien régime et les frontiers naturelles", pp. 321–323.

管在北方和东北方还远没有完全抵达莱茵河——现在是该进行内部建设的时候了。

1789年，法国与德国只有一小段以莱茵河为界（阿尔萨斯地区），古代高卢在这个方向远没有与法国完全合一。尽管如此，自然疆界理论还是对旧制度最后半个世纪中的国家构建发挥了作用。这一点与中世纪后期自然疆界论的政治效应颇为相近，即都服务于国家的内部建设和领土整合。不过，启蒙时代的自然疆界理论不是以历史为合法性源泉，它诉诸的是"理性"，反映在具体政策中则是合理化与规范化，这就为扫除封建时代的历史残留物提供了理论支持，比如清理法国境内外的飞地、重构国内行政版图等工作。18世纪，一些官员和地理学家建议将具有历史色彩和形形色色特权的省作为一个单纯的行政辖区单位，但这种非历史的理性化改革措施要等到大革命时代才付诸实施。[①] 自然和理性的言说还不能完全战胜历史的负担和现实的考量。

但清理飞地和边界划界的工作取得了重大进展。19世纪以后很长的时间里都流传着这样一个说法：直到1789年，法国的内部和外部边界边境总的来说是不确定的、难以描述的。[②] 但最近的研究表明，情况不完全是这样。由于长期的规范化政策，到大革命前夕，法国境内外的飞地数量大量减少。[③] 规范化工作首先是着眼于提高王国的行政效率（首先是加强兵役和税收工作），创建更统一紧凑的政治和经济空间。具体来说，这项工作的关键在于"以最为清晰明了的方式确定边界，以最可靠的方式消除边界居民之间争吵的根源"。官员们认为，不能确定准确的边界，就会导致地方冲突的升级，为此国家必须划定领土范围，强调领土主权高于封建性的司法管辖权。而在具体的划界工作中，"自然的划定"便成为常见的做法。18世纪后半期，法国逐步、系统地以界碑形式与邻国勘界。这可以视为中世纪以来国家边界和空间实践的

---

① Peter Sahlins, "Natural Frontiers Revisited: France's Bondaries since the Seventeenth Century", p. 1438.

② 阿尔芒·布莱特是这种观点的代表，参见 Armand Brette, *Les limites et les divisions territoires de la France en 1789*, Paris: Edouard Cornély et Cie, 1907。

③ Daniel Nordman, "Des limites d'Etats aux frontières nationales", p. 1136.

一个重大变革：中世纪纠缠不清的"边区"已逐步被现代的、线性的边界取代，国家的地理空间日益清晰化。

这种新的空间和边界的构建中依然能见"自然疆界"观念的推动。1772年的一份报告称："最好以河流、分水岭……作为领土边界。"当时的边界条约中，序言和主要条款习惯于提到自然边界。1760年3月，法国和萨伏伊之间的勘界条约规定："国家之间今后准确、全面和确定的分界线，如果地理条件允许，应根据河床、分水岭来划定，同时通过各自飞地的交换和矫正为补充。"这是启蒙时代的自然观念和理性化国家构建的典型表述：飞地等历史形成的元素可以修正。[1] 不过，与阿尔卑斯山和比利牛斯山边界相比，在东北边界和莱茵河方向情况更为复杂，但并非以往认为的那样纠缠不清。即使在阿尔萨斯或洛林边境，1793年时还是能编订一个准确的德国飞地目录。[2] 因此，到大革命爆发前夕，莱茵河与自然疆界论发生了某种分离：这条河流虽然远没有成为德法之间的边界，但法国似乎意识到其力量的"自然限度"——这是启蒙时代对 limite 的阐发，而17世纪经常提到的高卢等"历史意象"，在18世纪已经大为淡化。

但到1792年，法国东北边境的政治态势发生了重大变化，莱茵河作为法国自然疆界的言论重新成为扩张的口实；但另一方面，经过启蒙和大革命洗礼之后，这种扩张言论和行动的理论基础发生了重大转变。

大革命的头两年，革命议会的对外政策打上了启蒙思想的鲜明烙印。它不仅宣布放弃进攻性战争，而且否认旧王朝的国际条约。[3] 但是，随着1792年春对外战争的爆发，情况发生了变化。莱茵河边界的观念再次成为重要的政治话题，并影响着法国在德国，首先是

---

[1] Peter Sahlins, "Natural Frontiers Revisited: France's Bondaries since the Seventeenth Century", pp. 1438 – 1440.

[2] Daniel Nordman, "Des limites d'Etats aux frontièrees nationales", p 1136.

[3] William Doyle, *The Oxford History of the French Revolution*, 2nd edn., Oxford: Oxford University Press, 2002, pp. 164 – 165.

在莱茵地区的行动。① 1792 年 9 月的瓦尔密战役、11 月的热马普战役胜利后,法国开始转入进攻,随后法军占领比利时、莱茵河左岸及萨伏伊等地。这就带来了一个新问题:如何处置这些被占领的土地?当时一些被占领地区要求与法国合并。9 月 28 日的议会辩论中讨论了萨伏伊人的合并要求。德穆兰说:"将萨伏伊并入共和国,恐怕就是和国王们一样了。"不久议员拉苏斯(Lasource)又批评法军将领将法国法律引入尼斯的做法:"指派法律就是征服!"政府的军务负责人勒布伦(Lebrun)给法国驻英代表诺埃尔(Noël)的信中的一段话代表了当时大多数议员的心声,也是启蒙哲人思想的回响:"我们不愿干涉任何别的人民,给他们指定某种政府形式。"②

但是,正如戈德肖指出的,并非所有议员和法国人都持这种看法,而在前线,很多将领们的看法则完全不同。早在对外战争爆发之前的 1790 年 3 月,有人就在雅各宾俱乐部宣称,法国应该扩张到莱茵河;"从莱茵河到比利牛斯山,从阿尔卑斯山到大西洋"的说法,已经于 1791 年 12 月起开始出现在国民议会的讲坛上。法军在境外的行动进一步促进了自然边界观念的传播。1792 年 10 月 24 日,国民公会执行委员会发给前线军队的通报要求法军追击敌军:"直到那条湍急河流的另一边,这条自由人的土地和受奴役者的土地之间的界河,仿佛是用以涤净他们的肮脏。"③ 当年 12 月 22 日,莱茵前线的指挥官屈斯丁(Custine)将军则在信中直截了当地说:"如果莱茵河不是共和国的边界,共和国就会灭亡。"④ 救国委员会中的军事负责人卡尔诺(Carnot)在次年 2 月 14 日的报告中说:"法国古老而自然的边界是莱茵河、阿

---

① 关于这个问题已有出色的研究和资料集可供参考:Josef Smets, "Le Rhin, frontière naturelle de la France: Genèse d'une idée à l'époque révolutionnaire, 1789–1799", *Annales historiques de la Révolution française*, Vol. 314, 1998, pp. 675–698; Joseph Hansen, *Quellen zur Geschichte des Rheinlandes im Zeitalter der Französischen Revolution, 1780–1801*, Vol. 4, Bonn: P. Hanstein, 1930–1938.

② Jacques Godechot, *La Grande Nation, L'expansion révolutionnaire de la France dans le monde*, Tome 1, Paris: Aubier, 1956, p. 77.

③ Josef Smets, "Le Rhin, frontière naturelle de la France: Genèse d'une idée à l'époque révolutionnaire, 1789–1799", p. 677.

④ Jacques Godechot, *La Grande Nation*, Tome 1, p. 79.

尔卑斯山和比利牛斯山。被分割出去的部分是彻头彻尾地遭人窃取；因此，根据普遍的规则，收回这些地方根本不是非法行为；重新承认过去的兄弟、重建因为野心本身而被中断的联系根本不是野心。"①

显然，军事将领们的现实战略考虑压倒了启蒙和人道的原则，为了论证向莱茵河扩张的合理性，革命者重申了此前时代的自然疆界言论，而且这个疆界的范围与文艺复兴以来的记忆明显存在延续性。但是，应该注意到一个新现象的出现，这就是新的政治原则的引入，而这一原则已然体现在1792年10月国民公会的那份公报中：这就是"自由"与"奴役"之分。在革命者看来，这一原则远高于此前的"历史权利"说。实际上，在1793年2月14日的报告中，卡尔诺在要求恢复法国的自然疆界之后，随即说了这样一番话：

> 我们的原则无疑是不给地球上的任何人民强加法律，所有人民都是同样的主权者……这些基于古老权益的外交诉求（指"自然疆界"论——引者），在我们眼里毫无效力，正如在理性的眼里一样。每个民族都有独立生活的平等权利，如果它愿意的话，它也有为了共同利益而同他人联合的平等权利，如果双方都愿意的话……②

这是对以高卢为依据的"历史权利"说的明确否定。在卡尔诺那里，自然疆界论的合法性基础发生了一个大转折，"自然"和"历史"完全脱钩，"历史"的并不是"自然"的。在文艺复兴和17世纪，法国之所以要恢复自然疆界，一个根本性的原因在于，那是古代高卢的边界；而在卡尔诺看来，自然疆界如果能实现，那是因为相关地区自由平等的民族的自愿联合：自然疆界的前提在于人民的自然权利。因此一个合理的推论是，自然权利既可以使法国通过"自由联合"扩大版图，也可以成为其邻近民族拒绝兼并的理由。然而，在当时的情境

---

① *Réimpression de l'ancien moniteur*, Tome 15, p. 455.
② *Réimpression de l'ancien moniteur*, Tome 15, p. 455.

下，卡尔诺宣扬的新政治原则，主要是为前一种情况服务的。这当然与法军在战场上的态势有关。但是，必须强调的是，新的政治原则的出现，同样是革命意识形态的产物。因为，在启蒙和大革命的理想主义的感召下，对很多人来说，自由民主的政治理念已成为身份认同的重要参照。

应该注意到的一个事实是，在大革命期间，甚至在大革命之前，一些德国人就已建议将莱茵河左岸与法国合并。1785 年，出生于普鲁士、定居在巴黎的银行家克鲁茨发表《一个亲高卢者的心愿》，声称"莱茵河是高卢人的自然边界"。1792 年，他成为兼并计划的倡导者。① 1792 年 4 月 21 日，即法国对外革命战争开始后的第二天，他在一片欢呼声中将自己的论文《普世共和国，致诛暴君者》呈递给国民议会。② 他在文中认为，所有边界都将退去，因为地球上的人民将自由地联合成一个共和国，当然这个普世共和国采取的是法兰西共和国的模式。过去德国人习惯于以语言区别来反击法国人的莱茵河边界论，克鲁茨也谈到了语言，但他不认为语言构成普世共和国的障碍，因为法语此前已经在欧洲广泛传播，它是教养和身份的标志，而且今后人们会"以民主精神来学习法语"③；作为全世界的自由民主的摇篮，法国的再生将"让德国所有暴君的权杖落地，自由的德国人将和自由的法国结合在一起"④；作为新生的共和国的首都，巴黎的扩展将为专制主义掘开坟墓，将成为自由的摇篮，法国大革命是世界革命的开端，是世界性的共和国的希望。⑤ 于是，在克鲁茨那里，法国大革命开辟了一种基于自由民主等政治原则、超越历史和语言造成的民族隔阂、带有普世主义色彩的认同。

在当时，克鲁茨的理想主义并非孤立现象，即使在德语地区也有

---

① Peter Sahlins, "Natural Frontiers Revisited: France's Bondaries since the Seventeenth Century", p. 1445.
② 这篇论文次年被收入 A. Cloots 的一本文集中：*La République universelle ou adresse aux tyrannicides, par Anarcharsis Cloots, Orateur du genre humain*, Paris: L'an quatre de la Rédemption.
③ A. Cloots, *La République universelle ou adresse aux tyrannicides*, p. 11.
④ A. Cloots, *La République universelle ou adresse aux tyrannicides*, pp. 43 – 44.
⑤ A. Cloots, *La République universelle ou adresse aux tyrannicides*, pp. 52 – 59.

呼应者。在莱茵河的另一边,深受启蒙思想浸染并被大革命的自由民主精神鼓舞的知识分子,在启蒙时代就已经是文人的精神共和国(République des Lettres)的公民,这个共和国本身就是无边界的、说法语的。随后的大革命在政治领域确立了一种新的划分标准:从此最为关键的区分是自由和尚未获得自由的人民之间的区分,语言的标准被忽略了。诗人歌德1792年在摩泽尔河边的自由树上写下这样的话:Passans cette terre est libre(自由的土地从这里开始)。① 像克鲁茨一样,歌德也从政治理念来理解法国的空间范围:法国的边界不是历史的或自然的构建,而是无形的自由原则。② 在这里,歌德把大革命的政治边界逻辑推向了极端:从逻辑上说,这种政治性的边界具有潜在的普遍性质,即使莱茵河这样的"自然"界线也并非不可跨越。

除了知识分子,德国的政治人士中同样有人持这样的见解。1792年10月,当法军向莱茵河畔推进时,美因茨的雅各宾派福斯特(Georg Forster)和他的一些同僚赞同以莱茵河为德法之间的界河。③ 泽勒正是依据这些德国的亲法知识分子的言论判定,莱茵河自然疆界的观念是在大革命前夕和对外战争开始时明确提出的。④

当然,这样的观点需要哲学基础,革命者在人民自决原则中发现了这一基础。早在1790年6月国民卫队的宣誓中,阿尔萨斯、洛林等边境省区就要求合并比利时和莱茵兰等地,当时发明了一个术语——"宪法边界"(limites constitutionnelles),⑤ 显然这是在强调新的政治原则。同年10月底,立法议会在关于阿尔萨斯问题的声明中说:"阿尔萨斯人民跟法国人民联合在一起,因为他们愿意,因此唯有它

---

① Daniel Nordman, "Des limites d'Etats aux frontières nationales", p. 1140.
② Peter Sahlins, "Natural Frontiers Revisited: France's Bondaries since the Seventeenth Century", p. 1443.
③ Josef Smets, "Le Rhin, frontière naturelle de la France: Genèse d'une idée à l'époque révolutionnaire, 1789 – 1799", p. 677.
④ Daniel Nordman, Frontières de la France: de l'espace au territoire, XVI – XIXe siècle, p. 89.
⑤ Daniel Nordman, "Des limites d'Etats aux frontières nationales", p. 1140.

们的意愿而非闵斯特条约，才是联合的正当性所在。"① 于是，联合的正当基础完全在于人民的自决权，而不是历史法权（1648 年各王朝国家缔结的威斯特伐利亚体系），而语言划分更是不必考虑的因素。当对外战争引起新的领土问题，革命议会倾向于对外扩张时，这种言论再次高调出现，并且跟自然法、自由民主的理念浑然一体。1792 年 11 月 27 日，格雷古瓦在国民公会上就萨伏伊同法国合并的问题所作的报告，就鲜明地反映了这一点。革命议会在一番踌躇之后开始转向兼并政策。但是格雷古瓦特别强调，这种合并必须是萨伏伊代表在毫无暴力和外来影响的前提下的自由的意愿表达。② 而卡尔诺 1793 年 2 月 14 日报告中阐发的兼并原则，则是这一思想和政策演变的逻辑终点。

因此必须注意到，当格雷古瓦和卡尔诺等人再次提出自然疆界时，这一本来带有很深的历史烙印的意识形态的合理性基础已经发生转变。历史、语言都已经无关紧要，人民的自由选择、对大革命的自由民主价值的认同才是根本。革命者关于边界政策的言论，与启蒙和大革命的反历史的哲学是一致的，它提出的是一种基于政治理念认同、而非语言和历史同质性和连续性之上的民族构建方式。当然，完全有理由认为，这种言说背后有着很露骨和现实的利益考量，但必须再次重申，幻觉和观念也是塑造现实的重要因素，否则难以解释德国知识分子的上述言行，以及某些莱茵地区提出跟法国合并的要求。

四 结 语

在三个世纪的历程中，有关莱茵河自然疆界的话语经历了重要转变。在 16—17 世纪，历史在自然疆界言论中是主要的合法性资源，"历史的"即"自然的"。但是，这里所指的"历史"，是有选择的历

---

① Josef Smets, "Le Rhin, frontière naturelle de la France: Genèse d'une idée à l'époque révolutionnaire, 1789 – 1799", p. 678.

② *Réimpression de l'ancien moniteur*, tome 14, pp. 585 – 588.

史,具体而言,就是从凡尔登的"四河之境"转向古代高卢的"自然疆界"。这是一个对历史—记忆的操控过程。但大革命初期的兼并行为,从其话语修辞看是反历史的,它是整个自然疆界观念史的一次断裂。当人们习惯于从过去寻找政治认同的时候,启蒙和大革命试图从当下的政治共识、从对未来的一致理想中寻找"民族"的根基。

本文的叙述截至1793年初。这时法国已经占领莱茵河左岸的德意志地区,德国和法国的边界大抵达到了莱茵河一线。但是,正如随后法军在莱茵地区的实际作为所揭示的,革命者宣扬的政治理想无法掩盖历史造成的种种隔阂与对立,无法克服各种现实难题,特别是各种野心带来的暴行和腐败。[1] 雅各宾的热情退却之后,以历史和战略为依据的现实考量立刻浮出水面。1795年夏,莱茵地区的一个商人发起了一次征文,问题是讨论"法兰西共和国将边界(limites)推到莱茵河岸的利益"。征文时常以历史为依据:高卢,恺撒,甚至黎塞留。人们纷纷从战略角度考虑问题:有了这条边界,"法国将变得十分强大……莱茵河就像法国的一条自然边界"。另一篇论文"确信莱茵河是法国的自然边界,只要看一眼地图就够了"[2]。诺德曼注意到征文中普遍使用limites(边界),支持兼并莱茵兰的阿尔萨斯人、督政官勒贝尔(Reubell)也用这个词。他认为,当时大多数人认为莱茵边界是一个应然的存在,而这个词本身强调的是和平与限度,跟受军事形势支配的frontières仍然不一样。

然而,后来一个多世纪的历史证明,这种和平与稳定的意愿多么脆弱。拿破仑战争、1840年外交危机、1870年普法战争等重大事件,都引发了两国知识界关于莱茵河边界的论争。随着历史研究的发展、历史教育的普及和民族认同的深化,自然疆界论在19世纪中叶成为法国舆论中的一个常识。泽勒说,这个观念提供了法兰西民族史的内在延续性,它给不断增长的读者群提供了一个"神圣一体化的课程",

---

[1] 关于这些内容,可参阅 T. C. W. Blanning, *The French Revolution in Germany. Occupation and Resistance in the Rhineland*, *1792–1802*, Oxford: Clarendon Press, 1983。

[2] Daniel Nordman, "Des limites d'Etats aux frontières nationales", p. 1138.

赋予民族统一以空间特征。他指出，"自然疆界"在宣传、学术和教科书中的大量出现，旨在对抗德国流行的关于神圣罗马帝国是罗马帝国之延续的观念。[1] 19 世纪法国历史学的奠基人之一奥古斯特·梯叶里说，大革命将法国领土扩张到莱茵河与阿尔卑斯山时，就应该停下脚步，但随后执政府与拿破仑帝国的兼并形成的领土轮廓"违背了所有的记忆"，这种记忆中的"自然疆界"具有"深刻的民族性、深刻的历史性"[2]。梯叶里明显在重拾被大革命抛弃的历史论据，构建"自然疆界"的历史延续性。这一信条在亨利·马丁（Henri Martin）——其《法国史》被称为"资产阶级的历史圣经"[3]——在阿尔贝·索雷尔的作品中不断被强化。不过我们已经指出，这一概念在 17 世纪就已经成为一种民族意识。

阿恩特认为是语言决定人民的政治归属，这种论点将在 19 世纪之后的岁月里得到进一步发挥。但一些论者认为，共同的语言不是决定民族身份的唯一的、根本性的标准。古朗日（F. Coulanges）是其中最雄辩的代表。他在给德国历史学家特奥多尔·蒙森的回信中反驳道："无论种族还是语言都不能塑造一个民族……标志一个民族的不是种族或语言。当人们有共同的思想和利益、情感、记忆和理想，他们内心就感觉是一个民族。"[4] 勒南（E. Renan）等人也在表达着类似的观念。但阿恩特、蒙森等人对民族认同的标准有着非常不同的理解。

本文已经指出，德国人的语言论也不是 19 世纪的创造，它在 16 世纪初温费灵等人那里就已经非常明显：语言是阿尔萨斯的日耳曼属性的最有力的论据。不过 16—18 世纪关于语言与政治属性的争论仍局

---

[1] Peter Sahlins, "Natural Frontiers Revisited: France's Bondaries since the Seventeenth Century", pp. 1448 – 1150.

[2] Augustin Thierry, *Récits des Temps Mérovingiens*, *Précedes de considérations sur l'histoire de France*, 2nd edn., Paris: Just Tessier, 1842, pp. 192 – 194.

[3] Peter Sahlins, "Natural Frontiers Revisited: France's Bondaries since the Seventeenth Century", p. 1448.

[4] 古朗日给蒙森的这封信被收入 Fr. Hartog 关于古朗日研究的专著的附录中。参见 François Hartog, *Le XIXe siècle et l'histoire. Le cas Fustel de Coulanges*, Paris: Editions du Seuil, 2001, p. 404。

限于知识阶层，它成为一种大众信念是 19 世纪初的事。① 在阿恩特之前，德意志民族主义的另一位代表人物费希特就已经为未来定下了基调。他在 1807 年的《对德意志民族的演讲》中认为，德意志人说的是一种具有精神上的优越性的语言，这种语言源自天然力量，至今生生不息；近代拉丁系语言跟它无法相比，如果真的要比较，只有古希腊语的地位与之相仿。② 因为这种精神上的优越，在说德语的所有地方，每个人都会认为自己是双重的公民，一方面是他所出生的国家的公民，另一方面，他是整个德意志民族的共同祖国的公民。"没有哪个德意志君主，能够将臣民划定在自己统治的、以山川河流为界的祖国之内，把他们视为附着在特定地域上的人。"③ 就是说，德意志民族是一个超越现实政治疆界的精神的、文化的神秘实在，其本质在于高贵的语言。

这是此前三个世纪两国的政治发展和观念交锋的一个合乎逻辑的结果。关于这一交锋在 19 世纪之后的发展，我们期待更为深入的探讨。

(原载《历史研究》2016 年第 4 期)

---

① Daniel Nordman, *Frontières de la France: de l'espace au territoire, XVI – XIXe siècle*, pp. 478, 486.
② Johann Gottlieb Fichte, *Reden an die deutsche Nation*, Hamburg: Felix Meiner Verlag, 2008, p. 74.
③ Johann Gottlieb Fichte, *Reden an die deutsche Nation*, p. 142.

孟德斯鸠对"礼仪之争"的解读

许明龙

一

400年前的1610年，利玛窦在北京逝世。此前，他已指定龙华民接替耶稣会中国教区会长之职，被后世称作"礼仪之争"的传教策略分歧由此开始孕育。这场旷日持久的争论远非单纯的宗教事件，而是掺杂着葡萄牙、法国和西班牙等国家间的国家利益之争，罗马天主教教廷与法国国王的权力之争，以及耶稣会、巴黎外方传教会、方济各会、多明我会等天主教修会或传教团体之间的宗派之争。礼仪之争原本限于传教士内部，自入华的巴黎外方传教会的颜珰明令禁止中国礼仪后，引发中国教徒不满，遂扩展至普通教民。为寻求罗马教廷的支持，对立的双方把争论带到了遥远的欧洲，并且纷纷著书立说阐述自己的论点，从而吸引了众多的目光，引发了一场了解、研究和诠释中国文化的大辩论。这场争论极大地促进了欧洲对中国的了解，使欧洲人从中获得启示和教益，成为中西文化交流史上绚丽多姿的一幕，这样的结果显然是入华传教士所始料不及的。

18世纪的法国正处在革命前的启蒙时代，知识界热切希望借他山之石为病入膏肓的法国找到一剂改革良方，教会人士关于中国的礼仪之争理所当然地引起他们的关注，并依据各自的了解和理解做出不尽相同的解读。

本文试图着重探究的是被后人称作启蒙思想家的孟德斯鸠。他从青年时代就开始关注中国和发生在传教士之间的礼仪之争。现有材料表明，他至迟在 1713 年就关注此事，并且已经初步形成了他对争论双方的基本看法。他对礼仪之争的起因与过程的关注一点儿也不比当时关心此事的其他人少。他在自己的笔记《地理》中写道："从菲律宾来到福建福安县的两位多明我会士，在对中国人的习俗所知甚少的情况下，便制定宗教活动的规矩。男女一起聚集在教堂里，其中包括幼年时便受命守贞的年轻姑娘。中国由此开始驱逐传教士。妇女们为自己的贞操发誓，在教堂中集会，与神职人员交往并参与圣事，还要面对面的单独忏悔，此外还有临终涂油和男子不得娶妾，等等。当地官员下令斥责这两位神甫和基督教信徒。"①

孟德斯鸠不但关注着礼仪之争的发展，甚至还了解到一些细节。例如，他在巴黎逗留期间，从他的中国朋友黄嘉略那里听到了关于颜珰的故事："科农主教颜珰在福建首府买了一所房子，准备改建成教堂。为了与另一所非教徒住宅有所区别，他把大门扩大，使之大体上像我们这里的教堂大门那样，并漆成红色（红色被认为具有避火的功能），可是，红色是中国皇帝和庙宇专用的颜色。不久就发生了骚乱。居民们聚集起来大声叫嚷，说整条街道的福气都让这几扇门吞噬了。他们朝这所房子扔垃圾，高声咒骂，闹得不可开交，改建工程不得不停下来。"②

我们都知道，就是这位福建宗座代牧颜珰大人后来把事情闹大了。他于 1693 年颁布一道指令，彻底否定耶稣会士所主张的关于中国礼仪的做法，并要求他辖区内的所有传教士和奉教者一体遵照执行。他的做法在实际执行中却是困难重重，遭到许多耶稣会士的反对，中国教民更是坚决抵制。颜珰为争取教廷对他的支持，派人将他这份指令送往罗马。颜珰的举措激化了礼仪之争，把原来局限于入华传教士内部进行的争论带到了罗马教廷。

小事如此，大事也如此。对于罗马教廷先后两次派往中国的特使多罗（Tournon）和嘉乐（Mezzabarba）入华的活动，孟德斯鸠在笔记

---

① *Oeuvres Complètes de Montesquieu*, tome 16, Oxford, 2007, p. 391.
② *Oeuvres Complètes de Montesquieu*, tome 16, pp. 114–115.

《随笔》中也留下了记述：

> 多罗抵达后，耶稣会士聚在一起，向他介绍皇帝的情况，让他明白，他只要与皇帝交涉就可以了。而实际上耶稣会士们与皇帝的看法始终保持一致。多罗对葡萄牙传教士徐日升说："你别管了，我会让你脱身的。"皇帝明白了他们之间的分歧后说道："看看这些人，他们在全中国劝说皈依基督教，指责我们的礼仪，其中一些人说是应该支持他们的做法，另一些人说不行。于是激烈争吵起来。更有甚者，教宗也插上一手，试图替我的帝国拿主意。"皇帝竭尽全力让多罗改变想法。皇帝起先盛情款待多罗，后来给他送去一些上谕，说他既糊涂又无知。多罗回复皇帝说，他感谢皇帝陛下，吃点苦头也高兴。再后来，多罗被送到澳门，把他交到对他怀有敌意的葡萄牙人手中。这些葡萄牙人说，多罗阻止那些不借道葡萄牙前来中国的传教士进入澳门。
>
> 多罗发布了他的南京教谕，并通告说，教皇的圣谕即将送到澳门。教皇的圣谕送达时附有一道谕旨，要求每一个传教士必须遵守谕旨的规定。北京的一位方济各会负责人要求大家发誓执行教谕，结果被抓，戴上了九条镣铐。
>
> 后来又来了嘉乐，他什么也没做成。他说他来华的使命仅仅是向皇帝致敬。皇帝遂施加压力，让他撤销圣谕。他泪流满面地说，他是他的主子派来的，无权撤销主子的圣谕。两个月后，嘉乐启程返回，行前表示，他将劝说他的主子撤销圣谕。[①]

很显然，在当时的条件下，对于礼仪之争中发生的事情，孟德斯鸠有相当多的了解。正是依据这些了解，他才得以对这场争论做出自己的判断，而不是如同有些人所说，他只是因为听信了傅圣泽的胡言乱语，才对礼仪之争中的耶稣会士采取极不友好的态度。不但如此，他还透过礼仪之争的种种具体内容，诸如中国人究竟是无神论者、自

[①] Louis Desgraves, *Montesquieu*, *Pensées et le Spicilège*, Paris, 1991, p. 809.

然神论者抑或唯理主义者，敬孔祭祖是否是迷信活动，是否有悖于基督教教义，等等，看到了隐藏在礼仪之争背后的天主教会内部派别之间的宿怨。他在笔记《随想录》中写下的话可资证明：耶稣会士和冉森派教士把他们的争吵带到中国去了。[①]

派别之争所暴露的充其量只是教会内部的不和与矛盾，孟德斯鸠透过派别之争还看到了来自不同国家的传教士所代表的国家利害的冲突，在这一点上，他比就事论事地讨论礼仪之争中谁是谁非的人高出了一头。请看他在《随笔》中写下的话："无论是葡萄牙人、德国人或法国人，耶稣会士们都相互视为仇敌，而其他修会的传教士则把所有耶稣会士统统视为仇敌，因而他们的名声很坏。有一天，傅圣泽在一个大堂上恭候皇上时，听到一个中国人说：'你看这些家伙，比和尚还坏。'傅圣泽神甫还说，法国耶稣会士把梅纳公爵送来的两架仪器呈给皇上时，德国耶稣会士出于嫉妒而把机器弄坏。"[②]

细节虽然来自傅圣泽的叙述，但孟德斯鸠显然从中看到了入华传教士们为各自的国家利益而相互拆台的事实。当时关注礼仪之争的法国知识界，大多是从广义的文化层面来观察这场旷日持久的争论的，孟德斯鸠虽然也不例外，但透过表象他还看到了隐藏在这场争论后面的利益之争，这不能不说是他的过人之处。或许正因为如此，他一方面贪婪地阅读有关礼仪之争的各种文献，一方面以局外人的目光对这场争论作壁上观，而不像有些人那样明确地支持一方，反对另一方。

从总体上看，孟德斯鸠看待礼仪之争的冷峻态度，一则源自上述他对礼仪之争实质的分析，一则源自他的宗教观念。他认为，宗教是用来指导人的心灵的，是为人正直诚实的最佳保证；宗教的规矩不是为了好，而是为了最佳，不是为了善，而是为了至善。他还认为，宗教包含在一个国家或民族的普遍精神之中，而普遍精神则是地理、气候、风尚、习俗、法律、宗教共同影响下产生的结果。各个国家情况不同，普遍精神也就不同。倘若不考虑普遍精神中的其他因素，单单

---

① Louis Desgraves, *Montesquieu*, *Pensées et le Spicilège*, p. 201.
② Louis Desgraves, *Montesquieu*, *Pensées et le Spicilège*, p. 805.

想要改变一个国家人民的宗教信仰,那是很难获得成功的;与其强行改变一种宗教信仰,莫如尊重人们原有的宗教信仰。他在《论法的精神》中写道:"勃固人所信奉的宗教的主要教义是:不杀、不偷、不做下流无耻的事、不做任何让众人不快的事,反之,要竭尽全力为众人做一切好事。他们相信,能做到这些的人,不论信奉什么宗教,都能得到拯救。正因为如此,勃固人民尽管既贫且傲,却都以慈爱和同情之心对待不幸的人。"①

能做好事的人,不论信奉什么宗教,都能得到拯救。这也许就是孟德斯鸠的基本宗教观念。既然如此,又何必非把自己的宗教信仰强加给他人呢?所以,孟德斯鸠对于基督教在南美的传教活动中借助暴力强迫当地居民皈依基督教的行径予以强烈谴责,认为那是一种卑劣的殖民活动。尽管由于中国拥有数千年文明,人民富有教养,统治者治理有方,传教士因而没有沿用对付南美洲土著居民的那种野蛮手段在中国传教,但孟德斯鸠依然认为,基督教在中国的传教活动是不可能开花结果的。事实表明,发生在中国的所谓礼仪之争,同样是由某些传教士不顾当地的风尚与习俗,强制推行欧洲天主教的那套宗教礼仪,进而引起民众和官方的反感和抵制而引起的。出于这种认识,他对礼仪之争的基本立场就不言而喻了,那就是不支持基督教的入华传教活动,不支持礼仪之争中的任何一方。所以,我们看到,孟德斯鸠既不为耶稣会士说好话,也不为与耶稣会士对立的一方辩护。

当然,这绝不意味着他不重视这个了解和认识中国的极佳机会,恰恰相反,正如前面所说,他全神贯注地注视着事态的发展,倾听着各方面的不同意见,进而形成了他对这场轰动法国乃至欧洲的重大事件的总体看法:"但是,一种从遥远国家传入的宗教,一种与当地的气候、法律、习俗和风尚全然不能适应的宗教,并不会因其神圣而大获成功,这种情况尤以专制大帝国为最。起初,外国人受到容忍,因为那些东西似乎并不损害君主的权威,因而没有引起注意,当地人处在极端无知之中。一个欧洲人可以利用他所获得的某些知识博得赏识。

---

① [法]孟德斯鸠:《论法的精神》下卷,许明龙译,商务印书馆2009年版,第475页。

起初这样做是有效的,可是,这是一个因其性质而特别需要太平的国家,稍有风吹草动,政权就可能被推翻,所以,当外来者取得了一些成就,发生了某些争执,利益相关的人就引起了警觉,新近传入的宗教和传播这种宗教的人于是就被禁止;更因为传教士之间爆发了争执,当地人遂开始憎恶这种新的宗教,就连前来传播这种宗教的人,彼此也不能达成一致意见。"①

上面这段论述尽管只字未提中国,但明眼人一看就知道,这段话实际上是对明末清初百余年间天主教入华活动的一个扼要而又精辟的总结,我们不能不佩服孟德斯鸠的高度概括能力。

在这段话中,他首先分析了基督教在中国难以取得成功的根本原因,那就是基督教与中国的气候、法律和风尚等全然不能适应。为什么传教事业起初似乎颇有进展呢?他认为有三个原因。其一,中国人对基督教究竟为何物处于无知之中;其二,传教士没有损害君主的利益,相反,他们从西方带来的某些科学知识和绘画、修理机械等技艺还博得了皇帝和宫廷的欢心;其三,以儒家为代表的中国传统思想对外来的宗教并不抵触。关于儒教对外来宗教的态度,孟德斯鸠是这样说的:"所有传入中国的宗教都不被看作新的宗教,而仅仅是对原有宗教的一种补充,孔子既然听凭崇拜鬼神,因而也就为这些外来起补充作用的宗教敞开了大门。"②

于是,基督教在中国经历了最初的困难之后,渐渐有了起色,在此后相当长的一段时间里似乎获得了长足的进展。孟德斯鸠这样描述这种状况:"在这个王国里,起初大家对传教士采取容忍态度,因为他们并没有什么大的动作,让他们立足并非什么大事情。"③ 后来为什么又失败了呢?事情发生变化的责任完全在于传教士自己:"但是后来他们试图拥有一切,改变一切;他们不懂得,在任何活动中一定不能过于张扬,即便是传播福音。"结果对他们来说当然是可悲的:"丁

---

① [法]孟德斯鸠:《论法的精神》下卷,第501页。
② Louis Desgraves, *Montesquieu, Pensées et le Spicilège*, p.498.
③ *Oeuvres Complètes de Montesquieu*, tome 16, p.391.

是，他们在站稳脚跟之前就被赶走了。"①

当然，孟德斯鸠并非那样天真，以为传教士们当初如果能够收敛一些，他们在中国的事业就可能取得成功。在他看来，西方基督教在中国传播的失败还有着更深层次的原因："中国之所以不可能皈依，是因为那里的政府和宗教完全是同一回事，两者建立在同一原则之上，那就是同一的伦理道德，所以，必须首先推翻政府，然后才能改变宗教信仰。"②

他在这里表述的意思是，中国与欧洲国家不同，中国不存在能够与世俗统治者抗衡的宗教势力，外来的基督教想要在中国站稳脚跟，首先必须改变中国的政治体制，而这既不是罗马教廷的目的，也不是传教士的初衷，更不是他们能够办成的事情。

此外，孟德斯鸠也深知，无论教会人士和学者对中国人的宗教和信仰如何定位——无神论、自然神论、唯理论、偶像崇拜和迷信……最重要的事实是，中国人在数千年的历史中形成了自己的信仰、习俗和礼仪，而构成普遍精神的这些因素无一不是根深蒂固乃至牢不可破的。要中国人接受基督教，首先必须让他们放弃所有这一切，而这岂是传教士们所能做到的。所以他说："我不希望有人去教化中国人，因为，必须先让他们知道，他们的宗教是虚假的，他们是劣民，然后才有可能成为基督教徒。"③

退一万步说，基督教的传教事业纵然在中国获得了部分成功，其后果可能也会是灾难性的，因为，"如果国王皈依了，他就成了人民的敌人。如果人民皈依了，他们就成了国王的敌人。"所以，孟德斯鸠的结论就是："所有向这些国家派遣的传教团，都是坏事！"④

很显然，孟德斯鸠不仅对礼仪之争的来龙去脉有深入的了解，而且对十七八世纪基督教的入华传教活动的总体把握比较准确。就此而言，在当时的法国知识界中，能与孟德斯鸠比肩的恐怕只有伏尔泰。

---

① *Oeuvres Complètes de Montesquieu*, tome 16, p. 391.
② *Oeuvres Complètes de Montesquieu*, tome 16, p. 392.
③ Louis Desgraves, *Montesquieu, Pensées et le Spicilège*, p. 531.
④ Louis Desgraves, *Montesquieu, Pensées et le Spicilège*, p. 396.

伏尔泰把他的《路易十四时代》第 39 章辟为议论礼仪之争的专章，题为"关于中国礼仪之争，这些争论怎样促使中国取缔基督教"。在叙事的详尽方面，伏尔泰远在孟德斯鸠以上，对于这次传教活动以失败告终的表面原因，他与孟德斯鸠的看法不谋而合："前来帝国传教布道的外国人之间的分裂不和，使他们传布的宗教名誉扫地。清廷了解欧洲人之后，得知不仅传教士内部四分五裂，而且在广州登岸的外国商人也分成派别，彼此不共戴天。在这种情况下，基督教就更加被人贬低。"①

然而，对于礼仪之争和传教失败的深层原因的分析和认识，伏尔泰似乎不如孟德斯鸠。他虽然也在《哲学词典》的"论中国"条目中责备耶稣会士过于狂妄，心目中只有基督教和教皇，以至于令中国人厌恶，最终遭中国人唾弃。但是，他却没有向前再进一步，没能像孟德斯鸠那样，从总体上回答这样一个问题：产生于一种异质文化的宗教，如何才能在拥有不同文明的国度里立足生根。

孟德斯鸠对于礼仪之争和传教活动的总体看法，决定了他无意评判参与争论的双方谁是谁非。在他看来，无论是否曾经有过礼仪之争，无论哪一方在争论中占了上风，基督教在中国的传播都肯定不会成功，这场争论是无谓的争论，而传教的失败则是必然的失败。在这一点上，伏尔泰似乎也比不上孟德斯鸠，在《路易十四时代》的第 39 章中，他明确地支持李明，斥责颜珰，甚至偏袒耶稣会士，否认他们在澳门虐待教皇特使多罗。

二

在如火如荼的礼仪之争中，了解中国成了每一个关注和参与这场争论的法国知识界人士的迫切需求，实地考察当然是最佳途径，弗雷莱和伏尔泰都曾经有过前往中国的念头，但都未能如愿成行。所以，

---

① ［法］伏尔泰：《路易十四时代》，吴模信、沈怀洁、梁守锵译，商务印书馆 1991 年版，第 600 页。

阅读便成为了解中国的最主要途径。从礼仪之争在中国初露端倪的17世纪上半叶，到这场争论逐渐平息的18世纪中叶，参与争论的双方为阐述己方的立场和观点，为驳斥对方的立场和观点，不断撰写并出版了难以数计的文章、小册子和书籍。这些著述就是法国知识界了解这场争论的主要途径。

众所周知，在礼仪之争中持截然相反观点的双方，一方是大多数入华耶稣会士，另一方是包括外方传教会士、多明我会士和方济各会士在内的入华传教士。入华耶稣会士人数较多，汉语水平较高，大多能阅读中国的古代经典，而且以他们的科学知识和技艺博得了中国皇帝的欢心，得以进入皇宫，接触上层高官和文士，对古老的中国文化有更多的了解。他们撰写了不少信函和报告之类的文字传回法国，获得广泛的好评。因此，他们对中国的解读和介绍在相当长的一段时间中主宰着法国的舆论。以巴黎外方传教会为代表的另一方则不同，他们坚决反对利玛窦在传教活动中所倡导并执行的适应政策，对天主教教义和教规秉持执拗和僵化态度。由于他们不像耶稣会士那样喜欢在上层活动，而是深入穷乡僻壤，接触普通百姓，所以对中国人的迷信落后等习俗有较多的直观了解，出现在他们的报道中的中国形象自然与耶稣会士笔下的中国形象相去甚远。

凭借阅读这些出自不同观察者笔下的著作，孟德斯鸠等人获得了对中国的了解和认识，并依据各自的理解和分析做出对中国的判断，发表文章和专著。当今研究18世纪中国在法国的形象的学者，习惯于将当时就中国表达意见的法国知识界区分为泾渭分明的两派，其一是颂华派，其二是贬华派，前者的首领是伏尔泰，后者的领头人是孟德斯鸠。

顾名思义，贬华派就是说中国坏话的人。孟德斯鸠之所以被视为贬华派的领头人，主要就是因为他在《论法的精神》中对中国有许多批评或斥责。事实确实如此，自从《论法的精神》问世之后，此前几乎得到一致承认的美好的中国形象开始蒙上了阴影，法国知识界在中国问题上逐渐形成了两种不同的看法，到了法国大革命前夜，美好的中国形象彻底为丑陋的中国形象所取代。

一些学者认为，孟德斯鸠在中国问题上的偏执首先应该归咎于傅圣泽，是傅圣泽的一席话改变了孟德斯鸠对待中国的态度，从此对耶稣会士采取一律不予信任的态度，转而千方百计寻找与耶稣会士相反的报道和论述。法国已故汉学泰斗艾田蒲便是持这种看法的著名学者之一，他在他的名著《中国之欧洲》中，一再严厉斥责傅圣泽向孟德斯鸠灌输了中国的负面形象，从而严重影响了孟德斯鸠的中国观。"如同当时大多数学者和好奇的人们一样，孟德斯鸠从《中华帝国全志》中索取他所需的大部分信息。我们可以设想……早在1729年，傅圣泽就摧毁了孟德斯鸠对杜赫德的敬重。"[1]

"我只想指出，孟德斯鸠在遇到前耶稣会士傅圣泽之前，对中国的评价是好的，傅圣泽对他进行说服，劝他对于耶稣会士的那些报道不要给予丝毫的信任。"[2]

正如艾田蒲所说，孟德斯鸠于1729年2月在罗马会见了傅圣泽，与这位曾在中国居留22年的耶稣会士进行了多次深入的谈话。作为一个入华耶稣会士中的索隐派，在有关中国的历史和宗教等问题上，他与大多数入华耶稣会士持不同看法，也不像他的同僚那样赞美中国。孟德斯鸠事后就这几次谈话做了笔记，文字较长，我们只能从中引述不多的几段："国家一旦积弱，治理无方，就会经常受盗贼侵扰。由于这个国家人口众多，妇女生育力极强，倘若发生饥荒，粮食匮乏，村子里的领头人就会对村民说：'父老乡亲们，官府治理不好，我们快要饿死了，大家一起去找吃的吧！'10个人，20个人、30个人，就这样聚集起来。其他村子也是这样，随后两伙人相互争斗。胜者成为首领，败者归顺，队伍日益壮大，四处劫掠烧杀。其结果往往就是改朝换代。"

"皇宫像是一个蜘蛛网，皇帝就像是蜘蛛网中间的蜘蛛。他一动弹，整个蜘蛛网就跟着动弹，别人若是动弹，皇帝也不可能不动弹。"

"大凡皇帝权威所及，他不会把一个人的生命看得比一只苍蝇的

---

[1] Etiemble, *L'Europe chinoise*, tome 2, Paris 1898, p. 53.
[2] Etiemble, *L'Europe chinoise*, tome 2, p. 65.

生命更重。不过,除此之外,他倒是喜欢拥有宽厚仁慈的名声,他颁发一些上谕,强调人的生命和鲜血是如何珍贵。中国的皇帝都希望老百姓相信先贤的这个信条:国家是一个大家庭,皇帝就是父亲。所以,这位皇帝每年都要蠲免某个省份的应纳之捐税。"①

傅圣泽的这些话确实给孟德斯鸠以深刻的印象,他把这些话稍加修改后,几乎原封不动地全部写进了他的传世名著《论法的精神》,作为他认定中国的政体是专制主义的依据之一。在中国人听来,傅圣泽的话确实有点尖刻,然而,我们却无法指责他是毫无根据地胡说八道,恶意诋毁,而只能说他揭露了中国的阴暗面。然而,细心的读者不会不注意到,就在这段谈话中,傅圣泽也没有忘记给中国的皇帝说了几句好话。在另一处,傅圣泽还向孟德斯鸠谈及雍正对待西洋传教士的态度:"先帝驾崩时,中国约有 30 万基督教徒。当今的皇帝不是应该继承皇位的那个皇子,他是基督徒的敌人,不过,表面上他对他们还算公正。一位传教士在先帝的寝宫里说了一些有利于当今皇帝的一位兄弟而有损于他的话,这是当今的皇帝把基督教徒视若敌人的原因。这位皇帝下谕给一位总督,让他指控基督教徒,用什么借口都可以。他宣称,基督教对中国构成危害,所以他只允许对帝国有用的欧洲人留在中国,其余则统统遣送到澳门,不过,要善待他们,何况他们曾经为帝国做过好事。多位传教士要求留下,理由是他们需要祭奠长眠在中国的那些同伴。有几位果然留在广州,其中有几位后来又去往中国各地。"②

孟德斯鸠不是一个随风倒的人,对于别人的看法和意见他始终有自己的判断。他确实听信了傅圣泽对中国的许多评论,但并非不加区别地一概吸纳。魏若望在他的《耶稣会士傅圣泽神甫传》中提及,傅圣泽在罗马与孟德斯鸠会见时,曾赠送给他一本前不久出版的中国历史年表,魏若望接着说了这样一句值得我们注意的话:"但孟德斯鸠并不愿接受傅圣泽的观点,因为他早与黄嘉略讨论过中国编年史的问题,

---

① Louis Desgraves, *Montesquieu*, *Pensées et le Spicilège*, pp. 806 – 807.
② Louis Desgraves, *Montesquieu*, *Pensées et le Spicilège*, p. 805.

黄嘉略提到中国人确信他们的历史是从尧时代开始的。"①

艾田蒲把孟德斯鸠中国观的形成归因于傅圣泽，魏若望已经指出，这个说法恐怕难以成立。笔者认为，此外还有一个能够有力地支持魏若望的论据，那就是时间不对。众所周知，杜赫德的《中华帝国全志》出版于1735年，专家的研究表明，孟德斯鸠阅读此书并做摘录和笔记的时间不会晚于1739年。② 前面提到，孟德斯鸠是在1729年会见傅圣泽的，那么，傅圣泽如何能在《中华帝国全志》尚未出版之时"摧毁孟德斯鸠对杜赫德的敬重"呢？

其实，孟德斯鸠的中国观早在1713年之前就已初露端倪，那一年他在巴黎认识了中国青年黄嘉略，并与之多次长谈。他与黄嘉略进行多次长谈后，留下了一份事后的追记《我与黄先生的谈话中关于中国的若干评述》。在这份文献中，孟德斯鸠已经明显地表露出他对中国的负面看法："如果中国政府果真如同人们所说的那样优秀，鞑靼人怎能只用一天时间就成了它的主人呢？历史上几乎没有这种快速征服的先例。没有一个地方对入侵者进行过抵抗，入侵者如入无人之境，从未遇到抵抗。"③ 这种看法显然有别于当时耶稣会士所传播的对中国的赞美，而与他后来执拗地认定中国的政体是专制主义一脉相承。由此可见，孟德斯鸠早在会见傅圣泽二十余年之前，就已经对耶稣会士笔下的中国形象提出质疑了。所以说，在孟德斯鸠的中国观形成时间上，还是魏若望说得对："当孟德斯鸠1729年2月1日会见傅圣泽时，已经初步形成了中国是专制主义的思想……"④

魏若望的判断是正确的，孟德斯鸠的中国观在他1729年会见傅圣泽时已经初步形成。我们不妨尝试着追寻它的形成和发展的轨迹。根据现有文献记载，1713年他与黄嘉略在巴黎的会见和长谈中首次显露

---

① John W. Witek, Controversial Ideas in China and Europe: A Biography of Jean—François Fouquet, S. J. 1665 – 1741, Rome 1982, p. 313.
② *Oeuvres Complètes de Montesquieu*, tome 16, p. 133.
③ *Oeuvres Complètes de Montesquieu*, tome 16, p. 133.
④ John W. Witek, Controversial Ideas in China and Europe: A Biography of Jean—François Fouquet, S. J. 1665 – 1741, p. 312.

了对中国的负面看法,那时他是一个24岁的小青年。黄嘉略所讲述的中国与耶稣会士笔下的中国相去甚远,《我与黄先生的谈话中关于中国的若干评述》中甚至出现过"我相信,中国人越被人认识就越糟糕。中国人是世界上最迷信的民族之一"这类极度贬斥中国的话语。尽管我们现在无法确切辨明此类贬斥中国的言论究竟出自黄嘉略之口(孟德斯鸠只是如实记录而已),抑或并非黄嘉略所说,而是孟德斯鸠的发挥,但是至少可以肯定,孟德斯鸠对这些话并不反感。

在礼仪之争大潮的推动下,孟德斯鸠此后阅读了大量有关中国的书籍,这种阅读不是泛泛地浏览,而是精心地钻研,他边读边做笔记,记下摘录和概要,写下感想或评述。仅在他的阅读笔记《地理》中,就有包括《中华帝国全志》和《耶稣会士书信集》等有关中国的重要著作近十种。现存的《地理》仅是这部笔记的第二册,第一册已经无从查找。不难想见,在已经丢失的《地理》第一册中,很可能还有不少与中国有关书籍的阅读笔记。1999年出版的《拉布莱德孟德斯鸠藏书目录》表明,除了记录在《地理》中的那些图书外,孟德斯鸠在家乡拉布莱德还收藏有门多萨的《中华大帝国史》、基歇尔的《图说中国》、卫匡国的《中国上古史》、曾德昭的《大中国志》、尼厄霍夫的《出使中国记》、西鲁哀特的《中国政制和道德概述》等多种有关中国的书籍。这些书籍总不至于仅仅是一种装饰吧。此外,文献表明,他还阅读过刘应的《鞑靼史》、德拉克鲁瓦的《成吉思汗史》、柏应理的《中国贤哲孔子》。可以毫不夸张地说,当时能够读到的重要的乃至次要的有关中国的著作,他都读过。笔者过去曾认为,孟德斯鸠偏爱商人和旅行家的游记,现在应该坦率地承认,这个说法与事实不符。事实是,他并没有也不可能排斥耶稣会士的著作,正如《地理》所表明,他不但读了,而且读得相当仔细认真。艾田蒲也是这样说的:"如同当时大多数学者和好奇者一样,孟德斯鸠从《中华帝国全志》中获得了他所需的大部分信息。"[1]

但是,他是以一种批判的眼光去解读这些著作中的信息的,所以,

---

[1] Etiemble, *L'Europe chinoise*, tome 2, p. 53.

这些信息不但向他展示了中国的美好，也为他斥责中国的专制主义提供了依据。

有人说，孟德斯鸠对耶稣会士抱有极深的成见，对他们有关中国的记述一概不予置信，反之，他偏信商人和旅行家有关中国的游记，而在这些游记中的中国形象往往是被扭曲或丑化的。支持这种看法最有力的证据大概是《论法的精神》在1757年再版时，孟德斯鸠在第8章第21节中插入了这样一句话："我还可以请安逊勋爵这位伟人作证。"①

安逊（George Anson）是一位英国水师军官，曾率领舰队作环球航行，因修理船舰和补充给养之需，曾在澳门和广州作短暂停留，其间与中国官员和商人有过一些不愉快的接触。1748年他在伦敦出版了《1740—1744年环球航行》(*A Voyage Around the World in the Years 1740–1744*) 一书。书中记述了英国人在与中国官员和商人打交道时所见到的种种丑恶现象，诸如官员办事效率低下，索贿却十分积极；商人贪婪狡猾不讲信誉；百姓好逸恶劳，欺软怕硬；等等。

孟德斯鸠完全相信安逊对中国人的贬斥，此事确实说明这样一个事实：相对于耶稣会士笔下的同类文字，孟德斯鸠更重视非耶稣会士关于中国的报道。笔者认为，原因可能有两个，其一是在当时的法国，人们对中国的"颂"和"贬"极不平衡，主宰舆论的是耶稣会士的报道，对中国的负面报道比较罕见，孟德斯鸠希望听到两种不同的声音，所以对处于弱势地位的负面报道格外重视。其二是孟德斯鸠对耶稣会士存有戒心，怀疑他们的报道的真实性。他在阅读《中华帝国全志》时曾写道："描述中国的耶稣会士激情满腔。杜赫德提及的那八个省份中，我所见到的都令人钦羡，一切都美，一切都好，一切都无与伦比；大自然难道总是如此美好而不掺杂任何丑陋吗？"②

这种怀疑有时甚至到了根本不予信任的程度。依然是在阅读《耶稣会士书信集》的笔记中，他写道："这些信件中到处都是千奇百怪

---

① ［法］孟德斯鸠：《论法的精神》上卷，许明龙译，商务印书馆2009年版，第133页。
② *Oeuvres Complètes de Montesquieu*, tome 16, p. 157.

的事实，当隐瞒真情对他们没有益处时，他们如实报道，而为了取得人们的信任，他们就想撒谎。"①

有人说，这是因为他不喜欢耶稣会士。不错，孟德斯鸠确实说过不少讨厌耶稣会士的话："耶稣会士，我怕他们。这群人围着我，到处都能找到我。我若是冒犯了一位大老爷，我就躲开，再也不见他。可是，耶稣会士却像宗教裁判所的那些家伙。"②

不过，平心而论，他在这里不是对耶稣会士的总体评价，而是在特定条件下发的牢骚。他的著作出版后，耶稣会士总想从他的著作中挑刺找茬，指责他违背教义，对上帝不恭等，致使他不得不忙于应对，常常被弄得不胜其烦。

当然，孟德斯鸠也曾严厉指责耶稣会士，这次不是指责某一位或某几位耶稣会士，而是针对耶稣会士在礼仪之争中的总体表现。他在评论《耶稣会士书信集》第十九辑报道的雍正皇帝对礼仪之争的看法时写道："我们看到，中国人相信，所有人民都崇敬天或天主，区别仅在于各国的礼仪不同，比如，满人与汉人的礼仪就不相同。皇帝说，我并没有禁止乌尔陈敬天，但他是满人，那就应该按照满人的礼仪敬天。由此可见，耶稣会士既欺骗了中国人，也欺骗了欧洲人，他们让基督教徒以为他们的信仰就是中国人的信仰，让中国人以为基督教徒的信仰就是中国人的信仰。"③

孟德斯鸠在这里对耶稣会士的批评绝对没有错，耶稣会士没有理由感到冤枉，我们也没有理由指责孟德斯鸠无端丑化乃至敌视耶稣会士。他们为了顺利推进入华传教事业，不是竭力试图让中国人相信，基督教其实并非外来宗教，其教义与传统的中国文化并无根本冲突吗？他们不是力图让中国人相信，上古时代的中国人所信奉的就是与基督教相似的宗教，只是随着佛教的传入和广泛传播，中国人把自己古老的信仰渐渐忘却了而已吗？耶稣会士中的傅圣泽、白晋等索隐派还挖

---

① *Oeuvres Complètes de Montesquieu*, tome 16, p. 369.
② Louis Desgraves, *Montesquieu, Pensées et le Spicilège*, p. 396.
③ *Oeuvres Complètes de Montesquieu*, tome 16, p. 369.

空心思地到中国的古籍中去发掘所谓的证据，这难道不是既骗了中国人，也骗了欧洲人吗？

其实，孟德斯鸠绝非一概讨厌耶稣会士，不但如此，有的耶稣会士还是他交往数十年的挚友，卡斯泰尔神甫（Louis—Bertrand Castel）就是其中之一。1733年，《罗马盛衰原因论》脱稿后，孟德斯鸠诚心诚意地请卡斯泰尔神甫审读，并且把在巴黎求学的儿子委托卡斯泰尔代为照管。孟德斯鸠弥留之际，为他做临终忏悔的有两位神职人员，一位就是卡斯泰尔神甫，另一位也是耶稣会士：爱尔兰人鲁斯（Bernard Routh）。不但如此，他对耶稣会士在教育方面的贡献很是赞赏，否则他不会执意把自己的儿子送进耶稣会士主持的路易大王学校。①他也知道，耶稣会士的素养和才干高于在礼仪之争中与之对抗的多明我会士："请把一个耶稣会士和一个多明我会士派到一个新发现的国家去，一年之后你就会获悉，那个耶稣会士被请进了王宫，而那位多明我会士则混迹在流氓恶棍之中。"②

由此可见，孟德斯鸠对待耶稣会士的态度并非秉持某种固定的原则，而是因人而异，因事而异的。笼统地指责他敌视耶稣会士，偏听偏信站在耶稣会士对立面的传教士和商人、旅行者一方，既不公正，也不是事实。

关于中国的负面报道他并非一概采信，对于那些明显的不实之词，不管来自何方，他都认真地予以剔除。比如，在他阅读雷诺多（Renaudot）翻译的《两位穆斯林旅行家的印度和中国游记》的笔记中，为他代笔的秘书记下了这样的话："有人说中国人是野蛮民族，他们食用人肉。"孟德斯鸠审读时断然划掉了这句话，并就此亲笔写道："虽然这是两位阿拉伯旅行家的记述，但我认为此事不可信。"③

那么，如何解释孟德斯鸠对耶稣会士的怀疑和不信任呢？他在处

---

① Louis Desgraves, *Montesquieu*, *Pensées et le Spicilège*, pp. 156 – 157, 429.
② Louis Desgraves, *Montesquieu*, *Pensées et le Spicilège*, p. 304.
③ *Oeuvres Complètes de Montesquieu*, tome 16, p. 87.

理耶稣会士及其对立面关于中国的报道时，秉持什么价值判断标准呢？我以为，这与他早早就认定中国是一个专制主义国家有着密切的关系。

虽然我们无法给出一个确切的日期，断言从这一天起，孟德斯鸠就把中国视为专制主义国家，不过可以肯定的是，他在与黄嘉略谈话之前，已经开始怀疑耶稣会士笔下的中国形象了。在他的心目中，黄嘉略的可信度比耶稣会士不知高出多少倍，因为他是中国人。我们知道，黄嘉略自七岁起就由巴黎外方传教会的两位神甫抚养，在他们的教育和影响下成长起来，他在礼仪之争所涉及的种种问题上，所持观点必然与耶稣会士大相径庭。孟德斯鸠与黄嘉略谈话之后，带着他已经初步形成的想法，孜孜不倦地阅读了上面提到的许多有关中国的著作，而他在这些著作中所汲取的养料，进一步加深了中国是一个专制主义国家的看法。所以说，他与傅圣泽1729年在罗马的会见和交谈只是强化了他业已形成的中国观而已，并不是促使他从颂扬中国变为批判中国的原因。

孟德斯鸠把中国视为专制主义国家，主要是他的政体理论体系使然，而绝非单单基于他所获得的信息。他在《论法的精神·序》中明白无误地说过："我提出了一些原则，于是我看到：一个个各不相同的判断；从有关中国的各种信息中获得的具体材料，则是一个个'对号入座'的实例，尽管不一定是'乖乖'，也不一定是'自动'。"换言之，他认定中国是专制主义国家之后，一切有关中国的信息都被他用来为这一论断服务。反过来，他所获得的许多（并非所有）信息也有力地证明了他的这一判断正确无误。笔者认为，孟德斯鸠的"原则"和"实例"的关系，在某种程度上类似这个无始无终的循环：鸡生蛋，蛋生鸡。

孟德斯鸠凭什么一口咬定中国是一个以畏惧为原则的专制主义国家？他当然有一套相当完备的理论，这个判断是他从气候、人口、地理环境、宗教、经济、政治，以及他所强调的"普遍精神"引申出来的。至于他的这个判断是否正确，也就是说，中国是不是一个专制主义国家，当初在法国就有截然相反的两种意见。如今即便在中国，也依然是见仁见智。近年来，有几位学者就此撰写了长文展开讨论，台湾学者龚鹏程对孟德斯鸠的这一见解痛加驳斥；[①] 大陆学者侯旭东认为，这一结论"包含着相当多的想象与幻想的成分"[②]。前不久，大陆的另一位学者黄敏兰则撰文反驳侯旭东，认为"孟德斯鸠评论中国并非出于偏见"[③]。看来，这个问题还得争论下去。但是，本文仅限于探讨孟德斯鸠对礼仪之争的解读，厘清礼仪之争为他提供了哪些启示，分析他对礼仪之争中的双方各持什么态度。至于他的"中国是专制主义国家"的论断能否成立，这个问题超出了本文研讨的范围，有机会时将另文探讨。

（原载《世界历史》2011 年第 4 期）

[①] 龚鹏程：《中国传统文化十五讲》，北京大学出版社 2006 年版。
[②] 侯旭东：《中国古代专制说的知识考古》，《近代史研究》2008 年第 4 期。
[③] 黄敏兰：《质疑"中国古代专制说"依据何在》，《近代史研究》2009 年第 6 期。

从德国十一月革命看近代德国
工人运动的道路选择

王宏波

德国工人政党被认为是国际工人运动中议会斗争道路的开创者，它在 19 世纪下半叶取得的成就曾受到马克思、恩格斯的特别关注和指导。在第一次世界大战中，德国爆发了其工人运动史上迄今为止最大规模的一次无产阶级暴力革命——十一月革命。[①] 十一月革命前，德国工人运动是怎样走上议会斗争道路的？十一月革命是如何发生的？近代德国工人运动的道路选择对于认识国际工人运动的两种道路选择以及马克思主义的科学社会主义有何启示？这是本文试图探讨的问题。

一 十一月革命前德国工人运动的道路选择

十一月革命前德国工人运动的主要道路是议会斗争道路。议会斗争道路是工人阶级斗争的一种策略。它是工人阶级政党在革命条件不具备的情况下，为了保存和发展工人阶级的实力，利用资产阶级议会这一"合法"机构和平台，宣传社会主义思想，争取工人阶级的权益，同时测试、展示和扩大工人阶级的力量，达到实现无产阶级专政目的的策略。议会斗争的内容包括争取、扩大和使用普选权，参加议员竞选以及在议会争取工人的权益等。19 世纪下半叶，在几种因素的

[①] 学术界一般把德国自 1918 年 11 月 3 日基尔港水兵起义至 1919 年 5 月 3 日巴伐利亚苏维埃共和国失败这半年间的革命运动理解并表述为"德国十一月革命"。

综合作用下，德国工人运动选择了议会斗争的道路。

首先，德国工人运动的议会斗争道路的形成和发展期分别处在德意志实现国家统一的关键时期和统一之后国家处于和平发展、国家力量快速上升期，工人阶级暴力革命的条件不足。19 世纪 60 年代初，德意志工人阶级进一步联合、组织起来，开始在民族区域内建立起自己的政党。1863 年 5 月，德意志第一个工人阶级政党全德工人联合会成立。与此同时，德意志出现了国家统一的高潮，建立统一的民族国家成为德意志各阶层、阶级的最大利益和追求。当然，对工人阶级来说亦不例外。正如恩格斯所说："从中世纪末期以来，历史就在促使欧洲形成各个大的民族国家。只有这样的国家，才是欧洲占统治地位的资产阶级的正常组织，同时也是建立各民族协调的国际合作的必要先决条件，没有这种条件，无产阶级的统治是不可能存在的。"[①] 德意志的统一有两种方式，一种是自下而上的无产阶级革命方式，一种是自上而下的王朝战争方式。就第一种方式来说，"当时德国无产阶级及其政党，无论从思想上、政治上，还是组织上都是不成熟的，还不具备领导人民发动革命的主观力量"[②]。于是，第二种统一方式，即由普鲁士领导的自上而下的王朝战争统一德国成为现实。但是，这种统一方式"主要的缺点是普鲁士主义不可避免地泛滥起来，这是一个很大的缺点"[③]。的确，普鲁士精神和军国主义文化也随着统一的步伐在整个德国"推而广之"。德国军事力量也因为在统一过程中的作用而进一步膨胀，以军事力量为支撑的容克—资产阶级进而牢牢掌控了国家政权。在这种情况下，无产阶级通过暴力革命来实现无产阶级专政的道路无异于以卵击石，将遭受难以估计的损失。

从 1871 年德国统一、德意志第二帝国建立到 20 世纪初，德国处于工业化飞速发展且取得巨大成就的和平发展时期。1870 年德国工业占世界工业产量的 13.2%，到 1913 年已上升到 15.7%，居世界第二

---

① 恩格斯：《暴力在历史中的作用》，《马克思恩格斯全集》第 21 卷，人民出版社 1965 年版，第 463 页。
② 姜德昌：《谈马克思恩格斯对德国统一的策略》，《史学集刊》1986 年第 4 期。
③ 《马克思恩格斯通信选集》，人民出版社 1962 年版，第 192 页。

位,仅次于美国。① 在"大约三十年的时间内,德国经历了英国用一百多年才完成的事情——将一个农业占统治地位的落后国家转变为一个现代高效率的工业技术国家"②。而德国半封建半专制的君主权威和国家机构的治理效能随着国家力量的急速发展而进一步强化、提高。

与此同时,德意志第二帝国对工人阶级及其政党的暴力镇压措施削弱了德国工人阶级进行暴力革命的力量。掌握德意志第二帝国政权的容克—资产阶级为了对付工人阶级政党,在1878年10月通过了《反对社会民主党企图危害治安的法令》,即"非常法",该法不仅取缔社会民主党③的一切组织,查封其出版物,而且解散接近社会民主党的工会。德国工人运动及其政党遭到了巨大的打击,而且在德国国内形成政治上的高压态势。"非常法"也使"党内不少人非常害怕触犯法律会使统治阶级制造新的迫害"④。由此看来,从19世纪60年代德国第一个工人政党建立到19世纪末,德国工人阶级政党通过和平方式进行合法斗争成为一种比较理智的选择。

在此需要强调的是,虽然"非常法"禁止社会民主党的活动,"但是允许它参加选举和它的议员在帝国国会里开展工作",因此,在"这一时期,德国社会民主党人所从事的唯一合法活动,是参加帝国国会选举和各邦的议会选举"⑤。这在客观上强化了从19世纪70年代末起德国工人运动的议会斗争道路的选择和实践。

其次,拉萨尔及其主张对德国工人运动道路的选择产生着不容忽视的影响。费迪南·拉萨尔关于德国工人运动的一套学说和主张,

---

① 樊亢、宋则行等编:《主要资本主义国家经济简史》,人民出版社1973年版,第252—253页。
② [美]科佩尔·S.平森:《德国近现代史——它的历史和文化》(上册),范德一等译,商务印书馆1987年版,第300页。
③ 1875年全德工人联合会与1869年成立的第二个工人阶级政党德国社会民主工党合并为德国社会主义工人党。此后,习惯上把工人政党称为社会民主党,1890年后正式称为德国社会民主党。
④ 高放:《世界上第一个社会主义政党德国社会民主工党首建垂范》,《中国延安干部学院学报》2014年第7卷第4期。
⑤ [民主德国]苏珊·米勒、海因里希·波特霍夫:《德国社会民主党简史1848—1983》,刘敬钦等译,求实出版社1984年版,第41页。

被称为拉萨尔主义。拉萨尔主义认为，工人贫困的根源在于受制于"铁的"工资规律，即工人的"工资始终停留在一国人民为维持生存和繁殖后代按照习惯所要求的必要生活水平上"①。要打破"铁的工资规律"使工人获得其全部劳动所得，就要建立由国家帮助的工人生产合作社，要建立由国家帮助的工人生产合作社工人就要有普选权，要取得普选权就要建立工人阶级的政党。②拉萨尔关于普选权的观点是从其超阶级的国家观出发的，工人阶级争取普选权的最终目的不是实现无产阶级专政的社会主义，而要"建立普鲁士王国政府社会主义"③。但是，由于拉萨尔的言行适应了、满足了占德国工人阶级大多数的手工业工人的愿望、要求和幻想，④非常具有迷惑性和欺骗性，在近代德国工人政党不同时期的党纲中都或多或少包含拉萨尔主义的内容。为此，马克思针对1875年两党合并后的党纲写了著名的《哥达纲领批判》，对其包含的拉萨尔主义进行了批判。

再次，德意志第二帝国的最高统治阶层被迫顺应社会经济发展的客观要求，实施的部分满足工人阶级诉求的政策也影响着德国工人运动道路的选择。例如，政治上扩大了选举权。1871年颁布的《德意志帝国宪法》第一条规定，年满25岁以上的拥有德国国籍的男子皆有选举权，受监护者、破产者、领取救济金者、被法院剥夺公民权者除外。⑤社会经济方面，在俾斯麦的主持下，帝国国会于1883年、1884年、1889年分别通过了《疾病保险法》《工伤事故保险法》《伤残和老年保险法》三部社会保险法，在世界上最早建立起保障雇用工人的社会保险制度。这些措施一定程度上满足了工人在政治、社会、经济权益方面的要求，化解了部分社会矛盾，客观上影响了德国工人运动

---

① ［民主德国］苏珊·米勒、海因里希·波特霍夫：《德国社会民主党简史1848—1983》，第21页。

② 《机会主义、修正主义资料选编》编译组：《拉萨尔言论》，生活·读书·新知三联书店1976年版，第118、141—142页。

③ 恩格斯：《为〈观察家报〉写的〈资本论〉第一卷书评》（写于1867年12月12—13日），《马克思恩格斯全集》第21卷，人民出版社2003年版，第337页。

④ 张文焕：《拉萨尔和俾斯麦》，生活·读书·新知三联书店1981年版，第114页。

⑤ 蒋劲松：《德国代议制》第2卷，中国社会科学出版社2009年版，第724页。

对合法的、和平的斗争方式的选择。

此外，从19世纪60年代起尤其是从巴黎公社革命失败后，欧洲无产阶级革命处于低潮期，德国无产阶级暴力革命缺乏国际同盟军。这也在客观上影响了德国工人运动的道路选择。

德国工人运动的议会斗争道路开始于1867年，是以工人政党党员参与国会议员竞选开始的。当年8月，北德意志邦联国会第一次实行全体男性公民普遍、平等、直接的选举制度。[1] 德意志工人政党领袖积极参加这次邦联国会议员的选举，奥古斯都·倍倍尔和威廉·李卜克内西当选为第一届邦联国会议员，这是德国工人阶级代表第一次在容克—资产阶级的合法机构——议会中有了代表，为德国工人阶级从事议会斗争提供了条件。此后，德国工人阶级政党积极参加德意志第二帝国国会的选举。1878年"非常法"出台后，社会民主党的领导机构被迫转为国会党团，在国会提出体现工人权益的纲领和具体要求的提案。

德国工人政党的议会斗争取得了显著成效，主要体现在：一是工人政党在国会选举中的选票数量增长迅速。社会民主党所得的选票1871年为102000张，1874年为352000张，1877年为493000张，1890年猛增到1427298张，"党从而成为德国最强大的党"[2]，1898年再次成为得票最多的政党。工人政党选票的增加显示了工人力量的壮大。二是工人政党引起德意志第二帝国统治阶层的恐惧和高度重视。俾斯麦把社会民主党问题看作国内战争问题和政权问题。[3] 前文所述的1878年10月国会通过的"非常法"正是德意志第二帝国统治层对工人政党议会斗争成效的直接反应。至于建立社会保险制度的动机，俾斯麦曾直言："要是没有社会民主党，要不是大批的人害怕它，我

---

[1] 蒋劲松：《德国代议制》第2卷，第666页。
[2] [民主德国] 苏珊·米勒、海因里希·波特霍夫：《德国社会民主党简史1848—1983》，第38页。
[3] [德] 奥托·冯·俾斯麦：《回忆与思考：俾斯麦回忆录》第3卷，东方出版社1985年版，第32页。

们迄今在社会改革上所做的有限进展也就不复存在了。"① 社会保险制度的建立在一定程度上调节了自工业革命后资本主义社会两大对立阶级——资产阶级和无产阶级之间的对立,一定程度上缓解了社会矛盾,资本主义制度崩溃的进程得以延缓。由此可见,资本主义国家的福利制度、所谓资本主义的"生命活力"是工人阶级斗争的结果,从来不是资产阶级自愿、主动的结果。

德国工人政党议会斗争道路引起马克思和恩格斯的特别关注和指导。针对威廉·李卜克内西当选北德意志邦联国会议员之后在国会上的第一次演说②,马克思多次给予高度评价,在给友人的信中称赞"他第一次在联邦国会里登台讲话,给我们带来光荣","李卜克内西在柏林的演说使我很高兴,我从这里给他出了些主意"。③针对1877年德国工人政党参加国会选举的结果,恩格斯指出:"选举给了我们以估量自己力量的工具。"④ 后来,恩格斯赞扬德国工人政党把选举权"已经被他们由历来是欺骗的工具变为解放的工具"⑤。

不过,随着议会斗争道路所取得的成果越来越明显,一些工人政党领袖逐渐忘记了议会斗争道路的初心,在19世纪末20世纪初逐渐走上"议会主义",把议会斗争道路绝对化、唯一化,贬低、排斥无产阶级暴力革命道路。德国社会民主党分裂为左、中、右三派。⑥ 其

---

① [民主德国]苏珊·米勒、海因里希·波特霍夫:《德国社会民主党简史1848—1983》,第38页。
② 1867年9月30日,威廉·李卜克内西在北德邦联国会第一次发表演说,在其对法案的一项补充建议中要求,警察对于各种国籍的人都不得随意驱逐和限制其居住期限。他的发言被大会主席西姆桑博士打断,李卜克内西的建议被否决。
③ 《马克思恩格斯全集》第31卷,人民出版社1972年版,第357、566页。
④ 《马克思恩格斯全集》第25卷,人民出版社2001年版,第115页。
⑤ 恩格斯:《卡尔·马克思〈1848到1850年的法兰西阶级斗争〉一书导言》(1895年3月6日写成),见《马克思恩格斯选集》第4卷,人民出版社2012年版,第388—389页。
⑥ 右翼以弗德里希·艾伯特和菲利普·谢德曼为代表,支持、接受伯恩施坦修正主义,坚持议会道路,主张与政府合作,支持战争,对工人阶级发挥着主导的影响,该派人数最多。左翼以卡尔·李卜克内西和罗莎·卢森堡等人为代表,反对伯恩施坦修正主义,坚持马克思主义,人数最少,声音最小。中间派以考茨基为首,对伯恩施坦修正主义的态度具有中间、但在本质上往往站在右翼一边。

中右翼占据工人的大多数，被称为德国社会民主党多数派，其领导人在20世纪初逐渐掌握了德国社会民主党的领导权和德国工人运动的领导权。1914年8月4日，德国社会民主党议会党团投票赞成帝国政府的军事预算，号召工人保卫祖国，支持帝国主义战争。德国工人运动的议会斗争道路演变为社会改良主义道路。

二　德国十一月革命爆发的条件

1918年11月至1919年5月德国的十一月革命作为德国工人运动史上迄今为止规模最大的一次无产阶级暴力革命，其爆发是多种因素综合作用的结果。主要因素有：

第一，德国在第一次世界大战中战争政策的破产和军事上的失败。1914年7月28日，第一次世界大战爆发。德意志第二帝国作为战争的主要发起国和参战国，其"作战计划是以迅速打败对方为目标的"[①]。大多数德国人认为，在同年圣诞节前战争将以德国的胜利而结束。但是战争拖延到1918年还没有结束。相反，到1918年9月底，德军最高统帅部已经承认德国军事上的失败，并要求立即停战和谈。德国战争政策的破产和军事上的失败，动摇了随着19世纪70年代初德国统一、崛起而不断强化的皇权和政府权威，严重削弱了国家机器和政府机构的治理效能，为德国在1918年11月爆发无产阶级革命创造了最为重要的条件。正如卡尔·迪特利希在《德意志史》第4卷中论述德国在第一次世界大战中的军事失败与十一月革命的爆发、帝制崩溃之间的关系时所总结的那样，"军事上的失败同帝制的垮台在历史上是紧密地联系在一起的"[②]。也正如被革命推翻的德皇威廉二世在回忆十一月革命爆发前夕的形势时所承

---

① ［联邦德国］卡尔·迪特利希：《德意志史·第四卷·世界大战时期（1914—1945）》上册，高年生等译，商务印书馆1986年版，第120页。
② ［联邦德国］卡尔·迪特利希：《德意志史·第四卷·世界大战时期（1914—1945）》上册，第153页。

认的那样,"政府的威望已丧失殆尽,反对皇帝的煽动正全面展开"①。德国共产党领导人恩斯特·台尔曼在纪念十一月革命十周年的文章中谈到十一月革命爆发的条件时,也谈到了这一点。台尔曼指出,"当时的形势怎样呢?客观形势已为无产阶级革命的胜利准备了一切条件……这些条件是建立无产阶级统治的前提。由于在世界大战中的军事失败,统治阶级及其国家机器受到严重的打击,政权机构失去效能,军队和警察已无力抵抗革命"②。

第二,民生问题恶化。敌对国对德国食品进口的封锁和战争拖延对资源的巨大消耗使德国国内民生问题恶化,民不聊生。早在1915年德国食品供应就成了问题,同年1月25日设立定量配给制度,通过发面包卡的办法解决食品供给问题。1916—1917年德国度过了一个饥饿的冬季。1917年夏季定量供应的食品热量为1000卡,而德国卫生局计算的最低热量需要量为2280卡。1917年冬天,许多家庭被迫用萝卜来充饥,被喻为"萝卜的冬天"。1914—1918年,德国有75万多人饿死。与民生问题的恶化相伴而生的是,"战争最初几个月德国人民所表现的内部团结,由于饥饿逐渐为怨恨和不满瓦解"③。战争初期举国一致支持战争的局面被打破了,士兵和民众出现厌战情绪,且这种情绪随着战争的拖延不可抑制地增长。

第三,社会民主党左派斯巴达克派对工人、士兵进行的马克思主义革命理论宣传鼓动工作的影响。斯巴达克派成立于1916年1月,属于德国社会民主党左派。该派坚持马克思主义的科学社会主义理论,主张通过无产阶级革命、建立无产阶级政权的途径实现和平,解决民生问题。斯巴达克派成立之初在德国工人中影响力微小,但是它的成立是对自19世纪60年代以来占据德国工人运动道路主导地位的议会

---

① 《威廉二世关于十一月革命的回忆》,参见邸文选译《一九一八年德国十一月革命》(世界史资料丛刊·现代史部分),商务印书馆1990年版,第45页。
② 《恩斯特·台尔曼论1918年11月9日德国革命的爆发》,参见邸文选译《一九一八年德国十一月革命》(世界史资料丛刊·现代史部分),第26—27页。
③ [联邦德国]卡尔·迪特利希:《德意志史·第四卷·世界大战时期(1914—1945)》上册,第120页。

斗争道路的冲击，也是对德国社会民主党多数派的挑战。随着战争的拖延、德国民生问题的恶化、社会矛盾的激化，斯巴达克派的声音逐渐增强。特别是俄国十月社会主义革命爆发后，斯巴达克派以其为榜样，成为德国无产阶级革命理论的主要传播者，革命的主要鼓动者、组织者。正如《德国近现代史——它的历史和文化》一书所指出的那样，"一些革命鼓动工作无疑在这之前（11月9日）、特别是在战争的最后两年期间进行的。这项鼓动工作的主要中心是以格奥尔格·莱德博尔、埃米尔·巴特、恩斯特·多伊米希为首的独立社会民主党左翼以及后来的卡尔·李卜克内西、罗莎·卢森堡和利奥·约吉希斯的独立的斯巴达克派"①。

第四，俄国十月社会主义革命的示范性影响。1917年11月7日（俄历10月24日），俄国爆发了由马克思主义政党布尔什维克领导的无产阶级革命——十月社会主义革命，这对德国爆发无产阶级革命起到了极大的推动和示范作用。十月革命胜利的消息传到德国后，斯巴达克派受到极大鼓舞，加紧在工人、士兵中进行无产阶级革命的宣传、鼓动工作。1917年11月9日，斯巴达克派在《莱比锡人民报》上发表的《俄国的无产阶级专政》指出，"俄国无产阶级的胜利是一个巨大的成就，它必将促进全世界工人运动的发展"②。1917年12月，斯巴达克派向德国工人发出呼吁，指出德国建立社会主义共和国的可行性和方式，"如果说昨天还是沙皇统治的俄国，如今变成了一个工人当家做主的社会主义共和国，那么，德国也会出现改天换地的时代。只有通过群众斗争、群众起义和群众罢工，取消整个经济机构和全部战争工业，只有通过革命和工人阶级为建立德意志人民共和国进行斗争，才能结束人类大屠杀和实现全面的和平"，在这次呼吁中，斯巴达克派明确地喊出了"德意志共和国万岁"的口号③，对德意志第二帝国的政治制度进行了否定。

---

① [美]科佩尔·S.平森：《德国近现代史——它的历史和文化》（下），范德一译，商务印书馆1987年版，第478页。
② 邸文选译：《一九一八年德国十一月革命》（世界史资料丛刊·现代史部分），第11页。
③ 邸文选译：《一九一八年德国十一月革命》（世界史资料丛刊·现代史部分），第13页。

斯巴达克派的宣传鼓动工作取得了良好的效果。不仅马克思主义科学社会主义理论在工人、士兵等无产阶级中得到迅速传播，而且使俄国十月革命发挥了极大的"榜样"力量，冲破了议会斗争道路对德国工人阶级在思想上的禁锢，为德国爆发无产阶级革命奠定了重要的思想基础和群众基础。1918年1月29日，柏林爆发了主要由军火工人发动的有20万人参加的第一次大规模政治性大罢工。在这次罢工中，无产者和警察首次发生了冲突，罢工提出了取消企业军事化、对德国各级国家机构彻底民主化等要求。① 罢工很快从柏林发展到帝国几乎所有的工业中心。"但是，社会民主党多数派'掌握了'这次罢工，使它背离了革命目标。"② 社会民主党多数派坚持社会改良主义道路，反对工人们的政治罢工，反对革命。因此，其领导人艾伯特和谢德曼虽然都参加了这次罢工，但是正如艾伯特自己后来在马格德堡审判中所供认的那样，他参加罢工是"抱着尽快结束罢工、避免国家遭受破坏的既定目的"，"社会民主党的领导人在军火工人大罢工问题上，采取表里一致的谴责罢工的立场"③。谢德曼则在同一次审判中直截了当地炫耀了他们在导致这次罢工失败中的功绩。在社会民主党多数派的"运作"和帝国政府的镇压之下，这次罢工最终失败了。但是，"（德国）无产阶级的这次发动是具有头等重要意义的事件，是德国无产阶级的情绪的转折点"④。

到1918年10月，无产阶级革命学说对德国士兵产生了重大的影响。这一点可以从德军军事最高决策者对德军面临形势和战争结局的判断中看出来。1918年10月1日，德国陆军总参谋部的决策者埃里希·鲁登道夫向德国最高统帅部军官就"要求停战、进行和谈及组成帝国国会多数派政府所做的说明"中，在论述德军面临的战争形势时，指

---

① 邱文选译：《一九一八年德国十一月革命》（世界史资料丛刊·现代史部分），第15页。
② [美] 科佩尔·S. 平森：《德国近现代史——它的历史和文化》（下），第478页。
③ 1925年初，在马格德堡扩大陪审法庭上对几名编辑进行审讯。这些编辑指责艾伯特参加1919年1月罢工而犯有叛国罪。艾伯特就社会民主党多数派领导人对1918年1月罢工的态度提供了供词。参见邱文选译《一九一八年德国十一月革命》（世界史资料丛刊·现代史部分），第20页。
④ 《在莫斯科省工厂委员代表会议上的讲话》（1918年7月23日），《列宁全集》第2版增订本第34卷，人民出版社2017年版，第499页。

出了德国士兵受社会主义思想影响的"严重程度"。鲁登道夫指出："我方形势极为严重,西线每天都有被突破的可能……最高统帅部和德国军队已精疲力竭……更加严重的是,我方军队受到斯巴达克派——社会主义思想的严重毒害,已不能信赖。"军队受社会主义影响的情况直接影响了德国军事决策层对战争局势的判断。鲁登道夫在这份说明中进而指出,如果不停战、和谈,西线德军很快会被打败,溃败的德军士兵就会"涌过莱茵河,将革命思想的毒素带入德国"[①]。德皇威廉二世在回忆十一月革命爆发的情况时,对于斯巴达克派的革命活动以及俄国十月革命对德国军队的影响,以仇恨的口气说道:"长期以来俄国大使馆同斯巴达克派相互勾结,在异常平静的情况下,组织俄国模式的布尔什维克主义革命这种毒素已通过感染了政治瘟疫的休假士兵向军队传播。军队部分人受到了侵蚀。一旦军队因停战而空闲下来,回国后将会拒绝向起义者开战……军队已不可靠,祖国已处在革命前夜。"[②] 由此可以看,无产阶级革命思想的传播在德军中的影响力。

在以上几种因素的综合作用下,德国十一月革命最先在德意志第二帝国君主制度的支柱、以其纪律性被称为"僵尸士兵"的军队中拉开序幕。

三 十一月革命与德国工人运动道路的选择

十一月革命突破了德国工人运动的议会斗争道路模式,开创了德国工人运动史上的第一次大规模无产阶级暴力革命道路。

1918年11月3日,基尔港水兵因厌战、拒绝执行长官的作战指令而发动起义,码头船厂工人以罢工进行响应。11月4日,起义士兵仿照俄国十月革命的模式建立起士兵工人苏维埃。这是对德意志第二帝国政府权威和政治制度的公开否认,也是对以往德国工人运动的议会斗争道路的根本性突破。基尔港水兵起义拉开了德国十一月革命的序

---

① 邸文选译:《一九一八年德国十一月革命》(世界史资料丛刊·现代史部分),第6页。
② 邸文选译:《一九一八年德国十一月革命》(世界史资料丛刊·现代史部分),第46页。

幕。随后几天，起义的士兵与厌战的工人联合在一起，革命犹如燎原之火席卷全德。"火车把基尔的士兵代表运送到德国每一个城市。每一处兵营的士兵和工厂的工人都响应他们的号召，建立起工人士兵苏维埃。"[1] 到11月8日，除柏林外，全德国各地都爆发了无产阶级革命，相继建立起工人士兵苏维埃。

工人士兵苏维埃既是战斗机关，又是政权机关。各地的苏维埃组织都提出了大体相同的实现无产阶级政权的措施和主张，如废除君主制、建立共和国；没收财产；粮食由工人组织分配；改革军事制度等措施和主张。例如，11月4日斯图加特成立的工人士兵苏维埃提出：废黜所有王朝，解散联邦议会和帝国国会，各级政府立即接受工人、士兵、小农和农业工人代表提出的选举政府的要求，没收银行和工业企业归无产阶级所有，彻底改革军队制度等措施和要求。11月8日，不来梅工人士兵苏维埃发出呼吁："苏维埃的任务应该是扩大、巩固和深化革命，全部政权归工人士兵苏维埃，推翻资本主义社会制度，从而废除各种形式的剥削和压迫……建立社会主义社会。"[2] 11月8日，慕尼黑工人士兵农民苏维埃占领了国防部，宣告成立巴伐利亚共和国，要求国王在中午12时之前退位。斯图加特工人士兵苏维埃也同样掌握了政权，也要求国王在下午1时30分之前退位。

就在无产阶级革命进行得如火如荼的时候，社会民主党多数派也加紧了阻挠革命的工作。11月4日，社会民主党多数派执行委员会告诫柏林工人不要听从那些煽动罢工的人，要求他们坚守工作岗位。11月5日谢德曼策划挑衅事件，迫使苏俄驻德使馆撤离德国。面对无法阻挡的革命洪流，社会民主党多数派为了掌握革命的主导权，引导革命朝着自己希望的方向发展，一改以往支持君主制的立场。11月7日，艾伯特和谢德曼向帝国宰相巴登的马克斯亲王递交了最后通牒，要求政府在11月8日中午之前发表一份声明，明确就是否赞成皇帝退

---

[1] Stefan Berger, *Social Democracy and the Working Class*, London and New York: Routledge, Taylor and Francis Group, 2016, p.94.

[2] 邱文选译：《一九一八年德国十一月革命》(世界史资料丛刊·现代史部分)，第35页。

位和皇太子放弃皇位、是否在政府中加强社会民主党的影响等表态,否则他们将从政府中撤回代表。[①] 11月9日凌晨,艾伯特、谢德曼等在《前进报》上撰文呼吁工人保持安宁,留在工厂,相信党。

斯巴达克派决定把革命进行到底,攻克德意志第二帝国的全部政权机器所在地首都柏林。11月8日,柏林工人士兵苏维埃执行委员会向工人、士兵们发出呼吁:"我们决不仅仅要求一个人退位,而是要求建立共和国!建立真正的社会主义共和国。"[②] 11月9日,斯巴达克派发出鼓动继续推进革命的号外传单,指出"两名霍亨索伦王朝成员的退位无足轻重。一小撮亲政府派的社会党人担任领导职务也无济于事",并提出了无产阶级革命要达到的要求。

在斯巴达克派的号召和领导下,11月9日柏林几十万工人举行总罢工,驻扎在柏林的士兵举枪起义。"在官方大楼、地下室和走廊上整天都架着机关枪,但是士兵们不愿意拿起武器对付无产阶级革命。"[③] 当日上午,武装工人和士兵相互配合,一举占领了帝国政府各部、国会大厦、警察总局、电报局、监狱以及其他主要部门,第二帝国的国家机器陷入瘫痪。到中午时分,整个柏林已经被武装工人和士兵占领。为了安抚群众,"作为挽救王朝的最后一次尝试",中午12时帝国宰相马克斯宣告威廉二世退位,同时把宰相职务移交给被马克斯认为会"决心竭尽全力对革命进行斗争"、有可能保住君主制的帝国宰相唯一候选人社会民主党多数派领导人艾伯特,[④] 请其组织政府。同日,当社会民主党多数派领导人谢德曼听到斯巴达克派领导人将宣布德国为社会主义共和国的消息后,出于担心斯巴达克派的"激进主义"、继续推进革命,决定先发制人,于下午两点在国会大厦的阳台上抢先宣布:"德国人民获得了全面胜利。很大一部分驻军参加了我们的行列。霍亨索伦王朝已经退位。伟大的德意志共和国万岁!"[⑤] 卡

---

① 邸文选译:《一九一八年德国十一月革命》(世界史资料丛刊·现代史部分),第59页。
② 邸文选译:《一九一八年德国十一月革命》(世界史资料丛刊·现代史部分),第35页。
③ 邸文选译:《一九一八年德国十一月革命》(世界史资料丛刊·现代史部分),第27页。
④ [美]科佩尔·S.平森:《德国近现代史——它的历史和文化》(下),第490页。
⑤ 邸文选译:《一九一八年德国十一月革命》(世界史资料丛刊·现代史部分),第60页。

尔·李卜克内西则于下午4时在皇宫动物园宣布德国为社会主义共和国。德意志共和国是资产阶级共和国，社会主义共和国是无产阶级专政共和国。无论怎样，貌似坚不可摧的德意志帝国半专制君主制在无产阶级革命的洪流中崩溃，德国政治制度发生根本性变革。

推翻君主制，建立共和国是无产阶级革命的第一步，实现无产阶级的统治是无产阶级革命的最终目标。但是"社会民主党多数派拒绝任何形式的专政，包括无产阶级专政在内"①。工人们接受以谢德曼为代表的观点，认为革命已经取得全面胜利。大多数参加革命的士兵也持有这样的观点，"百分之九十五的士兵委员会支持社会民主党多数派"②。11月9日晚，受社会民主党多数派蛊惑的士兵和工人代表逼迫李卜克内西参加由社会民主党多数派领导的联合政府。李卜克内西随即向谢德曼提出了参加联合政府的六项条件，其中包括德国应该成为社会主义共和国；这个共和国的全部立法、行政及司法权应完全掌握在全体劳动人民及士兵选出的可信赖人士手中，赶走政府中的一切资产阶级分子等，这些条件被社会民主党多数派拒绝后，李卜克内西拒绝参加政府。11月10日，《红旗报》发表致"柏林工人和士兵"呼吁书，公布斯巴达克派关于继续革命的战斗纲领。

11月14日，德累斯顿、莱比锡、开姆尼茨工人士兵苏维埃全权代表发出关于继续革命、建立德意志统一社会主义共和国呼吁书，指明了革命的目的"是建立社会主义共和国"。呼吁书还指出了实现社会主义的方式。

与此同时，社会民主党多数派加紧进行夺取革命成果、建立资产阶级共和国的工作。12月16日，在柏林召开的全德第一届工兵苏维埃代表大会上，受社会民主党多数派的影响，大会通过了举行"制宪会议"选举的决定，等于自动取消了工兵苏维埃的政治权力。无产阶级革命的果实被容克—资产阶级窃取。

---

① ［美］科佩尔·S. 平森：《德国近现代史——它的历史和文化》（下），第502页。
② ［美］科佩尔·S. 平森：《德国近现代史——它的历史和文化》（下），第494页。

在这种情况下,斯巴达克派决定进行"二次革命"。斯巴达克派于1918年12月29日至1919年1月3日召开会议,12月30日宣布德国共产党成立。德国共产党的党纲明确提出建立无产阶级政权的革命目标。但是主要由于多数德国工人阶级被社会民主党多数派的思想和观念控制,德国共产党领导的"二次革命"最终失败了。1919年1月19日,国民会议举行选举。2月4日,不来梅共和国被推翻。2月11日,国民会议选举艾伯特为资产阶级共和国——魏玛共和国的首任总统,2月13日谢德曼正式组阁。

魏玛共和国成立后,社会民主党多数派勾结旧政权的军人全力绞杀各地无产阶级政权。1919年5月3日,巴伐利亚苏维埃共和国被推翻。至此,这场主要由德国无产阶级发动的、打破德国工人运动议会斗争道路的德国无产阶级暴力革命——十一月革命结束了,革命的成果止于资产阶级共和国的建立。

四 小 结

工人运动的道路选择无论是议会斗争还是暴力革命,都是由其所在国当时的具体环境包括工人阶级的力量,所在国的社会、经济状况,统治阶级的国家治理效能,国际工人运动的状况等国内外因素共同决定的,一定程度上都有其客观必然性。对于德国十一月革命的必然性,学术界存在争议,否认其必然性的主要依据是,1918年11月3日基尔港水兵起义爆发得太突然,德国社会民主党领导人对革命的发生不知情,没有参与领导革命。这样的论证是不合乎逻辑的。通过本文前面的论述可以看出,社会民主党多数派是坚决反对革命的,这次革命的准备工作主要是由斯巴达克派进行的,社会民主党领导不知情不意外。至于革命的突发性,列宁早在1918年7月就对德国以后爆发革命的突发性与必然性进行了分析。他说:"革命是不能按订单制定的,不是预订好在某个时刻发生的,而是在历史的发展过程中逐渐成熟起来的,并在由一系列错综复杂的内部和外部原因所决定的时刻爆发的。这一时刻正在临近,它必然地不可避免地会到来。"① 正如汉堡工人士兵苏维埃1918年11月8日号召汉堡工人、士兵勇敢行动的呼吁书中所说的："11月第一周所发生的事情绝不是暴动，这是历史发展中的必然结果！"② 就连顽固反对无产阶级暴力革命的社会民主党多数派领袖谢德曼也不得不承认："11月9日是战争失败、无比贫困和憎恨战争贩子的必然结果……这一天，一切都再也进行不下去了。"③ 因此，对待这两种工人运动的道路应该以历史唯物主义和辩证唯物主义的方法，历史地、辩证地看待，不应该厚此薄彼，更不应该以以往或者后来的工人运动道路选择情况轻易地否定这一个，肯定那一个。在这方面，十一月革命前的德国工人运动的道路选择和十一月革命给我们提供了看待这两种道路的典型范例，尤其是德国十一月革命为我们提供了观察和思考国际工人运动道路选择的生动案例。同样，由于工人所在国的国情存在差异，在学习、借鉴他国的工人运动道路时应该考虑本国的国情，不应该机械地照搬，更不应该以一国工人运动的道路选择来简单地评判另一国工人运动的道路选择。

十一月革命的成果表明，无产阶级暴力革命可以在一定程度上克服议会斗争道路的局限性。德国工人运动的议会斗争道路在19世纪末20世纪初已经显示出其不可回避的局限性，即议会斗争道路可能长期化、无产阶级实现统治的目标可能遥遥无期。为了实现、配合在议会的合法斗争，在德国工人政党的纲领中，从没有对德意志第二帝国现行政治制度进行质疑、变革的要求，相反对获得容克—资产阶级政府在建立工人生产合作社中的资助和支持一直给予厚望，这将有可能使实现无产阶级统治的目标虚幻化。而恩格斯在称赞德国工人政党议会斗争道路所取得的成绩的同时，就已经敏锐地看到了这一问题。他指出，"在德国连一个公开要求共和国的党纲都不能提出的事实，证明了以为在这个国家可以用舒舒服服和平的方法建立共和国，不仅建立

---

① 《在莫斯科省工厂委员代表会议上的讲话》（1918年7月23日），《列宁全集》第2版增订本第34卷，人民出版社2017年版，第500页。
② 邸文选译：《一九一八年德国十一月革命》（世界史资料丛刊·现代史部分），第33页。
③ ［美］科佩尔·S. 平森：《德国近现代史——它的历史和文化》（下），第478页。

共和国，而且还可以建立共产主义社会，这是多么大的幻想"①。对于随着德国工人阶级及其政党的近期的、现实的、具体的目标通过议会斗争达到后，议会斗争的作用被片面地夸大，议会斗争道路被绝对化，暴力革命的道路被排斥、被贬低的现象，恩格斯早在1890年3月9日给有此倾向的李卜克内西的信中就已指出，"我同意你的意见，我们应当尽可能以和平的合法的方式进行活动，避免可以引起冲突的任何借口。但是，毫无疑问，你那样愤慨地反对任何形式的和任何情况下的暴力，我认为是不恰当的。"② 但是，19世纪末20世纪初，受伯恩施坦修正主义的影响，多数德国工人、德国社会民主党党员走上了排斥无产阶级暴力革命、主张走社会主义的社会改良主义道路。他们不支持对德意志第二帝国的现行政治制度进行变革。因此，正如《德国代议制》一书中所写的，"即使到1917年，德国大多数政党和人民仍然没有要求转向议会制和共和制"③。十一月革命中，社会民主党多数派极力反对、仇视革命的种种表现和态度恰恰是其社会改良主义的合乎逻辑的"正常"反应。在这样的情况下，实现德国无产阶级统治将如恩格斯的担忧那样可能虚幻化。正是在斯巴达克派鼓动、领导下德国爆发的十一月无产阶级暴力革命，才推翻了德意志第二帝国的半君主专制制度，资产阶级性质的共和国得以建立起来，实现了德国政治制度的根本性变革，推动了德国政治的民主化进程。这在一定程度上克服了议会斗争道路的局限性，也解除了恩格斯的担忧。

德国十一月革命一定程度上印证了恩格斯关于未来无产阶革命的领域和方式的预测。恩格斯根据19世纪40年代以来城市的扩展，铁路的建设，城市道路的改善，城市建筑的现代化，城市驻军数量的增长趋势，军事装备的变化等新情况指出，无产阶级斗争的条件已经发生根本性的变化，以往无产阶级起义中实施街垒战和巷战的时代已经

---

① 恩格斯：《1891年社会民主党纲领草案批判》(1891年6月18日—29日之间)，《马克思恩格斯选集》第4卷，人民出版社2012年版，第294页。

② 恩格斯：《致威·李卜克内西的信》，《马克思恩格斯文集》第10卷，人民出版社2009年版，第582页。

③ 蒋劲松：《德国代议制》第2卷，第911页。

一去不复返了。① 那么无产阶级如何开展武装暴力革命？这成为一个新问题。恩格斯根据德国工人政党在议会斗争中取得的成果，对这一问题的答案给出了预测。恩格斯认为将来无产阶级革命的领域在旧政权的支柱——军队里，革命的方式是工人阶级政党利用议会竞选时的宣讲工作，使士兵们接受社会主义思想，在无产阶级起义时拒绝向起义者开枪，无产阶级的起义从而取得成功。恩格斯的预测在俄国十月社会主义革命中进行了第一次成功的实践，德国十一月革命则是第二次成功的实践。

十一月革命中，各地苏维埃政权出于消除德意志第二帝国政治、经济基础的目的，提出的一些主张和措施，比如，如前文所述的各地建立起来的苏维埃政权对德意志第二帝国王侯、贵族资产的社会化、国有化措施，对大银行、大矿产的社会化措施，对支撑德意志第二帝国君主制的军队和国家机器的民主化的主张和措施等，日渐深入人心，这对于以后德国历史上新政权对旧政权经济、政治制度的改造、变革提供了思路或借鉴。比如魏玛共和国时期，在德国共产党发动的1925年—1926年的"无偿没收旧诸侯财产"的运动中，除旧政权的残余外，得到了社会各阶层的呼应和支持。在1926年6月20日举行的针对此提议的投票中，有14455184票赞成。② 又如，第二次世界大战后盟国对纳粹德国的非纳粹化、非军事化、民主化运动中，从彻底铲除法西斯政治、经济基础的目的出发，拆分或拆毁作为军国主义基础的大企业，进行土地改革等措施，都受到十一月革命中苏维埃政权采取的措施的影响。

（原载《当代世界与社会主义》2018年第6期）

---

① 恩格斯：《卡尔·马克思〈1848到1850年的法兰西阶级斗争〉一书导言》(1895年3月6日写成)，见《马克思恩格斯选集》第4卷，人民出版社2012年版，第390—393页。

② [德] O. 施律德尔：《德国工人运动的传统》，《历史研究》1960年第3期，第27—33页。

希特勒民社党的社会政策(1933—1939)

邱 文

1933年1月30日希特勒民社党上台,给德国和世界人民造成了恐怖、种族迫害和战争灾难。在对希特勒民社党社会政策的研究中,一些学者侧重强调其恐怖镇压,也有不少学者着重考察其社会就业问题。笔者认为,希特勒民社党推行的社会政策,具有恐怖镇压和社会笼络的双重特征,具有极端的残暴野蛮和蛊惑欺诈性。本文试图对1933—1939年希特勒德国社会政策的双重性进行研究,希望有助于认识希特勒法西斯的本质,有助于呈现希特勒法西斯德国的社会全貌,也有助于理解千百万德国民众盲目和狂热地追随希特勒法西斯的内外政策和战争政策的原因。

一 民社党的社会政策思想

民社党的社会政策思想主要包括民社党早期的社会政策思想主张和希特勒的社会思想两个部分。

民社党早期的社会政策思想主张,主要由安东·德雷克斯勒和施特拉瑟兄弟提出来的,比较集中地反映在民社党的《25点纲领》和1932年格·施特拉瑟起草的《经济紧急纲领》中。其要点是要求在保存私有制基础上,对现存的资本主义制度实行变革,对大资本实行限制,"建立和维护一个健康的中产阶级",确保中间阶层拥有"一种受重视和具有影响的"社会地位;强调国家要"关心公众谋生和生活的可能性",提高民众的购买力和缩短劳动时间;扩大社会保险和养老金制度；推行提高人民健康水平的母子政策和提高生育率的家庭政策；扩建国民教育制度，使每个德国人均能受到良好的教育；希望建立一个没有阶级对立的、"不消灭弱者"的"民众共同体"；为失业者安排工作；使中产阶级摆脱受大资产阶级排挤的威胁；为有天才的年轻人提供晋升的机会等。[①] 安东·德雷克斯勒和施特拉瑟兄弟提出的社会思想主张，比较典型地体现了小资产阶级下层民众的社会要求和思想。德国资本主义发展较之英、法等国为迟，在轻工业等经济领域存在着数量众多的小企业，德国是一个小资产阶级"王国"，小资产者占全部人口的40%以上。德国资本主义发展因起步晚而来势凶猛，资本主义生产关系排挤前资本主义生产关系和大垄断企业排挤小企业的进程，远比其他国家更加剧烈。一些封建属性较强的小生产者面临被淘汰的威胁，其他成员面临分化的威胁。这种分化使极少数人有可能上升为资产阶级，大量的人只能被抛进无产者的行列。第一次世界大战对小资产阶级的打击特别严重。战争期间，德国政府为了保证战争供应，重点扶持大企业，中小企业大量破产。战争造成的通货膨胀，对中下层民众打击特别沉重。在战后初期的经济危机中，中小企业倒闭，大量工人失业。在资本主义全面危机的形势下，小资产阶级成员强烈地要求改变现状和对社会进行有利于自身利益的改革。安东·德雷克斯勒和施特拉瑟兄弟提出的社会思想主张，正是小资产者社会改革要求的表达。这种社会政策的思想和主张，在广大中下层民众中产生了相当大的影响，在1929—1932年经济大危机时期，为民社党争取中下层民众的支持和选票起了不小的作用。

希特勒的社会思想是以社会达尔文主义为基础，以种族主义为核心的"民众共同体"思想。在他对《25点纲领》的修改补充中和1923年口授的《我的奋斗》一书中，进行了系统的阐述。他的民众共同体思想，有别于德雷克斯勒和施特拉瑟兄弟代表的小资产阶级社会

---

① ［德］D.鲍伊克尔特：《民族同志与共同体的陌生者》，科隆联盟出版社1982年版，第102页；［德］弗·吕特格：《德国经济和社会史》，哥廷根施普林格出版社1976年版，第561页；［德］达·舒恩鲍姆：《褐色革命》，科隆—柏林克本豪厄尔和维赤出版社1968年版，第65页。

改革激进派所设想的没有阶级对立和"不消灭弱者"的民众共同体思想。希特勒强调,人类历史就是血统对血统、种族对种族的生存斗争,Volk 是一个以血统为条件的整体,其共同利益就是民族的生存斗争,这是"各阶级之间存在的一种共同的基础""共同的民族利益"。因此,必须由一个"领袖"和一群"超人"把千百万"优秀血统"的德意志人,"从现时主张国际主义的非德意志诱骗者和领导者手中争取过来",铲除马克思主义和一切政治反动派,铲除犹太人、吉卜赛人、斯拉夫人等"劣等种族",组成一个"德意志共同体",去完成争夺民族"生存空间"、实现雅利安人"主宰世界"的使命。在这个民众共同体内,强调所有德意志人"超脱等级和阶级",最终克服"阶级癫狂和阶级斗争","相互理解,融洽相处","共同意识到肩负着维护民族精神的义务","先公后私","统一意志","为共同的利益服务"①。具体地说,希特勒主张建立"大德意志帝国",对内确立"中央集权"和"绝对权威",凡具有日耳曼血统的人才能成为民族同志,不分职业如何,享有决定国家领导和法律的权利,反对国内外的犹太人,建立一个没有阶级、没有犹太人的"德意志社会"或"民族社会";对外打破《凡尔赛条约》,进行扩张和夺取"生存空间",主宰欧洲和世界。希特勒对安东·德雷克斯勒和施特拉瑟兄弟提出的社会改革要求并不感兴趣。在 1919 年 9 月加入民社党的前身——德意志工人党之前,他早已形成了自己的世界观,形成了根深蒂固的民族沙文主义、种族主义、社会达尔文主义和反共偏见。德国在历史发展的不同阶段,形成了民族自负感、民族自卑感和所谓的雅利安种族优越论。19 世纪末的德国,宣扬雅利安种族优越论的意识形态层见叠出,德国各阶层民众深受影响。随着德国垄断资本主义的迅猛发展,追求欧洲和世界霸权的容克地主资产阶级把德意志民族沙文主义推到顶峰。此后,德国在第一次世界大战中的失败,不但把德意志民族争霸世界的

---

① [德]莱·库纳尔:《德国法西斯主义资料文献集》,帕尔鲁根施泰恩出版社 1979 年第 4 版,第 119—120 页;[德]沃·米夏尔卡主编《第三帝国》第 1 卷,《1933—1939 年"民众共同体"与强权政治》,慕尼黑德意志手册出版社 1985 年版,第 18、20、75 页。

迷梦打得粉碎，而且使德国被套上凡尔赛和约的深重枷锁，民族复仇主义情绪恶性发展起来，这股社会思潮以垄断资本和地主军国主义势力为中坚力量大肆宣扬，同时波及社会各阶层。

安东·德雷克斯勒和施特拉瑟兄弟提出的这种社会思想的主张，引起了金融垄断资本集团和容克地主的不满，同时也并不符合以希特勒为首的民社党主流派的意愿。在20年代后期，希特勒努力争取德国权势集团支持的时候，多次向金融垄断资本和容克地主的代表人物表示，民社党"维护私有制财产原则"，"不存在社会和经济革命"的问题。希特勒在1930年将积极宣传小资产阶级社会变革思想和主张的代表人物施特拉瑟开除出党，又在1934年对要求"第二次革命"（即继"政治革命"之后的"社会革命"）的冲锋队进行了清洗，完全彻底地贯彻自己的社会思想主张。

二 希特勒民社党的社会政策

1933年1月30日希特勒民社党上台和1934年8月其独裁政权确立前后，希特勒大力实施恐怖镇压政策，在1933—1939年期间，则实施恐怖镇压和笼络蛊惑的双重社会政策，对社会进行全面控制，对内巩固法西斯独裁统治，对外进行扩张侵略和建立欧洲和世界霸权。

（一）恐怖镇压和严密控制

在这一方面，希特勒民社党实施了相关的社会政策。

1. 建立恐怖镇压机构

法西斯德国除拥有一般国家所共同的警察司法系统，其实施机构包括帝国法院、特别法庭、"人民法庭"、治安警察以及其附属设施监狱、拘留所等之外，还拥有法律之外的暴力恐怖机构——盖世太保、党卫队和集中营。

盖世太保（秘密国家警察），作为"一种慑服和恐怖的混合物"，不仅要制止正在实施的犯罪活动，同时要把犯罪动机和计划消灭在萌芽状态。在党卫队保安处的配合下，镇压一切反对法西斯政权的人和活动。它采取侦察（包括电话窃听）、警告、劫持、谋杀、"监护"等手段，并利用"监护拘留令"，把政敌关进集中营。盖世太保拥有的权力，远远超出了警察权力的范畴。法西斯当局规定，盖世太保的行动不必经司法部门批准和复审，法院不得干涉。只要警察是在执行领袖的意志，它的行动就是合法的。盖世太保成了一支法西斯德国强有力的监控与镇压势力。

党卫队是1925年4月由希特勒私人卫队"本部警卫队"和"阿道夫·希特勒突击队"合并组成的，最初具有保卫希特勒和其他民社党领袖生活安全的卫兵组织的性质。1929年希姆莱就任党卫队全国领袖。1930年11月7日希特勒发布命令，规定"党卫队的任务首先是在党内执行警察职责"。1934年6月底，希特勒依靠党卫队清洗冲锋队。党卫队除继续承担"党内警察"职责外，还作为国家辅助警察，参与维护国内政治"秩序、监控民众可能举行的政治活动"。它很快成为法西斯德国超出常规的多功能特殊集团，成为希特勒统治德国的主要支柱。

集中营是希特勒法西斯最为残忍的血腥统治手段和形式。在法西斯当局的官方宣传中，集中营被称为"国家劳动改造营"，是一种"政治改造所"，实际上是作为法西斯恐怖专政的暴力强制工具设计的，关押一切有参加反法西斯活动的嫌疑者。1933年2月中旬，德国各地都建立了集中营。每个冲锋队都私设集中营，形成了一个严密的迫害革命者和民主人士的恐怖网络。被捕者中有62%—70%的人被关进集中营，遭到严刑拷打，或被残害致死。在德国本土，特别臭名昭著的集中营有59个，其中有达豪、巴德、杜尔海姆和戈尔迪茨集中营。在战争期间，欧洲有关国家也建立了集中营，其中有在波兰建立的奥斯维辛集中营。他们犯下了令人发指的罕见罪行。

法西斯德国被称作"警察国家""党卫队国家"和"集中营"国家。希特勒法西斯依靠这些镇压和暴力机构，采用恐怖的极端手段，对政治反对派进行前所未有的恐怖镇压，同时对犹太人、吉卜赛人等进行迫害。

希特勒法西斯上台后，采取恐怖暴力手段，严厉惩罚对政府及其措施的任何批评，查禁德国共产党、德国社会民主党及资产阶级的进步刊物，取缔除民社党之外的一切政党，大肆逮捕、迫害共产党人、反法西斯人士和民主进步人士及持不同政见者。1933年2月27日法西斯分子制造了嫁祸于德国共产党的国会纵火案。2月28日以"反击共产党人危害国家的暴力行动"为名，发布《保护国民和国家法令》，取消了魏玛宪法中规定的公民享有的人身、言论等民主自由权利，确认了法西斯的恐怖、迫害、拘捕制度，随后掀起了大规模迫害共产党人、社会民主党人、工会会员以及一切民主、进步人士和政治反对派的浪潮。1933年3月和4月，德国出现了第一次逮捕浪潮。1933年7月、12月和1934年4月，先后掀起了几次逮捕浪潮。在很短的时间内，德国成了一个毫无法制、由警察控制的恐怖国家。在希特勒法西斯统治下，究竟有多少人成为法西斯恐怖统治的牺牲品，至今很难统计出比较准确的数字。据估计，1933—1938年间，法西斯"人民法庭"和特别法庭共判处34万人长达100万年的监禁。1939年以后迅速增加，仅"人民法庭"，1942年判处死刑者1192人，1944年增至2097人。1939—1945年，法西斯军事法庭判处国防军官兵2.5万人死刑。在集中营被杀害的估计有1100万人，另有遭受残酷摧残的约1800万人。①

希特勒法西斯利用恐怖镇压机构，大力推行其种族迫害和灭绝政策。

希特勒法西斯首先将其矛头指向犹太人。希特勒认为"雅利安——北欧日耳曼人是文明的创造者和维护者，犹太人和吉卜赛人等混合种族是劣等种族、文明的破坏者和人类寄生虫"。他声称，地球应该由日耳曼优等种族进行统治。日耳曼优等种族征服和利用劣等种族，获取足够的生存空间，继续创造高级文化。希特勒上台之后，反犹又增加了政治和经济因素。在政治上，宣扬犹太人培植的最坏的祸根是民主主义、马克思主义和苏维埃国家。所以，不仅要反对犹太人，

---

① ［德］海·戈赤里希：《法西斯上台》，民主德国柏林儿童出版社1982年版，第89、92页。

反对马克思主义工人运动，而且要对犹太人加以消灭。在经济上，通过反犹能够没收犹太人资产。反犹能够稳定国内局势和转移国内阶级斗争视线。希特勒法西斯迫害犹太人经历了一个反犹、排犹和灭犹的过程。1933—1935年法西斯当局颁布各项法律，禁止犹太人担任官吏、教师和军人，限制其从事自由职业，剥夺犹太人公民权，禁止同雅利安人通婚，禁止书写德语。1938年11月9日制造"水晶之夜"（全国砸玻璃之夜），捣毁犹太人商店、教堂和住所。随后政府决定将犹太人排斥出一切经济部门，关闭全部犹太人商店，强行对犹太人经营的企业实行"雅利安化"。自1939年起，法西斯当局强迫犹太人大规模移居国外。自1941年7月起，法西斯德国反犹迫害发展到所谓"最后解决"即实施种族灭绝阶段。"最后灭绝"犹太人并不局限于德国，而是涉及被德国占领的所有国家——波兰、苏联、东南欧、西欧等国的犹太人，约有600万犹太人在实施最后解决方案中被害，占战前欧洲犹太人总数的62%以上。

吉卜赛人是法西斯当局试图灭绝的第二群体。第二次世界大战结束之前，约有52万吉卜赛人被杀害。同时，黑人和斯拉夫人也被列入根除和灭绝之列。

法西斯政权在排斥和驱逐"劣等种族"的同时，对德意志人内部的所谓"无生存价值者"也实行淘汰，其中包括遗传病患者和懦弱者、不合群和无能的人。1939年当局又开始实施"儿童行动"计划，将新生儿中痴呆和畸形的"无生存价值的生命"以"治疗"的名义杀死。与此同时，为了在数量和质量方面增强"优等种族"的力量，当局鼓励健康的德意志人多生儿育女，并将党卫队列为优等种族中的精英集团，在繁衍后代方面也要承担更大责任。

2. 建立控制社会的严密网络

希特勒法西斯在镇压革命者、民主进步人士、消除异己和进行种族迫害的基础上，把社会各部门、各行业，不论男女老少均纳入各类行业、各类社团组织，使全体民众完全处于法西斯党团严密的社会统制网络之中。

为调和阶级关系，1933年5月初法西斯当局强令解散雇主协会和德国工会联合会，以此"取消公开的阶级对抗"，代之以5月10日宣布成立的德国劳工阵线。该阵线吸收全体工人、职员和企业主参加。劳工阵线的主要任务是根据民社党总的政治目标和政府的劳动法令，对其成员进行宣传教育，负责企业中的社会福利。民社党还建立了强制性的国家组织农民协会，其领导人均由大地主和富农担任。1933年4月4日，民社党建立全国农业领导人联盟，作为全德农业组织代表机构，由达雷主持，由此实现了对农业各组织的绝对控制。

在整个德国，民社党建立了一个以该党为核心，辐射渗透到社会各个领域、机构重叠、组织繁杂的社会组织网络。民社党及其主要政治分支组织的冲锋队、党卫队，构成了这个社会组织网络的核心。围绕这个核心的是许多所谓民社党的分支组织和附属组织。属于民社党分支组织的有：希特勒青年团（其中包括学龄团员和少年队组织）、德意志女青年团（其中包括少女队）、民社主义妇女团、民社主义机动车驾驶团、民社主义德意志大学教师联盟。属于民社党附属组织的有：德意志公务员联盟、民社主义德意志医生联盟、民社主义教师联盟、民社主义人民福利会、民社主义战争受害者救济会、民社主义德意志技术联盟。

通过上述一整套有如蜘蛛网一样的名目繁多的社会组织网络，民社党将全国从事各种职业、具有各种身份的每一个人都组织到相应的团体之中，对他们进行关于"民众共同体"思想和民社主义世界观的教育，由此对全体德国民众和整个社会生活的控制，达到了历史上前所未有的程度。

（二）社会蛊惑和笼络

民社党在进行暴力、恐怖镇压和对社会严密控制的基础上，为扩大自身社会基础，还采取了社会蛊惑和笼络政策，以增强自身的凝聚力，以此掩盖其极权独裁统治的本质。

在希特勒民社党实施的社会蛊惑政策过程中，首先特别注重大肆进行关于"民众共同体"的"超阶级国家"论的蛊惑宣传。这种论调以民族主义和种族主义为基础，强调民族和国家内部的一致性，要求各阶层人士注重民族和国家的整体利益，淡化或主动调节内部矛盾，共同对外，复兴民族和国家大业。希特勒和民社党人对"民众共同体"这一概念进行了具体解释，对内方面，把共产党人、社会民主党人和一切政治反对派排斥在外，他们属于被镇压的对象。同样，也将犹太人、吉卜赛人和斯拉夫人等其他种族的人排斥在外，他们属于"劣等种族"。在对外方面，只承认本民族，即只承认德国，而无视其他民族和国家。在承认德国现存社会存在私有制和不同经济利益集团的前提之下，民社党将对社会各阶层通过一种持久的教育过程，达到取消现存传统、等级地位优越感和各种偏见，实现不分阶级、不分等级、不分职业、不分性别的一律平等。大家作为一个整体的民众共同体中的成员，共同为希特勒法西斯党的内外政策和称霸世界的侵略战争服务。希特勒民社党关于"超阶级国家论"的"民众共同体"的宣传，加上诱人的社会笼络和社会心理拉平的外衣，具有极大的蛊惑性。

1. 解决失业问题

希特勒民社党上台之初，德国失业人数高达 600 万人，加上 400 万临时工及其家属，全国几乎有一半人在贫困饥饿死亡线边缘挣扎。希特勒民社党把消除失业现象视为压倒一切的任务。他上台后的第三天（2 月 1 日），就在广播电台发表《告德意志国民书》，声称政府要"全力、全面消灭失业，以救助德国工人"，要对失业发动强大和广泛的攻势。1933—1934 年两年内，希特勒政府至少拨出 50 亿马克用于促进就业计划，并采取了独特的"解决失业"措施：

（1）大兴急需劳动力的土木建筑工程和国防工程，规定暂停技术革新，尽量以人工代替机器操作，增加劳动就业。希特勒法西斯政府把此举自诩为消除失业的伟大行动。在所有建筑工地安置的标语牌上写道："我们在这儿劳动，我们感谢元首！"

（2）重建庞大的军队和实行劳动义务制度。德国自 1935 年 3 月宣布扩军，大量的青年入伍。除正规军之外，同年颁布《德国劳动义务法》，规定适龄男女青年参加规定的义务劳动。同时为减少农村的失业者，在农村建立了劳动服务站，把大批无地农民，尤其是青年人组织起来到容克地主庄园劳动。容克地主靠国家资助发给劳动者伙食费和少量报酬。

（3）奖励妇女离职专营家务。希特勒政府限制已婚妇女就业，以增加男子的就业岗位。政府向年轻夫妇提供婚姻贷款，规定男子结婚时可向政府贷款1000马克，只要女方保证婚后不就业，生满4个孩子后贷款就可全部不还。

（4）迫害、打击异己。希特勒政府对共产党人、社会民主党人、民主进步人士、犹太人等实行关押、流放或免除公职。用迫害、打击异己的办法，至少减少了1/10的失业人员。

由于法西斯当局采取了上述有关措施，德国的失业人数迅速减少。1934年10月失业人数减至200余万人，到1937年大体上消除了失业。1938年德国失业率仅为1.3%，同一时期美国失业率为18.9%，英国为8.1%，比利时为8.9%，荷兰为9.9%。[1]德国随即实现了充分就业，并感到了劳动力的奇缺。希特勒法西斯解决失业问题，是使观察家和德国人自己感受最深的一项政策。

2. 管理工资和物价

希特勒当局为扩大总利润和保证军备工业的发展，将工资维持在尽可能低的水平。希特勒政府公开声明，为了确保"四年计划"的实施，即确保军备生产的发展，应把德国的价格压低到足以在国际市场上战胜外国竞争对手的程度，把工人的工资尽可能保持在低的水平，并尽力防止由于支付手段大量增加而可能引起的各种后果问题。希特勒政府决定，工资不再由劳动"集体合同"确定，而是由"个人合同"确定。1939年10月16日战争初期发布了一项法令，在"不许发战争财"的口号下，确立了全面禁止提高工资的原则。因此，工人的实际小时工资下降得可观，基本冻结在经济危机期间的低水平上。工人的总收入虽有一定程度的增加，但主要是通过扩就业和增加工时的结果。同时，希特勒政府对价格实行严格管制，立足于确保物价稳定，特别是确保消费品价格稳定，避免工资上升、货币贬值和通货膨胀以

---

[1] ［德］海·拉姆帕尔特：《第三帝国的社会政策》，杜塞尔多夫德罗斯特出版公司1983年版，第185页。

及由此引起的各种社会后果。希特勒政府在保持低工资和稳定物价的状态下，保证民众的基本生活需求。

3. 社会福利政策

（1）失业保险和社会保险

1929—1932年的经济大危机，已使魏玛共和国时期的保险金制化为乌有。1933年12月7日，希特勒政府颁布《维持偿付残疾者、矿工和职员保险法》，翌年7月5日颁布新的《社会保险建设法令》，1937年12月和翌年12月又先后发布《扩大保险范围法令》和《关于德国手工业者养老金法令》，将魏玛时期的社会保险机构自治管理制度改为政府官员掌管，同时扩大社会保险的范围，规定40岁以下的工人和职员全部纳入社会保险的范畴，个体经营者首次获得社会保险。按照新的法令，每个人得到的保险金额减少，发放的面放宽，并注入了民社主义的政治原则，只限于发给"民族同志"。

（2）社会救济

社会救济项目主要有"冬赈服务"和"母子救济"。冬赈服务的主要任务是缓解失业者在冬季所面临的饥寒困境。1933—1937年政府向多子女家庭和贫困家庭发放近1.5亿马克的救济品，其中主要是食品和煤炭。母子救济的主要内容是增加对孕妇和产妇的经济资助，延长孤儿补助金和儿童补助金的领取期限，使两者均至18周岁，同时补助多子女家庭以鼓励生育。

（3）休假、旅游和娱乐

在法西斯当局推行社会笼络政策的过程中，德国劳工阵线组织的"力量来自欢乐"活动扮演了重要角色。法西斯德国扩大了职工的有薪休假制度。德国劳工阵线通过与企业主协商，把原来每年3天的带薪休假日延长为6—12天，15岁以下的少年休假15天，其中参加希特勒青年团组织的活动者休假18天。德国劳工阵线还在疗养胜地鲁根岛等地，修建了一批疗养院和旅馆，建造"力量来自欢乐"旅游船。[①]

[①] "力量来自欢乐"组织的旅游船，都是考虑到未来战争而修建的，在战争过程中连船带人一起沉没了。

1937年一年之内，全国约有1000万人参加了"力量来自欢乐"的休假旅游。一时间，法西斯报刊、电台和电影广为宣传过去只有资产阶级才能享受的休假旅游，现在法西斯德国的工人也拥有了这种权利。"力量来自欢乐"组织还组建交响乐队，经常组织工人观看廉价的话剧和歌剧，参观展览会，参加文娱体育活动，接受业务进修培训。

（4）"劳动美化"活动

"劳动美化"活动的主要内容是改善工人的劳动条件和劳动环境。据1940年德国劳工阵线宣布，"劳动美化"组织为改善劳动环境，提高劳动场所的卫生和美化程度，共修建2.4万个盥洗室和更衣间，1800个新饭厅，1.7万座工厂花园和3000个工厂运动场。同时，法西斯新闻媒体大肆宣传，国家投资建造住宅、公园和运动场。

4. 社会心理拉平

"社会心理拉平"，即为"社会心理平等"。关于这一问题，希特勒在1933年的一次演说中声称："我们努力按照人的内在价值来衡量人。我们不看其外表，不看其表面，努力忘掉区分人的出身、等级、职业、财产、教育、知识、资本等东西。我们要冲破这一切观念将人们争取过来。"全国劳工阵线领袖罗伯特·莱伊也重复希特勒的说法，1933年11月对劳工阵线的成员说："我们必须摆脱旧的观念，我们赞成独立个人的存在。但是，我们并不承认从一个独立个人中派生出特权。我们要进行建设，但不是为个等级或一个阶级，而是为了全体民众。"①

希特勒法西斯当局努力将这种民众共同体的幻想，作为一种真正的社会现实进行宣传。1933年4月希特勒政府做出决定，宣布5月1日定为全民族的劳动庆祝日，表示"尊重劳动，尊重工人"。5月1日这一天，也号召大企业主参加庆祝游行，以示"全民一家"。同时，法西斯当局将10月4日定为农民丰收节，声称"农民是德意志人民的生命之源"。他们还大肆颂扬中等阶层是"创造性等级"，以此满足广大中下

---

① ［德］达·舒恩鲍姆：《褐色革命》，第97页；［德］沃·米夏尔卡主编《第三帝国》第1卷，《1933—1939年"民众共同体"与强权政治》，第79页。

层民众的心理需要。他们举办一系列象征性的庆典活动和聚餐活动,在社会生活中制造一种德意志民族内部人人"平等"的感觉和印象,甚至规定固定的日子在城镇的街道和广场以及农村,举行吃"大锅饭"的聚餐活动。在这一天,大企业主站在工人和职员身边,地主贵族站在农民身边,军官站在士兵身边,全体德意志人同吃"大锅饭",作为形成民众共同体的象征。在希特勒青年团等一些法西斯组织活动时,也实行富家子弟与工人子弟同穿一样的制服、同吃一样饭菜、同样进行义务劳动和接受军事训练。罗伯特·莱伊得意地宣称:"我们是欧洲第一个克服阶级斗争的国家。"①

1938年夏天希特勒声称,法西斯德国要实现使"每个德国职工拥有一辆小轿车"的梦想,掀起了所谓的生产"大众汽车"的宣传活动。为此他下令生产一种每辆只售990马克的小轿车,要求每个职工通过所谓"先付款、后得货"的分期购买方式,每星期交付5—15马克,达到750马克时可获得一张没有日期的大众汽车订单号码。人们经常看到一辆大众小轿车穿梭在城市乡村的公路上,停放在城镇广场的中心,吸引民众,引起轰动。可是,这个大众汽车厂并未出售一辆小轿车给德国民众。当法西斯当局由此聚集了大量资金,1939年9月欧战爆发后,该厂全部转入军工生产。"大众汽车"完全成了一个蛊惑民心的大骗局!

三 社会政策效果

希特勒民社党执行的社会政策,产生了如下效果。

(一) 建立并巩固了法西斯专政

希特勒的民社党通过推行社会政策,取消了魏玛共和国时期的民主、自由权利,对共产党人、进步民主人士进行恐怖镇压,对犹太人和非德意志种族人进行种族迫害和灭绝,解除投票支持民社党上台的

---

① [德] 达·舒恩鲍姆:《褐色革命》,第38页。

中产阶级领导人的职务甚至逮捕他们，建立并巩固了一党独裁的法西斯专政，国家弥漫着恐怖的气氛。希特勒在一份呼吁书中声明："今天，德意志帝国上至国家权力顶峰，下至地方行政机构，其领导权全部掌握在民社党手中！"

（二）"社会心理提高"的错觉

正如前文论述过的一样，由于民社党在军备工业恶性膨胀、消费工业备受忽视的情况下大力发展战略经济，因此，在实际生活中民社党的政策并未给德国广大民众带来什么明显的实际利益。在整个民社党统治期间，德国工人的计时名义毛工资指数始终低于1929年的水平。但是同1929—1933年经济大危机时期相比，德国民众获得了工作，加上延长工时和同一家庭成员参加工作的人数增加，生活有了一定改善。同时，由于法西斯德国战争经济快速增长，使得从独立经营者地位中沉沦下去的人和从乡村流入城市的人都因战争掠夺来的"收入"增加，生活条件得到改善，因此一时使他们个人因经济结构变化所必须付出的牺牲由此减少，因而他们也普遍地变得更加容易理解变化的法西斯社会。

在实际生活略有改善的同时，民社党大肆进行"民共体"思想的宣传。同时，民社党采取的社会福利措施和大肆宣扬的"民众休假""民众旅游""美化环境""大众汽车"等蛊惑活动，无论是在意识中还是在实践中，对"民众""民族伙伴"角色概念的拔高，都使人们在心理上产生了一种"平等"和社会地位"提高"的错觉，并未感觉到受到一种残暴的独裁政权的统治，而是生活在一个无阶级的社会。德国著名的政治学家莱·屈恩尔教授指出，第三帝国"并未出现崭新的社会，而是对旧的社会作崭新的理解。从现在起，应以新的眼光看待现存的社会。在维护实际的阶级关系和统治关系中，应该唤起民众共同意识"。民社党经济主编诺恩布鲁赫并非出于本意地揭露了民社党关于社会问题、"德国式"社会主义以及所谓在希特勒国家里经济是为人民服务的种种言词的真实含义。他在《动力经济学》一书中写道："因为德国人民接受了民族社会主义所灌注的信念，而把德国的经济视为已是德国人民所有,这样民族社会主义就使自己摆脱了为证明其社会主义意志就必须对经济进行改革的处境。"不进行"经济改革",也就是说不实现德国工人阶级要求的社会主义,使生产资料社会化的愿望。诺恩布鲁赫进一步指出,在法西斯德国"人民对经济的掌握并不是在物质方面的,而是在精神和思想方面"。给企业主以无限的物质权利,而给工人以精神上的占有——这就是法西斯的"民众共同体"的原则。英国历史学家达·舒恩鲍姆同样说得十分清楚:民族社会主义者不对生产资料"社会主义化",而是对人们某几种共同生活形式"社会主义化"。这些措施明显地服务于民社党的目标和国家的需要。但至少从心理上看,正式的目标和实际的效果是一个无阶级的社会。①

(三) 削弱反抗法西斯势力

民社党实施的恐怖镇压与笼络蛊惑的社会政策,使人们对法西斯制度发泄道德愤怒的政治活动余地减少到最低程度。因此,广大民众顺从和狂热地支持民社党政权的对内政策和对外扩张政策,使得民社党统治下很难发生大规模的群众反抗运动。在民社党统治的不同时期,尽管发生过以工人阶级政党即德国共产党和德国社会民主党为中坚力量的反法西斯抵抗斗争,波及德国社会各阶层,包括知识界、宗教界、军界等进行各种抵抗活动,与法西斯独裁统治进行了形式多样的斗争,但是德国的反法西斯抵抗斗争具有间或性和分散性的特征,在德国并未形成统一的反法西斯抵抗运动。德国人民的最终解放,并不是依靠自身力量,而是依靠外力取得的,这不能不成为德国人民历史上的一种悲剧。

综上所述,希特勒法西斯上台后实行的社会政策,一方面通过恐怖镇压和对社会的全面控制,消灭一切政治反对派和犹太人及其他非

---

① [德]莱·屈恩尔:《法西斯主义剖析》,邱文、李广起译,军事科学出版社1992年版,第54页;[德]达·舒恩鲍姆:《褐色革命》,第96—97页;[德]瓦·巴特尔:《法西斯专政时期的德国,1933—1945年》,肖辉英、朱忠武译,中国社会科学出版社1980年版,第59页。

德意志种族，把整个社会控制起来，同时在此基础之上，又通过实施笼络蛊惑社会政策，使广大民众产生了取消"阶级、等级"和"心理上社会地位"提高的错觉，因此全社会的各阶层被全面动员起来，盲目和狂热地追随希特勒的战争政策，成为希特勒法西斯进行侵略战争的社会基础。

西方的一些社会学家在评论中认为，希特勒民社党上台后实施了巩固政权的有效的社会政策。解决了德国严重的失业问题，并迅速恢复和发展了经济。如果希特勒不发动战争，希特勒将会成为一个伟人！这种观点是完全错误的，其错误在于并未认清希特勒的本质。法西斯就是战争！希特勒就是战争！不发动战争，那就不是希特勒！

[原载中国社会科学院近代史研究所编：《中国抗战与世界反法西斯战争——纪念中国人民抗日战争暨世界反法西斯战争胜利60周年学术研讨会文集（下卷）》，社会科学文献出版社2009年版]

论科尔政府务实的德国政策

——以十亿马克贷款为例

王 超

20世纪90年代初的德国重新统一，是世界历史上的一件大事。无论是其戏剧性的历史结果，还是其丰富的历史内涵，都引起国内外学术界的广泛关注。然而，有关科尔时期德国政策的相关研究，多集中于20世纪80年代末90年代初，科尔政府在历史的关键时刻的政治作为，缺乏对其执政初期德国政策的具体实践进行考察。本文拟通过分析科尔执政初期向民主德国提供十亿马克担保贷款的背景、动因及其影响，进而揭示联盟党重新上台后对其传统德国政策的修正与发展。

一 欧洲中程导弹危机与科尔政府的德国政策

1982年10月，联盟党在时隔13年之后再次上台执政。不过，与30多年前的首次执政相比，它所面临的国际形势依然十分严峻。自20世纪70年代末以来，由于苏联凭借其急剧膨胀的军事力量迅速向外扩张，入侵阿富汗，导致美苏关系急剧恶化。面对苏联的"严重挑战"，美国开始对苏联推行强硬政策，以遏制苏联全球性进攻的势头。双方军备竞赛也由此再度升级，进而重新进入激烈的对抗时期。特别是，美苏在其战略重点地区——欧洲的争夺与较量体现得尤为明显，由此引发了欧洲中程导弹危机。

1977年之前，美国在其西欧盟国部署了大量中程导弹，其力量与苏联相较占有一定的优势。此后，苏联开始在本国和东欧盟国部署能够打到西欧任何一个角落的 SS-20 新型中程导弹,以抗衡美国在欧洲的核战略武器优势。面对这一变化,美国及其西欧盟国深感不安。1979 年底,在美国的推动下,北约外交部长和国防部长(法国和冰岛除外)在布鲁塞尔举行联合会议,一致通过了"双重决议"政策,从 1983 年开始,在联邦德国、英国、意大利、荷兰、比利时部署 572 枚美国潘兴 II 式导弹和陆基巡航导弹。与此同时,美国承诺将就限制欧洲中程核武器问题同苏联进行谈判。① 随后,美苏就限制欧洲中程核武器问题进行了多次谈判,但由于双方基本立场相距甚远,谈判因此长期陷入僵持状态。1983 年,美苏中程导弹谈判最终破裂,美国开始在联邦德国部署新型中程导弹。苏联随即宣布将采取相应的报复措施,以对抗美国的行动。美苏关系旋即进入了"第二次冷战"的严冬。

伴随着东西方关系的再度紧张,两德关系也逐渐滑入低谷。为了维护自身的安全与稳定,民主德国开始限制来自联邦德国公民的访问数量。自 1980 年 10 月起,民主德国还大幅提高了最低兑换额。联邦德国来访者以前每天必须按 1 联邦德国马克兑换 1 民主德国马克的比率,在东柏林兑换 6.5 马克,在民主德国其他地方兑换 13 马克,而现在统一上调为 25 马克。联邦德国退休人员和青少年不再免除最低兑换额义务,要求 14 岁以下的儿童每天兑换 7.5 马克。民主德国的这一政策调整无疑增加了联邦德国来访者的经济负担。因而,在其实施后的两个月间,联邦德国公民到民主德国旅行的人数比上年同期下降了 24%,西柏林公民到民主德国旅行人数更是同比下降了 60%。②

此外,作为苏联的重要盟友,民主德国在欧洲中程导弹问题上明确表示支持苏联的立场。1982 年 11 月,在统一社会党政治局会议中,民主德国政府严厉谴责了美国及其盟国扩张军备的行为,声称这严重

---

① Reinhard Bettzuege (Hrsg.), *Außenpolitik der Bundesrepublik Deutschland: Dokumente von 1949 bis 1994*, Köln: Verlag Wissenschaft und Politik, 1995, p. 469.

② Bundesministerium für innerdeutsche Beziehungen (Hrsg.), *Innerdeutsche Beziehungen. Die Entwicklung der Beziehungen zwischen der Bundesrepublik Deutschland und der Deutschen Demokratische Republik 1980–1986: Eine Dokumentation*, Bonn, 1986, p. 8.

危及了社会主义国家的安全以及欧洲的和平进程。① 此外，对于联邦德国新上任的联盟党政府在贯彻部署美国导弹决定所表现出的坚定立场，民主德国表示强烈不满，甚至在其机关报刊上公开指责科尔政府代表了联邦德国的反动势力。② 两德政治关系开始随之迅速降温。因此，在科尔刚上任的时候有人对两德关系的未来进行了预测，说这是缓和的终结，甚至说这是新的"冰冻期的开始"③。

由此可见，东西方关系的"大气候"仍然影响并制约着两德关系的"小气候"。随着美苏间对抗的再度升级，两德关系的脆弱性也日益凸显。由于联邦德国身处冷战对抗的最前沿，出于自身国家安全利益的考虑，尽快改善和缓和当前的外部危机成为摆在联邦政府面前亟须解决的问题。与此同时，在这次危机中，该以怎样的方式来践行德国政策和东方政策，这对联盟党领导人的政治智慧提出了挑战。从某种程度上说，这场欧洲中程导弹危机是检验联盟党能否彻底从其传统教条式德国政策与东方政策的束缚中摆脱出来的试金石。从联盟党随后以现实主义的态度应对和改善危机来看，重新上台的联盟党显然对此已经做好了充分的准备。

对于联邦德国来说，安全及缓和政策始终在其外交政策中居优先地位。安全政策主要是指大西洋联盟政策。在这个联盟中联邦德国同美国共同承担着这项现实的义务。缓和主要就欧洲联合而言，或者说是承担克服欧洲分裂的责任。历届联邦德国都在努力保持着两项政策的一致性。为此，科尔在其当选联邦总理之后，就着重指出："联邦德国对外政策和安全政策的基础是北约及与美国的伙伴关系。"④ 次年 5 月，他在联邦议会的讲话中，又进一步强调说："为了克服德国的分裂，我们必须依靠北约和欧共体的支持，他们保障了我们的安全和自由，同

---

① *4. Tagung des Zentralkomitees der SED*. In: *Deutschland-Archiv: Zeitschrift für Fragen der DDR und der Deutschlandpolitik*, Köln: Wissenschaft und Politik, 1982, p. 871.

② *Neues Deutschland*, 14 Oktober 1982.

③ Kai Diekmann, Ralf Georg Reuth, Helmut Kohl, *Helmut Kohl: Ich wollte Deutschlands Einheit*, 2. Aufl., Berlin: Ullstein, 1999, p. 29.

④ *Aus der Regierungserklärung von Bundeskanzler Kohl*. In: *Deutschland-Archiv: Zeitschrift für Fragen der DDR und der Deutschlandpolitik*, Köln: Wissenschaft und Politik, 1982, p. 1216.

时也支持统一的愿望——不仅是德国,而且也是欧洲本身。"①

面对美苏间愈演愈烈的中程导弹危机,刚刚上任的科尔政府积极支持美国在联邦德国部署新型中程导弹。这与前社民党施密特政府在此问题上表现得的犹豫不决,形成鲜明的对比。之前一度冷淡的德美关系也因此重归于好。德、美关系的改善,特别是双方在军事与安全领域的合作与交流的扩大,不仅加强了联邦德国的国家安全防务能力,而且还增加了美国对联邦德国的信任度,这对争取美国对德国统一的支持和认可来说是大有裨益的。

然而,在重视加强德美关系和西方联盟的同时,科尔政府并没有抛弃社民党所开创的具有缓和特征的德国政策。科尔在政府声明中强调:"联邦德国会继续履行现行条约,保持与民主德国的合作关系。"②次年5月,他又在政府声明中明确表示:"联邦德国的德国政策始终基于:《基本法》《德国协定》……《基础条约》……"③ 就科尔政府德国政策的具体特点而言,也首先体现在对社民党"缓和政策"的继承性上面,具体表现为:进一步加强同民主德国在经济、文化、人员等方面的交流与合作,以克服战后德国日益固化的分裂状态。

作为基民盟主席的科尔,其德国政策当然也同时体现了联盟党的传统特点,即毫不动摇地维护《基本法》中有关重新统一的条款。为此,科尔为政府制定的目标是:"致力于在欧洲和平的框架中,实现一种德国人民可以通过自由的自决,重新获得德国的统一。"④ 在他看来,保障欧洲的和平是德国统一的基本前提和必经道路;此外,德国问题仍然保持着公开性,它是由欧洲的分裂造成的,

---

① *Bundeskanzler Kohl zur Deutschland-und Ostpolitik*. In: *Deutschland-Archiv: Zeitschrift für Fragen der DDR und der Deutschlandpolitik*, Köln: Wissenschaft und Politik, 1983, p. 665.

② *Bundeskanzler Dr. Kohl: Regierungserklärung vor dem Deutschen Bundestag*, In: Bundesministerium für innerdeutsche Beziehungen (Hrsg.), *Texte zur Deutschlandpolitik*, Reihe III/Bd. 1, Bonn: Deutscher Bundes-Verlag, 1985, p. 10.

③ Klaus Stüwe (Hrsg.), *Die großen Regierungserklärungen: Der deutschen Bundeskanzler von Adenauer bis Schröder*, Leske und Budrich: Opladen, 2002, p. 309.

④ *Aus der Regierungserklärung von Bundeskanzler Kohl*. In: *Deutschland-Archiv: Zeitschrift für Fragen der DDR und der Deutschlandpolitik*, Köln: Wissenschaft und Politik, 1982, p1217.

其只有在欧洲的框架中才有解决的可能。

科尔政府坚持重新统一的基本原则，其首要目标就是保持和加强德意志民族的凝聚力，特别是尽力消除由于长期分裂导致两德人民间的陌生感，维护共同的民族认同意识。然而，科尔政府深知，务实的德国政策不能只停留在口号和理论当中，它只有作为一种对话、协调、合作的政策才能成功。为此，他强调说："正如目前的这种状况，我们不想简单行事。我们想通过具体的步骤，缓和这种分裂，首先在危险性较低的领域……德国政策必须要以我们这个时代现实的力量对比为出发点……事实上，这种力量不仅包括政府政策和军事实力，而且还包括德意志民族关于统一的意愿。保持德国问题的公开性不仅仅靠法律状况，还有我们人民意愿的历史力量。那些与此相悖的言论，无论是我们的西方盟友还是东方的邻国都不会相信。"[1]

因此，同社民党一样，联盟党不仅将德国统一作为一个长远目标，而且更多地将德国统一同欧洲缓和进程结合在了一起。积极改善和密切两德关系，推动欧洲和平进程进一步发展成为该届政府德国政策与对外政策的重要目标。为了实现上述目标，即为日后德国的重新统一创造良好的内、外部条件，尽快缓和当前的欧洲中程导弹危机便成为科尔政府最迫切需要解决的问题。

二 民主德国外债危机与十亿马克贷款

20世纪70年代末80年代初，在世界政治局势日益严峻的同时，世界经济也危机四伏。在这一时期，世界主要工业国家的通货膨胀不断加剧。在国际市场上，石油价格一再飙升，推动了各国的物价进一步上涨。最终引发了全球性的经济危机。在这场世界经济危机中，苏联及东欧社会主义国家的经济状况也不容乐观。其中，波兰和民主德

---

[1] Bundeskanzler Dr. Kohl: *Bericht der Bundesregierung zur Lage der Nation im geteilten Deutschland*, In: Bundesministerium für innerdeutsche Beziehungen (Hrsg.), *Texte zur Deutschlandpolitik*, Reihe III/Bd. 1, pp. 136 – 137.

国面临的经济危机尤为严重。与此同时，苏东国家的西方债务也在不断地上涨。截至1980年底，经互会国家的西方债务总额为700亿—750亿美元。①

在同西方国家进行的对外贸易中，民主德国同样出现了大量贸易赤字。1982年底，民主德国对西方国家的负债总额在90亿—130亿美元之间，在整个经互会国家中居第三位，仅次于波兰和苏联。② 此外，民主德国的债务结构也存在问题，因为40%的债务需要在一年内偿还，而上一年度的利息非常高，民主德国短期借贷需求因而急剧增长。如果无法获得新贷款的话，民主德国将无法履行偿还义务。③ 民主德国外贸部长戈洛德科夫斯基对民主德国当时的处境做了如下的回顾："民主德国对西方工业国家的债务净额大大增加，由于美国紧缩的货币政策，由此产生的利息也飞速增长。我们几乎需要将全部出口收入，约有5至6亿马克用于支付贷款的本息。生存还是毁灭，这是个问题。"④

民主德国负债累累，无法从西方国家获取新贷款以缓解信贷危机。而东欧社会主义阵营同样深陷经济困境，无力向其提供援手。对于民主德国而言，如果无法及时偿付西方债务的话，其在国际金融市场上的商业声誉就会受到严重影响，民主德国的经济困境会进一步恶化。民主德国统一社会党中央政治局委员米塔格回忆道："80年代初发生的事情真是生死攸关。可供民主德国使用的高效资源日益减少，石油供应停滞不前，与之前相比较，生产相同数量产品需要加倍的付出……那个时候，每天都会发布关于支付状况的最新动态报告……只

---

① *Antwort der Bundesregierung auf die Kleine Anfrage der Fraktion der CDU/CSU Zahlungen an die DDR*. In: Bundesministerium für innerdeutsche Beziehungen (Hrsg.), *Texte zur Deutschlandpolitik*, Reihe Ⅱ/Bd.8, p.300.
② Seiffert Wolfgang, *Zur Verschuldung der DDR und ihren Konsequenzen*, In: *Deutschland-Archiv*: *Zeitschrift für Fragen der DDR und der Deutschlandpolitik*, Köln: Wissenschaft und Politik, 1982, pp.1241–1243.
③ Helmut Kohl, *Erinnerungen 1982–1990*, München: Droemer, 2005, p.173.
④ Alexander Siegfried Schalck-Golodkowski, *Deutsch-deutsche Erinnerungen*, Hamburg: Rowohlt, 2000, p.285.

剩下与联邦德国保持紧密联系这条出路了。"①

由此可见，20 世纪 80 年代初，民主德国解决自身外债问题已到了刻不容缓的地步。鉴于两德长期保持着特殊的经济关系，且联邦德国又有足够的经济实力施以援手，所以，对民主德国而言，在其借贷四处碰壁的情况下，通过向联邦德国申请贷款，不失为一种解决自身外债危机的可靠出路。即使是在昔日强硬的对手——联邦德国联盟党重新上台之后，民主德国仍然向其间接表达出借贷的愿望。而民主德国的借贷需求恰好也为联邦德国科尔政府提供了一个借以改善两德关系的机会。

1982 年秋，巴伐利亚州总理施特劳斯通过朋友梅尔茨获悉了民主德国的贷款愿望。后者是一名从事鲜肉贸易的商人，同民主德国有过多年的贸易往来。随后，施特劳斯就此事致函联邦总理科尔，询问他是否对此感兴趣，科尔在回复中明确表示赞同。② 同年 12 月，科尔同施特劳斯就这一问题进行了一次深入的谈话。会谈中两人达成共识：鉴于目前民主德国严重恶化的经济状况，摆在联邦政府面前的一个问题是，是否有可能通过金融援助来进一步打开探亲访问的这扇大门。这是联邦政府应该做的一切，借此更多的民主德国公民能够访问联邦德国。③ 此外，科尔还有另外一种考虑，即在这种情况下，如果联邦德国不施以援手的话，民主德国只能会更加向苏东阵营靠拢。④ 谈话结束后，科尔立刻委托施特劳斯负责处理向民主德国提供贷款的事宜，联邦总理府国务秘书延宁格给予协助。

于是，施特劳斯通过梅尔茨这一中间人的帮助，迅速同民主德国外贸部长沙尔克建立了私人的联系。之后，双方就贷款事宜进行了三

---

① Günter Mittag, *Um jeden Preis: im Spannungsfeld zweier Systeme*, Berlin: Aufbau-Verl, 1991, p. 82.

② *Die Vorgeschichte des Milliardenkredits: Erklärung von Franz Josef Strauß*, In: *Deutschland-Archiv: Zeitschrift für Fragen der DDR und der Deutschlandpolitik*, Köln: Wissenschaft und Politik, 1983, pp. 889 – 891.

③ Kai Diekmann, Ralf Georg Reuth, Helmut Kohl, *Helmut Kohl: Ich wollte Deutschlands Einheit*, 2. Aufl., p. 30.

④ Helmut Kohl, *Erinnerungen 1982 – 1990*, München: Droemer, 2005, p. 174.

轮秘密谈判。会谈期间，施特劳斯和延宁格多次阐明联邦政府的基本立场，即联邦政府的经济援助必须同民主德国的人道主义援助结合起来，并且要求民主德国尽快改善边境检查状况，以及两德人员之间的相互交往活动。由于联邦政府计划提供的是私人银行贷款，因此需要担保。民主德国方面建议：民主德国愿意将5年的柏林总支付①作抵押——根据当时的情况和计划中将增加的额度，约有30亿马克。如若民主德国偿付本息发生困难，联邦政府可以从柏林总支付中扣除相应的数额，付给银行。②

1983年7月，施特劳斯与昂纳克进行了第三次密谈，双方最终就贷款细节及模式达成共识。会谈结束后，双方共同签订了一笔由联邦政府担保的10亿马克贷款协议。民主德国确认了之前商定的信贷模式，即通过债权转让来获得担保贷款。就在10亿马克贷款协议刚刚签订不久，民主德国就立刻通告了苏联。③苏联方面尽管对两德间的信贷业务颇有顾虑，却没有横加阻挠。显然，在苏联看来，鉴于整个东欧社会主义阵营普遍面临的经济困境以及波兰危机所产生的重大影响，维护民主德国的支付能力和稳定要比借机向两德关系施压来报复导弹安装更为重要。

值得注意的是，虽然这笔贷款没有附带书面的政治要求，但联邦政府对民主德国仍抱有一些政治上的期待。这些在双方进行的借贷谈判中早已言明。例如，尽可能地扩大民主德国公民旅行的机会，降低对联邦德国访问者实行的最低兑换额，放松民主德国公民到联邦德国进行紧急家庭团聚，以及降低定期旅行许可的年龄限制等方面。④而民主德国在接受贷款之后，也的确在相应的领域做出了妥协。例如，免除了联邦德国14周岁以下青少年的最低兑换义务；降低了联邦德国

---

① 即两德统一之前，联邦德国每年向民主德国支付的一笔通往西柏林的过境费用。
② Franz Josef Strauß, *Die Erinnerungen*, Berlin: Siedler, 1989, p. 474.
③ Günter Mittag, *Um jeden Preis: im Spannungsfeld zweier Systeme*, Berlin: Aufbau-Verl, 1991, p. 85.
④ *Die Erklarung vom Staatsminister beim Bundeskanzler vor der Presse am 25. Juli*, in: Bundesministerium für innerdeutsche Beziehungen (Hrsg.), *Texte zur Deutschlandpolitik*, Reihe Ⅲ/Bd. 2, Bonn: Deutscher Bundesverlag, 1985, p. 292.

退休人员的最低兑换额，由 25 马克降为 15 马克；将来访者的停留时限从原来的每年 30 天延长为每年 45 天；民主德国还拆除了部分安装在两德边境的自动射击装置等。①

　　基于民主德国做出的上述让步，联邦政府接受了来自民主德国新的贷款申请。1984 年 7 月，双方又签订了一笔 9.5 亿马克的贷款协议。随后，民主德国做出了进一步的回报：建立在两德边界的自动射击装置被完全拆除。② 与此同时，民主德国对两德旅行交通方面的限制也有所松动。根据联邦德国的统计资料显示，1983 年，来自民主德国紧急家庭团聚的人数为 64052 人，比 1982 年增长了 40%。由联邦德国到民主德国或经过民主德国去第三国旅行的人数大约为 302 万人，同比 1982 年增长了 4.6%。③ 到了 1984 年，除来自民主德国紧急家庭团聚的人数外，两德间其他方面的旅行、访问人数都比上一年有所增加。④ 而 1985 年，两德间旅行交通以及人员访问方面更是得到了全面的改善，来自民主德国紧急家庭团聚的数量也有所增加。与此同时，进出西柏林的过境交通也显著增多。⑤

三　十亿马克贷款的意义及影响

（一）两德关系的"振奋剂"

　　20 世纪 70 年代末 80 年代初的欧洲中程导弹危机，致使两德关系一度降到 1972 年以来的历史最低水平。然而，新上任的联邦政府并没

---

① Staatsminister Dr. Jenninger：*Erklärung zur Entwicklung der innerdeutschen Beziehungen*，In：Bundesministerium für innerdeutsche Beziehungen（Hrsg.），*Texte zur Deutschlandpolitik*，Reihe Ⅲ/Bd. 2，Bonn：Deutscher Bundesverlag，1985，pp. 294 – 295.

② *Archiv der Gegenwart* vom 30. November 1984，p. 28295.

③ Reiseverkehr zwischen der Bundesrepublik Deutschland und der DDR im Jahre 1983. In：*Deutschland-Archiv：Zeitschrift für Fragen der DDR und der Deutschlandpolitik*，Köln：Wissenschaft und Politik，1984，p. 557.

④ Innerdeutscher Reiseverkehr 1984 gestiegen. In：*Deutschland-Archiv：Zeitschrift für Fragen der DDR und der Deutschlandpolitik*，Köln：Wissenschaft und Politik，1985，pp. 1019 – 1020.

⑤ Innerdeutscher Reiseverkehr hat 1985 zugenommen. In：*Deutschland-Archiv：Zeitschrift für Fragen der DDR und der Deutschlandpolitik*，Köln：Wissenschaft und Politik，1986，p. 331.

有因此放弃改善两德紧张关系的努力。1983年，科尔政府向深陷外债危机的民主德国提供了10亿马克的担保贷款，充分表明了联邦德国的合作诚意。1984年3月，联邦总理科尔在《分裂的德意志之民族状况报告》中，对10亿马克贷款做了如下的评价："随着联邦德国信贷机构为民主德国提供的十亿马克贷款获得批准，联邦政府在去年夏天向民主德国领导人传递了一个明确的信号。这一决定对民主德国公民来说也是一个象征……我们准备为了人民的利益，在两德关系的框架中进行理性的合作。"①

由此可见，科尔政府意图通过金融上的援助为两德关系创造缓和的政治氛围，以此为两德在其他领域的合作做进一步的铺垫。作为联邦政府该项政策的倡导者及10亿马克贷款谈判的主要代表，总理府国务秘书延宁格在一次记者招待会上也曾明确表示，该笔信贷业务将推动两德关系朝更广泛领域发展，并由此引发了一个进程，即它被看作为联邦德国同民主德国关系的"振奋剂"②。

对于民主德国而言，联邦德国提供的这笔贷款在经济方面的意义更为重要。在接受由联邦政府担保的首笔10亿马克贷款后不久，民主德国便表现出想将借贷业务进一步延续的愿望。随着民主德国做出相应的妥协，第二笔贷款业务也就应运而生了。这两笔贷款不仅为亟须偿还外债的民主德国解了燃眉之急，而且还有助于恢复民主德国在国际信贷体系中的声誉。特别是，两德间贷款业务形成了一种良好的示范效应，使得其他西方国家重新向民主德国敞开了贷款的大门。

尽管两德参与信贷谈判的动机各不相同，但不可否认的是，10亿马克贷款在缓和两德关系以及推动两德间进一步谈判方面，确实起到了催化剂的作用。民主德国也开始更多地表现出愿意继续保持缓和与

---

① Bundeskanzler Dr. Kohl: Bericht zur Lage der Nation. In: Bundesministerium für innerdeutsche Beziehungen (Hrsg.), *Texte zur Deutschlandpolitik*, Reihe Ⅲ/Bd. 2, p. 80.
② Staatsminister Dr. Jenninger: Erklärung zur Entwicklung der innerdeutschen Beziehungen. In: Bundesministerium für innerdeutsche Beziehungen (Hrsg.), *Texte zur Deutschlandpolitik*, Reihe Ⅲ/Bd. 2, p. 293.

合作的态度。例如，民主德国在接受贷款之后，逐步放松了对两德间旅行交通以及人员交往的诸多限制，两德间旅行交通以及人员往来得以再次出现高潮。此外，我们还可以从民主德国统一社会党中央政治局第六次代表大会上的报告中看到，之前两德间的紧张关系已渐趋缓和。该报告称："中央政治局已广泛处理进一步发展两德关系的相关问题。毫无疑问，目前解决主要问题的方法在于确保和平与人民间的合作，其必要性不言而喻。两德关系同样在新的局面下，成为国际社会讨论的焦点，并逐步地恢复正常。"①

另外，1982—1983 年苏联最高领导人接连去世，民主德国想抓住这样的机遇，来扩大其对外政策的活动空间。正是在这笔贷款业务的推动下，两德随后在环境保护、科技交流、邮电通讯、交通运输等领域迅速开启了一系列的谈判与合作。两德关系也由此走出了欧洲中程导弹危机的阴影，并进入新的合作发展时期。

（二）"小气候"带动"大气候"

联邦德国同民主德国达成的贷款协议对当时欧洲局势的意义在于，减小了东西方的冲突，特别是来自苏联的报复行动对两德关系产生的负面影响。联邦德国外交部长根舍在谈到联邦政府参与这项贷款业务的动机时，虽然没有直接提及是针对苏联的大规模报复措施，但透过他的讲话内容，我们也可以从侧面窥得一二。根舍讲道："作为责任共同体的两个德国有责任维护中欧的稳定，这就要求其自身首先是稳定的。一个健康的经济是稳定的重要基石，而贷款则可以促进经济的发展，由此产生的政治利益同样有利于欧洲的缓和。"② 1983 年 7 月，就在两德 10 亿马克贷款协定签订后不久，科尔总理和根舍部长一同出访了苏联。在同苏联最高领导人安德罗波夫会谈期间，科尔以 10 亿马克贷款作为证明，尽管联邦德国决定部署美国的新型中程导弹，但并

---

① *Zur 6. Tagung des Zentralkomitees der SED*. In：*Deutschland-Archiv*：*Zeitschrift für Fragen der DDR und der Deutschlandpolitik*, Köln：Wissenschaft und Politik, 1983, p. 896.

② *Archiv der Gegenwart* vom 14. August 1984, p. 27966.

没有展示出好战的意图。① 随后，联邦德国德国内部关系部部长温德伦在华盛顿关于德国问题的讲话中也谈到，尤其是在反对军备竞赛的高潮时期接受信贷，民主德国也同样承认，在 11 月份过后，世界没有走向末日，从这也得到了证实。②

显然，科尔政府试图通过密切两德经济关系，以两德政治关系的小气候来带动东西方关系的大气候，从而尽可能地改善东西方关系，促进欧洲紧张局势走向缓和。而在另一方，民主德国不仅追求经济上的利益，而且出于国家安全利益考虑，也旨在缓解紧张局势，并且寻求联盟间的对话途径。1984 年和 1985 年，科尔利用参加苏联领导人葬礼的机会，与昂纳克进行了会晤，最终达成了"我们的国家是分裂的，但德意志民族继续存在"，有责任"竭尽全力不再在德意志领土上发生战争"的共识。③ 两德也由此公开向欧洲其他国家传递出缓和信号，而这些只有在相互信任和相互妥协的氛围下才有可能实现。

于是，在欧洲便出现了这样一幅有趣的图景。虽然美、苏欧洲中程导弹的谈判破裂，再次掀起冷战小高潮，但两德间却营造出缓和的口号和氛围，如"永远不再在德国土地上发动战争""德德责任共同体""德德安全共同体"。在欧洲中程导弹危机的阴影下，双方强调不再是敌人，而是命运与共的伙伴、休戚相关的兄弟。由于两德身处东西方冷战的前沿阵地，两德关系的缓和不仅能够展现出良好的带动效应，同时也能以实际行动为东西方关系的再次缓和打上一剂"强心针"。

除此之外，这笔贷款协定的达成也表现出，联邦德国与民主德国在政治、经济以及安全领域存在利益交集。我们还应看到，在这一历史时期，随着两德自身实力（尤其体现在经济方面）的不断增强，他

---

① Timothy Garton Ash, *Im Namen Europas: Deutschland und der geteilte Kontinent*, München: Hanser, 1993, p. 154.

② *Bundesminister Windelen: Die deutsche Frage*. In: Bundesministerium für innerdeutsche Beziehungen (Hrsg.), *Texte zur Deutschlandpolitik*, Reihe III/Bd. 2, p. 39.

③ *Gemeinsame Erklärung zum Gespräch zwischen Helmut Kohl und Erich Honecker in Moskau*. In: *Deutschland-Archiv: Zeitschrift für Fragen der DDR und der Deutschlandpolitik*, Köln: Wissenschaft und Politik, 1985, p. 446.

们在各自阵营中的地位也日益提高。在两德关系问题上，双方也逐步开始寻求摆脱大国的束缚，表现出了一定的独立性。特别是，随着联邦德国经济实力的不断增强，以及在盟国内和国际上地位的不断上升，使其在协调盟国利益的同时，开始更为主动地追求民族自身的利益。这与其于战后五六十年代执政期间，在德国统一问题上表现为完全依赖西方盟国的特征，形成了鲜明的对照。因此，在科尔政府的不懈努力下，开创了以"小气候"带动"大气候"的范例。

（三）联盟党对其传统德国政策的修正与发展

20世纪五六十年代联盟党首次执政时期，由于深受美苏冷战以及阿登纳政府实力政策的影响，联邦德国长期采取"以对抗求统一"的强硬政策。自60年代中期，随着"柏林墙"的建立以及东西方关系的缓和，联盟党政府虽被迫对该政策进行了一定的调整，但仍未彻底摆脱具有浓厚对抗色彩的冷战思维。因此，在70年代，联盟党作为反对党经常抨击执政党社民党"以接近求转变"的缓和政策。然而，当联盟党于80年代初再次执政后，审时度势，采取了更为务实的德国政策。为了缓和欧洲紧张的局势以及日益僵化的两德关系，联盟党科尔政府先后于1983年和1984年，向深陷外债危机的民主德国提供了近20亿马克的担保贷款。

面对联盟党执政后对民主德国态度及政策的迅速转变，社民党议员在联邦议院公开提出了这样的诘问："联盟党之前作为反对党的时候，经常在联邦议会以'以金钱换希望'来形容社民党的德国政策。如今，联盟党已经尝试通过为民主德国提供近20亿马克的担保贷款，来使其德国政策进一步运转。"[1] 显然，联盟党重新执政后，不再按照五六十年代的政治思维去解决德国问题了。与此同时，科尔政府开始通过经济手段来促使两德共同合作，相互接近。而这种变化一方面折

---

[1] Hans Büchler: *Rede vor dem Deutschen Bundestag*. In: Bundesministerium für innerdeutsche Beziehungen (Hrsg.), *Texte zur Deutschlandpolitik*, Reihe Ⅲ/Bd. 3, Bonn: Deutscher Bundes-Verlag, 1985, p. 118.

射出，联盟党深刻反思了其早期教条的德国政策所产生的消极影响；另一方面则体现了，联盟党虚心借鉴了社民党执政时期务实的德国政策所取得的积极成果。

从10亿贷款的谈判模式可以看出，联盟党政府在德国政策上表现得更加灵活和理性，它已经彻底放弃了先前所坚持的"以对抗求统一"的政策。在联盟党重新执政后，开始尝试通过共同的对话规则，尽可能地淡化信贷业务同政治回报间的关系，最终以一种非书面的形式来完成。可见，联盟党的德国政策已不拘泥于社民党时期的"以付出换回报"模式，开始采用"以信任换信任"的模式。

联盟党科尔政府以理智、务实的态度给两德关系带来暖意，尽管东西方的关系再度紧张，联邦政府还是极力地在为其德国政策创造有利的内、外部条件。正如德国内部关系部部长温德伦在关于两德关系的现状及其前景的谈话中说："对我们而言，实现缓和以及改善关系，往往只能用小的，甚至是更小的步骤来进行……即使是很小的进步也能促进缓和。我们决不能满足于理论概念，人们从中什么都无法获得。"[①] 从温德伦的讲话中，我们可以清晰地看到，联盟党已经充分借鉴和吸收了社民党"以接近求转变"政策以及"小步子"政策之精髓，即通过两德间的相互接触、对话与交流，增进相互间的了解，从一些容易办到的、具体的事情做起，不断推进欧洲缓和进程，以此逐步打开双方僵持和敌对的状态，然后通过积无数个"小步子"为"大步子"，为两德在自由与和平中实现民族的自决铺平道路。

四 结 语

综上所述，联盟党于20世纪80年代初再次执政后，主动顺应时代发展潮流，继承并发展了社民党具有缓和和务实风格的德国政策。

[①] *Bundesminister Windelen*: *Stand der innerdeutschen Beziehungen und ihre Perspektiven*. In: Bundesministerium für innerdeutsche Beziehungen (Hrsg.), *Texte zur Deutschlandpolitik*, Reihe Ⅲ/Bd. 2, p. 390.

具体表现为，科尔政府以现实主义的态度应对愈演愈烈的欧洲中程导弹危机。尤其是，联邦政府开始注重利用"经济杠杆"来对民主德国施加影响。1983年，科尔政府为了减少因部署美国新型中程导弹所产生的消极影响，针对民主德国严重的外债危机以及迫切的借贷需求，通过为其提供十亿马克的担保贷款，来向苏东国家释放缓和信号。该笔贷款作为科尔政府务实德国政策的一次有力践行，不仅改善了两德间的僵化关系，促使民主德国进一步放松了对两德旅行交通、人员往来的控制，并且在一定程度上缓和了当时紧张的欧洲局势。可见，联盟党已经从其传统教条式德国政策的束缚中摆脱出来，开始主动实践"以接近求转变"的迂回战略，为日后的德国统一不断积聚内、外部的有利条件。

[原载《武汉大学学报》(人文科学版) 2014年第6期]

从西班牙历史看"民族国家"的
形成与界定

秦海波

"事实上,民族属性(nation-ness)是我们这个时代的政治生活中最具普遍合法性的价值。"① 因而,有关民族、民族主义、民族国家等问题的争论始终是历史学、社会学、政治学、人类学、民族学等学科关注的焦点。学者们从各自不同的视角对它们做出了种种不同解释,莫衷一是,问题的复杂程度使严谨的辞书编纂者都不将"民族国家"作为词条纳入工具书。法国著名学者德拉诺瓦在研究中指出:"民族是存在的……但并不确切地知道它是什么……类似的情况还有时间、生命、死亡。"② 德拉诺瓦将民族分成许多种,其中也包括作为"近代政治民族"的民族国家。休·塞顿-华生说:"我被迫得出这样一个结论,也就是说,我们根本无法为民族下一个'科学的'定义。"③

面对这样一种复杂局面,再加上"民族国家"提法在字面理解上的模糊性,使得广大史学工作者在从事具体国别史研究时产生了许多困惑和混乱。于是大家普遍采用一种简便的方法,即看到领土统一了,就认定形成了民族国家。也就是说,以"领土统一""政治统一""国家统一"等作为民族国家形成的标志,好像民族国家概念可以用这类

---

① [美]本尼迪克特·安德森:《想象的共同体:民族主义的起源与散布》,吴叡人译,上海人民出版社2003年版,第2页。
② [法]吉尔·德拉诺瓦:《民族与民族主义》,郑文彬、洪晖译,生活·读书·新知三联书店2005年版,第20页。
③ [美]本尼迪克特·安德森:《想象的共同体:民族主义的起源与散布》,第3页。

"统一"来界定一样。但这显然是不正确的。

以法国和西班牙为例。法国是近代民族主义的发源地,研究法国史的学者对民族国家的理解应当是比较清晰的,但混乱状况仍然未能避免。沈炼之先生主编的《法国通史简编》设有《法兰西民族国家的形成》一节,在那里作者以"法国领土基本统一,近代法国版图轮廓初步确立"作为法兰西民族国家形成的标志。[①] 类似观点同样出现在陈文海先生的《法国史》[②] 之中。但是,德拉诺瓦指出:"法国革命因其大众性与自觉意识,而成为近代政治民族的开端……民族,以其最抽象和最具体的形式,在法国和欧洲建立起来"[③],认为大革命才是其民族国家建立的标志。关于西班牙民族国家的形成,国内流行的观点多集中于1492年驱逐摩尔人、统一"国土",最近一个典型的例子是齐世荣主编、王加丰的《西班牙葡萄牙帝国的兴衰》。该书第一章便命名为《民族国家的形成》,其中谈到西班牙时作者指出:"光复运动的另两个主要中心阿拉贡王国和卡斯提王国……为了强化中央王权和集中的统治……1469年两个国家正式合并,实现了西班牙的统一……对这时期西班牙的君主来说……最有意义的是民族国家的统一与巩固,这是向外扩张、建立帝国的先决条件。"[④] 然而如今西班牙国内主流观点却认为,西班牙民族国家形成于拿破仑占领之后。[⑤] 这与笔者的观点大体相同。[⑥]

可见,在民族国家的界定和形成方面有必要建立一套操作性较强

[①] 沈炼之主编:《法国通史简编》,人民出版社1990年版,第93页。

[②] 陈文海先生用民族国家观念的形成代替了民族国家的形成,断言发生在中世纪中晚期。陈文海:《法国史》,人民出版社2004年版,第123—138页。

[③] [法] 吉尔·德拉诺瓦:《民族与民族主义》,第10—11页。

[④] 齐世荣主编、王加丰:《西班牙葡萄牙帝国的兴衰》,三秦出版社2005年版,第11—13页。

[⑤] Juan Pablo Fusi y Jordi Palafox, *España: 1808 - 1996. El Desafío de la Modernidad*, Madrid: Espasa, 1998, p.19.

[⑥] 见秦海波《西班牙民族的统一和近代化问题》,《中国社会科学院世界历史所学术论文集》第五集,江西人民出版社2007年版,第102—115页;《西班牙民族的诞生》,《中国民族报》2007年4月6日第5版;《强大王权压制西班牙民族意识》,《中国民族报》2007年4月13日第5版。

的方法和理论，用以纠正以往在历史著述中的混乱情况。本文拟以西班牙的历史为主要例证，就有关问题提出一些个人观点，欢迎大家批评指正。

一

讨论"民族国家"的界定，首先应当对"民族"进行界定。这个问题困扰学术界几百年，至今没有定论，致使学者们普遍认为这是一个无法说清楚的命题。然而，即使是时间、生命和死亡，它们虽然也神秘莫测，人们却可以比较准确地使用这些概念，不会出现混乱。所以，我试图避免对"民族"本身做过细的分析和比较，而仅从一些最明显却最容易被忽视的角度来观察它，仅就其大貌做一分类，并尽量清晰地将"民族国家"剥离出来。

事实上，当今世界的民族可以分为三种：第一，相当于一个国家的民族；第二，小于一个国家的民族，包括我们常说的一个国家的主体民族和少数民族，譬如我国有56个民族；第三，大于一个国家的民族，譬如德意志、斯拉夫和阿拉伯等。

一般说来，民族是基于地理、人种、宗教、文化等许多主客观条件，在历史长河中逐步"天然"形成的，其源头大约可以追溯到最为久远的年代。这样产生的民族可以说是自然属性的民族。大于或小于一个国家的民族便是这种自然属性的民族。

可是，相当于一个国家的民族却不是这样。它主要是政治（或政治—经济）意义上的民族，并且只是一个近代的历史范畴。它是以主观条件为主，在文艺复兴之后，尤其在启蒙运动之后，伴随着人权和民主的观念而产生的近代事物，是在从"君权神授"到"主权在民"的斗争过程中诞生的。法国大革命首先明确地提出了主权属于民族的观念。法国大革命的标志或口号，除了自由主义之外，还有民族主义。它所处的那个时代一向被称为资产阶级革命的时代，实际上那也正是近代民族主义运动或民族解放运动的时代，也正是近代民族国家或政治属性的近代民族普遍崛起的时代。

相当于一个国家的近代民族，其规模尽管是历史形成的，却往往是基于地域完整，社会和经济管理便利，宗教信仰和风俗习惯基本一致或没有重大冲突或可以相互包容、忍让、和平共处，以及领土安全容易得到保障等因素而决定的。换个角度说，其规模至少是在便于维护主权和领土完整的基础上形成的。因而，可以认为其规模是由人们的主观意识决定的，或者说在很大程度上是人为的。所以，这种民族的大小往往不同于原先的自然属性的民族。有时是若干自然属性的民族相联合，有时是一个较大的自然属性的民族分成了两个以上政治上独立的近代民族。如果说，大于或小于一个国家的民族是自然属性的民族，那么民族国家则具有近代政治（或政治—经济）的属性。

这样，民族又可根据属性分成两种：自然属性的民族和近代政治属性的民族。

我们姑且把相当于一个国家的、政治属性的民族称为近代民族。提倡和拥护并为其诞生和发展而奋斗的可称之为近代民族主义，其活动、其民众动员等就是近代民族主义运动。

主权问题对于近代民族主义是至关重要的。近代民族主义通常尽一切努力寻求自己的主权，使自己的主权得到认可，并力争有效地掌握和行使之。一般说来，当一个或多个联合在一起的自然属性的民族（或者是某一个大的民族中明显具有独立地理因素的一部分），具备了近代民族意识，并通过种种方式努力争取掌握自己的主权——无论是从外来统治势力手中争取，还是从封建专制君主手中争取，便从政治上产生了一次近代民族主义运动。这种运动一般产生于"资本主义上升时期"，所以大都不同程度地具有资产阶级革命的特点和性质。而当它一旦拥有了自己的主权，并建立起一整套国家机器，便产生了一个近代民族国家。也可以比较简单地说，近代民族主义的关键是争取掌握主权，成为一个拥有独立国家主权的民族；而一旦拥有了主权或主权得到了认可就成为我们所说的近代民族，其所在国也就成为民族国家。

语言对政治属性的民族并不像对自然属性的民族那么重要。它甚至还不如地理因素来得重要。语言完全不同的若干自然属性的民族可以共同组成一个民族国家，而分散在相距遥远的不同地域的同一个自然属性的民族却不能组成一个共同的民族国家。由于性质不同，所以在界定民族时必须将相当于国家的近代民族剥离出来。同理，在界定作为民族的近代民族国家时也不适用一般的民族标准。

当代国际秩序建立在相当于一个国家的民族之间相互尊重主权和领土完整的基础之上。要维护世界和平就不可混淆政治属性的近代民族与自然属性的其他民族间的区别。萨达姆就是例子，他混淆了阿拉伯与伊拉克、科威特之间在民族概念上的区别，才会堂而皇之地出兵"收复"科威特，引发海湾战争。如果以某个自然属性的民族历史为借口，不断提出领土要求，其结果只能是国际军事冲突甚至战争。而且，如果忽视各民族间的这种区别，一国之内的种种民族矛盾也必然日益激化。试想，一个多民族的国家，其国内每一个民族都提出独立的主权要求，哪怕是类似要求，那么这个国家还怎能有一天的安宁？除了四分五裂它还有什么前途？

二

现在人们使用的"民族国家"，是"nation state"（民族—国家），而非"nationalstate"（民族的国家）。说明它既是民族也是国家。也就是说，民族国家具有双重身份：拥有国家主权的近代民族和主权属于民族的近代国家。或者说，它既是产生于近代的政治意义上的民族模式，又是资本主义诞生以来确认主权属于全体公民的国家模式。民族国家是民族的一种类型，或一种类型的民族，是近代的、政治的民族。斯大林的著名论断："民族是人们在历史上形成的一个有共同语言、共同地域、共同经济生活以及表现于共同文化上的共同心理素质的稳定的共同体。""民族不是普遍的历史范畴，而是一定时代即资本主义上升时代的历史范畴。"[①] 所指的正是这样一种民族，即作为近代民族的民族国家，或作为国家的近代民族。他后来曾经解释说："世界上

[①] 《斯大林全集》第2卷，人民出版社1953年版，第294、300页。

有不同的民族，有一些民族是在资本主义上升时代发展起来的，当时资产阶级打破封建主义割据局面而把民族集合为一体并使它凝固起来了。这就是所谓现代民族。"① 斯大林可能是出于政治实践的需要提出这种民族定义的，但观察到有这样一种民族却是十分正确的。这就好比白马非马之辩。政治属性的民族不能混淆于自然属性的民族，但政治属性的民族的确也是民族。

费孝通先生曾指出："我们所用'民族'一词历来不仅适用于发展水平不同的民族集团，而且适用于历史上不同时期的民族集团……在欧洲各国，'民族'这个概念形成于资本主义上升时期，西欧民族国家的建立是欧洲近代史的特点……由于我国和欧洲各国历史不同，民族一词的传统含义也有区别。"② 进而他提出了"中华民族多元一体格局"表述的主张。但事实上，无论在中国还是欧洲，民族都有不同类型和性质。在他的"多元一体"中，作为"多元"的国内各民族是民族，作为"一体"的中华民族也是民族，只是它们性质不同。

应当强调，政治属性的民族其实正相当于近代主权国家，而自然属性的民族，在绝大多数情况下，不是小于一个国家就是大于一个国家。真正单一民族的国家在当今世界是非常之少的。在那种极少见的情况下，既然民族和国家浑然一体，那么它们也就具有双重的属性。而在绝大多数情况下，我们所看到的都是"多民族国家"，说明一个政治属性的民族可以包容多个自然属性的民族。这很容易让人想到，民族分为不同层次。上述"三种民族说"同样让人容易产生这样的想法。笔者最初提出这一视角的时候所使用的也正是"层次"的提法③。但现在看来这不仅是层次问题，而应当提升到"性质"的高度。因为，如果仅仅是层次问题，那么应当可以找到对它们进行统一界定的办法，但如果性质不同就没有必要再做这样的努力了。

既然性质不同，界定起来就不应使用同一的标准。正如德拉诺瓦

---

① 《斯大林全集》第 11 卷，第 288 页。
② 费孝通：《关于我国民族的识别问题（1978 年 9 月在政协全国委员会民族组会议上的发言）》，《中国社会科学》1980 年第 1 期。
③ 见秦海波《民族问题随笔》，《世界史研究动态》1993 年第 10 期。

所形容的，它们有"人种的与公民的"之分。对前者，界定的标准应当偏重在血统、文化、信仰、风俗等方面，而对后者界定的标准必定集中于政治方面。德拉诺瓦指出："循着美国和法国革命的足迹，出现了（自古代历史来看，应说是回归）一个主要依公民和民众为参照的标准。这一标准以大众民主为前提，民主越是巩固，此标准就越是有效。同时，这一标准与历史（民族的兴起与灭亡）、人口（所有的民族都是融合的，不存在生物学意义上纯粹的人种）的事实并不抵触……按照公民的标准，一个政治民族建立于由普选所表达出来的自由认可。"①

过去那种以"国家统一""领土统一""政治统一"为"民族国家"产生标志的做法，事实上也是以政治为衡量标准的。这种选择一个标志的做法是学者们在治史实践中所普遍采用的，它最大的好处在于具有很强的可操作性。问题是一定要选择一个合适的标志，而这一类"统一"所标志的往往不是民族国家，而是王朝国家，从此就"开始了中央集权君主专制的时代"②，即绝对主义王权国家。

绝对主义王权国家并非民族国家。民族国家是属于资本主义时代的国家模式，而绝对主义王权国家却是"与过去封建等级君主制不同的封建君主制"③，英国马克思主义学者佩里·安德森指出："绝对主义国家的统治就是向资本主义过渡时代封建贵族的统治。这一统治的结束标志着封建贵族阶级权力的危机，资产阶级革命的来临，资本主义国家的诞生。"④ 他在这里所说的"资本主义国家"事实上正是我们讨论的民族国家。

封建的绝对主义王权国家不应被列为民族国家是由其固有特征所规定的。佩里·安德森对绝对主义国家进行了深入的研究，他指出：

---

① ［法］吉尔·德拉诺瓦：《民族与民族主义》，第44—45页。
② 沈炼之主编：《法国通史简编》，第94页。
③ ［英］克里托弗·希尔：《关于封建主义向资本主义过渡问题》，转引自［英］佩里·安德森《绝对主义国家的系谱》，刘北成、龚晓庄译，上海人民出版社2001年版，第6页。
④ ［英］佩里·安德森：《绝对主义国家的系谱》，第26页。

"'民族主义'一类的思想观念与绝对主义的内在特性格格不入。"① 问题的关键在于国家主权是属于专制君主及其王室私人所有,而他们事实上并不具有民族性,或者说并没有民族归属感。对他们来讲,并非自己个人属于某个民族,而是某个或某些民族属于他们个人。增强家族权势、扩大王室领地是他们"天赋的"和首要的使命,他们的主要政绩并不来自能否使治下民众富足而是能否增加王室的领地和财富。

Nation 一词来自拉丁文 Natio,是动词 Nascor(出生、产生、源自)的一种名词形式,而它的另一种名词形式 Natura 则指向大自然。可见 Natio 更强调出生地点,即主要指同一地方出生的人。拉丁文中还有一个类似的词是 Gens 或 Genus(出身、家系、族系、种类等),它与生育有关,更强调血统,譬如人类就是 Genshumana。对王朝国家的专制君主来讲,重要的是后者而非前者。Gens 可以改良,办法就是联姻。于是在那个时代,联姻便成了扩大王室领地的捷径。有人讽刺这方面最成功的哈布斯堡王族:"让别人去战斗吧!汝,幸运的奥地利去结婚吧!"② 美国学者本尼迪克特·安德森曾援引"一段稍作简化了的哈布斯堡家族后期君主拥有的头衔"来印证这种联姻的结果:

"奥地利皇帝;匈牙利,波希米亚,达尔马提亚,克罗地亚,斯洛文尼亚,加利西亚,罗德美利亚,与伊利里亚之王;耶路撒冷等地之王;奥地利大公;托斯卡纳与克拉科夫大公;洛林,萨尔茨堡,史地利亚,卡林西亚,卡尼奥拉,与布科维纳公爵;特兰西瓦尼亚大公;摩拉维亚边境伯爵;上下西里西亚,莫德纳,帕尔玛,皮亚琴察,与瓜斯地拉,奥斯维茨和萨托,泰申,福里奥,拉古萨,与扎拉大公;哈布斯堡与蒂洛尔,基堡,哥兹,格拉地斯卡伯爵;特兰托与布利琛公爵;上下洛斯茨与伊斯的利亚边境伯爵;霍恩姆斯,费尔得克奇,布莱根茨,索能堡等地之伯爵;的里雅斯特领主;卡塔罗与温地斯马克领主;伏伊伏丁那与塞尔维亚大公……"③ 问题是,谁能想象把这些

---

① [英] 佩里·安德森:《绝对主义国家的系谱》,第 23 页。
② [美] 本尼迪克特·安德森:《想象的共同体:民族主义的起源与散布》,第 21 页。
③ [美] 本尼迪克特·安德森:《想象的共同体:民族主义的起源与散布》,第 21 页。

地方都连在一起能够组成一个近代民族即民族国家？

王朝国家，"它的合法性源于神授，而非民众——毕竟，民众只是臣民（subjects），不是公民（citi-zens）……由于国家是以中心（center）来界定的，国家与国家之间的边界是交错模糊的……"① 这必然导致无数的随时爆发的流血冲突与王朝战争。那时的专制君主们无不以武功卓著为荣。武力征服是他们扩大领土的传统而正当的途径。且问，征服而来的土地，无论它坐落在世界的任何角落，无论它的原住民有着怎样的文化背景，这些原住民能够与王朝中心地区的居民共同组成一个民族国家即近代民族吗？

王朝国家领土的来源，以及国家主权归君主个人所有的事实，还导致了一个更为严重的结果，那就是国家形态的极度不稳定。君主不单可以通过战争和联姻随时无限制地扩大他的国家，也可以完全凭个人意志将他的国家一分为二、为三、为四，为若干。这在当时是完全合乎情理的。这样的例子在欧洲的历史上屡见不鲜。最著名的是查理曼帝国的分裂，它的疆域曾经西临大西洋，东至易北河和波希米亚，北达北海，南抵意大利中部，查理曼去世后不久的817年，他的继承人虔诚者路易就将帝国分成三份，给了三个儿子。西班牙阿斯图里亚斯国王阿方索三世（838—910）死后，他的王国也分给了他的三个儿子，致使国家一分为三。莱昂—卡斯蒂利亚国王费尔南德一世（1016—1065）死后也将国土分成三份，分别留给他的三个儿子。

无论如何，只要王权属于个人及其家族，拥有主权的君主就有权决定国家的前途，甚至是国家的存亡。这里不妨再举一个葡萄牙的例子。在15世纪末还通过《托尔德西拉斯条约》与西班牙平分世界的葡萄牙，却在1580年被并入了西班牙，直到1640年才利用西班牙疲于"三十年战争"（1618—1648）之机，发动起义，重获独立，以致葡萄牙的历史在1580—1640年竟然出现了间断。而被吞并的缘故就是，刚刚被扶上王位的恩里克国王（1578—1580年在位）无后又痴迷宗教，对世俗没有了兴趣，便力主将王位让给西班牙的菲利普二世

---

① [美]本尼迪克特·安德森：《想象的共同体：民族主义的起源与散布》，第20—21页。

[他是葡萄牙前国王曼努埃尔一世（1469—1521年）的外孙]。在王位合并的时候，菲利普二世提出一份纲领，允诺确保葡萄牙贵族的利益，并在行政治理方面为葡萄牙留下足够的特权①。这些在他有生之年都做到了。但这只是他个人的诚信，并不能保证以后历代国王都严格遵守，毕竟主权属于他们个人。

中央集权的王朝国家相对四分五裂的中世纪是一个巨大的进步，但其弊端也不胜枚举，关键是内部政策及行政机构混乱而不统一，其中也包括税、赋等。专制君主很难一视同仁地对待他的每一块领土上的居民，各种政策的制定更不是以有利于当地发展为出发点。结果构成了一国之内不同民族间的压迫与被压迫关系。

可见，中央集权的王朝国家并不是民族国家。不过，它却是通往民族国家的重要途径。在最典型的例子中，它为民族国家的建立打下了牢固基础，譬如在英国和法国。在王朝国家的身上可以看到近代民族的影子。近代民族的情感和意识在王朝国家中孕育。西班牙学者把1492年半岛统一到1808年拿破仑占领之间的三百余年称作"prenacional"（预备民族）时期②，是有道理的。

三

笔者主张放弃过去那种以"国家统一""领土统一"为判断"民族国家"产生标准的做法，认为那只是为某一民族国家的形成奠定了基础。"民族国家"产生所需的应当是找到其历史中某一比较成功的具有资产阶级革命性质或特点的重大事件，在该事件之后国家主权被承认既不属于教廷、教会等神权势力，也不属于某君主个人或其王室，而是属于民族（人民）。这样才可以断定这里形成了一个近代民族国家。

---

① [葡萄牙] J. H. 萨拉依瓦:《葡萄牙简史》，李均报、王全礼译，中国展望出版社1988年版，第191—200页。

② José Luis de la Granja, Justo Beramendi, Pere Anguera, *La España de los nacionalismos y las autonomías*, Madrid: Sintesis, 2001, p. 13.

以西班牙为例，如果按过去的方法做出判断，即认定1492年领土统一就形成了民族国家，那是没有说服力的。

西班牙所处的伊比利亚半岛在古代罗马人眼中是世界的尽头，若干土著民族在此繁衍生息。第二次"布匿战争"（公元前218—前201）使这里变成了罗马帝国的行省（初为两个省，后来有若干次改变）。罗马帝国崩溃，伊比利亚半岛的大部分土地构成了西哥特人独立国家的版图。公元8世纪，阿拉伯人渡海占领了伊比利亚半岛。从此，这里是伊斯兰教、基督教和犹太教三种文明共荣，而且与阿拉伯诸政权一齐发展起了若干基督教王国，先后崛起的包括阿斯图里亚斯、纳瓦拉、莱昂、加利西亚、巴塞罗那伯国、卡斯蒂利亚-莱昂、阿拉贡、卡斯蒂利亚和葡萄牙等。基督教诸国在同阿拉伯人的斗争中，起初是声称要恢复西哥特王国，后来随着欧洲十字军的兴起，改为强调收复基督教的土地。所谓"光复运动"所"复"的不是国而是教。[1]

这一时期，伊比利亚半岛的居民主要因宗教不同而相互区分为穆斯林、基督徒和犹太人。人种的区别刚好与宗教区别相近似，即穆斯林主要是阿拉伯人后裔及阿拉伯人的混血后裔，基督徒绝大多数是阿拉伯人进入之前的居民后裔，犹太教徒自然就是犹太人。

当今西班牙居民仍然使用的几种主要语言——主要是西部从北到南的葡萄牙语（即现今的葡萄牙语和西班牙的加利西亚语）、北方中部的巴斯克语、北方东部（但包括东南部的巴伦西亚）的加泰罗尼亚语[2]、中央高原及其以南的卡斯蒂利亚语（即如今人们所熟知的西班牙语），以及当初阿拉伯人及其后裔的阿拉伯语、基督教会使用的拉丁文、犹太教的希伯来语，所有这些语言的差别在当时看来似乎并不重要，好像半岛上那些基督教国都是分裂成了多个国家的同一个民族一样，所以在观察它们的分分合合时感觉十分自然，观察者的目光大多盯在基督教国与摩尔人之间的斗争，但国家统一之后，语言的差别

---

[1] José-Luis Martín, Carlos Martínez Shaw, Javier Tusell, *Historia de España*, Madrid: Taurus, 1998, pp. 82–126.

[2] 但如今巴伦西亚人并不承认所用的是加泰罗尼亚语，而声称是独立的巴伦西亚语。其实，两者之间并没有很多区别。

导致西班牙是一个多民族的国家。独特语言毕竟是自然属性民族的显著标志之一。这不仅说明语言不同并不妨碍共同组成一个民族国家（一个新的民族），而且可以看出在这方面宗教的因素优于语言，因为宗教信仰不同意味着价值取向的差别。

西班牙欧洲本土 1492 年统一的基础是卡斯蒂利亚王国与阿拉贡王国通过联姻的办法而合并。1469 年两国王储结婚。1474 年和 1479 年，他们分别在自己的国家登基，称伊莎贝尔一世女王和费尔南多二世国王[1]，同时他们又互相成为共治国王。统一过程中推行的主要是卡斯蒂利亚的法律、制度及语言，再通过协定的方式给各地保留一些"特权"。其间，反对伊莎贝尔继位的卡斯蒂利亚贵族曾经联合西部从 12 世纪起一直保持独立的葡萄牙与两位国王打了一仗。葡萄牙虽然未能取胜，但却为其继续保持独立赢得了保障。

半岛上尚存的独立政权，除葡萄牙以外，就只剩下南方的阿拉伯人和北方地跨现今西班牙和法国的纳瓦拉王国[2]。并且，南方的阿拉伯人（即"摩尔人"）所控制的土地，事实上在 13 世纪末期以后就只剩下了格拉纳达、马拉加、加的斯，以及阿尔梅里亚等不多地区。[3] 纳瓦拉是基督教国家，看上去似乎并不妨碍半岛的统一，而南方摩尔人政权所控制的土地则是非"收回"不可的。1492 年，伊莎贝尔和费尔南多打败最后的摩尔人政权，同时将所有不愿皈依基督教的阿拉伯人后裔都赶出了伊比利亚半岛，大体上完成了半岛的统一。

从 1480 年起，伊莎贝尔一直坚持不懈地加强中央王权。她依靠城市、中小贵族和教会的力量，不断打击、削弱各地大贵族的割据势力。她没收了所有曾经反对她的贵族们的领地，并下令任何贵族不得私自建造城堡。她重组"圣兄弟会"，用以充任警察和密探的角色。她也

---

[1] 他作为阿拉贡国王称费尔南多二世，作为卡斯蒂利亚的共治国王或全西班牙国王称费尔南多五世；一般行文中多把他称为费尔南多二世。

[2] 纳瓦拉王国曾经十分强盛，但到 13 世纪它基本上成了法兰西的属国，1512 年费尔南多二世占领了它在比利牛斯山脉以南的领土，并于 1515 年将之纳入了西班牙版图；其余部分坚持到 1589 年，其国王恩里克三世成为法国国王亨利四世，其比利牛斯以北部分被纳入了法国。

[3] ［西班牙］哈维尔·图塞尔等：《西班牙历史》，马德里，1998 年，第 126—136 页。

削弱城市的自治权，向各城市派遣财税和行政官员，改组市政会。她整顿吏治并开始推行法制，责成法学家迪亚斯·德·蒙塔尔沃编制了《卡斯蒂利亚皇家法典》，于1484年颁行。[1] 这一切都有效地增进了西班牙全国的统一，缩小了各地区的差别。

对内政策中，伊莎贝尔一世采取的最重要也是招致非议最多的措施是统一宗教、纯洁信仰。早在1478年11月，伊莎贝尔就得到教皇的授权，在西班牙创设了宗教裁判所。它以极其严厉的态度和极端残酷的手段对有异教嫌疑的人进行审判，在世界历史上可谓臭名昭著。可是此举对西班牙国家统一却十分重要，它既巩固了中央王权，又增进了王朝与罗马教廷的关系，提高了其国际地位与声誉。1492年4月，伊莎贝尔又下令驱逐犹太人，大约有20万犹太人流离失所，被迫散居到世界各地。1496年12月2日，教皇亚历山大六世破例正式授予伊莎贝尔和费尔南多夫妇"天主教王"的头衔。

本土统一后，西班牙立即通过三种途径迅速扩张。这三种途径就是：海外探险与殖民、对外战争和王室联姻。前两项过去谈得比较多，大家都已熟知，这里重点谈谈后一项活动。

联姻是费尔南多的拿手好戏。妻子去世（1504）后，他本人娶了法兰西国王路易十二的外甥女德·福瓦；他把长女伊莎贝尔嫁给了葡萄牙国王曼努埃尔一世，他们一度被宣布为卡斯蒂利亚的继承人，但伊莎贝尔溘然早逝，否则费尔南多或许会通过这一联姻将葡萄牙纳入自己的版图，把二女儿卡塔丽娜（凯瑟琳）嫁给了英国王储亚瑟，亚瑟早夭，又嫁给亚瑟的弟弟亨利八世，但不久遭遗弃。他们的离婚引发了英国宗教改革。

最重要的联姻是两位天主教王将他们的次女胡安娜嫁给了哈布斯堡的菲利佩，即神圣罗马帝国皇帝马克西米利安一世的儿子。"美男"菲利佩早在1482年就从母亲于里继承了尼德兰。胡安娜虽然是次女，但天主教王的长子胡安19岁夭亡；长女伊莎贝尔嫁给葡萄牙国王后难产而死，她的儿子也仅仅存活了一年有余。因而伊莎贝尔一世指定胡

---

[1] ［西班牙］哈维尔·图塞尔等：《西班牙历史》，第299—315页。

安娜为卡斯蒂利亚王位继承人,尽管不久就发现她有精神病。1504年伊莎贝尔一世女王去世,"疯女"胡安娜立即继承了王位,她的父亲费尔南多也不再是共治国王,而退居摄政。

胡安娜的婚姻使西班牙王族与哈布斯堡王朝联合了起来。胡安娜和菲利佩的长子卡洛斯(查理)一出生就被确定为西班牙王国和哈布斯堡王朝的继承人。1516年外祖父去世,他同时继承了西班牙的卡斯蒂利亚和阿拉贡两个王位,号称西班牙卡洛斯一世国王;1519年祖父去世,他又继承了德意志的王位,被选为神圣罗马帝国皇帝,号称查理五世。在他治下,西班牙帝国的版图囊括了小半个欧洲大陆[①]、绝大部分的美洲,再加上在亚洲和非洲的殖民地,形成了世界历史上第一个事实上的"日不落"帝国。

在如此庞大的帝国中,伊比利亚人当然会有别于其他地区的居民,他们在欧洲被称作西班牙人(Española[②]);在美洲等地被称作"半岛人"(Peninsular或Cachupín)。也就是说,在西班牙哈布斯堡王朝统治下的那个多民族的巨大殖民帝国中出现了一个作为统治民族或"主体"民族的西班牙民族。但是,西班牙人民当时还没有近代的民族意识,也没有对主权的要求。主权归王室,而它的王室来自德国。到了1701—1714年的西班牙王位继承战争之后,主权又转到了来自法国的波旁王族手中。国王们甚至可以不懂西班牙语。

天主教王统一了国土却没有建立固定的首都,直到他们的外孙卡洛斯一世时期宫廷还是经常随着国王迁徙,宫廷在哪里那儿就可以被认为是首都。卡洛斯一世宫廷最常住的是布鲁塞尔,连他的退位仪式都是在布鲁塞尔举行的。1555年,他退位后将哈布斯堡的产业留给了弟弟,而把尼德兰与西班牙王位一起让给了儿子菲利普二世。菲利普二世将宫廷迁至马德里郊区,至此马德里才可被视作西班牙帝国的首都。而使它真正具备了首都形象的是波旁王朝的卡洛斯三世国王

---

① 西班牙本土、德意志地区、低地国家,以及现今意大利的那不勒斯、米兰、西西里、撒丁尼亚等。

② 这个称呼来自古罗马对这些地区的称呼"Hispania"。

(1716—1788，1734 年起成为那不勒斯国王；1759 年起成为西班牙国王)[1]。

另外，西班牙的殖民政策和目的并非向海外移民、寻求生存空间，而是控制和掠夺资源与财富，增强国力。因而它没有像其他一些国家在北美做的那样将印第安人赶离自己的土地，而是去教化他们、管理他们，还颁布了《印第安人保护法》。它并没有像当初在自己本土所做的那样驱逐其他民族，或强行同化他们。所以，西班牙向海外扩张只是将越来越多的民族纳入它日益庞大的殖民帝国，将它的势力延展到世界各地。但是，各地的地位绝非平等，一切政策的制定都是向伊比利亚半岛严重倾斜的。

对于这样一个国家，一个领土极其庞大的、主权属于来自外国的王室，而又由西班牙人作为主体民族的帝国，我们很难认定它是"民族国家"，而应当说它是一个典型的封建王朝国家。

过分强大的中央王权使西班牙近代民族意识的形成受到了压抑。直至 1789 年法国大革命爆发、1808 年拿破仑大军入侵并占领伊比利亚半岛之后，西班牙的近代民族意识才被唤醒。

1810 年西班牙民众自发组织了加的斯议会，并于 1812 年颁布了第一部宪法。该宪法第一条宣布："西班牙民族（la Nación española）由两半球的所有西班牙人组成"；第二条："西班牙民族是自由和独立的，不是且不能是任何家族或个人的世袭财产"；第三条："主权实质上属于民族（Nación）"[2]。

此时的西班牙已经不能任由君主宰割，即使换回原先的君主，人民也要对其有所制约，他们已经认清并申明，主权在民。奋勇抗击拿破仑的西班牙人民得到了英国的支援。英国那时早已完成了资产阶级革命，发展成一个强大的民族国家。而遭到顽强抵抗的法国人自身也是一个正在进行资产阶级革命的民族，正是他们提出了民族主义的

---

[1] Pedro Voltes, *Carlos III y sutiempo*, Barcelona: Juventud, 1975, pp. 154-159.

[2] Antonio Fernández Garcíaetc, *Documentos de Historia Comtemporánea de España*, Madrid: Actas, 1996, p. 69.

口号。

拿破仑失败以后,"大众渴望的"费尔南多七世恢复了王位,并于1814年返回西班牙。可是他归来后立即废除了1812年宪法,重建宗教裁判所,恢复耶稣会,取缔共济会,试图把一切都恢复到从前。然而不久,1820年,就爆发了西班牙的第二次资产阶级革命。费尔南多七世被迫宣誓接受"加的斯宪法",答应重新召开议会,任用自由派组织新政府。但三年以后,他再次恢复了反动的专制集权统治,并实行血腥的白色恐怖,直到1833年去世,史称"黑暗的十年"。

费尔南多七世去世后,由他3岁的女儿伊莎贝尔二世继承王位(1843年起亲政),同时由她的母亲玛丽娅-克丽斯蒂娜摄政。此时,母女俩已不可能再坚持专制统治,于是再次承认1812年宪法,同时开始修宪。1837年起多次修改宪法,更换了无数次内阁。那些宪法都宣称实行代议制,而事实上西班牙进入了寡头政治时代,社会的主宰仍然是土地贵族、教会和军队。

1848年,在法国的影响下西班牙又爆发了多起革命。1868年"普里姆革命";1873年成立西班牙第一共和国(至1874年底)。推翻共和国的军人1875年初请回阿方索十二世到西班牙登基。但他不敢不承认主权在民,并宣布实行君主立宪制。他死后,王后克丽斯蒂娜摄政达17年之久,于1890年确立了普选制。

19世纪的西班牙历史在反反复复的斗争中艰难前行。但是人们看到的已经不再是旧制度下那个庞大王朝四处征战和处心积虑联姻的"光辉"历史,而是一个新兴并落后的民族国家摸索发展和进步的艰难历程。

(原载《世界历史》2008年第3期)

试论瑞典的"充分就业"

张晓华

人是生产力中最重要和最活跃的因素,它与生产资料一起构成社会经济发展的必不可少的基本条件。因此,就业对个人来说是生存的一种必要手段,对社会来说,则是一种机制和发展的动因。笔者在对瑞典历史的研究中发现,强调和基本实现充分就业[1],是瑞典不同于其他福利国家的一个鲜明特征。在西方国家失业率居高不下的时候,瑞典为什么能够长期保持较低的失业率?这是引起人们兴趣和关注的一个经久不衰的问题。关于这一问题的研究,可以说硕果累累,但争论声也从未间断。国外的研究更多地从经济学和社会学角度对这一问题进行分析、比较,从历史学的视角进行专门考察的研究成果则为数不多。瑞典社会研究所瓦尔特·科皮教授是研究这一问题的权威,其所著《福利资本主义中的工人阶级》[2]以及发表的一系列文章,既从社会学的视角,又从多学科的交叉研究来探讨这一问题,为我们从历史学视角考察充分就业问题提供了更多的思考。国内专门研究这一问题的专著当数沈全水先生撰写的《失业的出路——瑞典再就业的考察》[3],该书主要是从经济学的视角对这一问题进行阐述,由于考察的

---

[1] 充分就业"Full Employment"在《瑞典工人运动战后纲领》中解释为"Employment for all",是"人人有工作"的意思,有"完全就业"之意。瑞典社会学家 J. 帕尔梅对"充分就业"一词的释义为"凡有工作能力、愿意工作的人都能就业"。笔者认同这一说法,这里所说的"完全就业"就是通常所说的"充分就业"。

[2] Walter Korpi, *The Working Class in Welfare Capitalism: Work, Unions and Politics in Sweden*, London: Routledge & Kegan Paul, 1978.

[3] 沈全水:《失业的出路——瑞典再就业的考察》,中国发展出版社 2000 年版。

是 20 世纪 70 年代至 90 年代的经济政策，从中也勾画出了一个粗线条的历史发展脉络。本文拟从历史学的视角，对 20 世纪 30 年代至 50 年代的瑞典"充分就业"问题作一初步探讨，以就教于方家。

一

19 世纪上半叶，瑞典还是一个以农业为主的国家，1870 年时城市人口只占全国人口的 13%[①]。19 世纪 70 年代瑞典经济开始起飞，并在短短几十年的时间里跃居世界发达国家行列，成为西方资本主义国家中工业化起步较晚但发展极快的国家。在 1870 年至 1980 年的 110 年里，瑞典国民生产总值按人均计算每年的实际增长率（排除通货膨胀因素）为 2.5%[②]，增长速度之快，持续时间之长，实属罕见。

实现工业化必须具备人、资源、资本积累、生产规模化、专业化和科技进步等基本条件。其中人是最为重要的一个条件，没有人不行，人口增长太快也不行——资源耗尽，阻碍经济发展。19 世纪中叶，瑞典发生饥荒，农村无产者队伍迅速膨胀，当时瑞典尚没有大规模的工业来吸纳过剩的农村人口，于是历史上一次声势浩大的移民潮出现了。1840 年至 1910 年间全国约有 1/4 人口移居国外。发生在瑞典经济起飞前后的人口大量外迁，避免了农村人口拥向城市造成失业大军激增的现象，减轻了这一时期政府的压力。但是，在经济持续发展的年代里，伴随着市场经济出现的失业并没有因为经济的高速发展而自然消失，反而更加顽强地表现着资本主义市场经济的这一必然现象。

失业是市场经济的产物，它不但给失业者造成严重的经济问题，使其失去生存的手段，而且也给社会带来直接的经济负担；当失业率达到一定水平，就会存在失业一直保持在较高水平上的危险，就会成

[①] G. A. Montgomery, *The Rise of Modern Industry in Sweden*, London: P. S. King, 1939, p. 182.
[②] ［瑞典］克拉斯·埃克隆德：《现代市场经济理论与实践》，刘国来译，北京经济学院出版社 1995 年版，第 296 页。

为阻碍经济发展、影响社会秩序的重要因素。"在20和30年代早期，失业人数之多打破纪录。"① 20世纪初，工会会员失业者占会员总数的1/3。由于失业和其他劳资纠纷而引发的工人罢工在瑞典屡见不鲜，罢工次数位列北欧五国之首，1917年甚至出现了"近于革命的形势"②。第一次世界大战初期，瑞典通过向德国出口钢铁和食品等战争物资而获利。但英国出面干预使瑞典的海上运输受阻，加上天灾造成农业歉收，瑞典出现了严重的粮食危机。失业工人为了活命，举行反饥饿游行。奉命前去镇压的士兵也因"填不饱肚子"而与工人站在一起。社会民主党左翼及一些团体，在俄国革命的影响下喊出了"建立工、兵苏维埃"的口号。第一次世界大战后，瑞典经济一度出现高度繁荣，当由通货膨胀和存货、投机造成的虚假繁荣的泡影破灭后，生产下降了25%，失业率高达30%。就在被称为瑞典发展的"黄金时期"的整个20年代，失业率也一直保持在5%—10%的水平③。

1929—1933年资本主义世界爆发了席卷全球的经济危机，瑞典被卷入的时间虽然稍晚，但也未能幸免。1930—1931年瑞典经济开始感受到经济危机浪潮的冲击，到1932年时经济大堤便被冲垮：出口急剧下降，产品积压，一大批企业倒闭；失业率上升到25%左右④。1931年失业人数比1930年增加180%，达到8.9万人；到1932年冬，又几乎增加一倍，达16.1万人。1931年至1935年间平均每100个工作岗位，就有441个工人竞争，创瑞典历史最高纪录⑤。

经济形势恶化带来政治秩序混乱，罢工浪潮迭起。失业工人举行"反饥饿游行"；在业工人也因食不果腹，罢工抗议资本家削减他们的工资。"失业和工业界连续的动乱曾经是二三十年代早期瑞典劳动市

---

① ［瑞典］斯蒂格·哈登纽斯：《二十世纪的瑞典政治》，戴汉笠、许力译，求实出版社1990年版，第20页。
② Steven Koblik ed., *Sweden's Development from Poverty to Affluence 1750—1970*, University of Minnesota Press, 1975, pp. 229 – 253.
③ ［瑞典］克拉斯·埃克隆德：《现代市场经济理论与实践》，第293页。
④ ［瑞典］克拉斯·埃克隆德：《现代市场经济理论与实践》，第294页。
⑤ Kurt Samulsson, *From Great Power to Welfare State*, London: Allen & Unwin, 1968, pp. 233 – 234.

场的特点。"① 1931 年发生在木材工业基地奥达伦地区的罢工是最突出的一例。

木材工业是瑞典外贸出口的重要支柱之一。工厂主以经济萧条、木材销售下降为由，削减工人工资，减少工作日，并且增加工人居住的工房的租金。工人举行罢工反抗，工厂主则以闭厂停工相威胁，劳资双方剑拔弩张。1931 年马尔玛纸浆厂的工人封锁工厂后，工厂主从外地招聘来非工会会员的工人，企图破坏罢工。5 月 12 日被雇用来的外地工人和纸浆厂的工人发生冲突。格兰宁厄（Graninge）公司的硫酸盐厂和亚硫酸盐厂的工人举行罢工声援纸浆厂工友。这两个厂的工厂主效仿纸浆厂厂主的做法，又引起外来工人与本地声援工人的冲突。对抗情绪愈演愈烈，罢工风潮很快席卷整个奥达伦地区。地方政府怕事情闹大，派军队前来镇压。5 月 14 日罢工工人集会，其中四五千名工人自工厂所在地向市政府进发，举行示威游行。在市政府严阵以待的军队无法驱散游行队伍便向手无寸铁的工人开枪，当场打死 5 人，打伤 5 人，酿成瑞典历史上著名的惨案。全国各地工人闻讯立即组织声援，谴责工厂主和地方政府的野蛮行径。5 月 21 日，为 5 名被枪杀者下葬时，斯德哥尔摩所有工厂停工 5 分钟，向死难者致哀。左翼党派及其社会舆论纷纷口诛笔伐，声讨杀害工人的元凶。

埃克曼政府千夫所指，摇摇欲坠。1932 年 3 月，名噪一时的"火柴大王"、大金融家克鲁格自杀。随后披露出的埃克曼政府接受克鲁格贿赂的丑闻更加剧了政府的政治危机，埃克曼被迫辞职。瑞典社会民主党抓住这一历史契机，以解决当前危机为目标，在竞选中抛弃了以往提出的一些过激的政策和口号，代之以能有效地帮助贫苦大众的政策，许诺与大规模失业进行坚决的斗争，在是年大选中一跃成为议会第一大党，在世界经济危机袭入瑞典的危急关头执掌政权，开始了连续执政 44 年的历史。这为日后瑞典"充分就业"目标的确立和"充分就业"政策的基本实现奠定了基础。

---

① ［瑞典］斯蒂格·哈登纽斯：《二十世纪的瑞典政治》，第 32 页。

二

要研究瑞典的"充分就业"问题，就不能不讲斯德哥尔摩经济学派，正是斯德哥尔摩经济学派的国家干预思想为瑞典"充分就业"目标的确立和基本实现提供了理论基础。

受命于危难之际的社民党，深知失业是一颗重磅定时炸弹，不排除便不能恢复正常的秩序。社民党不希望1917年的历史重演，要将瑞典纳入民主社会主义的发展道路，必须解决最容易引发暴力冲突的失业问题。更何况社民党是在工人运动的支持下成为执政党的，解决失业问题不但是事关瑞典摆脱经济危机的一个急迫问题，而且是关系到社民党统治地位稳固与否的关键问题。因此，社民党将解决失业问题作为其上台后的当务之急，立即向议会提出了洋洋万言的"反危机措施"提案。

"反危机措施"提案的核心思想是通过国家的干预，实行稳定的政策，使经济摆脱萧条，从而降低失业率。而国家干预思想在瑞典的最早倡导者应该追寻到斯德哥尔摩经济学派。

为了解决20年代的失业问题，自由党政府曾在1927年成立了失业委员会，负责考察失业高峰的起因并寻求解决办法。委员会成员包括各党派的代表，并聘请一批著名学者、教授参加这项工作。该委员会一直工作到1935年。

当时，在经济学界占主导地位的仍是传统的自由市场观点，认为社会经济通过自主确立价格能够自然地实现均衡，使总供给与总需求持平。失业委员会成员中的相当一部分人持这一观点，认为造成失业的原因是工资过高，导致了劳动力市场"供给过剩"。工资升高，雇主就无意雇用更多的人，结果便是失业。根据这种观点，自由的市场机制能够纠正这个问题，他们开出的药方是：减少工资。而一批深受克努特·维克塞尔的货币理论影响的年轻经济学家却提出了不同的看法。

克努特·维克塞尔（1851—1926），瑞典著名经济学家，他从边际效用论和一般均衡论出发,通过对利息率和价格的运动的研究,提出了"货币均衡论",希冀给经济的周期波动一个"理论说明"。"他主张资本主义制度一般而言是有效率的,但是其收入分配存在着缺陷。他不反对资本主义生产制度,认为公平的收入分配应当而且能够通过合适的政府政策,在资本主义制度范围内实现。他把经济波动的原因主要归于货币因素,并且认为可以通过政府的干预来保障经济稳定。"① 维克塞尔的理论从分析货币、利息入手,研究对国民经济进行宏观管理,实际是一种国家干预理论的早期萌芽。

年轻的经济学家们通过讨论经济萧条的性质,认为扩大公共开支、运用财政政策和货币政策来调节经济可以保证就业和经济增长。持这种观点的人后来被称为"斯德哥尔摩学派",他们中的一些人先后参加了"失业委员会"的工作,如瑞典经济学家埃里克·林达尔、贡纳尔·缪尔达尔、贝蒂·俄林（Bertil Ohlin）等人。

经济学家巴格教授利用供求价格概念分析非周期性失业原因,指出劳动力供求价格发生矛盾,一般是由于劳动力供求规模以及经济结构发生了变化。经济学家、后来任自由党主席的贝蒂·俄林也不同意将"稳定价格"作为金融政策的标准,而提出以"最小限度的失业"为标准。他主张以公共投资和公共劳动抵制失业,将开发公共工程项目作为反周期性经济危机的手段。林达尔和塞弗林也主张大搞公共项目,特别是建筑工程。林达尔认为扩大公共工程也有利于消灭非周期性危机造成的失业,办法是政府用赤字预算支付公共工程费用。换言之,周期性和非周期性危机造成的失业皆可采用扩大消费而消灭之。

社民党议员、后来成为政府财政大臣的维格福斯是委员会的一名重要成员。他强调价格（工资）是市场决定的,不是工人决定的,失业工人不能为获得一份工作而提出低于市场价格的工资标准。维格福斯研究通货膨胀与失业的关系后,指出:"经济危机期间,出了问题的正是

---

① 裴小革:《瑞典学派经济学》,经济日报出版社2008年版,第32—58、184页。关于克努特·维克塞尔的经济理论,参阅［瑞典］克努特·维克塞尔《国民经济学讲义》,刘絜敖译,上海译文出版社1983年版。

自动价格机制，降低价格不能刺激需求的增加，恰恰相反，价格下降后，人们相信价格还会继续再降，更要观望等待，因而需求进一步萎缩，这又导致价格进一步下降。供方情况亦然，也会估计价格会再下降，因而减少产量，造成失业人数增多，工人工资下降。这反过来又迫使价格下降。"① 维格福斯认为，失业发生在经济周期下行的起点，削减工资不能减少失业。削减工资只会影响人们的期望，导致投资减少，从而使已在下降的周期更加恶化。他以一个政治家的眼光分析形势，也得出了"公共投资和由公共部门组织的劳动能够增强购买力，有助于缩小经济危机的规模"②的结论。

在经过充分的研究、论证后，失业委员会的多数成员同意他们的观点，认为对于产品过剩或有效需求不足造成的失业，解决的途径是刺激需求而不是降低工资；主张通过扩大公共工程和修改税收制度来解决失业问题，将消极地给予失业救济方式变为向失业者提供生产性的、由政府管理的工程项目的积极方式；并强调举办的公共工程项目应是普通项目，付以当时平均工资。

20世纪30年代是斯德哥尔摩学派发展的鼎盛时期，林达尔、缪尔达尔、伦德堡、俄林等人不仅承袭了维克塞尔理论体系中的主要特色，而且在总量分析和动态分析方面发挥和补充了维克塞尔理论体系。他们坚持用宏观经济调节办法来平抑经济周期波动，用均等化分配制度与资本主义生产制度相结合。在他们参与的失业委员会的《最近报告书》中强调通过国家调节来消除失业。③

正是这种以扩大总需求来解决整个社会经济的生产能力和就业问题的理论，为社民党的"反危机措施"提供了理论依据。在财政大臣维格福斯的主持下，斯德哥尔摩学派的理论被运用到社民党政府摆脱经济危机的实践中，形成了"反危机措施"提案。

---

① Eskil Wadensjo, "The Committeeon Unemployment and the Stockholm School," L. Jonung ed., *The Stockholm School of Economics Revisited*, Cambridge University Press, 1991, p. 113.
② ［瑞典］克拉斯·埃克隆德：《现代市场经济理论与实践》，第121页。
③ 黄范章：《瑞典"福利国家"的实践与理论》，上海人民出版社1987年版，第147—153页。

提案认为对整个社会经济的生产能力和就业起决定作用的是社会的总需求,克服当前这些问题的最好办法是实行国家干预,推行一项旨在消除失业的经济政策,国家可以利用的手段是影响社会的总需求。提案主张采取积极的财政政策,通过调节政府开支、税收和货币供给量来调节社会总需求,以达到"充分就业"。具体来说,就是扩大公共工程,并付给参与人员以劳动力市场价格的工资;向反失业措施和国家各类应急工程提供资助;向各地方的住宅建设和市政工程提供贷款;对私人企业提供贷款或补贴。"这一新思想在1933年的预算草案中首次得到体现,贡纳尔、缪尔达尔在草案的一个附件中介绍了这一新的'反循环'财政政策的理论依据。由此,瑞典便成为世界上第一个走上积极的稳定政策道路的国家。"[1]

据统计,1934年至1935年间平均每年约有6万人在特别为失业者安排的项目中工作[2]。特别是30年代中期以后,预算草案的财政政策发挥了作用,调整了劳动市场政策,失业率下降到5%—10%[3],失业率下降了,罢工也随之减少了。

表1   1890—1949年瑞典罢工次数的统计

时期	平均每年罢工次数	时期	平均每年罢工次数
1890—1894	33	1920—1924	323
1895—1899	70	1925—1929	202
1900—1904	138	1930—1934	168
1905—1909	235	1935—1939	69
1910—1914	103	1940—1944	92
1915—1919	306	1945—1949	77

从表1可以看出,1900—1934年是瑞典历史上发生劳资冲突最集中的时期,1933年和1934年损失了300多万个工作日[4],但自30年代

---

[1] [瑞典]克拉斯·埃克隆德:《现代市场经济理论与实践》,第121页。
[2] 沈全水:《失业的出路——瑞典再就业的考察》,第27页。
[3] [瑞典]克拉斯·埃克隆德:《现代市场经济理论与实践》,第295页。
[4] 裴小革:《瑞典学派经济学》,第188页。

中期后工人罢工的次数呈下降趋势①。

原先罢工层出不穷、动荡不安的劳动力市场，日益安宁下来。1938年瑞典总工会和雇主协会签订了劳资谈判总协定，规定了双方如何通过和平的方式达成工资协议。一个有利于工业发展的"和平"局面开始出现。

社民党政府在扩大公共投资、兴建公共工程的同时，从预算中拨出巨款，支持私有企业渡过危机和消除危机的后果，提高农产品的价格并对农业进行补贴。一些新的私人企业出现了，加剧了竞争；农场主和农业资本家的利益得到照顾，刺激了生产的积极性。所有这一切都给瑞典经济的振兴和发展带来了活力，生产很快得到了恢复，经济、政治和社会秩序渐趋稳定，人们对政府的信心日渐增强。正如汉森在1933年制定预算草案时所说："用（政府借贷）这样的措施，将不仅能够为失业大军提供工作，而且能够结束经济停滞，开拓复苏和经济重建之路。"②

三

随着瑞典经济发展对劳动力需求的不断变化，理论上的进一步探讨和具体的对策研究使政府对就业问题更加重视。如果说，"充分就业"在20世纪30年代是被政府作为解决经济危机的一个具体措施提出来的，那么到了40年代，"充分就业"就作为国家经济政策的一个主要目标被提上议程，并成为日后国家稳定发展的政治、经济目标。

1944年12月，二战即将结束时，社民党会同瑞典总工会、妇女联合会等组织制定了《瑞典工人运动战后纲领》，简称《27条》。这原是一项由战时经济向和平时期过渡的计划，首要任务是"消灭过渡期间出现的大规模失业和工业危机"，但同时也是一个全面建设瑞典

---

① Walter Korpiand Michael Shalev, "Strikes, Industrial Relations and Class Conflict in Capitalist Societies," *The British Journal of Sociology*, Vol. 30, No. 2, June 1979.

② ［瑞典］B. 杨格涅斯：《瑞典劳动力市场政策的方法》，瑞典研究所1985年版，第10—11页。转引自沈全水《失业的出路——瑞典再就业的考察》，第27页。

福利国家的指导性文件。1945年社民党政府正式颁布了这一纲领，其中第一条就是"充分就业"："人人有工作——这是我们经济政策的主要目标。为此，我们的金融制度、国家财政、价格和工资政策、私营和公营企业，必须联合起来，为充分就业提供劳动力和物质条件。"[①]

《瑞典工人运动战后纲领》的释文强调"'充分就业'不能仅从字面理解，不是说每人全年每天都就业……我们必须做的是将不可避免的失业因素缩小到最低限度，不能容忍20年代和30年代大规模失业情况重演"。

瑞典在二战中虽然宣布为中立国，但是对外贸易受到封锁的限制。为了适应战时国内外形势的变化以及国家安全的需要，瑞典政治、经济也转入战时体制，全国1/3的劳动力或服兵役，或从事军工生产。瑞典的军事工业，尤其是航空工业就是在二战期间得到大力发展的，瑞典空军因此一跃位列苏、德、美、英之后的世界第5位。战争结束，大批军人要复员，军工产业要转产，工人要重新安置。而且在经济危机前生育高峰期出生的、自1938年以来新增加的8.4万劳动人口，也需要工作，更给转入和平时期的就业形势带来极大的压力，处理不好就要出乱子。

从1929年至1933年的经济危机中，政府已感到失业对社会民主造成的威胁，失业已不仅仅是经济问题，而且是政治问题；而瑞典成功渡过世界性经济危机的经验又告诉他们，只有解决失业问题，才能保持稳定的"工业和平"，保持经济发展的局面。正如《瑞典工人运动战后纲领》所说："旧经济制度是造成一次又一次经济危机、失业和生产损失的根源，已证明不能解决我们今天面临的问题……贫困和失业常常导致生产下降，生产下降又带来更深层次的贫穷和失业……我们战后经济政策的第一个目标就是从战争到和平体制的过渡中，防止出现大规模失业和工业危机。"[②] "我们最终的目标是：平均就业水

---

① *The Postwar Programme of Swedish Labour: Summary in 27 Points and Commentr*, Stockholm, Sweden: Landsorganisationen, 1944, p. 6.

② 《瑞典工人运动战后纲领》，第3页。

平高于 30 年代后期的繁荣时期（当时的失业率约 10%）。"[1]

"充分就业"作为"经济政策的主要目标"的提出，不只是基于社民党政府对战后形势的分析，更重要的是瑞典社民党及其理论家们把就业视为社会公民权的重要部分，是个人取得自由和独立的基础。正如社民党前主席卡尔松所说："首先，工作的权利。这是一项基本人权，必须在所有层次上为之斗争，这既是为了个人，又是为了全社会。"[2] 在他们看来公民权是福利国家的灵魂，舍去就业权，公民权则无从谈起。因此"就业是福利国家的核心"[3]，"充分就业是分享福利的一种方法"[4]，是减少贫困最有效的途径之一。

在上述思想的指导下，由缪尔达尔担任主席的战后经济计划委员会（也称"缪尔达尔委员会"），把"充分就业"定为委员会的第一目标，要将失业率控制在 2% 的范围内。该委员会认为政府应在经济中发挥比战前更积极的作用，除部分地通过公共部门的扩大来解决就业问题外，更重要的是通过一些能够有效地影响私人部门的措施，刺激私人投资从而提高就业率。1948 年政府成立了国家劳动力市场委员会，作为处理失业问题的权威机构，主要职责是统一领导分布在全国各地的就业服务处和监督失业保险金的发放（失业保险金由政府拨款，加上工会一部分会费，由工会控制的失业保险基金会实施）。

战后初期，未遭受战争严重破坏的瑞典经济迅速适应了和平环境，并得到充分的发展，战时动员起来的公共资源（主要是新的征税形式，以及若干新的行政机构）都可用于和平时期非军事建设。欧洲的"重建"为瑞典机器制造业、木材和铁矿加工业的振兴及出口提供了极有利的条件。一度受限制的国内需求也获得了发展的机会。在这几方面因素的促进下，瑞典出现了历史上发展的第二个"黄金时期"。

---

[1] 《瑞典工人运动战后纲领》，第 42 页。
[2] 《英瓦尔·卡尔松在社会党国际第 18 次代表大会上的欢迎词（1989 年）》，转引自吴雄丞、张中云主编《社会党和民主社会主义人权观》，四川人民出版社 1993 年版，第 30 页。
[3] Sven E. Olsson, *Social Policy and Welfare State in Sweden*, Stockholm: Swedish Institute for Social Research, 1990, p.17.
[4] [瑞典] 帕尔梅：《就业与福利——在纪念杰里·沃尔夫演讲会上的发言》。转引自张晓华等《瑞典首相帕尔梅》，四川人民出版社 1997 年版，第 276 页。

从 1946 年至 1950 年，国民生产总值以年增长率 4.5% 的速度上升。[①] 在 1950 年至 1960 年 10 年中，国民生产总值按人均计算每年的实际增长率达到 3.5%。[②] 在"创纪录的年代"（1960—1965 年）达到顶峰，国民生产总值年平均增长率为 5.3%，劳动生产率每年上升 5.6%。[③] 这时的主要问题已不是失业，而是地区间、产业间的发展不平衡，从乡村流动到城市的人口已不能满足工业所需的劳动力，造成劳动力紧张和短缺。为解决劳动力短缺，国家劳动力市场委员会将工作重点放在动员妇女走出家门参加工作和从国外引进劳务人员。

数年后，瑞典的失业率降低了，但是通货膨胀率却有所上升。如何既保证充分就业，又解决通货膨胀问题，瑞典总工会著名的经济学家约斯塔·莱恩和鲁道夫·梅德纳尔指出，经济周期运转规律和国际经济形势变化难免要造成失业，政府应采取"积极的劳动力市场政策"，建立相应的机制，以具备消化 4% 失业率的能力。1951 年，被人们称为"莱恩—梅德纳尔模式"的反失业反通胀的战略正式提出。他们主张政府要推行一项抑制通货膨胀的财政紧缩政策。为抵制由此而产生的失业倾向，可以对遭受打击的行业和地区采取有选择的和有针对性的措施。同时执行同工同酬的"统一的工资政策"，以有益于生产效益高的企业发展，使没有盈利的企业及早被淘汰，加快经济变革。实现这一战略的条件是劳动力能够顺利转向新的劳动任务。也就是说，一旦紧缩趋向于造成失业，就采取选择性的措施以扩大就业。同时，为促使劳动者向发展顺利的企业转移创造条件，即帮助那些在工业结构调整过程中受到影响的企业职工找到工作。正是在此思想基础上"积极的劳动力市场政策"应运而生并日臻完善。

所谓"积极的劳动力市场政策"就是："用在'消极'做法（即支付失业保险金和提前退休的养老金）上的开支大大低于用在'积极'项目上的开支。所谓积极项目我们是指在劳动力需求太低时，搞

[①] ［瑞典］斯蒂格·哈登纽斯：《二十世纪的瑞典政治》，第 48 页。
[②] ［瑞典］斯蒂格·哈登纽斯：《二十世纪的瑞典政治》，第 62 页。
[③] ［瑞典］克拉斯·埃克隆德：《现代市场经济理论与实践》，第 121 页。

一些以促进需求为目的的职业创造项目,从而实现充分就业;或以改进供给为目的,调整各产业部门之间,各地区之间劳动力需求结构出现的差距。一切促进供需平衡的信息服务和就业服务处有效的工作也是这个政策的一部分。"①

20世纪50年代,瑞典经济结构已经开始发生变化,对经济领域的结构性调整将是必要的。随着这种调整,产业部门之间、地区之间劳动力供需失衡的矛盾必将加大。机械化程度的提高和生产方式、管理方式的改进,从事农业劳动的人数要减少一半,林业部门也要减员2/5。农业和林业主要集中在北部和中部地区,这些地区将出现劳动力过剩。而南部城市以工业为主,经济持续发展,对劳动力的需求增加。生产方式的合理化及小企业的被兼并又将造成一定的失业。政府不能再简单地采取20世纪30年代全面增加就业的办法。当失业不是由有效需求不足引起的,而是由劳动力供给在结构、地理位置和技艺上不适合劳动力需求而造成的,政府的责任就是提供就业信息,重新培训工人,鼓励劳动力流动。预见到产业结构的不合理、工业布局的不合理,要求劳动力的流动就是不可避免的了。劳动力市场上的供方应具有岗位流动的意识和工种变换的适应能力。要鼓励流动,就要加强工作,组织培训,安排就业。

政府采纳了经济学家的意见,将对付经济萧条的一些措施和现实问题结合起来,提出了"积极的劳动力市场政策",以对付由于产业结构调整、经济周期规律所产生的失业,责成国家劳动力市场委员会执行。

在这一时期,国家干预的方式和侧重点与30年代"反危机措施"时已有很大的不同,其主要方式有以下几种:

第一,创造就业。就是扩大就业容量,扩大对劳动力的需求,这是实现充分就业的重要途径。而进行公共工程建设历来是创造就业机会的重要手段,政府以最大雇主的身份直接进入市场,以不低于市场

---

① Gosta Rehn, "Swedish Active Labor Market Policy: Retrospect and Prospect," *Industrial Relations*, Vol. 24, No. 1, 1985.

价格的工资付给劳动者报酬，给失业者以临时性工作，解决因周期性经济危机造成的失业。除前面讲到的修筑公路、植树造林、铺设电气化铁路等公共工程外，房屋建设也一直是公共工程中的一个重要项目。二战爆发前夕，住房建设停止，城市居民中的50%仍住在带有厨房的一居室里。战后，为了改变城市居民的居住现状，政府通过贷款和补贴的方式资助房屋的建造。1947年通过新的法律，要求住房建造必须符合当地的规划。同年又成立"全国住房委员会"，负责房屋的分配和管理工作。60年代制定的"一百万套住房计划"更是一个明显的例证。这些以工代赈的工程一般是先前已计划的工程或原有工程的扩张，如早在1938年，国会就批准建立许多工程的储备名单，以便政府在就业形势恶化时可以迅速采取措施创造就业机会。1944—1949年期间，政府干预的重点是为维持充分就业而刺激私人投资。

第二，扩大公共部门。这是创造就业的另一有效方式。战后，经济的迅速发展为公共部门的扩大和一系列社会改革提供了可能：新的交通体系和供电、供气设施的建立，人们对社会保险部门和公共服务项目的需求，教育、娱乐等文化活动的开展，家庭护理、康复工作的特殊需求等，都需要国家和市政部门为这些项目筹措资金和负责建设、管理，公共部门的扩大立刻成为当务之急。1913年政府公共开支仅为国民生产总值（GDP）的10%，1950年增加到23%，占同期的社会开支从不到国民生产总值的4%增加到10%以上。仅以就业服务处为例，工作人员与求职者人数的比例是比较高的。工作人员包括咨询人员、心理测试人员、指导人员、计算机登记人员等。公共部门的扩大为就业提供了无数的岗位。60年代制造业从业人员减少了1/4，服务性行业从业人员从占总劳动力的27%增加到33%。

第三，提供就业服务。就业服务处的有效工作是"积极的劳动力市场政策"的核心，其主要任务是"采取迅速行动平衡劳动力市场的供求关系，尽可能满足求职者愿望，为其物色与其能力相匹配的工作"。全国390所就业服务处掌握全国劳动力市场的情况，向求职者提供信息，向用人单位介绍求职者的简历和特长。110所残疾人就业服务处，为残疾人和经过特殊培训方能就业的人服务。就业服务处理论上掌握全国工矿企业、事业单位需要招工的情况，20世纪五六十年代15%的劳动空位是借助就业服务处来实现招聘的，由于当时正处于就业高峰时期，找工作不是很困难。

第四，进行职业培训。职业培训是国家劳动力市场委员会的第二个工作重点，服务对象主要是失业工人、残疾人和年龄偏大就业较困难的人。失业的一个相当普遍的原因是劳动者原有的知识和技能已不能适应新的需要。对失业者进行再就业训练，能有效提高他们的就业能力，帮助他们跨越所面临的就业障碍。同时根据市场要求进行培训，使失业人员能够尽快地适应劳动力市场的变化。50年代培训的对象主要是刚刚转入工业化生产的农民。在经济上升时期，对熟练工种和技师的需要扩大了对特殊技术项目的培训。随着社会福利的不断提高，人们在提高生活质量方面有了新的要求，一些新的服务项目的创立和设施的出现，对服务人员和护理人员的需求增加，培训的项目就要随之增添新的业务。这样培训项目就由过去的主要是制造业的基本技术（如车、钳、铣、刨等），逐渐向第三产业所需要的职业技术发展，如文秘、职员、护理人员等职业的计算机操作、档案管理、美容、保健等方面的知识和技术；参加培训的人数随着经济形势的变化而逐年增加。由于培训以市场需求为中心，其项目和重点随劳动力市场的需求而变化，改善了劳动力的技能，大部分受训者能够在6个月内找到工作。

第五，设立投资基金、政府向将要倒闭的企业订货、提供庇护性就业、向一些在国际市场竞争中需要提供补贴和资助的企业给予帮助等。这些都是政府为实现充分就业采取的具体措施，直接或间接地扩大了劳动力市场对劳动力的需求，影响了整个社会就业量。例如，在利润丰厚的年头，企业可以将年利润的40%免税存入一个基金。当经济出现波动的时候，各个政府机构就可以根据具体情况决定是否放开和什么时候放开对这些基金的控制，使这些企业在经济状况不好的时候也能保持一定的生产能力和就业水平。自1955年起，各种投资基金就成了稳定经济波动、减少由于季节的和结构的原因而引起的失业的一种特殊措施。

从"反危机措施"的提出到"积极的劳动力市场政策"的实施，可以看出，在将"充分就业"从一个具体的政策措施演变为国家的经济、社会政策和目标，并且在实现这一目标的过程中，瑞典政府所采取的每一个步骤，都是按照经济发展规律，结合瑞典的历史传统、具体国情和现实需要，在实践中逐步认识、实践和总结出来的。斯德哥尔摩经济学派的形成和发展与瑞典市场经济的形成和发展有着密切联系，为瑞典的"充分就业"提供了主要的理论根据。在这种以生产资料私有为基础的私人占有为主导地位的经济体制中，为了保持经济的持续发展，就要实行"充分就业"，也只有经济的不断发展，才能实现"充分就业"，所以"充分就业"被放在一切政策的优先位置。为了实现和保证"充分就业"，瑞典政府对经济实行国家干预，这种调节和干预是在市场调节的基础上的一种补充调节，不是代替市场的作用，而是针对不同的时期、不同的问题、不同的需求，帮助市场顺利地进行调节，以达到持续、稳定发展的目的。这样"充分就业"就成为瑞典福利制度得以实施的基础，同时也成为公民分享福利的一种方法。

（原载《世界历史》2008 年第 5 期）

美国联邦个人所得税制度的确立及其社会影响

张红菊

美国是当今世界上个人所得税制度最为发达的国家。联邦个人所得税从产生、确立到形成完整的税制系统，经历了100多年的时间，20世纪40年代，个人所得税已经成为联邦政府的第一大税种，对美国政治经济和社会生活产生了较大影响。本文试图在梳理美国联邦个人所得税产生和发展过程的基础上，对其产生的历史背景、经历的政治博弈以及社会影响作一探讨，为深化我国个人所得税制度改革提供有益的借鉴。

一 联邦个人所得税制度的产生和确立

税收是国家的基本特征之一，是国家以社会管理者的身份，凭借政权力量，通过颁布法律或政令来进行强制征收的。马克思在《哥达纲领批判》中指出："赋税是政府机器的经济基础，而不是其他任何东西。"[①] 就美国而言，建国之初美国还只是一个松散的邦联，所以1777年的《邦联条款》（The Articles of Confederation）并没有授予大陆会议征税的权力。直到1787年宪法才赋予联邦政府税收权。

1787年宪法是美国联邦政府存在的法律基础，它赋予了联邦政府广泛的税收权。宪法第一条第八款规定："国会有权规定并征收税金、

---

① 《马克思恩格斯选集》第3卷，人民出版社1995年版，第315页。

捐税、关税和其他赋税，用以偿付国债并为合众国的共同防御和全民福利提供经费；但是各种捐税、关税和其他赋税，在合众国内划一征收。"① 但该宪法第一条第九款又规定："除非按本宪法所规定的人口调查或统计之比例，不得征收任何人口税或其他直接税。"因此，个人所得税在美国联邦成立之初是宪法禁止的。但是联邦政府在战争期间出于财政融资的需要，曾经几次征收直接税，战争结束后，国会就立即废止这种税赋。例如18世纪90年代美法对峙与"准战争"期间，联邦政府首次开征直接税，税收对象是房产、土地、奴隶和其他财产。这种税是由居民个人直接交给联邦政府税务部门的，所以叫直接税。但是1802年美法关系缓和后，直接税随之被取消。1812—1815年第二次美英战争期间，为了筹措经费，联邦政府又恢复了一些直接税，甚至准备征收所得税。1814年出任美国财政部长的亚历山大·达拉斯，于1815年提出征收个人所得税和遗产税的议案，但是被议会否决，并且战争时期开征的直接税到1817年也被取消了。此后44年间，联邦政府财政来源主要依靠关税和公共土地转让费用。

所得税征收在联邦层面一再搁浅，但在州的层面率先突破。截至19世纪50年代，至少已有7个州通过了所得税法案。在各州所得税征收的实践中，一些基本原则逐步确立起来，比如"免税额度较高，起始税率较低，但逐渐累进"②，这为以后联邦所得税法案的制定积累了经验。1861年美国内战爆发，为了应对入不敷出的财政困境，国会通过《1861年税收法案》，规定对年总收入超过800美元部分按照3%的税率征收个人所得税，但是当年并没有征收。次年7月国会对联邦个人所得税进行了改革，改单一税制为累进税制，规定对年收入在600美元以下的不征税，年收入600美元至1万美元的征收税率为

---

① [美]艾捷尔编：《美国赖以立国的文本》，赵一凡、郭国良译，海南出版社2000年版，第54页。
② Glenn W. Fisher, *The Worst Tax? A History of the Property Tax in America*, Lawrence, Kans.: University Press of Kansas, 1996, p. 40.

3%，年收入在 1 万美元以上的税率为 5%。① 随着战争的结束和财政状况的改善，到 1872 年，征收了 10 年的联邦个人所得税被废止。1894 年美国国会出台税法规定：对分红、利息和租金以及其他来源于财产的收入按单一税率 2% 征收所得税，并规定收入在 4000 美元以下的免税，收入在 4000 美元以上的，税率为 2%。这意味着全国只有 0.13% 的人需要缴纳所得税。② 由于是在和平时期开征个人所得税这一直接税税种，立即引起了两党的激烈争论，并引发了社会的讨论，1895 年联邦最高法院在波洛克诉农民贷款和信托公司（Pollock v. Farmers' Loan and Trust Company）案中，判决联邦政府征收直接税违宪，导致 1894 年联邦个人所得税法被取消。

此后十多年的时间，联邦财政状况都没有好转，需要开辟新的税源来平衡财政，为此国会在 1909 年通过一个允许联邦政府征收所得税的宪法修正案，送交各州表决。1913 年 2 月，此修正案终于获得批准，成为第十六条宪法修正案，内容是"国会有权对任何来源之收入课征所得税，所得税收入不必分配于各州，亦不必根据任何人口普查或点查"③。同年 10 月，国会通过《安德伍德关税法案》，从而成为美国联邦宪法第十六条修正案出台后的第一部所得税法案。法案将之前对公司所得征收的"消费税"正式确认为公司所得税，征收对象为 1913 年 3 月 1 日之后的一切公司净所得，税率仍为 1%。法案首次确立了一个由一般税率和附加税率组成的综合累进所得税体系。其中，个人所得税征收办法，实行累进税制，最低税率为 1%，最高税率为 7%（具体见表 1）。个人和公司支付的超过 3000 美元的租金、利息和薪金将被允许扣减 1%，再无其他任何形式的税收抵免。在个人所得税运行的最初几年里，大约只有 2% 的美国家庭需要缴纳所得税。④ 至

---

① John Steele Gordon, "American Taxation: How a Nation Born out of a Tax Revolt Has Solved the Problems of Taxing Its Citizens?", *American Heritage*, May/June 1996, p. 72.
② John F. Witte, *The Politics and Development of the Federal Income Tax*, Madison, WI.: University of Wisconsin Press, 1985, pp. 72—73.
③ 《美国宪法及其修正案》，朱曾汶译，商务印书馆 2017 年版，第 19 页。
④ W. Elliot Brownlee, *Federal Taxation in America: A Short History*, Washington, D. C.: Woodrow Wilson Center Press, 1996, p. 46.

此，联邦个人所得税终于拿到了合法的出生证，从此成为联邦税制体系中的一个永久性税种。

表1　　　　　　　　1913年美国联邦个人所得税税率

夫妻联合申报

税率	纳税等级	
	超过	不超过
1%	MYM 0	MYM 20000
2%	MYM 20000	MYM 50000
3%	MYM 50000	MYM 75000
4%	MYM 75000	MYM 100000
5%	MYM 100000	MYM 250000
6%	MYM 250000	MYM 500000
7%	MYM 500000	

数据来源：美国税务基金会网站：https：// www.taxfoundation.org Federal Individual Income Tax Rates History, Nominal Dollars, Income Years 1913－2011。

二　联邦个人所得税确立过程中的影响因素

联邦个人所得税从1815年动议到1861年产生，再到1913年正式确立为永久税种，历时近1个世纪，期间几经废立，命运多舛。为什么会出现这种情况呢？主要是由当时的社会历史背景决定的。仔细分析可以看到以下几个因素相互作用，影响了个人所得税的废立。

首先，经济发展水平是决定个人所得税制度的根本原因，为个人所得税的产生与发展提供了可能。个人所得税是生产力发展到一定程度的产物。在资本主义发展初期，商品生产和流通规模不断扩大，欧美各国纷纷采取以间接税为主体税种的税收制度。美国立国之初，联邦政府也是征收间接税，主要是关税和特定物品比如马车、蒸馏型饮料、烟草、糖、盐等的消费税。19世纪初，工业革命在美国东部展开，社会经济获得较快发展，1820年美国工业生产总值约占世界工业生产总值的6%，1860年时已经占到世界工业生产总值的15%，达到18.85亿美元①，但仍不到英国工业总产值的1/2。19世纪最后40年间美国工业实现腾飞，1890年美国工业总产值已跃居世界首位，占世界工业总产值的1/3弱。美国从1834—1843年到1894—1903年，国民生产总值每10年的增长率约为48%②，在当时资本主义强国中首屈一指。从人均国民生产总值看，其年增长率为1.4%—1.7%；19世纪70年代人均国民生产总值为531美元，到1900年已达到1000美元。③随着市场经济的不断发展，这种以间接税为主体的税制结构已经不能满足国家提供公共产品的需要，不利于资本主义的进一步发展。同时，经济发展水平和市场发育程度的提高，使个人和公司的财富增加，为联邦个人所得税的产生与发展提供了可能。

其次，政治文化和法律传统在个人所得税产生确立中起着阻碍和限制的作用。在美国社会文化中税收是个敏感问题，当初还是英属北美殖民地时代，就因为反对英国增加印花税而激发了美国独立战争。此后"无代表，不纳税"的理念一直存在，因而征税必须具备合法性。④ 1787年《宪法》对联邦政府税收的种类、收税方式等做出了规定，因此增加任何税种必须合宪才能实施。而美国建国后长期奉行"最好的政府是管事最少的政府"，"只要税收收入能满足政府合法财政支出就是税收制度最佳状态"等古典自由主义理论，认为政府对经济的干预和对社会问题的涉入必定会危及美国文明的根基——个人自由，十分警惕公民私有财产受到政府的非法侵害。美国开国元勋托马斯·杰斐逊解释宪法"共同福利"条款时就说："为了保证每个人享有自由行使奋斗和因奋斗而获得的财产的权利，我们不能因为某人或

---

① 张友伦等：《美国的独立和初步繁荣：1775—1860》，人民出版社1993年版，第211页。
② [美] 乔纳森·休斯、路易斯·P. 凯恩：《美国经济史》，邸晓燕、邢露等译，北京大学出版社2011年版，第364页。
③ U. S. Bureau of the Census, *Historical Statistics of the United States, 1789—1945: A Supplement to the Statistical Abstract of The United States*. Whitefish, Mont.: Literary Licensing, LLC, 2011, p. 224.
④ John C. Miller, *Origins of the American Revolution*, Stanford, California: Stanford University Press, 1991, pp. 31, 99, 104.

其父亲因为奋斗而获得的财产或其他所得太多而将其劳动成果分给那些不努力的人,这样就违反联邦的最初精神。"① 正是在这一思想主导下,19世纪美国联邦政府试图收取包括个人所得税在内的直接税时,受到了保守势力的一再阻挠。尤其是被视为保守势力最后阵地的联邦最高法院在1895年否决了议会通过的1894年个人所得税法后,进步势力就谋求通过宪法修正案赋予联邦政府收取直接税的权力。② 但是美国宪法修正案提出和通过的门槛相当高,1787年《宪法》第五条规定:"国会应在两院各2/3议员认为必要时,提出本宪法的修正案,或根据全国2/3州议会的请求召开公议提出修正案。以上任何一种情况下提出的修正案,经全国的州议会或3/4州的制宪会议批准,即成为本宪法的一部分而发生实际效力。"③ 这要求必须达成广泛的社会共识,才能提出和通过宪法修正案。后来经过进步主义运动的广泛动员以及美西战争、金融危机等造成的巨大财政压力,促使社会达成共识,1913年宪法第十六条修正案才获得批准,赋予联邦政府征收直接税的权力。

再次,社会运动在美国个人所得税制度确立过程中发挥了广泛动员作用。19世纪下半叶,美国政府采取自由放任的经济政策,促进了经济的高速发展,国民财富激增,资本家享有了更多的物质进步成果,广大社会下层却陷于普遍贫困之中,从而造成社会贫富悬殊日趋严重,引发社会动荡。面对美国社会各种矛盾日益激化,群众运动风起云涌,社会上要求变革的呼声日趋高涨,终于在20世纪来临之际,汇集成一场声势浩大的全国性改革浪潮,这就是美国历史上的进步主义运动。代表低收入阶层的进步派中,很多人要求将税收作为工具,用以调节社会的贫富差距,因此与代表富有阶层的保守派围绕税收问题展开过多次斗争。双方最为激烈的一次交锋发生在1894年议会通过联邦所得税法案时,保守派认为所得税制是一项社会主义措施,严重威胁个人

---

① 郑幼锋:《美国联邦所得税变迁研究》,中国财政经济出版社2006年版,第82页。
② 盖哲娅:《论美国的联邦制和联邦主义——美国联邦与州的关系的发展》,复旦大学出版社1986年版,第121页。
③ [美]艾捷尔编:《美国赖以立国的文本》,第61页。

财产权,"累进所得税意味着穷人反对富人的战争,构成'没收',代表着多数人通过法律的暴政"①。宪法规定议会只有将直接税依据各州的人口平均分配的情况下才可以征收,而所得税是按照收入所得来征收的,不是按照人口分摊的,因此违宪。进步派则认为,现行税制是一种累退税,越是穷人税负越重,越是富人交税越少,违背社会公平原则,如果议会将直接税按照人口数量平均分配到各州,实际上就变成了人头税,这样会进一步加重穷人的税负,导致社会更加不公平。当时就有人评论说:"南北战争后修订的税收制度完全是一种累退税制,因为它使收入较低的各个阶层负担较重。而在另一方面,政府支出给低收入阶层带来的利益却不多。"② 双方的对立反映在1895年波洛克诉农民贷款和信托公司案中,最高法院以五票对四票的微弱多数,宣布征收所得税违宪。但是进步派并没有因此却步,而是把税制改革与争取社会公平的斗争结合起来,要求进行广泛的社会改革。一些主张社会改革的活动家和工人运动结合起来,导致劳工运动和社会主义运动迅速兴起。19世纪90年代,美国工人只有1%是工会会员,到1914年,工会会员占到了工人总数的6%。全国性的劳工组织开始出现,比如美国熟练技术工人组织——美国劳工联合会("劳联")成立于1886年,会员在1900年有54万,到1904年迅速发展到167万人,1914年时达到200多万人。③"劳联"领导工人阶级积极参加社会改革运动,要求伸张社会正义,公平分配社会财富,提高生活水平,改善工作环境。19世纪末劳工运动的发展和激进社会主义运动的兴起,对美国政治产生了重大影响,震惊了统治阶级,改变了一些资产阶级的想法,直接推动了统治集团的变革。尤其是在1904年的总统选举中,社会党候选人得到42万张选民票。对此,西奥多·罗斯福惊呼:社会主义的成长远比昔日任何平民主义运动或类似的运动可怕。联邦法官路易斯·布兰代斯在1906年强调说:"应付目前社会主义造成的烦扰

---

① Robert Stanley, *Dimensions of Law in the Service of Order: Origins of the Federal Income Tax, 1861—1913*, Oxford: Oxford University Press, 1993, p. 209.
② 郑幼锋:《美国联邦所得税变迁研究》,第129页。
③ [美]福克纳:《美国经济史》下卷,王锟译,商务印书馆2018年版,第132页。

不宁态势的唯一途径就是着手处理并消除各种不公正的现象。"① 20 世纪初期日益强大的进步运动，再次突出了所得税问题。"所得税是唯一能在富人和穷人之间平等负担的工具"②，这种认识逐渐被人们广泛接受。西奥多·罗斯福总统在 1907 年和 1908 年国情咨文中提出了征收所得税和遗产税的税制改革措施。1909 年，在进步派的推动下国会通过了公司所得税法案，并巧立名目将它命名为"特许营业税"。最高法院 1909 年在判决弗林特诉斯通·特蕾西公司的案件时，认为这种公司所得税是一种营业执照税，因而宣布它合宪。1909 年国会又通过了一个允许征收直接税的宪法修正案并提交各州表决，经过广泛动员，终于在 1913 年被批准生效，成为宪法第十六条修正案，联邦政府从而获得了征收个人所得税的权力。

最后，战争、经济危机等偶发因素引发的财政压力是推动美国个人所得税产生和确立的直接原因。从世界范围内看，可以说筹集战争经费是所得税产生的助推器。英国是最早开征个人所得税的国家。1798 年英法战争时期，英国首相小威廉·皮特为了筹措巨大的军费开支，推动议会同意征收"三部合成捐"，1799 年改为所得税，称之为"皮特（Pitt）所得税"。该税制要求纳税人在其税务申报表中分门别类地申报各类所得。1802 年战争结束，所得税即被废止。1803 年英法战争再起，所得税又重新开征。③ 以后屡征屡废。19 世纪 40 年代英国征服印度的战争中军费开支巨大，1842 年英国政府重新提议开征所得税，并形成了所得税法。当时国会只同意征收 3 年，但由于经济不景气以及后来克什米尔战争爆发，一直没有停征。1874 年所得税正式被依法确认为英国的一个永久性税种。④ 德国、法国开征个人所得税也是因为战争导致军费开支或战败赔款而创立的。美国个人所得税产生、

---

① Richard Abrams, *The Burdens of Progress, 1900—1929*, Glenview, Illinois: Scott, Foresman and Company, 1978, p. 43.

② Senator John Sherman, John Steele Gordon, "American Taxation: How a Nation Born out of a Tax Revolt Has Solved the Problems of Taxing Its Citizens?", *American Heritage*, May/June 1996, p. 74.

③ Margaret Levi, *Of Rule and Revenue*, Berkeley CA.: University of California Press, 1988, p. 122.

④ 刘剑文：《所得税法》，北京大学出版社 1999 年版，第 19 页。

确立的过程中战争因素也是直接的推动力。美国内战直接催生了1861年个人所得税，战争结束后，联邦政府财政状况有所改善，1872年个人所得税被废止。1898年爆发的美西战争产生了巨额的军费需求，将关税和货物税税率推到很高水平，1902年美西战争收入法案到期后，关税和货物税税率下降，联邦政府收入立即从国民生产总值占比的1.7%下降到1.3%[①]，财政捉襟见肘，联邦政府一直寻求新的收入来源。第一次世界大战爆发前，世界主要资本主义国家都在扩军备战，大搞军备竞赛，美国政府也感受到了战争压力，国防支出扩大，财政更加困难，这些因素促成了第十六条宪法修正案的批准，从而为政府扩大税收、增加财源提供了法律依据。

三 联邦个人所得税制度体系的形成

1913年确立的联邦个人所得税制度还是比较初步的，经过此后40多年的发展，直到20世纪50年代联邦个人所得税才形成完整的制度体系。由于此阶段战争、经济危机交替出现，联邦个人所得税制度不断改革，基本上是战时增税、战后减税，经济危机来临时增税、过后又再减税，所以这期间通过了多个个人所得税收法案，调整个人所得税。例如，第一次世界大战期间，议会通过的1916年收入法案，使个人所得税最低税率由1%提高到2%，最高边际税率由7%提高到15%。1918年，个人所得税税率再次提高，最低税率提高到6%，最高边际税率提高到77%。20世纪20年代，美国经济繁荣，议会连续五次削减所得税税率，使得最低税率又恢复到1%，最高税率下降到25%。1929年开始了美国历史上长达10多年的大萧条时期，胡佛总统1932年签署《税收法案》，将最低税率提高到4%，最高税率提高到63%[②]，富兰克林·罗斯福总统执政时期继续提高个人所得税，到

[①] 刘畅：《美国财政史》，社会科学文献出版社2013年版，第170页。
[②] ［美］赫伯特·斯坦：《美国的财政革命——应对现实的策略》，苟燕楠译，上海财经大学出版社2010年版，第19—29页。

1936年，最高税率提高到79%，并且减小收入额的级差，将纳税级数扩大到33级。二战期间，为筹集战争经费，多次提高个人所得税税率，1944年通过的税法规定最低税率为23%，最高税率为94%。[1] 联邦征收个人所得税收入从1935年的52.7亿美元增加到1944年的197.05亿美元，占税收总额的比重也从1935年的14.6%提高到45%，占国内生产总值的比重从0.8%提高到9.4%。至此，个人所得税在联邦税制体系中跃居第一位（见表2）。此后，虽经多次改革和调整，但联邦个人所得税在税收总额中的比重一直维持在40%左右，在所有税种中稳居第一。

表2　联邦个人所得税占税收总额比重的演变（1935—1960）　　单位:%

年份	个人所得税	公司所得税	社会保障缴款	消费税	其他收入
1935	14.6	14.7	0.9	39.9	30.0
1940	13.6	18.3	27.3	30.2	10.7
1944	45.0	33.9	7.9	10.9	2.2
1945	40.7	35.4	7.6	13.9	2.4
1950	39.9	26.5	11.0	19.1	3.4
1960	44.0	23.2	15.9	12.6	4.2

资料来源：*Historical Tables Budget of the U. S. Government*. Office of Management and Budget, 2014。

这一时期，美国联邦个人所得税制度的健全和完善主要表现在以下几个方面。一是纳税主体区分更加细化。自1913年个人所得税制度确立以来，美国一直实行的是综合所得税制，以家庭为申报纳税单位，不对纳税人的身份进行区分。1948年的税收法案规定从1949年开始，对已婚联合申报的纳税人进行了区分，与其他纳税人不同，已婚联合申报者可以用应纳税所得额的一半来确定适用税率。[2] 1951年的税收法案规定，从1952年开始把纳税人分为四种类型，分别是已婚联合申

---

[1] 美国税务基金会网站，https://www.taxfoundation.org, Federal Individual Income Tax Rates History, Nominal Dollars, Income Years 1913—2011。

[2] Tomas N. Tarleau, "Estate. Planning Technique", *Louisiana Law Review*, Volume 13, Number 1, 1952.

报、已婚分别申报、单身申报、户主申报。这四种类型纳税人的应纳税收入不超过2000美元的按最低税率22.2%纳税,已婚分别申报和单身申报的纳税人分为24级累进税,应纳税收入超过20万美元的按最高税率92%纳税,而户主申报的纳税人分为26级,应纳税收入超过30万美元的按最高税率92%纳税。[1] 二是纳税人的覆盖面扩大到大多数居民。就美国税法而言,从个人所得税确立以来每一个联邦公民和在美居住的外国人都是纳税人,包括总统在内的任何人都有纳税的义务。但是1913年联邦个人所得税确立时,因为规定了各种免于征收的情形,仅有不到2%的家庭纳税。此后随着税法修改,纳税人范围不断扩大,但是到1918年时也仅有5%的人缴纳个人所得税。第二次世界大战期间联邦个人所得税的税基不断扩大,免税额度扣除越来越低。例如,单身个人免征额度从1913年的3000美元降低到1945年的500美元,由此纳税人数增加,到1945年时个人所得税纳税人已经占到美国居民的74%,1952年联邦个人所得税区别身份申报后,联邦个人所得税几乎覆盖了每一个美国家庭和个人,其征收率达到90%以上。三是联邦个人所得税累进级别和级差逐步增多,达到了一个相对合理的水平。1913年联邦个人所得税确立时,分为7个等级,每级之间收入额度差距较大,比如第二级是2万—5万美元,第5级是10万—25万美元,应该说此时个人所得税级差区分还比较粗糙。1916年个人所得税就扩大到14个等级,级差随之缩小。1917年个人所得税扩大为21个等级,1918年进一步扩大为56个等级。以后几经压缩和扩展,20世纪50年代以后基本稳定在24个等级,每级之间收入额度趋于稳定。例如1951年税法规定的前11个等级,每级都是以2万美元的级差累进;之后的13个等级分别以4万美元、6万美元、10万美元、50万美元不等数额累进[2],收入越高,缴纳的个人所得税比率越高。

---

[1] 美国税务基金会网站: https://www.taxfoundation.org, Federal Individual Income Tax Rates History, Nominal Dollars, Income Years 1913–2011。

[2] 美国税务基金会网站, https://www.taxfoundation.org. Federal Individual Income Tax Rates History, Nominal Dollars, Income Years 1913—2011。

四 联邦个人所得税制度对美国社会的影响

纵观联邦个人所得税产生、确立和不断完善的历史进程，可以看出，个人所得税建立初期，其目标定位主要是筹集财政资金，实现其收入功能，同时也有回应民众要求，实现社会公平的目的。在其后40多年的发展过程中，几经修订与改革，总的趋势是税率不断细化、课税基础不断扩大、免征项目不断减少，税收收入占财政收入的比重不断上升，1944年后稳定在占财税收入的40%左右。联邦个人所得税逐步发展为调控宏观经济的重要政策工具，对美国社会产生了重要影响。

第一，联邦个人所得税密切了居民个人与联邦政府的关系，促进了公民意识的培养，对美国现代价值观的形成产生了重要影响。1913年联邦个人所得税制度确立以前联邦政府主要税种是间接税，居民个人和联邦政府之间没有直接的税务关系。绝大多数公民可以按照自己的意愿安排其个人经济活动，不需要关注联邦政府的税收情况，也不需要和联邦税务机构打交道，个人自由地挣取工资，企业自由地赚取利润，财富自由地积累和消费，联邦政府也不干预居民的经济活动。城市、乡镇和州政府在居民生产生活中发挥着更大的作用。而美国建立的过程是由13个英属北美殖民地独立后建立州政府、再联合而成为国家的，联邦宪法又给予了各州很大的自治权，所以对于普通美国公民来讲，很大程度上他们对所在州的认同远远大于对于国家的认同，更不用说只获得永久居留权的移民了。但是联邦个人所得税确立后，从根本上改变了联邦政府与普通美国公民之间的关系，所得税法授予了联邦政府了解每个公民和企业经济行为的权力。[①] 特别是20世纪40年代联邦个人所得税由"富人税"演变为"大众税"后，个人的经济活动与国家联系起来，个人要经常关注国家税收的情况，进而也需要了解联邦政府支出的情况。而联邦政府按照所得税法赋予的权力和收税的需要，就必须了解每个公民和企业的经济行为，这样国家和个人

---

① 刘畅：《美国财政史》，第173页。

就联系在一起，形成一个紧密的命运共同体，表现就是公民意识的觉醒。一方面，使民众意识到纳税是对美国国家和社会所承担的重要责任，通过纳税后个人收入的直接减少，感受到自己为国家和社会做出了贡献；另一方面，民众纳税的同时，也唤醒了其权利意识和参与意识，促使民众关注国家财政的使用情况，提升民众参与社会公共事务的责任感。所以，联邦个人所得税制度的形成对美国民众公民意识的形成起到了很大的促进作用，对美国民主、权利、爱国等现代价值观的形成发挥着重要影响。

第二，联邦个人所得税制度在调节美国公民收入、促进社会公平、保持社会稳定方面发挥了重要作用。马克思指出，市场竞争的结果是优胜劣汰，往往导致两极分化。对这种结果的不平等，马克思认为只有通过个人所得税、遗产税、财产税等手段予以调解才能使结果相对公平。[1] 现代税收理论认为，个人所得税是调节收入差距、实现社会公平的有效税种之一。虽然美国联邦个人所得税产生和确立主要是为了解决财政融资问题，扩大财政收入，保持联邦政府的收支平衡。但是确立之初，进步派人士就赋予了它调节社会收入、促进社会公平的期望，要求向富人增税。在他们的推动下，联邦个人所得税税率不断提高，1913年时最高边际税率为7%，1916年提高到67%，1944年最高边际税率达到94%。联邦个人所得税制度发展到这个阶段，实际上变成了政府调节宏观经济政策的重要工具，目的是通过增加高收入阶层的税收来抑制财富的过度集中，通过联邦税收的再分配机制改善收入分配的不公平状况，实现社会公平目标。第二次世界大战结束后，联邦个人所得税经过数次改革，个人所得税最高边际税率、税基和免征额及扣除额等都进行了较大的调整，越来越体现出联邦政府运用税收工具调节社会财富再分配，由注重结果公平向注重规则公平和起点公平的转变。1951年税法规定，从1952年起把联邦个人所得税纳税人分为单身纳税申报、已婚联合申报和已婚分别申报、户主申报4种身份，分别进行申报纳税，按身份确定免征额和扣除

---

[1] 朱春晖：《马克思评资本主义分配的正义性》，《国外社会科学》2014年第1期。

额。这些改革措施都使联邦个人所得税能够充分考虑到不同纳税人的具体情况，使税制更注重起点的公平。①

美国个人所得税产生、确立和发展时期正是美国经济的跃升时期，内战结束后美国进入镀金时代，经过20世纪初的繁荣到第二次世界大战结束时，美国已经成为世界头号强国。在资本主义世界中，美国工业生产占54.8%，黄金储备占48.5%，出口额占50%，登上了资本主义世界霸主地位。②这个时期美国社会各阶层之间的矛盾经历了由激化到缓和的过程，19世纪末美国社会矛盾最为激烈，各种社会运动风起云涌，最后汇聚成进步主义改革浪潮，联邦个人所得税正是在这个时期被正式确立起来。此后个人所得税制度不断发展，向富人征税，扩大联邦政府对贫困人口的救助，调节社会收入差距，有力缓和了社会矛盾，使美国社会虽然经历了数次社会运动、一次经济大萧条和两次世界大战，但总体上保持了社会稳定。

第三，联邦个人所得税制度的确立和发展，促进了美国政府职能的扩大，对美国现代型政府的建立产生了重要影响。美国建立之初，奉行小政府、自由放任的经济思想，政府的职能范围很小，税收收入有限。随着工业革命的开展和西进运动的进行，联邦政府活动范围不断扩大，管理经济和社会的职能日渐增强。从联邦政府机构设置的变迁能够清晰地看出政府职能扩张情况，因为每一个新的政府部门的成立都意味着政府职能的变化。美国建国之初，联邦政府只有国务院、财政部、司法部和国防部这4个部门。西进运动开始后，美国获得了大片的西部土地，为保护和管理这些土地上的自然资源，1849年联邦政府成立内政部，担负起保护、开发联邦政府所有土地上国土资源的重要责任，是联邦政府有关公共土地（包括联邦所管辖的海洋水域）和其他矿产、石油等资源的主要管理部门，也是美国重要的经济部门。美国内战和西进运动后农业获得巨大发展，1862年联邦政府设立农业部，管理"从田间到餐桌"的所有与农业有关的经济活动。1903年商

---

① 郑幼峰：《美国联邦所得税变迁研究》，第132页。
② 曹广伟：《世界经济秩序的历史变迁》，《国际展望》2012年第5期。

务部成立，负责美国国际贸易、进出口管制、贸易救济措施等事务，这反映出当时国内市场已经发展成熟。1913 年联邦政府又设立劳工部，主管全国劳工事务，主要职责是负责全国就业、工资、福利、劳工条件和就业培训等。① 这些部门的设立反映了政府对于市场调控和干预职能的扩大，同时财政支出也日渐增多。据统计，1859—1914 年期间，来自政府活动的支出占国民收入的比重，从 2.3% 上升为 6%。随着政府支出的增多，财政缺口越来越大，只有开辟新的税源才能保证联邦政府的开支。1913 年宪法第十六条修正案获得批准，联邦政府获得了征收个人和公司所得税的权力，使联邦政府获得了新的融资工具，开辟了新税源。所以，1913 年美国联邦个人所得税制度确立后，几经改革，税基和税率不断扩大，个人所得税收入在联邦税制体系中比重不断上升，不仅满足了政府规模扩张对财税收入的需求，更成为政府规模迅速扩张的助推器。

如表 3 所示，1880 年，联邦政府总的财政收入为 3.11 亿美元，1890 年为 3.93 亿美元，但到 1900 年快速增长到 5.28 亿美元，1910 年增长到 6.24 亿美元，30 年翻了一番。1920 年时联邦政府财政收入急剧扩张为 57.28 亿美元，10 年间财政收入扩张了近 10 倍。其中，联邦所得税（包括个人所得税和公司所得税）收入高达 39.45 亿美元，约占联邦财政总收入的 70%。到 1950 年，联邦政府财政收入高达 398.82 亿美元，是 1920 年的 7 倍多，其中联邦所得税收入为 282.63 亿美元，占联邦财政总收入的 70% 多。而在联邦所得税中个人所得税所占比例比公司所得税要多，有时甚至是公司所得税的两倍。如表 2 所示，1935 年个人所得税占税收总额的比重为 14.6%，公司所得税为 14.7%，1944 年个人所得税占税收总额的比重为 45.0%，公司所得税为 33.9%，1945 年后两者都有所下降，但是个人所得税基本稳定在 40% 左右，公司所得税下降幅度更大，1950 年仅占税收总额的 26.5%。个人所得税成为无可争议的第一大税种。由此可见，联邦个

---

① Thomas A. Garrett and Russell M. Rhine, "On the Size and Growth of Government", *Federal Reserve Bank of S. Louis Review*, January/February 2006, p. 14.

人所得税建立后，成为联邦政府职能不断扩张的有力工具。

表3　　　　　　　　美国联邦财政收支（1880—1950）　　　　单位：百万美元

财政年度	收入总额	所得税收入	关税收入	其他收入	支出总额
1880	311		187	124	268
1890	393		230	143	318
1900	528		233	295	521
1910	624	21	334	269	694
1920	5728	3945	323	1460	6357
1930	3626	2411	587	628	3320
1940	5696	2125	349	3222	9468
1950	39882	28263	423	11196	42562

资料来源：*Facts Figures on Government Finance*, tax foundation, the Johns Hopkins University Press, Baltimore and London, pp. 96–118。

综上所述，联邦个人所得税制度并不是美国成立以来就有的税种，在100多年的发展历程中经历了从无到有，从临时税种到固定税种，从融资性联邦税到调节社会再分配的主要税种的发展过程。在这个过程中联邦个人所得税制度的建立与发展受到了美国政治经济、社会文化、法律传统以及战争等因素的影响，同时个人所得税制度的完善又对美国公民意识的培养、现代价值观的形成、社会公平正义的促进以及政府职能的转变都产生了广泛而深刻的影响。

（原载《安徽史学》2019年第6期）

美国的中国通与20世纪60年代初到70年代初的美中关系

顾 宁

1949年中华人民共和国的成立和1950年朝鲜战争爆发，美国失去了承认中华人民共和国的机会，这是中美关系的一个转折点。在美苏冷战的大环境下，中美关系也处于冷战状态。20世纪60—70年代初，美中关系进入了一个新的转折时期。在这个转折年代中，美国的中国通的命运发生了非同小可的变化，中美两国关系的关系也发生了决定性的变化。本文力图通过审视20世纪60—70年代初美国几位在国务院和学术界的中国通的经历，透视他们在20世纪60—70年代初美中关系转折时期所起到的作用。

一 20世纪60—70年代初美国对华政策

冷战是在第二次世界大战后美苏对立、世界格局发生变化的情况下形成的。美国和苏联两个大国之间的冷战，也影响了其他国家在冷战大环境下与这两个国家的关系。战后美国对华政策是在美苏冷战这一大的战略框架下制定的。在中苏矛盾明朗化之前，美国政府把中国视为苏联的盟国，因此在遏制苏联的同时，也把中国当作遏制的对象。进入20世纪60年代，随着中苏关系破裂日益明朗化和美国在越南的战争全面升级，中美关系呈现出高度敌对的态势。

从20世纪60—70年代初，美国历经四位总统当政，他们是艾森豪威尔（1954—1961）、肯尼迪（1961—1963）、约翰逊（1963—

1968)和尼克松(1968—1974)。在前三位总统执政期间,由于诸多国际因素的影响,各个总统在对华政策的制定与实施方面原则上沿用了杜鲁门在1949年12月30日批准的国家安全委员会NSC48-2研究报告中讲的"阻止共产主义在亚洲的进一步扩张"的原则[①]及其具体的对华政策——在政治上不承认中华人民共和国、在经济上实行禁运和在军事上包围的"遏制并孤立"中国的做法。

从20世纪60年代初到70年代初,在中美两国关系方面有些事实是值得注意的,其一,中美两国政府之间有了对话的渠道。艾森豪威尔总统执政之后,与杜鲁门执政时期不同的是,经过英国的斡旋,从1955年8月1日起,中国和美国在第三国开始举行中美大使级会谈。从此,两国之间有了官方交流的渠道,两国领导人有机会了解对方的情况和意向。中美大使级会谈从1955年持续到1970年,历时15年共136次。1959年美国还曾提出两国记者进行交流,但是中方没有答应。1960年9月召开的会谈,是第100次会谈,也是艾森豪威尔总统任内最后一次会谈。

其二,美方出现一些缓和迹象,如肯尼迪曾要向中国提供粮食援助,约翰逊曾表示要与中国缓和关系。在肯尼迪任期内,中美两国关系间的大使级谈判仍在继续。在中国出现自然灾害时,肯尼迪曾一度公开表示要对中国进行粮食援助,但是遭到中方的拒绝。肯尼迪遇刺后于1963年11月22日就任美国总统的约翰逊,在执政期间曾"提出过塞缪尔·罗森(Dr. Samuel Rosen)医生访问中国(1964年12月)和学者访问中国(1965年3月),但是中国方面不允许他们去"[②]。

其三,尼克松执政时,中国成为亚洲大国的事实已经是不可否认的了。这位一贯坚决反共的总统上台后,为了早日从越南战争中脱身,通过不同渠道寻求与中国领导人对话的机会。毛泽东和周恩来的

[①] [美]迈克尔·谢勒:《二十世纪的美国与中国》,徐泽荣译,生活·读书·新知三联书店1985年版,第178页。

[②] Memorandum from James C. Thomson, Jr. of the National Security Council Staff to the President's Special Assistant (Moyers), March 15, 1966, in: FRUS, 1964-1968, Vol. 30, China. Washington D. C.: United States Government Printing Office, 1998, p. 275.

"乒乓外交"之举,使中美两国关系领导人最终能够坐到一起。用尼克松自己的话来说,它弥合了"相隔16000英里和22年的敌意"①。

二 中国通回到美国国务院

在20世纪60年代初到70年代初这段历史时期,在美国国务院工作的中国通的命运和作用到底如何呢?

60年代美国中国通的处境,直接受到50年代初麦卡锡"红色恐怖"的影响。1950年2月9日在一次演说中,麦卡锡说他"手头上掌握着一份二百零五人的名单,国务卿知道这些人都是共产党的党员,但他们仍在国务院里工作和制定政策"。但是他根本就提不出具体名单。由这些诬陷引发的迫害从此开始。当时所有在国务院工作的曾被派驻中国的外交官都受到怀疑,他把那些"实事求是地批评过蒋,并且预言他的垮台的驻外官员被指控为'共产党阴谋'的代理人",那些去过延安的人,更是受到严重的指控。"到1954年,在国务院远东处的工作人员中,曾在中国受过专门训练或有过专门经验的人实际上已一个不剩。"②总之,对于麦卡锡的诬陷,在艾森豪威尔留给后一任总统的国务院中已经再也见不到中国通的踪影了。

1961年肯尼迪执政后,国务院受到伤害的元气开始有所恢复。中国通开始回到国务院任职,这与肯尼迪本人关注中国问题不无关系。据曾任肯尼迪外交顾问的切斯特·鲍尔斯回忆,在肯尼迪上台后第二年,他们就美国对中国的政策问题进行过一次长时间的讨论,两人在美国对"北京政府和'台湾'政府的关系都应重新予以评价"这一观点上取得一致。③

由于总统对中国问题的关注,国务院在东亚司单独设立了一个

---

① [美]约翰·H. 霍尔德里奇:《1945年以来美中外交关系正常化》,杨立义、林均红译,上海译文出版社1997年版,第429页。

② [美]迈克尔·谢勒:《二十世纪的美国与中国》,第183—184页。

③ [美]切斯特·鲍尔斯:《鲍尔斯回忆录》,复旦大学集体编译,上海人民出版社1974年版,第140页。

处理有关中华人民共和国事务的科，称作"大陆中国事务科"（原来只有"中华民国事务科"）。新成立的"大陆中国事务科"与国务院和东亚事务司之间有更独立的联系渠道，并逐渐吸收了一批后麦卡锡时代年轻的、主要在香港受过训练的专职人员参加这个科的工作。① 同年，中国通艾伦·惠廷（Allen S. Whiting）进入国务院负责情报与研究局的东亚分局工作，担任远东研究与分析司司长。另一个中国通小詹姆斯·汤姆森在1961年跟随鲍尔斯进入肯尼迪政府，担任助理国务卿的特别助理，总统特别代表的特别助理等职。②

录用这些中国问题专家，对肯尼迪制定对华政策，乃至60年代中末期和70年代初美国政府对华政策的制定，都产生了直接或间接的影响。比如，在肯尼迪遇刺和约翰逊上台后没多久，负责东亚事务的助理国务卿罗杰·希尔斯曼于1963年12月13日在旧金山作了关于"重新肯定美国对中国政策"的演说。在演说中，希尔斯曼第一次公开承认中国共产党政权不会被推翻，提出在与蒋介石集团保持亲密友好关系的前提下，美国政府要对中国实行"敞开大门"的政策。这个演说反映了美国政府在中美关系方面一些新的考虑，被国际上中国问题观察家们认为是美国对华政策的一个"分水岭"。希尔斯曼的演说虽然是在肯尼迪逝世后发表的，但是演说稿却是在他在世时由国务院一些人撰写的。参加撰稿的人有担任负责东亚和太平洋事务的助理国务卿帮办罗伯特·巴尼特、大陆中国科官员林赛·格兰特、国务院负责情报与研究局东亚事务负责人艾伦·惠廷和小詹姆斯·汤姆森等。③

约翰逊入主白宫后，沿用了在肯尼迪时期在国务院工作的中国通。艾伦·惠廷继续担任远东研究与分析司司长，直到1966年。1966—1968年，他离任赴香港任美国驻香港副总领事和代理总领事。中国问题专家约翰·H.霍尔德里奇从1966年到1968年先后担任国

---

① [美] 小詹姆斯·汤姆森：《关于1961—1969年美国对华政策的制订：对官僚政治的研究》，《中国季刊》第50号，第226页。

② 中国社会科学院文献情报中心编：《美国中国学手册》，中国社会科学出版社1993年版，第441、484页。

③ [美] 迈克尔·谢勒：《二十世纪的美国与中国》，第230页。

务院东亚和太平洋事务研究和分析办公室副主任和主任。① 小詹姆斯·汤姆森从1963年到1964年担任负责东亚事务的助理国务卿的特别助理。在1964年到1968年间,他是国家安全委员会成员、中国问题专家。

1964年1月,当时负责东亚事务的助理国务卿罗杰·希尔斯曼要求请美国著名的中国通费正清参加国务院组织的一次非正式会议。会议不是在国务院大楼中召开的,而是在国务院印度尼西亚科年轻的助理约翰·D.洛克菲勒第四的私人住宅中召开的。这是费正清自1950年以后,第一次受到政府机构邀请,到华盛顿开会。② 这说明,当时的政府已经认识到中国问题的重要了。

1964年10月28日,国家安全委员会官员小詹姆斯·汤姆森给负责国家安全事务的总统特别助理麦克乔治·邦迪写了一个关于改变对华政策的备忘录。按他自己的解释,写这份备忘录是"为了使美国的对华政策更符合现实以及美国的长远利益"③。在这份备忘录中,他写道:"有两点我可以肯定,即共产党中国肯定会在本届政府任期内进入联合国;共产党中国不久将会被要求参加国际控制原子武器的谈判。鉴于这些发展,我们既可以坚持越来越孤立的孤立政策,也可以寻找机会减少我们的损失。"④ 他随后批评美国的对华政策是对中国有利,而且中国在目前和可预测的未来也没有想要与美国缓和紧张关系。

他在备忘录中提出六点建议:一是,"在大选后的1965年到1966年间,我们应该表示愿意并且甚至期望与中国讨论核武器控制问题"。二是,关于中国在联合国大会的席位问题,"目前应该反对中国进入联大,但应该准备在下一次联大开会时,默认'一个中国,一个台湾'席位的做法"。三是,在明年1月,国务卿应该找机会或是在召

---

① [美]约翰·H 霍尔德里奇:《1945年以来美中外交关系正常化》,第6页。
② [美]小詹姆斯·汤姆森:《关于1961—1969年美国对华政策的制订:对官僚政治的研究》,《中国季刊》第50号,第231—232页。
③ 笔者1999年5月26日在哈佛大学采访小詹姆斯·汤姆森记录。
④ Memorandum From James C. Thomson, Jr. of the National Security Council Staff to the President's Special Assistant for National Security Affairs (Bundy), Oct. 28, 1964, in: FRUS, 1964 – 1968, Vol. 30, China. Washington D. C.: United States Government Printing Office, 1998, p. 117.

开新闻发布会时小心翼翼地说明:"自从艾森豪威尔总统授权于1954年到1955年在日内瓦和华沙会谈时起,美国事实上就承认北京当局了。但是,事实是,共产党中国还在继续威胁台湾和它的邻国。"这种低调的说法,是不会引起民众注意到我们会立即在法律上承认北京的(我认为,只要我们保证台湾的安全和"独立",承认北京的做法是没有多大价值的,也不会优先考虑)。四是,在今年早些时候,国务院应该宣布修订美国公民旅行规则,应该允许他们到我们没有承认的国家去旅行,但要认识到美国政府不能对这些旅行者提供保护(去年国务院就宣布允许这类旅行,最主要的困难是去古巴,我对此没有看法)。五是,根据国内外对上述行动的反映,根据国际事态的新的发展,我们应该悄悄地与共产党中国进行非战略物资的贸易,就像我们与苏联进行的贸易那样。六是,在1965年下一次联合国大会召开时,我们应该把注意力集中在保留台湾在联大的席位(也可能把注意力集中在阻挠北京拥有安理会的席位)。如果我们牌出得好——如果台湾不会自杀的话——我们也许甚至会把继续排除北京进入在联大的责任推给他们自己。①

1965年6月2日国家安全委员会官员小詹姆斯·汤姆森给负责国家安全事务的总统特别助理麦克乔治·邦迪写的一个备忘录中,重新谈及中国旅行的问题。他说:众议院对外关系委员会东亚分委员会在5月14日发布了一个报告,谈到中苏冲突问题。他建议:"美国应该在一个适当的时候考虑通过主要是学者和记者参加的文化交流活动,开始与红色中国进行有限的、但直接的接触。"其实,这个问题早在肯尼迪上台后的第一个月就谈到过。在国务院各个部门之间也不止一次地达成共识,解除无论是学者还是公民到红色中国或跨海的旅行限制。但是由于"不合时宜"而没有成行。他认为"现在是从未有过的最恰当时机"。此外,他认为众议院对外关系委

---

① Memorandum From James C. Thomson, Jr. of the National Security Council Staff to the President's Special Assistant for National Security Affairs (Bundy), June 2, 1965, in: *FRUS*, 1964 – 1968, Vol. 30, China, Washington, D. C.: United States Government Printing Office, 1998, pp. 117 – 119.

员会东亚分委员会也同意此做法。"美国商会也在1965年年会上力促美国政府在与大陆中国人民交流方面打开渠道。"而且从美国驻"台湾"的副领事那得知,"当前与中华民国政府咨询此问题可能会更容易,更容易成功"①。

这个备忘录起到了一定的作用。1965年6月16日麦克乔治·邦迪给国务卿腊斯克的行动备忘录中建议:一是,"放宽美国到共产党中国旅行的种类";二是,在总统未来在旧金山的讲话中写入"改进交流"内容;要求"扩大共产党国家和自由世界之间人员的交流"。但是,在6月24日,国务卿腊斯克没有同意这两项提议。②

1965年8月24日麦克乔治·邦迪在写给约翰逊总统的备忘录中提到中国通曾经多次建议的:"我们应该放松目前的旅行限制,并制定一个综合性的规定,即医生和公共健康专家(可能还有所有在卫生、教育和福利界工作的人)都可以得到签证。"③至于总统的反应如何,从目前解密的档案中,还看不出来。

60年代中期,美国国内从政界到舆论界对中国的态度不像50年代那样咄咄逼人,谈虎色变。1965年12月,美国国务院提出可以让医生到中国访问,受到了新闻界的欢迎,连国会议员也没有提出异议。总之,一个对华松动的政策在当时提出是具备客观条件的。

1966年初,越南局势平稳,如何对待中国的问题便趋于首位。1966年3月1日国家安全委员会官员小詹姆斯·汤姆森给负责国家安全事务的总统特别助理杰克·瓦伦蒂写的另一个备忘录中说,对华灵活政策应该包括:"单方面的结束目前对到共产党中国旅行的禁令";

---

① Action Memorandum From the Assistant Secretary of State for Far Eastern Affairs (Bundy) to Secretary of State Rusk, June 16, 1965, in: FRUS, 1964 – 1968, Vol. 30, China. Washington D. C.: United States Government Printing Office, 1998, pp. 171 – 172.

② Action Memorandum From the Assistant Secretary of State for Far Eastern Affairs (Bundy) to Secretary of State Rusk, June 16, 1965, in FRUS, 1964 – 1968, Vol. 30, China. Washington D. C.: United States Government Printing Office, 1998, pp. 175 – 176.

③ Action Memorandum From the Assistant Secretary of State for Far Eastern Affairs (Bundy) to Secretary of State Rusk, June 16, 1965, in: FRUS, 1964 – 1968, Vol. 30, China. Washington D. C.: United States Government Printing Office, 1998, pp. 175 – 176.

"恢复邀请中国记者、学者和艺术家等到美国访问";"允许向中国出售药品和食品";"进一步减轻禁运,从而允许与中国进行非战略性物品的贸易往来,就像同苏联那样";"让中国参加裁军谈判";"把我们在联合国的战略从排斥北京席位转向包括台湾席位";"建议通过把大使级谈判转到欧洲或亚洲主要国家首都(巴黎?)的做法来使现在枯燥的谈判重新焕发活力"[1]。他的这些建议与学术界中国通的想法大致相同。

几天后,以富布赖特为主席的参议院对外关系委员会举行了中国问题听证会,引起了广泛的关注。3月15日,国家安全委员会官员小詹姆斯·汤姆森就这个听证会和副总统在电视上的表态专门给负责国家安全事务的总统特别助理莫耶斯(Moyers)写了一个备忘录。在备忘录中,他介绍了中国通鲍大可和费正清提出建设性意见的主旨,政府对中国"遏制——对,孤立——不对"。他建议:"必须使人们把副总统的表态看作是政府的立场。"对新闻界表态时,建议:"我们应该强调,欢迎这样的听证会;教育公众是必要的。""我们确实在推行一个遏制而不孤立的政策。我们已经试图推行这种政策很多年了。"随后,他列举了6个例子,说明在缓和与中国关系方面做的工作。最后,他强调,由于上述的努力,所以副总统的讲话并不意味着有了一个"新的政策"[2]。

在此几个月后,于8月4日,国家安全委员会官员小詹姆斯·汤姆森又给负责国家安全事务的总统特别助理罗斯托写了一个备忘录,专门谈对华贸易松动问题。在备忘录中,他请求国务卿同意对中国16年以来的贸易控制有所松动,并且准备通过在食品、非军用药品和艺术品的双向贸易来实现最终的松动。在备忘录中他还预见到:国务院

---

[1] Memorandum From James C. Thomson, Jr. of the National Security Council Staff to the President's Special Assistant (Valenti) March 1, 1966, in: *FRUS*, 1964 - 1968, Vol. 30, China. Washington D. C.: United States Government Printing Office, 1998, p. 264.

[2] Memorandum From James C. Thomson, Jr. of the National Security Council Staff to the President's Special Assistant (Moyers), March 15, 1966, in: *FRUS*, 1964 - 1968, Vol. 30, China. Washington D. C.: United States Government Printing Office, 1998, pp. 274 - 275.

的上层甚至会对很小的松动也表示反对。①

由于中国问题的重要,在1966年12月7日,美国国务院成立了一个中国顾问小组(a panel of advisers on China),由10个人组成,主要是中国通。他们是鲍大可(Doak Barnett)、亚历山大·艾克斯坦(Alexander Eckstein)、费正清(John K. Fairbank)、朱利叶斯·霍尔姆斯(Julius Holmes)、拉尔夫·L. 鲍威尔(Ralph L. Powell)、卢西恩·派伊(Lucian W. Pye)、罗伯特·斯卡拉皮诺(Robert A. Scalapino)、菲利普·斯普罗斯(Philip D. Sprouse)、乔治·泰勒(George E. Taylor)和保罗·瓦格(Paul A. Varg)。② 费正清在后来写的自传中回忆这段经历时,说:"我对当时我们所面临的问题深感遗憾:我们没有一位文职顾问具有与中共打交道的经验。那位才华出众的助理国务卿(约翰逊总统与腊斯克国务卿手下决策班子的负责人)甚至根本就未曾与亚洲有过任何联系。"③

1967年2月1日和2日,中国顾问小组召开了会议。在那次会上,讨论了中国"文化大革命"的情况,分析了中国政坛的动向,同时讨论了对中国的政策。他们一致认为,美国"目前温和的、合情合理的'姿态'和期望最终的和解的做法都是正确的"。中国顾问小组的成员们还是同意和解的,只是在何时采取对中国的和解政策意见不一致。据会议备忘录的撰写人阿尔弗雷德·詹金斯(Alfred Jenkins)讲,"从政府与学者的关系方面看,会议是非常成功的"④。但是,在越南问题上,学者们的观点与政府的态度不一致。

---

① Memorandum From James C. Thomson, Jr. of the National Security Council Staff to the President's Special Assistant (Valenti) August 4, 1966, in: FRUS, 1964 – 1968, Vol. 30, China. Washington D. C.: United States Government Printing Office, 1998, p. 365.

② Memorandum From Alfred Jenkins of the National Security Council Staff to the President's Special Assistant (Rostow) February 3, 1967, in: FRUS, 1964 – 1968, Vol. 30, China. Washington D. C.: United States Government Printing Office, 1998, p. 513.

③ [美]费正清:《费正清自传》,黎鸣、贾玉文等译,天津人民出版社1993年版,第436—437页。

④ Memorandum From Alfred Jenkins of the National Security Council Staff to the President's Special Assistant (Rostow) February 3, 1967, in: FRUS, 1964 – 1968, Vol. 30, China. Washington D. C.: United States Government Printing Office, 1998, p. 516.

1968年，国务院的人事有所变动。中国通艾伦·惠廷离任，赴香港任美国驻香港副总领事和代理总领事。小詹姆斯·汤姆森由于反对越战，辞职后回到哈佛大学教书。小詹姆斯·汤姆森对约翰逊总统的看法曾做出如下总结："总统对国内改革搞得比较好，但在处理外交问题方面不够灵活。他在中国问题上不会采取行动，除非国务卿同意才行。而这个国务卿是不让改变对华政策的。"①

约翰逊在肯尼迪遇刺后上台，他基本上保持了肯尼迪时期的外交政策的原班人马并采取对华两手政策，一方面通过越南战争的进一步升级来进一步遏制中国，另一方面在1966年以后也试图与中国和解。1968年中苏关系破裂明朗化以后，约翰逊政府才清楚地认识到"中国对苏联的敌视已至少不亚于对美国的敌视。但是美国领导人已在越南陷得太深，被战争弄得精疲力竭，无力向中国提出新的建议"②。

1969年1月，尼克松上台后，留任的中国通有约翰·H.霍尔德里奇，担任国务院东亚和太平洋事务研究和分析办公室主任。1969年7月，他被调到国家安全委员会，在亨利·基辛格领导下担任东亚和太平洋事务高级职员，一共干了四年。③ 霍尔德里奇是中美关系正常化的见证人之一，他曾于1971年随基辛格秘密访华，1972年随尼克松和基辛格访华，是《上海公报》起草者之一。1973年，约翰·H.霍尔德里奇代表国家安全委员会担任美国驻中国联络处副主任。

三 学术界的中国通从幕后走到台前

20世纪60年代中期，从公众视线中消失的学术界的中国通又纷纷回到人们的视线中来。前文已经谈到，中国通费正清的出山和其他研究中国问题的中青年学者被请到国务院开会，就是最好的例子。除此以外，中国通们还以其他方式影响决策者和公众对中华人民共和国

---

① 笔者1999年5月26日在哈佛大学采访小詹姆斯·汤姆森的记录。
② [美]孔华润：《美国对中国的反应》，张静尔等译，复旦大学出版社1989年版，第211页。
③ [美]约翰·H.霍尔德里奇：《1945年以来美中外交关系正常化》，第6页。

的看法。

提出"遏制但不孤立"中国政策议案　1966年,在国务院中国通艾伦·惠廷[①]的提议下,在1966年3月8日至30日间,美国参议院对外关系委员会在主席J.威廉·富布赖特[②]组织下召开了关于美国对中华人民共和国的政策问题的听证会。在听证会上,中国通鲍大可提出了"遏制但不孤立"中国的新的政策提议。他认为,"遏制"政策在某种程度上是成功的,但"孤立"政策是"不明智"和"不成功的"。他指出,"现在是我们国家改变其对共产党中国的态度并且采纳一个'遏制但不孤立'政策的时候了——尽管美国已深深地陷入了在越南的战争"。具体内容是:鼓励非政府间的接触;不应对大陆中国进行所有的贸易禁运,而应只对战略品进行禁运;接受在联合国给共产党中国和民族主义中国(注:指国民党)席位的提案。"我们的目的是最终建立正常的外交关系,尽管还需要时间。"[③] 费正清支持鲍大可的建议,在作证时说,"我们应该在美(对华)政策方面有一个新观点——这就是不孤立中国,而使它有所交往"[④]。他进一步建议,让中国参加所有国际会议,参加专业的和功能性国际协会,参加国际体育活动。

中国通建议政府改变对华政策的建议主要是:一是,主张政治上承认中华人民共和国是一个存在的政体,不会马上消失;二是,承认经济上的禁运是个失败,主张与中国进行除战略物资外的贸易往来;三是,主张必须与中国进行比大使级谈判规格更高的对话;四是,主张让中国参与如裁军等重大国际事务;五是,主张在联大搞"一中一

[①]　笔者2001年6月21日在美国蒙大拿大学曼斯费尔德中心采访艾伦·惠廷教授时,他说,是他向富布赖特参议员建议召开听证会并推荐作证人员名单的。

[②]　笔者曾于1986年3月和1987年2月3日在华盛顿采访过鲍大可和富布赖特。用富布赖特自己的话来说,搞那次听证会,是"为了影响约翰逊政府对华政策的制定。同时,教育公众,教育国会议员,也教育我自己"。

[③]　Hearings before the Committee on Foreign Relations, United States Senate, Eighty-Ninth Congress, Second Session on U. S. Policy with Respect to Mainland China—March 8, 10, 16, 18, 21, 28, 30, 1966, Washington: U. S. Government Printing Office, 1966, pp. 4, 15.

[④]　Hearings before the Committee on Foreign Relations, United States Senate, Eighty-Ninth Congress, Second Session on U. S. Policy with Respect to Mainland China—March 8, 10, 16, 18, 21, 28, 30, 1966, Washington: U. S. Government Printing Office, 1966, p. 172.

台"，而不是把中国拒于联大之外（注：自 1962 年起美政府在联大搞了 2/3 多数票通过才允许中国在联大拥有席位的做法）；六是，主张让美国公民去中国旅游；七是，最终与中国建立外交关系。

几天后，美国副总统休伯特·汉弗莱在讲话中引用了鲍大可在听证会上用的"遏制但不孤立"一词。7 月 12 日约翰逊总统在谈到亚洲问题时，提出：与"大陆中国'合作和不要敌对'"，他还把"和解"作为美国对中国政策的主要目标。他的讲话稿实际上是国务院的中国通参与起草的。值得注意的是，上述事实说明，中国通要求政府改变对华政策的建议受到约翰逊政府的关注。因为听证会是通过电视和广播向全国转播的，报纸杂志在头版头条报道，所以国内、国际影响非常大。

参与对外关系委员会的"中国研究项目"　　长期以来，美国的中国通参与了对外关系委员会的项目研究。对外关系委员会是美国重要思想库之一。自从 1921 年成立时起，它就不断地声明是无党派和意识形态倾向的。但是，事实上，它对美国政府制定对外政策有非常大的影响。有人称之为"一个非常有影响的私人团体，它有时被称为实际上的国务院"。[①] 该委员会出版的著名刊物是《外交》。委员会的研究项目主要由研究小组和讨论小组完成。

从 1962 年到 1965 年间，该委员会的两个主要项目中的一个就是中国问题研究——《世界事务中的美国与中国》。这个项目不是由美国国务院提出的，是福特基金会负责国际事务项目副主任约瑟夫·斯莱特（原任国务院负责教育和文化事务助理国务卿帮办）在 1961 年下半年向外交关系委员会的执行理事小乔治·S. 富兰克林提议，在外交关系委员会成员同意的情况下展开的。此间，斯莱特还征求了国务院副国务卿特别顾问罗伯特·巴尼特（鲍大可之兄）的意见。罗伯特·巴尼特表示他和他的同事对这项研究很感兴趣。

《世界事务中的美国与中国》研究项目开始由布卢姆主持，麻省

[①] ［美］劳伦斯·H. 肖普、威廉·明特：《帝国智囊团——对外关系委员会和美国外交政策》，怡立等译，上海译文出版社 1981 年版，第 3 页。

理工学院政治系教授、中国通卢西恩·派伊在布卢姆去世后，曾主持过"中国研究项目"，同时大力推荐鲍大可①负责该项目②。这个项目和另一个太平洋地区研究项目一共得到福特基金会90万美元的资助。③《纽约时报》1962年7月29日报道了这件事。鲍大可参加了"共产党中国的军事信条和能力""中国共产党人的核能力对美国的影响""共产党中国的经济发展""台湾和民族主义政府"和"中国和东南亚的安全"研究小组的工作。此外，在"共产党中国的经济发展"研究小组中还有艾伦·惠廷（国务院任职）、亚历山大·艾克斯坦、迈克尔·奥克森伯格（负责起草报告）等中国通。④这个项目最终出版了一套丛书，共8本。

建立非官方组织从事中美民间文化和学术交流 1966年，在美国的中国通和主张与中国进行贸易和学术交流的人士的积极筹备和努力下，成立了三个非政府机构。这三个非官方机构是与大陆中国学术交流委员会（后改名为美中学术交流委员会）、美中关系全国委员会和美中贸易委员会。

与大陆中国学术交流委员会（后改名为美中学术交流委员会）是在中国通约翰·林德贝克⑤影响和鲍大可的努力下在华盛顿成立的。中国通斯卡拉皮诺曾积极参与了该委员会的筹备工作。该委员会的宗旨是"为美国学术界和中国学术界间的直接交往给予指导；帮助并促进美国和其他地区对中国科技、学术机构及科技成就的研究；宣传并

---

① 参加这个项目的人中有不少中国通，其中鲍大可参加的专题讨论最多。实际上在参加1962年开始的"中国研究项目"之前，他已经是该委员会的研究员了。作为该委员会的研究员，他在1960年就完成并出版了非常有影响的专著《共产党中国与亚洲：对美国政策的挑战》。按迈克尔·奥克森伯格的话说，"这是第一部全面研究中国外交政策及其对美国影响的著作"。

② 笔者1999年在麻省理工学院政治系采访卢西恩·派伊的记录。

③ Shepard Stone's Letter to George S. Franklin, Jr., Executive Director of the Council on Foreign Relations, Inc., June 28, 1962, CC: Records Center (D-612 & D-676), Ford Foundation Archive.

④ Records of Groups, Vol. Cl. 3, Vol. 3, Vol. 4 1962/65; Records of Groups, 5, Vol. CIV. 6 1962/65. Archive of Council on Foreign Relations.

⑤ 约翰·林德贝克（John M. H. Lindbeck）：曾任美国国务院中国问题公共事务顾问，哥伦比亚大学东亚研究所所长，美国学术团体理事会—社会科学研究理事会当代中国联合会负责人等职。主要著作：《中国科技人员的增长》(Growth of China's Scientific and Technical Manpower)（1957年）。

促进美中学术交流，为两国间的交流提供信息和渠道"[1]。委员会成立后不久，曾先后给中国科学院等学术机构发函，多次表示想同中国学术界建立联系的愿望，但都没有得到答复。

美中关系全国委员会的筹建有中国通鲍大可（1968—1969 年任该委员会主席）、罗伯特·斯卡拉皮诺（该委员会筹建人及该委员会第一任主席、董事会成员）和卢西恩·派伊（1970 年任该委员会副主席）等人积极参与。福特基金会为该委员会提供资助。按照鲍大可的话来讲，这个组织的成立"目的是在美国全面发动对中国政策的讨论，并预计未来美国和中国是可以建立联系的"[2]。委员会成员中的中国通还有：亚历山大·艾克斯坦（1971 年任该委员会主席）、约翰·林德贝克、约翰·刘易斯（参加该委员会筹建，1972—1975 年任委员会副主席，1962—1973 年任国务院顾问）和迈克尔·奥克森伯格（1968 至 1976 年是该委员会董事会成员）。[3] 在基辛格 1971 年 12 月 20 日第二次秘密访华前，鲍大可曾以个人名义写信给基辛格，建议他与中国领导人商谈两国间互派学者事宜，并推荐美国全国科学院、社会科学研究理事会和美中关系全国委员会等机构负责同中方的交流工作。[4] 1972 年 12 月 11 日应中国人民外交学会邀请，艾克斯坦带领该会代表团首次访华。代表团成员中的中国通有鲍大可、斯卡拉皮诺、约翰·刘易斯、卢西恩·派伊和迈克尔·奥克森伯格等。

美中关系全国委员会曾筹款支持美国乒乓球协会主席斯廷霍文先生邀请中国乒乓球队 1972 年回访美国。1971 年 4 月美国乒乓球队访华前，美中关系全国委员会听说斯廷霍文先生要邀请中国乒乓球队访美，

---

[1] Lindbeck, John M. H. 1970. "The Committee on Scholarly Communication with Mainland China", Background Info/U. S. – PRC exch., Scientific, 1970 folder, Committee on Scholarly Communication with the People's Republic of China Library, Washington D. C..

[2] Doak Barnett's Letter to Gu Ning on March 12, 1985.

[3] 材料来源：笔者 1999 年 4 月 2 日在美国加州大学伯克利分校采访斯卡拉皮诺记录；同年 5 月 18 日在麻省理工学院政治系采访卢西恩·派伊记录；同年 7 月 14 日在美国斯坦福大学战略与合作研究中心采访约翰·刘易斯记录；同年 8 月 23 日在美国斯坦福大学亚太研究中心采访奥克森伯格记录；斯卡拉皮诺、约翰·刘易斯和奥克森伯格简历。

[4] Doak Barnett's Letter to Alexander Eckenstein, Aug. 27, 1971, Alenxander Eckenstein File, Archive on US-China Relations, Brandly Historical Library, Ann Arbor, USA.

但资金短缺。该委员会领导层认识到："中国乒乓球队的回访将会极大地推进美国公众对中美关系的兴趣和了解。"① 时任该委员会主席的艾克斯坦等人便在72小时内召开了全国电话会议，征求分布在全国的会员的意见。最终委员会在中国乒乓球队要访问的5个城市筹得款项，与美国乒乓球协会一道成功地接待了中国乒乓球队的回访。

积极推动中美关系正常化的奠基人 推动中美关系正常化是几代中国通共同努力的结果。在诸多人中，鲍大可功不可没。他虽然没有在政府内任职，但从20世纪60年代初开始，便致力于改变美国对华政策的工作。他曾提出"遏制但不孤立"的对华政策，并建议尼克松打开中国之门。② 中国通艾伦·惠廷对鲍大可的评价是，"他为有一个理性的、现实主义的对华政策进行了不懈的斗争。这个斗争进行了几十年。但是他最终成功了，并使两国都受益"③。鲍大可的学生、1977—1980年任卡特政府国家安全委员会负责中国和印度支那事务资深官员、推动中美建交的中国通迈克尔·奥克森伯格对他的评价是，"他为卡特总统与中国建立外交关系提供了基本理念"④。卡特政府遵循他制定的中美关系正常化路线，从而实现了关系正常化⑤。在卡特总统宣读中美建交联合公报的1978年12月15日当晚，鲍大可和迈克尔·奥克森伯格兴奋不已，相互拥抱，并举办宴会，庆祝中美建交成功。⑥

在冷战年代，中国通的命运与中国在美国对外政策中的位置和重要性息息相关。与中国通约翰·S. 谢伟思、约翰·戴维斯和约翰·C. 文森特（范宣德）相比，20世纪60年代中国通的处境和命运要好得

---

① Memorandum, Committee Response to Recent Changes in U. S. – China Relations, April 29, 1971, National Committee on United States-China Relations, Inc. Ford Foundation Archive.

② Michel Oksenberg: Obituary—In Memory of A. Doak Barnett, Born 8 October 1921: died 17 March 1999. On May 7, 1999. (A Draft for China Quarterly)

③ Michel Oksenberg: Obituary—In Memory of A. Doak Barnett, Born 8 October 1921: died 17 March 1999. On May 7, 1999. (A Draft for China Quarterly)

④ Michel Oksenberg: Obituary—In Memory of A. Doak Barnett, Born 8 October 1921: died 17 March 1999. On May 7, 1999. (A Draft for China Quarterly)

⑤ Michel Oksenberg's Letter to Doak and Jean Barnett, November 12, 1997.

⑥ 笔者1999年8月采访鲍大可夫人珍妮·巴尼特的记录。

多。前者在麦卡锡搞的"红色恐怖"时期，先后被指控同情中国共产党，随后被排挤出国务院。而后者的地位是随着中国问题在美国外交中地位的变化而改变的。无论在国务院内还是在学术界，他们在美国对华政策方面的建议逐步影响了决策层，最终促成中美两国建交。然而，不容忽视的是，中国通们通常是站在美国国家利益的立场上来考虑对华政策的。但是，由于他们对中国历史、文化、政治、经济等方面的了解和研究，加之有的在中国出生和生活过（鲍大可1921年10月8日出生在上海，1936年回国；小詹姆斯·汤姆森1931年9月14日出生在南京，1939年回国）、有的1949年以前在中国工作过（费正清、鲍大可），他们会比较理性地、客观地提出对华政策和判断。回顾这段历史，使我们看到中国通在美国对华政策制定过程中所发挥的作用。很难想象，没有中国通在政府内和学术界进行努力，中美两国关系的改善还需要多少时间才能完成。

[原载《杭州师范大学学报》（社会科学版）2006年第5期]

近二十年来美国环境史研究的
文化转向*

高国荣

20世纪90年代以来,随着研究重点从荒野和农村转向城市,美国环境史的研究范式发生了明显变化:从注重物质层面的分析转向注重社会层面的分析;从强调生态环境变迁及自然在人类历史进程中的作用转向强调不同社会群体与自然交往的种种经历和感受;从以生态和经济变迁为中心转向着重于社会和文化分析;从重视自然科学知识转向运用种族、性别和阶级等分析工具。总之,环境史越来越接近社会文化史。这一范式转换,被美国著名环境史学家理查德·怀特称为"环境史的文化转向"[1]。时至今日,环境史与社会文化史的融合已经成为美国环境史研究最明显的趋势,文化转向被研究者广为接受。文化转向在使环境史走向主流的同时,也削弱了其原有的一些特色。文化转向直接关涉环境史研究的未来发展,在环境史学界引发了广泛争议。现对近20年来美国环境史研究文化转

---

* 本文是国家社会科学基金青年项目"美国环境史学研究"(批准号:06CSS001)的成果之一。两位匿名审稿人以及唐纳德·沃斯特(Donald Worster)、马克·赫西(Mark Hersey)、俞金尧、孙群郎、侯深等提出了宝贵的修改意见,特此致谢。

[1] Richard White, "From Wilderness to Hybrid Landscapes: The Cultural Turn in Environmental History", *The Historian*, Vol. 66, No. 3, 2004.

向这一现象的主要表现、兴起背景及其利弊得失予以评述。①

一 文化转向及其主要表现

环境史研究的文化转向,主要是指环境史与社会文化史的融合。它将自然作为一种文化建构加以探讨,并强调将种族、性别、阶级、族裔作为分析工具引入环境史研究,侧重探讨人类历史上不同人群的自然观念及其与自然的互动关系。

理查德·怀特认为,20 世纪 90 年代中期以来,环境史最主要的变化"或许可被称为文化转向",主要表现为"在早期环境史研究中不见踪影的文本、故事、叙事,受到了关注;同时,研究重点从荒野转向了人工景观"②。怀特提出"人工景观"(Hybrid Landscape),实际上是要表明人与自然的边界模糊,文化观念在环境变迁中发挥着影响。

早在 1990 年的一场学术讨论中,环境史的文化转向就已初露端倪。《美国历史杂志》1990 年第 4 期刊发了唐纳德·沃斯特(Donald Worster)的《地球的变迁:论史学研究的农业生态视角》以及围绕该文的一组评论文章。③ 这组文章出自美国最知名的六位环境史学者之手,在环境史学界产生了很大影响。沃斯特提出,环境史要重视农业生产,以自然环境、经济活动和生态变迁为研究中心。虽然威廉·克罗农

---

① 在美国学者中,只有理查德·怀特曾就此撰文,但比较简略;英国学者彼特·科茨提到了 20 世纪 90 年代中期以来美国环境史与社会史的融合趋势。参见 Peter Coates, "Emerging from the Wilderness (or, from Redwoods to Bananas): Recent Environmental History in the United States and the Rest of the Americas", *Environment and History*, Vol. 10, No. 4 (Nov., 2004), pp. 412 – 416。国内迄今尚无相关论述,但有学者注意到环境史与社会史存在关联(参见王利华《徘徊在人与自然之间——中国生态环境史探索》,天津古籍出版社 2012 年版,第 1—5 页;梅雪芹《环境史研究叙论》,中国环境科学出版社 2011 年版,第 135—151 页;包茂红《环境史学的起源和发展》,北京大学出版社 2012 年版,第 35—44 页)。

② Richard White, "From Wilderness to Hybrid Landscapes: The Cultural Turn in Environmental History", *The Historian*, Vol. 66, No. 3, 2004, p. 558.

③ Donald Worster, "Transformation of the Earth: Toward an Agroecological Perspective in History", *Journal of American History*, Vol. 76, No. 4, 1990, pp. 1087 – 1106.

(William Cronon)、理查德·怀特、卡洛琳·麦茜特（Carolyn Merchant）都认可农业生产在环境史研究中具有的重要性，但他们认为环境史应该大力加强对城市的研究，重视社会分层和思想文化的作用。在克罗农看来，人们在选择食物时会受文化观念的影响，食物"也是一种复杂的文化建构"。怀特也认为，在农业生产中，文化观念可以发挥与生产方式同样重要的作用。克罗农提出要将环境史研究的领域从农村扩展到城市，指出环境史研究最大的缺陷就在于"它没有从不同群体的角度入手，探究社会分层对环境变迁的意义"，环境史应充分探讨不同社会集团及其互动对环境变迁的影响。[①] 而麦茜特则倡导在环境史研究中采用"性别分析"[②]。沃斯特在当期发表的回应文章《超越文化视角》一文中，担心文化分析将削弱环境史研究的特色。在他看来，过分强调性别、种族、阶级等因素，"会使环境史沦为社会史"，环境史以自然为中心的特色将丧失殆尽。[③]

直至今日，这场争论仍以某种方式继续着。从1990年以来，以沃斯特为代表的一方依然坚持环境史研究要以生态变迁为中心，大体可称为环境史研究的"生态分析学派"；以克罗农、怀特为代表的另一方则大力拓展社会分层和文化分析，可称为环境史研究的"文化分析学派"[④]。

在克罗农和怀特这两位领军人物及其支持者的大力推动下，文化转向已经成为近20年来美国环境史研究的明显趋势。1990年在《美

---

① William Cronon, "Modes of Prophecy and Production: Placing Nature in History", *Journal of American History*, Vol. 76, No. 4, 1990, pp. 1124–1129; Richard White, "Environmental History, Ecology, and Meaning", *Journal of American History*, Vol. 76, No. 4, 1990, p. 1113.

② Carolyn Merchant, "Gender and Environmental History," *Journal of American History*, Vol. 76, No. 4, 1990, pp. 1117–1121.

③ Donald Worster, "Seeing beyond Culture", *Journal of American History*, Vol. 76, No. 4, 1990, p. 1144.

④ "生态分析学派"和"文化分析学派"是笔者所归纳的美国环境史研究的两种主要流派，实际上并没有美国学者做这种区分，但在环境史的有关著述中"环境分析""生态分析""文化分析"等术语并不罕见。环境史研究的"文化转向"不同于传统的"环境思想史"，主要在于采用了种族、阶级与性别等分析工具。在沃斯特看来，这一新动向的准确表达应为多元文化转向而非文化转向。见 Mark Harvey, "Interview: Donald Worster", *Environmental History*, Vol. 13, No. 1, 2008, p. 145。

国历史杂志》参与讨论环境史的六位学者中，克罗农、怀特、麦茜特和斯蒂芬·派因（Stephen J. Pyne）均对环境史与社会史的融合表示赞同，成为此后推动环境史文化转向的先锋。他们总体上以四种形式推进环境史和社会史的融合：一是重视对不同社会集团的研究，将种族、阶级与性别作为环境史的分析工具；二是通过社会文化建构模糊自然和文化之间的区别，突出文化的作用；三是以生态学中的混沌理论为基础，扩大相对主义在环境史研究中的影响；四是将环境史视为讲故事的艺术，强调史学研究的主观性。在这些合力推进环境史文化转向的学者中，克罗农和怀特功不可没，两人的有关著述为环境史的文化转向奠定了深厚的理论基础，从而使文化转向渐成燎原之势。

  在环境史的发展过程中，克罗农是一位承前启后、继往开来的重要学者，他的主要贡献在于为环境史研究的文化转向开辟道路，推动环境史的繁荣发展。这主要表现在以下方面。其一，推动环境史研究从荒野和农村转向城市，带动了城市环境史尤其是城乡关系史的研究。克罗农的《自然的大都市：芝加哥与大西部》[1]是一部公认的杰作，该书考察了1830—1893年芝加哥发展为美国第二大都市的历程，通过追踪芝加哥与美国中西部地区的商品流动，揭示了资本主义扩张所带来的生态与社会变迁。该书将城乡视为一个整体，在农业史与城市史之间搭建了桥梁，将城乡关系纳入了环境史研究的范畴。其二，克罗农将历史认识论和历史叙事引入环境史研究，[2]对环境史研究的客观性和科学性发起了挑战。他通过对比两部关于美国尘暴重灾区（Dust Bowl）的历史著作，表明历史研究的主观性。[3]克罗农此举在一

---

[1] William Cronon, *Nature's Metropolis: Chicago and the Great West*, New York: W. W. Norton, 1991, pp. xvi – xvii.

[2] William Cronon, "A Place for Stories: Nature, History, and Narrative", *Journal of American History*, Vol. 78, No. 4, 1992, pp. 1347 – 1376.

[3] Donald Worster, *Dust Bowl: The Southern Plains in the 1930s*, New York: Oxford University Press, 1979; Paul Bonnifield, *The Dust Bowl: Men, Dirt, and Depression*, Albuquerque, University of New Mexico Press, 1979. 这两本著作的叙事风格和结论截然不同：沃斯特将尘暴重灾区的形成视为逐利的资本主义文化所导致的人为的生态灾难，当地人民既是灾难的制造者也是受害者；而博尼菲尔德则将大平原地区的这段经历视为人类战胜自然灾难的英雄史诗。

定程度上是为了破除环境史研究中"衰败论"的叙述模式（Declensionist Narratives），激励公众要对环保更有信心。[①] 其三，克罗农解构了美国历史上根深蒂固的荒野神话。所谓荒野，是指纯粹的自然，是指那些未曾受人侵扰、应该予以保留而不进行开发的地方，20世纪下半叶，这种"荒野"神话越来越流行。克罗农则将荒野（自然）视为一种文化建构，并以家园取代荒野作为环境史叙述的中心，由此减少既往环境史研究中关于第一自然和第二自然的争论。[②] 在克罗农的带动下，文化分析在美国环境史研究中日益流行。

作为一位著作等身的美国西部史和环境史学家，怀特通过批判环保运动，有力地促进了环境史的文化转向。他率先明确提出"文化转向"这一概念，实际上是源于其多年来从环境史的角度研究印第安人的一些观察和思考。他的研究表明，印第安人的所作所为带来了剧烈的环境变化，这种观点是对传统看法——印第安人没有改变环境——的直接修正。这种观点虽然在今天已经习以为常，似乎并没有多少新奇之处，但实际上它挑战了环境保护主义以及受其影响至深的美国环境史研究。环保主义者"大多把人类在自然中的创造性工作等同于破坏"，"把自然当作人类娱乐和休闲的场所"，而很少把它视为人类谋生和工作的所在。环保主义者将过去理想化、借古讽今的倾向也较为明显，这方面最明显的例子就是将印第安人塑造成生态圣徒。在20世纪90年代以前，对环保运动和自然的这种褊狭理解，严重制约了环境史研究的发展。而怀特在文化转向方面的突出贡献就在于剖析环保运动的错误倾向及其消极影响。在《你是环保主义者还是要为生存而劳动：工作与自然》（1995）一文中，怀特对自然进行了解构，指出自然实际上存在于人类生活的各个角落，人类的劳动"将自然与人类联系

[①] William Cronon, "The Uses of Environmental History", *Environmental History Review*, Vol. 17, No. 3, 1993, pp. 2 – 22. "衰败论"的主要观点是：环境随着人类社会的发展而不断恶化。早期环境史作品多以生态灾难为主题，或多或少存在"衰败论"的倾向，其中尤以沃斯特的《尘暴》一书最为典型。

[②] William Cronon, "The Trouble with Wilderness; or, Getting Back to the Wrong Nature", in William Cronon, ed., *Uncommon Ground: Toward Reinventing Nature*, New York: W. W. Norton & Company, 1995, pp. 69 – 90.

起来",模糊了人与自然之间的界限,"劳动应该成为环境史研究的起点"①。在1996年出版的一部有关哥伦比亚河的著作中,怀特对这一观点进行了更为系统的阐述。怀特将劳动从单纯的人类劳动,推延到自然万物所有涉及能量凝结与消耗的活动,用劳动和能量流动将人类史与自然史连接起来。在怀特看来,在环境史研究中,人类与自然彼此融合,既不存在脱离人类的自然界,也不存在脱离自然界的人类。怀特打破了环境史学界对自然与文化二元对立的传统理解,有利于推进自然与文化的融合,但这种理解也消解了自然本身,自然不再是客观的物质存在,所有的景观都成了人工景观。

除文化建构之外,阶级、种族和性别分析在环境史领域中的广泛应用,也是文化转向的另外一个主要表现。在推动环境史和社会史的融合方面,罗伯特·戈特利布(Robert Gottlieb)和安德鲁·赫尔利(Andrew Hurley)无疑具有开拓之功。

戈特利布是一位城市与环境政策专家,他于1993年出版的《呼唤春天:美国环保运动的演变》一书深刻影响了人们对自然和环保运动的理解,对推动环境史的文化转向发挥了积极作用。这本书出版之前,环境史学者在追溯环保运动时,只局限于吉福特·平肖倡导的资源保护运动和约翰·缪尔领导的荒野保护运动,环境史学者所理解的自然都位于城市之外,与市民的生活无关;反污染运动似乎是在战后才突然出现的;环保运动的主要推动力量,仿佛也只有白人男性。该书的可贵之处在于它完全颠覆了上述观念,提供了一种对自然和环保运动的全新理解,有力地推动了环境史与社会史的融合。戈特利布认为自然存在于"人们生活、工作和娱乐的地方",存在于我们的身边。同时,环保运动是应对工业和城市巨变而出现的一场遍及城乡的社会运动,它不仅关注荒野保护以及自然资源的明智利用和有效管理,而且也致力于反对污染,维护公众的身心健康。另外,该书把环保运动作

---

① Richard White, "'Are You an Environmentalist or Do You Work for a Living?': Work and Nature", in William Cronon, ed., *Uncommon Ground: Rethinking the Human Place in Nature*, pp. 171 – 183.

为社会运动的一部分，将环境问题与社会问题直接联系起来，分别探讨性别、族裔、阶级因素在环保运动发展过程中的重要作用。戈特利布认为，这些因素不仅影响了环保运动的历史演变，而且关系到当前环保运动应如何定位。[①] 该书在环境史学界产生了不容忽视的影响，将环境史的研究领域扩展到了城市，促进了社会文化分析在环境史领域的应用，有力地推动了环境史研究的文化转向。

安德鲁·赫尔利是一位以环境史研究成名后来却与该领域渐行渐远的城市史学者。他的《环境不公：印第安纳州加里的阶级、种族及美国工业污染》（1995）一书是环境史与社会史融合的典范。该书从多个方面推动了环境史的文化转向。他明确提出，环境史学者要关心环境权益的不平等。这种不平等在社会上广泛存在，而且主要以"阶级、种族、性别和族裔"为界限。因此，他提出要"将环境史和社会史结合起来"[②]，用社会分层的分析方法来探求环境变化。其次，他明确提出，"以社会平等作为环境变化的衡量标准"。传统上，"生态平衡"往往用于衡量环境变化，但在赫尔利看来，这一标准暗含一些前提：生态平衡在人类干预之前一直存在；生态失衡是人为干预的结果，人类干预越多，环境就越糟糕。但环境总是在不断变化，根本就不存在平衡状态。传统标准因为过于主观而存在不足。赫尔利认为，"如果从社会平等的角度，以不同社会群体所受的影响来衡量环境变化，环境史学者的研究将会更加客观"[③]。再次，他也不认可环境史研究中的"衰败论"叙事模式，而对人类未来持乐观态度。在他看来，环保运动已经带来了许多实实在在的进步，城市人口比以前更长寿，人类生活的很多方面都在发生积极变化。赫尔利主张将人与环境的关系作为挑战而不是被迫承受的恶果加以叙述。《环境不公：印第安纳州加

---

① Robert Gottlieb, *Forcing the Spring: The Transformation of the American Environmental Movement*, Washington, D. C.: Island Press, 1992, p. 9.

② Andrew Hurley, *Environmental Inequalities: Class, Race and Industrial Pollution in Gary, Indiana, 1945—1980*, Chapel Hill: University of North Carolina Press, 1995, preface, xiii.

③ 高国荣：《关注城市与环境的公共史学家：安德鲁·赫尔利教授访谈录》，《北大史学》第17辑，北京大学出版社2012年版。

里的阶级、种族及美国工业污染》一书成功融合了环境史和社会史,被广泛列为环境史课程的必读书目。

从20世纪90年代以来,环境史与社会史融合的迹象日渐明显,环境史研究中出现了大量有色人种、劳工、妇女的身影。环境史和社会史的广泛融合,促进了黑人环境史、劳工环境史、妇女环境史等新研究领域的出现。

黑人环境史是环境史学者所开展的有关"种族、族裔与环境"研究的重要组成部分。在20世纪90年代中期以前,环境史学者所关注的种族主要限于印第安人,此后则转向了以黑人为代表的少数族裔。[①]斯图尔特(Mart Stewart)、普罗特克(Nicholas Proctor)及赫尔利等学者分别探讨了黑人作为奴隶、分成佃农和劳工在田间、林地和工厂的经历。他们三人被认为是黑人环境史这一新兴领域的开拓者。[②] 在他们的带动下,有关黑人的环境史成果快速增加,其中尤其值得一提的是《拥抱风雨:美国黑人与环境史》这本文集,该文集以种族、族裔、性别和阶级为分析工具,探讨了黑人对自然环境的感知和利用,涉及奴隶制、内战后种族隔离、战后民权和环境正义运动三个阶段,是融合环境史和社会史的一部力作。

劳工环境史是环境史及劳工史相互融合的产物,它广泛采用阶级分析方法。劳工史和环境史存在互通之处。劳工史研究的先驱康芒斯(John Commons)和桑巴特(Werner Sombart),都强调环境的作用,并从环境的角度解释20世纪美国劳工运动的低迷状态。[③] 另外,劳工史的研究主题目前已经从劳工领袖、劳工组织和工人运动转向劳工生活

[①] 在1996年之前,《环境评论》和《环境史评论》上刊登的标题中含有"印第安人"的论文和书评共计9篇,但标题含"非裔""拉美裔"和"亚裔"上述三词任意一个的论文和书评却只有1篇。从1996年以后,这一局面明显改变,从1996—2009年,标题中含"印第安人"的论文和书评共计6篇,但标题含"非裔""拉美裔"和"亚裔"上述三词任意一个的论文和书评已达到7篇,其中5篇与黑人有关。相关数据为笔者于2013年1月20日检索JSTOR数据库所得。

[②] Dianne D. Glave, Mark Stoll, eds., "*To Love the Wind and the Rain*": *African Americans and Environmental History*, Pittsburgh: University of Pittsburgh Press, p. 6.

[③] Gunther Peck, "The Nature of Labor: Fault Lines and Common Ground in Environmental and Labor History", *Environmental History*, Vol. 11, No. 2, 2006, p. 215.

状况本身，大量涉及工人住处和工作场所的环境卫生状况。自20世纪90年代中期以来，有关劳工和阶级的环境史成果不断涌现。阶级分析目前已被用于探讨"奴隶制与佃农、工业化、荒野保护与自然保护、劳工与环境保护主义"等主题。①

妇女环境史则将性别分析、妇女史和环境史糅合在一起。妇女环境史的兴起，离不开社会性别史和生态女性主义的影响。从20世纪70年代初以始的20多年间，麦茜特几乎是独自一人，努力将性别分析带入环境史研究。从20世纪90年代以来，性别分析开始受到更多的环境史学者的关注。尽管如此，性别分析明显少于种族、阶级分析在环境史研究中的应用。直到20世纪90年代中期，妇女环境史仍然处于"萌芽状态"②。而从史学史的角度看，"性别和美国环境史"方面的研究到现在几乎还没有开始。③

环境史与社会史的融合，同时也受到了社会史学者的倡导和重视。1996年，社会史专家艾伦·泰勒（Alan Taylor）在《人为的不平等：社会史和环境史》一文中提出，"社会史和环境史从根本上是可以兼容的，而且可以互为促进"。在他看来，社会史和环境史有三个共同点：它们所关注的都是传统史学所忽视的对象，所运用的新史料都可适用于统计分析，它们的兴起都与社会运动相关，都要表达一定的道德和政治诉求。他通过分析多部环境史和社会史的著作，表明这两个领域并非泾渭分明，而是彼此交叉。他认为，"从根本上说，社会史必然是环境史，而环境史也必然是社会史"④。英国社会史学者斯蒂芬·莫斯利（Stephen Mosley）也倡导社会史和环境史的融合。莫斯利提到，这一融合还很缓慢，两个领域的学者应以一种开放的心态相互借鉴，取长补短。环境史不应该"回避种族歧视、性别关系、阶级冲

---

① Douglas C. Sackman, ed., *A Companion to American Environmental History*, p. 149.
② Virginia Scharff, "Are Earth Girls Easy? Ecofeminism, Women's History and Environmental History", *Journal of Women's History*, Vol. 7, No. 2, 1995, pp. 165–170.
③ Douglas C. Sackman, ed., *A Companion to American Environmental History*, p. 117.
④ Alan Taylor, "Unnatural Inequalities: Social and Environmental Histories", *Environmental History*, Vol. 1, No. 4, 1996, pp. 8–16. 艾伦·泰勒是加利福尼亚大学戴维斯分校历史系社会史教授、美国艺术与科学院院士，他的作品曾获班克罗夫特奖和普利策奖。

突、族裔差异等棘手问题"①。环境与认同、环境正义与消费等主题可以在这两个领域中建立联系，努力促使人类与环境的关系成为社会史优先考虑的主题。

近 20 年来，文化转向已经成为美国环境史研究的明显趋势，并受到了越来越多的学者的追随，在年轻一辈的环境史学者的作品中有突出体现。文化转向可以从美国环境史学会主办的学术刊物中得以反映。对美国环境史学会专业期刊有关文化转向的文章和书评的统计结果表明，在 1995 年以前，很少有文章的标题包含"种族""阶级"与"性别"这几个涉及文化转向的关键词，它们在全文检索中出现的频率也很低。但从 1996 年以后，这些术语出现的频率明显增多。笔者通过检索相关数据库后发现，在 1978—1989 年间，《环境评论》没有登载过全文同时含有这三个关键词的文章，但在 1990—1995 年间，这类文章为 6 篇，而在 1996—2012 年间则达到了 52 篇。② 如果在全文中检索"社会史""非裔""西班牙裔"，得到的结果也很类似。这些术语出现频率的普遍上升，可以反映出文化转向这一新兴趋势。

环境史的文化转向也可以从不同时期梳理美国环境史研究的综述文章和著作中得以反映。从这些成果可以看出，社会史的研究方法越来越多地为环境史学者所采用。怀特在 1985 年指出，当时还很少有环境史学者运用社会史的方法，这种研究刚刚开始，还显得非常零散。③ 他在 2001 年评述 20 世纪 80 年代中期以来美国环境史研究的变化时，对文化转向有所提及。④ 哈尔·罗斯曼（Hal Rothman）在 1993—2002 年间担任《环境史》杂志主编，他在 2002 年发表的一篇文章中介绍

---

① Stephen Mosley, "Common Ground: Integrating the Social and Environmental in History", *Journal of Social History*, Vol. 39, No. 3, 2006, p. 920.

② 相关数据为笔者于 2013 年 1 月 10—15 日检索 JSTOR 数据库和 Oxford Journals 数据库所得。检索词分别为：种族（race）、阶级（class）、性别（gender or women, female, feminist）。

③ Richard White, "American Environmental History: The Development of a New Historical Field", *Pacific Historical Review*, Vol. 54, No. 3, 1985, pp. 334 – 335.

④ Richard White, "Environmental History: Watching a Historical Field Mature", *Pacific Historical Review*, Vol. 70, No. 1, 2001, pp. 108 – 109.

了运用种族、阶级与性别分析方法的一些环境史成果。[1] J. 唐纳德·休斯的《什么是环境史》一书在提纲挈领地梳理环境史在美国的产生和发展时，也专门提到环境史学界有关城市环境史、环境正义、妇女与环境等方面的大量成果。[2] 在道格拉斯·萨科曼（Douglas C. Sackman）主编的《美国环境史研究指南》（2010年）这部工具书里，"种族""阶级""性别"与"文化转向"各被单列一章加以详细探讨，美国环境史研究的文化转向跃然纸上。

二 文化转向出现的背景

环境史研究的文化转向，既是顺应社会现实的结果，也是史学发展新动向在环境史领域的反映，与环境史发展到20世纪90年代之后所面临的一些挑战也有密切关联。环境正义运动和多元文化主义的兴起，促使环境史学界开始关注社会弱势群体。环境史的文化转向，反映了社会史及新文化史对整个历史学研究领域的冲击和影响。环境史的文化转向，与环境史学者早期对弱势群体的忽视及自身知识结构的不合理都联系在一起。

环境史对种族、劳工、女性问题的重视，与环境正义运动的推动有直接关系。环境正义运动兴起于20世纪70年代，是有色人种、劳工阶层争取平等环境权益、保护家园免受污染的运动。自战后以来，不断剧增的有毒有害废弃物对美国民众的健康构成严重威胁，但有毒有害垃圾处理设施在选址时往往会倾向于有色人种及贫困劳工居住的社区。这些弱势群体因此饱受污染的困扰，并承受着更多的健康威胁。环境正义运动的宗旨就是要争取平等公民权利，因此得到了民权组织、劳工组织、妇女组织等众多团体的声援和支持。在环境正义运动的推动下，克林顿总统在1994年2月11日签署了第12898号行政命令，

---

[1] Hal Rothman, "Conceptualizing the Real: Environmental History and American Studies", American Quarterly, Vol. 54, No. 3, 2002, pp. 493–496.
[2] ［美］唐纳德·休斯：《什么是环境史》，梅雪芹译，北京大学出版社2008年版，第40—46页。

责成联邦政府各部门切实采取行动,保障少数族裔和低收入人口能享有平等的环境权益。

环境正义运动对环境史研究的影响,主要是通过重新塑造美国的主流环保运动这一形式进行的。首先,环境正义运动为主流环保运动开拓了新的发展空间。长期以来,以白人精英为主要社会基础的美国环保组织,致力于自然资源的可持续利用和河流山川的保护,而对有色人种和劳工阶层所面临的环境问题视而不见,以致被扣上种族主义组织的帽子。从20世纪80年代后期开始,保护弱势群体的环境权益被纳入主流环保组织的议事日程。其次,环境正义运动扩展了人们对环境的理解。环境并不只存在于乡间野外,同时存在于城市、郊区的各个角落,存在于人们生活的社区、工作及娱乐场所。再次,环境正义运动表明,少数族裔、劳工阶层非常重视环境问题,他们是环保斗争的一支重要生力军。环保运动的发展史足以表明,环保组织如果仅拘泥于环保本身而不关心社会正义,就会因孤掌难鸣而难有大的作为。环保组织只有将保护环境同维护社会公正结合起来,与民权、劳工、妇女等组织广泛结盟,才能扩大社会基础,把环保事业不断推向前进。

作为推动环境史兴起和发展的现实动力,环保运动在20世纪八九十年代出现的一些新变化对环境史领域也产生了明显的影响。一些环境史学者敏锐地意识到,环保运动的新发展为环境史提出了一些新的研究课题。在1995年发表的《平等、生态种族主义和环境史》一文中,梅洛西就呼吁环境史学者要重视种族问题,重视环境正义运动所提出的一些值得深入探讨的历史课题:与种族、阶级和性别相关的环境平等;环境的文化建构;生态中心主义和人类中心主义的冲突。[1]而麦茜特的《种族主义的阴影:种族和环境史》一文,则结合美国环保先驱的有关著述,指出了环保组织的种族偏见对环境史研究的消极影响。她认为,环境史学者应该正视这些问题,从多元文化主义的角

---

[1] Martin V. Melosi, "Equity, Eco-racism and Environmental History", *Environmental History Review*, Vol. 19, No. 3, 1995, p. 14.

度研究美国历史上的环境正义问题。[1] 在这些学者的倡导下，美国环境史学会学术研讨会上有关"种族、族裔与环境"的小组讨论逐渐增多，1995年拉斯维加斯的会议达到4场。而此前这种讨论很少，有关该主题的小组讨论直到1989年才首次出现，且只有一场；1991年有两场；1993年的学术研讨会则没有出现类似主题的小组讨论。[2]

环境史的文化转向，也是多元文化主义在环境史领域的折射。多元文化主义与美国的人口结构变动以及战后以来高等教育的大众化有非常密切的关系。战后，有色人种在总人口中的比重持续增加，黑人人口比例从1950年的9.9%上升到1999年的12.8%，而拉美裔人口则从1970的4.4%上升至1999年的11.5%。在人口迅速增加的同时，越来越多的有色种族向中心城市聚集，比如在1988年，美国西部和北部98%的黑人都住在都市区。[3] 从战后以来，高校向女性、有色人种和平民子弟敞开了大门。1948—1988年，高校女生的比例从28.8%增至54%。[4] 大学生中有色人种的比例也在提高，1960年为6.4%[5]，1990年为20.1%，1997年高达26.8%。[6] 低收入家庭高中毕业生能上大学的比例，从1971年的26.1%增至1985年的40.2%，1993年则达到50.4%。[7] 女性、有色人种和平民子弟在高校学生和教师中的比例

---

[1] Carolyn Merchant, "Shades of Darkness: Race and Environmental History", *Environmental History*, Vol. 8, No. 3, 2003, p. 381.

[2] Martin Melosi, "Equity, Eco-racism and Environmental History", Vol. 19, No. 3, 1995, p. 3. 美国环境史学会学术研讨会于1982年首次举行，从1987年起每两年召开一次，从2000年以来，每年召开一次。

[3] U. S. Department of Commerce, Bureau of the Census, *Statistical Abstract of the United States*, 2000 (120 edition), Washington D. C.: U. S. Government Printing Office, 2000, p. 12, Table 11; U. S. Department of Commerce, Social and Economic Statistics Administration, Bureau of the Census, *Hispanic Americans Today*, Washington, D. C.: U. S. Government Printing Office, 1993, pp. 2–6.

[4] U. S. Department of Education, National Center for Education Statistics, *Digest of Education Statistics*, 2000, NCES2000–034, Washington, D. C., 2001, p. 20, Table 17.

[5] U. S. Department of Commerce, Bureau of the Census, *Statistical Abstracts of the United States*: 1981 (102th Edition), Washington D. C.: U. S. Government Printing Office, 1981, p. 159, Table 267.

[6] U. S. Department of Education, National Center for Education Statistics, *Digest of Education Statistics*, 2000, NCES2000–034, p. 315, Table 208.

[7] U. S. Department of Education, National Center for Education Statistics, *The Condition of Education 1996*, NCES 96–304, Washington, D. C., 1997, p. 52.

逐步提高，这些群体在文化领域的影响日渐扩大。随着人口的增多及其在中心城市的聚居，以及文化程度的提高和社会地位的改善，少数族裔的族群认同和政治意识日渐增强，有色人种争取文化认同、争取平等权益的热情更趋高涨，多元文化主义逐渐兴起。多元文化主义既是一种思潮，也是一种实践。它要求的不仅是尊重有色种族的文化和传统，"而是要对传统的美国主流文化提出全面检讨和重新界定"，将种族平等落实到现实的社会生活中去，这已经超越了文化的范畴而成为直接的政治诉求。① 多元文化主义对包括环境史在内的所有的人文社会科学都产生了强烈的冲击，促进了以弱势群体为研究重点的新美国史学的兴起，并推动了少数族裔研究和性别研究中心在大学的广泛建立。

多元文化主义对美国的环境史研究产生了明显的影响。它要求恢复历史的本来面目，突出不同群体对美国历史的贡献。20世纪90年代以来，美国环境史学界对劳工、妇女、少数族裔和有色人种的关注，部分就是受多元文化主义的影响。这些群体在环保运动兴起过程中所起的推动作用，开始逐步得到承认。妇女在探索与保护自然方面所发挥的作用，成为诺伍德的《来自地球的灵感：美国妇女与自然》、沙夫主编的《性别视野下的自然》、赖利的《妇女与自然：拯救"荒凉"的西部》等著作探索的共同主题。② 杜波依斯（William Du Bois）、布克·华盛顿（Booker Washington）等多位黑人领袖的环境观念也得到了探讨。③ 劳工运动和劳工领袖对环保运动的贡献也成为环境史学者研究的课题，已有的研究表明，现代环保运动的领袖除了广为人知的利奥波德、布劳尔（Brower David）、卡逊等人之外，还应该包括沃尔瑟·鲁瑟（Walter Reuther）、西泽·查维

---

① 王希：《多元文化主义的起源、实践与局限性》，《美国研究》2000年第2期。

② Vera Norwood, *Made from This Earth*: *American Women and Nature*, Chapel Hill: University of North Carolina Press, 1993; Virginia Scharff, ed., *Seeing Nature through Gender*, Lawrence: University Press of Kansas, 2003; Glenda Riley, *Women and Nature*: *Saving the "Wild" West*, Lincoln: University of Nebraska Press, 1999.

③ Kimberly K. Smith, *African American Environmental Thought*: *Foundations*, Lawrence: University Press of Kansas, 2007.

斯（Cesar Chavez）、阿诺德·米勒（Arnold Miller）等劳工领袖。另外，在多元文化主义的影响下，早期环境史研究中的批判精神在一定程度上有所恢复。

环境史将种族、性别与阶级作为分析工具，显然受到了社会史的影响。从20世纪下半叶以来，社会史在国际史坛中长期居于主导地位，是西方史学在战后最明显的发展转向。社会史关注平民百姓，主张自下而上看历史。率先研究社会史的那批学者，大都属于美国移民的第二代或第三代，将撰写历史学博士学位论文视为重建其所在群体历史记忆的契机，为那些默默无闻的民众代言。这批研究人员不仅数量众多，而且不断壮大。1978年社会史方面的博士论文的数量是1958年的4倍，社会史超越政治史从而成为历史学的显学。[1] 美国历史学家组织对2003年春季收集的8861名会员年度登记表的统计显示，社会史是史学家最感兴趣的领域，是1369人的首选研究领域。其次为文化史（1148人）、政治史（1033人）、妇女史（997人）、非裔美国人史（940人），环境史为300多人。[2] 社会史讲述被边缘化的小人物的故事，常常以一种怀疑的态度来看待进步史观，对人文社会科学所标榜的客观、科学与理性不以为然。这样一种研究取向使社会史受到右翼人士的嫉恨和攻击，而被指斥为含沙射影地攻击美国现有的体制，是在故意矮化美国历史。受社会史的影响，种族、阶级和性别已经成为环境史研究的重要分析工具，而且环境史不仅关注弱势人群，而且总是为底层民众鸣不平并为他们代言，环境史研究的道德伦理诉求又有所增强。

环境史研究的文化转向，明显受到了新文化史的影响。[3] 新文化史兴起于20世纪80年代，是战后西方史学继社会史之后出现的又

---

[1] ［美］林·亨特编：《新文化史》，姜进译，华东师范大学出版社2011年版，第1页。

[2] "Social History Tops Members 'Interests'", *OAH Newsletter*, Vol. 31, No. 4, 2003, p. 18. 会员登记表列出了51个史学专业领域，会员从中圈出自己的专业领域，最多不超过5个。该图表的文字说明没有单独列出将环境史作为专业领域的具体人数。

[3] Richard White, "Environmental History: Watching a Historical Field Mature," *Pacific Historical Review*, Vol. 70, No. 1 (Feb. 2001), p. 104.

一次史学转型。新文化史广泛应用文化建构、话语分析、历史人类学、微观史学以及历史的叙述等方法开展研究。新文化史背离了长期以来历史学的科学化取向,主张向历史学的人文化取向回归。新文化史反对社会史研究中的经济决定论或社会结构决定论,强调文化在历史变迁中的重要作用。在文化史学者看来,"文化与经济模式和社会关系之间有一种不分轩轾、相互依赖的关系","精神与物质之间,没有一个孰先孰后的问题,而是相辅相成的"。在新文化史的推动下,历史学从向经济学和社会学靠拢,转向朝人类学和文学靠拢。[1] 新文化史反对社会史研究中枯燥的数据统计和计量分析,注重叙述的文采和技巧。新文化史也接受了人类学中所蕴含的文化相对主义,认为所有文化都有存在的价值,各种文化之间并不存在高下优劣之别。新文化史以后现代主义为理论指导,将所有的知识都视为一种文化建构,强调历史认识的相对性。新文化史既是对社会史的反拨,也是对社会史的继承和发展,它坚持社会史"自下而上"的治史宗旨,将视野投向了占人口多数、但在历史上默默无声的芸芸众生,重视下层阶级和边缘群体,关注大众文化及其日常生活。新文化史作为一场席卷整个欧美史坛的史学思潮,对环境史这一新的史学研究领域也产生了巨大的冲击。这种冲击在环境史领域最明显的表现就在于自然观念的变化,人们不再相信自然本身的精巧平衡及和谐有序,而认为自然本身就是混乱无序的[2];纯粹的自然、神圣的荒野都不存在,而只是文化建构的产物。在环境史著作中,生态破坏也被视为一种文化建构而为生态变迁所取代。上述种种理解,虽然有利于克服早期环境史著述中衰败论的叙事模式,但也导致了人们思想认识上的混乱。

  环境史研究的文化转向,还与该领域在 20 世纪 90 年代前后遭遇的发展瓶颈有关。环境史在 20 世纪 90 年代初已经开花结果,多本著

---

[1] 王晴佳:《新史学演讲录》,中国人民大学出版社 2010 年版,第 54 页。
[2] Donald Worster, "The Ecology of Order and Chaos", in Char Miller and Hal Rothman, eds., *Out of the Woods: Essays in Environmental History*, Pittsburgh, PA.: University of Pittsburgh Press, 1997, p. 5.

作深受学界好评并荣获嘉奖，环境史在史学界已经赢得了一席之地。与此同时，环境史研究也面临诸多困境，在20世纪80年代中后期跌入低谷。《环境评论》没有充足的稿源，学会会员的登记情况也不太理想，甚至连每两年一度的美国环境史学会学术研讨会也难以为继，学会的一些负责人对此忧心忡忡，甚至担心学会和刊物是否能够支撑下去。[①] 这种困境在很大程度上是由于环境史学界整体上对自然和环保运动的偏狭理解甚至是误解。自然往往被认为与文化对立，只存在于乡间野外，而不存在于城市。与此同时，环保运动虽然在百余年前兴起之际，便将"效率、平等与美丽"作为其关心的三大议题，但在19世纪80年代之前，它实际上偏重于资源保护，而污染对弱势群体身心健康的威胁并没有得到应有的重视。受其影响，环境史在20世纪90年代以前依然主要局限于研究荒野保护与自然保护的历史，而很少涉及城市，也很少论及少数族裔等普通民众。同时，受环境保护主义的影响，20世纪90年代之前的环境史研究存在明显的道德伦理诉求，美化过去、批判现在和怀疑将来的悲观倾向也不罕见。而正是在环境史遭遇如此困境的情况下，克罗农将"第二自然"的概念引入了环境史研究，并对流行的"荒野"神话进行了解构。而怀特为解构自然和环保运动也做了一些努力。在他们的笔下，第一自然不过存在于人们的想象之中，而人们所接触的自然，实际上都是"第二自然"，是经过文化改造后的产物，存在于人们居住、工作和娱乐的每一个地方。可以说，文化转向为20世纪90年代以来环境史的顺利发展开辟了广阔空间。

　　文化转向之所以受到美国环境史学界的普遍欢迎，与诸多环境史学者自身知识结构的不完善也存在着一定关联。美国多数环境史学者在历史系工作，普遍缺乏自然科学的专业训练，很难自如地利用自然科学的成果开展真正意义上的跨学科研究。面对知识结构的缺陷和跨学科研究所提出的挑战，一些学者在努力提高自身的自然

[①] Thomas R. Cox, "A Tale of Two Journals: Fifty Years of Environmental History and Its Predecessors", *Environmental History*, Vol. 13, No. 1, 2008, pp. 23 - 24.

科学素养，但也有一些学者以后现代主义和多元文化主义为理论武器，把自然和科学知识视为一种文化建构，实质上是要向科学的权威发起挑战。尽管科学存在一些问题，但自然科学知识对环境史学者了解自然界如何运行是至关重要的，环境史学者要想写出一流的作品，就必须尊重科学，并将科学作为研究的重要参考。正如沃斯特所言："尽管我批评科学的某些方面，尽管我知道科学总在变化，并不精确，而且与文化联系在一起，但这并不意味着完全不能以科学为指导。"①

三 文化转向的利弊得失

文化转向作为近20年来美国环境史研究的明显趋势，带来了环境史研究的繁荣，环境史开始融入并影响美国史学的主流。但文化转向在一定程度上也削弱了环境史研究的特色。随着文化转向的深入，其弱点日益突出，生态分析亦将受到相应的重视。文化分析与生态分析作为环境史研究的两大范式，虽然各有侧重，但彼此之间也有诸多共通之处，可以相互促进和补充，从而将环境史研究推进到一个新的发展阶段。

文化转向作为一种新的研究范式，对环境史的发展具有重要意义。它有利于克服美国早期环境史研究暴露出来的一些缺陷，为环境史研究提供了一种新的观察视角，促进了环境史研究的深化，并推动环境史融于并引导史学研究的主流。文化转向从多个方面推动了美国环境史研究的发展。

首先，文化转向有利于环境史摆脱生态学整体意识的消极影响。作为一门研究生物与环境的科学，生态学自始就成为环境史的"理论基础和分析工具"②。在生物学的分类系统中，人作为一个物种，

---

① Donald Worster, *The Wealth of Nature: Environmental History and the Ecological Imagination*, New York: Oxford University Press, 1993, preface, ix.
② 侯文蕙：《环境史和环境史研究的生态学意识》，《世界历史》2004年第3期。

隶属于脊索动物门、哺乳纲、灵长目、人科、人属、智人种，人被视为生物学基本分类中最小的研究单位来加以对待。生态学很少关注个体的差异或不同，用这种方法探讨个体和个性就会充满风险。[1] 受生态学的影响，环境史也秉持整体论。整体论倾向于把人类的内部差别缩小，或者把一个群体视为整体，而难以分辨人类社会及各个群体内部的差异与冲突。环境史在其早期发展阶段往往忽视社会分层和权力关系，与整体论的影响不无关系。比如，20世纪五六十年代问世的一些著作，诸如《自然与美国人》《美国的人与自然》，虽然冠以美国人的标题，但这些作品中的美国人，实际上是指白人男性。[2] 在承认整体论影响环境史研究的同时，也不应过分夸大其影响。实际上，许多环境史学者对社会分层有明确的认识，其作品中并不乏平民百姓，但他们有意淡化社会差异，是因为他们要保持环境史研究的特色。沃斯特说，当年写作《尘暴》一书时，他清楚地意识到大平原地区存在的社会差异，同样的灾难对不同的人群产生了不同的影响。但他并未给予种族和文化过多的关注，以免分散对生态和经济等基本问题的注意力。[3]

其次，文化转向也有利于环境史摆脱环境保护主义的消极影响。环境史是环保运动的产儿，这个领域的许多先驱，比如纳什（Roderick Nash）、奥佩（John Opie）、福莱德（Susan Flader）、麦茜特、克罗农等人都是著名的环保人士。"绝大多数环境史学者都认为自己是环保主义者"，认同环境保护主义的基本主张，环境史也因而打上了环境保护主义的深深烙印。[4] 其一，美国环境史学会的专业刊物《环

---

[1] John Opie, "Environmental History: Pitfalls and Opportunities", in Kendall E. Bailes, ed., *Environmental History: Critical Issues in Comparative Perspective*, Lanham: University Press of America, p. 27.

[2] Hans Huth, *Nature and the American: Three Centuries of Changing Attitudes*, University of Nebraska Press, 1957; Arthur A. Ekirch, Jr., *Man and Nature in America*, New York: Columbia University Press, 1963.

[3] Donald Worster, *Dust Bowl: The Southern Plains in the 1930s*, New York: Oxford University Press, 2004, p. 247.

[4] William Cronon, "The Uses of Environmental History", *Environmental History Review*, Vol. 17, No. 3, 1993, pp. 2 – 22.

境评论》将教育公众、以扩大环境保护主义的影响作为其办刊的宗旨之一,这种取向损害了刊物的学术性。其二,在20世纪90年代以前,受主流环保运动"白人精英主义取向"的影响,环境史重视对荒野的研究而忽视对城市弱势群体的研究。而激进环保主义将环保与文明对立起来的倾向,在环境史领域也有所体现。其三,环境史往往采用三部曲的"衰败论"叙事结构:原本丰饶的自然资源,在白人开发和破坏之后,变得日益稀缺贫瘠。[①] 在20世纪80年代中后期,民间环保人士因为觉得在美国环境史学会难有作为而相继退出,从而削弱了环境保护主义对环境史研究的消极影响。《环境评论》更名为《环境史评论》之后,随着刊物制度建设的加强,学术质量稳步提高。自20世纪90年代以来,早期环境史著述中经常出现的"环境破坏"等字眼已逐渐被"环境变迁"取代,人类也不再只是以"自然的破坏者"的面目出现,早期环境史著述中的悲观情绪也明显减少,一批振奋人心的环境史著作相继问世。还有学者认为,环境史三部曲的传统叙事结构——"丰饶、破坏、贫瘠"——并不完整,还应该加入"修复"这一环节。[②] 文化转向强化了人类中心主义的价值取向在环境史研究中的影响,有利于环境史被学界和公众广泛接受。

再次,文化转向使环境史"自下而上"的视角不仅深入地球本身,而且更加贴近平民百姓。这样一种新的视角,使环境史研究能另辟蹊径,推陈出新。环保运动史是美国环境史研究中的传统课题,但社会文化分析却为重新撰写美国环保运动史提供了全新的思路。在以往的著述中,资源保护主义者总被认为是具有远见卓识的精英,他们着眼于美国长远的公共利益,破除地方阻力,在美国中西部推行资源保护。20世纪90年代以来,一些环境史学者采用阶级分析和种族分析方法,却对这段历史得出了完全不同的结论。沃伦(Louis

---

[①] Alan Taylor, "'Wasty Ways': Stories of American Settlement", *Environmental History*, Vol. 3, No. 3, 1998, p. 292.

[②] Marcus Hall, "Repairing Mountains. Restoration, Ecology, and Wilderness in Twentieth-Century Utah", *Environmental History*, Vol. 6, No. 4, 2001, p. 584.

S. Warren）在《猎手的游戏》一书中指出，资源保护主义者经常运用自己的权势，剥夺当地人民的财产，而且强迫当地人民接受有损自身利益的价值观念。而雅各比（Karl Jacoby）在《对抗自然的犯罪》一书中则认为，资源保护主义者运用他们所能掌握的司法力量，夺取印第安人的土地。[①] 卡顿德（Ted Cattonde）、斯彭斯（Mark Spence）的作品讲述了印第安人在国家公园建立过程中被剥夺土地的悲惨经历。这两本著作都表明，尽管印第安人是美洲的原住民，但掌握话语权的权势集团却把印第安人的家园定义为荒野，以便为驱逐印第安人寻找依据。这些著作使人们对资源保护运动有了全新的认识。另外，通过采用种族、阶级与性别研究方法，环保运动被追溯到19世纪末20世纪初的进步主义运动时期，而不再被认为兴起于二战以后，其原因也比海斯所说的追求"生活质量"远为复杂。由于文化分析的应用，环境正义运动的历史也有望被改写。

复次，文化转向为环境史研究挖掘出了大量的新资料，提出了许多有价值的新课题。由于研究视角的转换和研究领域的开拓，旧史料又有了新的价值，过去很少利用的史料也被大量发掘出来，为环境史研究的深化创造了条件。不妨以劳工环境史为例。美国劳工运动历史悠久，劳工史料比比皆是。比如，位于密歇根州底特律市的韦恩州立大学就藏有全美汽车工人联合会、卡车司机工会、美国农业工人联合会、国际产业工人协会等系列档案资料。这些资料不仅包括会议纪要、演讲稿、劳工通讯、报纸期刊剪报等正式文件，而且还包括手稿、日记、回忆录、访谈、个人通信等个人资料。这些浩如烟海的珍贵史料，目前还很少为环境史学者所问津。这些史料的挖掘，将为劳工环境史研究提供坚实的资料基础，可以用来梳理劳工参与环保运动的历程，阐述劳工领袖对环保运动的贡献，比较不同劳工组织对环境问题的不同态度，拓展和深化对劳工与环境

[①] Louis S. Warren, *The Hunter's Game: Poachers and Conservationists in Twentieth-Century America*, New Haven: Yale University Press, 1997; Karl Jacoby, *Crimes against Nature: Squatters, Poachers, Thieves, and the Hidden History of American Conservation*, Berkeley: University of California Press, 2001.

问题的研究。①

最后,文化转向有利于增强史学界对环境史的认同,使该领域从史学的边缘逐渐向主流靠拢。克罗斯比的经历实际上可以反映史学界对环境史态度的变化。克罗斯比以其关于哥伦布交换的研究而誉满天下,但他的这一经典作品在20世纪70年代被认为稀奇古怪而难以出版,他在历史系也谋不到教职。克罗斯比在历史系所受的冷遇,从一个侧面可以反映环境史以前在史学界所受的排斥。直到1986年《生态帝国主义》出版后,克罗斯比才开始到历史系工作。在20世纪90年代之前,环境史常常难以为外界所理解和接受。但到20世纪90年代以后,尤其是进入21世纪以来,环境史在美国史学界已经颇具声势。迄今为止,四本环境史著作荣获美国史学最高奖——班克罗夫特奖(Bancroft Prize),已有五位环境史学家当选为国家艺术与科学院院士,其中两人分别担任过美国历史学家组织(OAH)和美国历史学会(AHA)的主席。《环境史》目前的引用率在美国史学杂志中排名第三,环境史的研究成果得到了广泛认可,"哥伦布大交换"已经成为大学世界史教材中必不可少的重要内容,而大多数美国史教材至少也会提到进步主义时期的资源保护和现代环保运动在战后的兴起。近年来,甚至连一些保守的高校历史系也开始聘用环境史学者。环境史当前在美国史学界的影响,也许可以从美国史学界最具权威性的学术团体美国历史学会的2012年年会窥见一斑。该年会的主题"生命、地方与故事"与环境史直接相关,而获得2012年度历史学终身成就奖的三位学者中,就包括克罗斯比和沃斯特两位环境史学者。而2013年美国历史学会的六位主席团成员中,就包括克罗农和约翰·麦克尼尔两位环境史学者。考虑到文化转向所带来的繁荣,也许不必对环境史与社会史的融合过于担心。怀特指出,"那种认为文化转向会导致环境史偏离自然这一核心、而变得越来越抽象和虚无的看法,实际上是非常滑稽的",正如我们对自然的理解不可能完全客观一样,非人类世界

---

① Chad Montrie, "Class", in Douglas C. Sackman, *A Companion to American Environmental History*, pp. 156–159.

也不可能在文化中消失。[1]

文化转向造就了当前环境史研究的繁荣局面,但与此同时,也暴露出一些弱点。它过分强调文化的作用和社会差异,削弱了生态和经济在环境史研究中的中心地位,弱化了环境史跨学科研究的特点,加剧了环境史研究的碎化。

文化转向削弱了环境史以自然为中心及跨学科研究的特色。环境史将自然引入历史,将人类社会视为一个生态系统,在这个系统中,各种自然因素,包括空气、水源、土地、各种生物、自然资源和能源,都能发挥作用。环境史重视各种自然因素的作用,而不是把自然仅作为人类历史的背景。环境史学者如果过多关注种族、阶级和性别因素及这些因素背后的权力关系,那么环境史的特点就不复存在。[2] 正如侯文蕙教授所担忧的,"环境史若是把它的研究中心放在族群、人种和性别方面……那环境史将何以复存?"[3] 安德鲁·赫尔利指出,环境史的"文化转向"虽然可以帮助环境史成为主流,但若因此而使环境史的特色丧失殆尽将得不偿失。[4] 文化转向以后现代主义为哲学基础,对科学持审慎的怀疑态度,削弱科学在环境史研究中的指导作用。文化转向导致了环境史与科学的疏远和隔离,削弱了环境史研究同自然科学的紧密联系。

文化转向还导致了环境史研究的碎化。环境史学者通过运用种族、阶级、性别等分析工具,使研究越来越细致深入。但由于往往将种族、阶级、性别因素孤立开来,而不是置于各种社会关系组成的复杂网络之中,因此很难对这些社会分层因素的影响做出全面准确的估计。同时,微观研究常常因为缺乏广阔的历史视野和一定的理论观照,而难以通过局部或个案研究体现对一些重大问题的思考和见解。克罗斯比

---

[1] Richard White, "From Wilderness to Hybrid Landscapes: The Cultural Turn in Environmental History", *The Historian*, Vol. 66, No. 3, 2004, p. 564.

[2] Ellen Stroud, "Does Nature Always Matter? Following Dirt through History," *History and Theory: Studies in the Philosophy of History*, Vol. 42, No. 4 (Dec 2003), p. 76.

[3] 侯文蕙:《环境史和环境史研究的生态学意识》,《世界历史》2004 年第 3 期。

[4] 高国荣:《关注城市与环境的公共史学家:安德鲁·赫尔利教授访谈录》,《北大史学》第 17 辑,2012 年。

认为应该更关注"最宏大和最重要的那些层面",他和沃斯特都认为,"如果我们太拘泥于细节",而忽略了"自然与资本主义的关系""帝国主义的影响、地球的命运"等重大问题,环境史著作就不会给"关心这些重大问题的公众提供多大帮助"[①]。如此一来,环境史的魅力就会削弱,离社会公众越来越远。

文化转向可能会给环境史的未来发展带来一些不确定性。这种不确定性,或许可从克罗农的《关于荒野的困惑》一文所引起的激烈反应窥见一斑。该文将荒野视为一种社会建构,对美国环保运动过分重视荒野、忽略底层民众的利益这一不足进行了反思。克罗农写作此文时既是知名的环境史学者,又是活跃的民间环保人士,在美国大自然保护协会、荒野协会等著名环保组织还担任一定的职务。在一定程度上,克罗农是从一个热爱环保的公共知识分子的角度,面对环保运动所遭遇的一些现实困境,抱着促进环保运动的初衷,来写这篇文章和主编《各抒己见》这本论文集的。长期以来,荒野一直被环保主义者视为神圣崇高和个人自由的代名词,保护荒野成为环保运动的内在精神动力。但由于荒野总是被等同于无人的区域,人类的利益在环保主义者尤其是激进环保主义者那里处于次要地位。主流环保运动坚持生态中心、忽视社会公正的整体倾向,激进环保主义反人类、反文明的立场,削弱了环保运动的社会基础,从而助长了反环保势力的抬头。克罗农撰写此文,其主旨就是要批判这种错误但却非常流行的自然观念,调和人与自然二元对立的矛盾,扩大环保运动的社会基础。克罗农力图瓦解荒野在人们心目中的神圣地位,以人们身边、与每个人的生活都息息相关的家园取而代之,从而使环保能朝"既可持续又人性化"的方向发展。[②] 克罗农没有想到的是,此文的发表得到了反环保势力的欢呼,而招致了部分环保主义者和环境史学者的强烈谴责。《关于荒野的困惑》一

---

① Donald Worster, "Seeing beyond Culture", *Journal of American History*, Vol. 76, No. 4, 1990, p. 1143.

② William Cronon, ed., *Uncommon Ground: Toward Reinventing Nature*, p. 26.

文在《环境史》杂志发表之时，在同一期杂志上还登载了三篇由知名学者所写的评论文章，其中两篇提出了尖锐的批评意见。塞缪尔·海斯提出，克罗农对荒野的建构，是脱离环保运动实际的冥思苦想，带有强烈的个人和社会情绪。[1] 迈克尔·科恩（Michael Cohen）则认为，应把福柯作为文本加以解构，抑制后现代主义对环境史研究的消极影响，"如果我们采用福柯的社会建构，我们最终可能不得不放弃环境史本身"[2]。克罗农在同一期发表了回应文章，对被触怒的读者表示歉意，并提到，"该文若被用来反对荒野保护，我会深感后悔"[3]。克罗农的这篇文章所引起的强烈反响，[4] 或许可以促使环境史学者冷静思考：文化转向可能会把环境史带往何方？

正是基于文化转向对环境史研究的不利影响，以沃斯特为代表的一些学者对文化转向一直持保留态度。他认为，对种族和文化的过多关注，分散了环境史学家对生态和经济等根本因素的注意力。而如果不将"进化、经济和生态"置于其研究中心，忽略自然及其影响，环境史领域就不可能提出独特的创见。沃斯特的上述主张并不意味着他不关心社会公正和弱势群体。实际上，他的每本书里都有许多小人物的身影，带有悲天悯人的浓厚气息，他对社会底层的深切同情流露在字里行间。但是，他坚持认为，以自然为中心是环境史研究应该坚持的一个基本方向，舍此就会损害环境史学科的长远发展。[5]

---

[1] Samuel P. Hays, "The Trouble with Bill Cronon's Wilderness", *Environmental History*, Vol. 1, No. 1, 1996, p. 30.

[2] Michael P. Cohen, "Resistance to Wilderness", *Environmental History*, Vol. 1, No. 1, 1996, p. 34.

[3] William Cronon, "The Trouble with Wilderness: A Response", *Environmental History*, Vol. 1, No. 1, 1996, p. 47.

[4] 有关这篇文章的更多争论，还可以参考 Char Miller, "An Open Field", *Pacific Historical Review*, Vol. 70, No. 1, (Feb. 2001), pp. 72-74. 实际上，克罗农并不认可海斯和科恩的批评意见，他认为，对环境运动和环境史的不断反省和自我批判，尽管非常艰难，但有利于环保运动和环境史的长远发展。时至今日，更多的学者已经接受了克罗农的观点。

[5] Mark Harvey, "Interview: Donald Worster", *Environmental History*, Vol. 13, No. 1, 2008, p. 145.

沃斯特对文化转向的担忧,并不意味着他排斥文化分析或轻视文化因素。他在第一本专著《自然的经济体系》中就把生态学思想视为社会文化建构加以阐述。在他看来,生态学并非"一种独立的客观真理",可以独立于文化之外如实反映自然本身,生态学的发展,一直"与内涵更为丰富的文化变革相联系",生态学是"由不同的人根据不同的理由,按照不同的方式定义的"①。而《尘暴》一书则将尘暴重灾区的形成主要归咎于资本主义文化。在《自然的财富》一书里,沃斯特以"反对唯物论的唯物主义者"来概括他的哲学立场,他说:"我希望引导人们注意自然世界的物质现实","但仅从物质层面加以解释也不够,自然的文化史与文化的生态史是同样重要的"②。沃斯特的这些论断也适用于他对文化转向的批评,这种批评不是要对其加以否定,而只是强调不能顾此失彼,不能因为片面强调文化层面而忽视从生态和经济层面探讨环境变迁。在沃斯特的研究中,资本主义作为一条主线贯穿于他的作品之中,但资本主义既被他视为一种生产方式,又被视为一种思想文化,他总是从物质和文化两个层面开展环境史研究。

相对于美国环境史学者对文化转向的热衷而言,欧洲同行显得比较冷静。这可以从欧洲环境史学会的专业刊物《环境与历史》上反映出来。在1996—2007年间,标题含"种族""族裔""阶级""性别"等任何一个词的文章,在《环境与历史》上仅为3篇,而在美国环境史学会的专业期刊《环境史》上则达到了35篇,其中包括论文14篇,书评21篇。③ 欧洲学者对文化转向的默然,与他们的专业背景密切相关。欧洲资深的环境史学者大多有自然科学的专业背景,而且也不在历史系工作。欧洲的环境史学者往往具有更广阔的视野,坚持以研究生态变迁为中心,将自然科学的研究方法大量运用于环境史研究。欧

---

① [美]唐纳德·沃斯特:《自然的经济体系:生态思想史》,侯文蕙译,商务印书馆1999年版,第11、10、14页。
② Donald Worster, *The Wealth of Nature: Environmental History and the Ecological Imagination*, preface, ix.
③ 相关数据为笔者于2013年1月18日检索JSTOR数据库所得。

洲环境史研究的这种风格,受到了一些美国学者的称赞,对坚守生态分析的那些学者也是一种鼓舞。约翰·麦克尼尔(John McNeill)、南希·兰斯顿(Nancy Langston)、埃德蒙·拉塞尔(Edmund Russell)、亚当·罗姆(Adam Rome),实际上依然一如既往地坚守环境史研究的生态分析模式,并逐渐成为美国环境史领域新一代的领军人物。但不可否认的是,这些学者在他们的研究中也融入了文化分析。麦克尼尔在《太阳下的新事物》中就指出,"环境变化通常总是对有些人有利而不利于另外一些人",在对环境变化的好坏进行评价时,就不能不依据"将谁的利益置于其他人之上",麦克尼尔在书中就多次谈到了发展对不同人群的截然不同的影响。① 兰斯顿关于马卢尔保护区(Malheur Refuge)的那本著作,就是从不同人群关于该地的记忆和故事讲起的。而亚当·罗姆在探讨进步主义时代美国的环境改革和战后环保运动时就直接运用了性别分析。② 文化分析实际上已经被广泛应用于环境史研究,只是程度有所不同。

继文化转向之后,美国环境史研究在未来或许又会出现一种新转向。这种新转向也许将是环境史的"科学转向"或"生态转向"的重新开始,以矫正文化转向过犹不及的消极影响。这一转向最明显的表现就是人为进化和协同进化(coevolution)研究热的兴起。埃德蒙·拉塞尔作为这一领域的开拓者,强调人类作为影响其他物种进化的重要力量,突出人为进化的普遍性及其对人类历史的影响,重视人类与其他物种在进化过程中为了相互适应而共同进化。③ 拉塞尔以其在这方面的开创性研究而声名鹊起,在2013年加盟堪萨斯大学,接替沃斯

---

① John McNeill, *Something New under the Sun: An Environmental History of the Twentieth-Century World*, New York: Norton, 2000, preface, xxv.

② Nancy Langston, *Where Land and Water Meet: A Western Landscape Transformed*, Seattle: University of Washington Press, 2003; Adam Rome, "'Give Earth a Chance': The Environmental Movement and the Sixties", *The Journal of American History*, Vol. 90, No. 2 (Sep. 2003), pp. 525 – 554; Adam Rome, "'Political Hermaphrodites': Gender and Environmental Reform in Progressive America", *Environmental History*, Vol. 11, No. 3, 2006, pp. 440 – 463.

③ Edmund Russell, *Evolutionary History: Uniting History and Biology to Understand Life on Earth*, New York: Cambridge University Press, 2012, pp. 2 – 3.

特担任该校霍尔杰出讲席教授。进化研究热将有力地推动生态分析在环境史领域的复兴。

四 结 论

近20年来，在以克罗农、怀特、戈特利布和赫尔利为首的一批学者的推动下，文化转向已经成为美国环境史研究最明显的趋势之一。社会文化分析成为环境史研究的一种新范式。在这种新的范式下，自然既被视为一种客观存在，又被视为一种社会文化建构，自然与文化的边界非常模糊；自然被认为是变动不居的，而非稳定有序的。与此同时，种族、阶级与性别分析被广泛应用于环境史研究，环境史加快了与社会史融合的步伐。

文化转向在很大程度上是美国环境史研究发展的必由之路。尽管它受到了一些质疑，但仍然得到了环境史学界的普遍认可，环境史与社会史的融合成为一种发展趋势。环境史的文化转向，既适应了20世纪80年代以来美国社会现实的变化，尤其是多元文化主义的兴起和环境正义运动的发展，又体现了新文化史对整个史学领域的冲击和影响。环境史的文化转向，可以折射出环境问题的复杂性，揭示环境问题背后所隐藏的种种社会关系和利益冲突。环境问题既然与社会问题紧密相连，环境史就不能脱离社会史，不能脱离社会分层和权力关系而抽象地探讨人类与自然之间的相互影响。

文化转向虽然削弱了环境史"以自然为中心"的研究特色，但它在整体上仍然有利于环境史的发展，为环境史研究提供了文化分析的新范式。这种新范式与生态分析范式并非彼此对立，而是存在诸多共通之处：其一，它们都将人类和自然视为一个统一的整体，反对将二者进行二元区分；其二，它们都承认思想文化的作用，只是对影响的程度有不同的估计；其三，它们都致力于推动人类与自然的和谐相处，只是价值取向在人类中心主义和生态中心主义之间各有侧重，它们都反对极端的价值取向。作为环境史研究的两大范式，文化分析与生态分析侧重于环境史研究的不同层面。实际上，这两种分析模式从环境史兴起以来就一直存在，只是在20世纪90年代以前，生态分析模式主导了美国的环境史研究。[1] 近年来，文化分析蔚为大观，或许可以视为对生态分析模式的一种矫正或平衡。实际上，文化分析和生态分析各有利弊，彼此可以取长补短，在具体研究中应协调配合使用，而不要顾此失彼，更没必要将二者对立起来。生态分析与文化分析或许将成为环境史的两翼，彼此协调，从而促进环境史研究的深化和发展。

(原载《历史研究》2013年第2期)

---

[1] Douglas C. Sackman, *A Companion to American Environmental History*, introduction, xiv.

里根政府的环境政策变革探析

徐再荣

共和党人罗纳德·里根在美国的执政意味着"环境十年"的终结,也标志着美国的环境政策进入一个新的阶段。里根政府的环境政策变革是其经济改革的一部分。研究其环境政策,有助于理解环境政策与经济政策之间的关系,也有助于深入理解20世纪80年代以来美国环境政策的新趋向和新特点。本文拟从环保与经济的关系这一视角探讨里根政府环境政策变革的动因、内容和特点。

一 里根政府环境政策变革的动因

里根政府的环境政策与其经济改革是紧密相连的,环境政策是其经济政策的一部分,因此有必要将里根政府的环境政策放在更大的经济背景下加以考察。

20世纪70年代后期,美国发生了严重的经济危机,国民经济陷入以增长停滞和通货膨胀为主要特征的危机之中,标志着以凯恩斯主义经济理论为指导的国家干预政策严重"失灵"。1970年至1974年,美国平均通货膨胀率为5.82%,1975年至1979年,美国的平均通货膨胀率达到7.1%。与此同时,美国经济出现了负增长,国民生产总值却不断下滑。据联邦经济分析局的统计,美国国民生产总值在1975年下跌-1.2%,1980年下跌0.4%。[①] 到1980年,美国全国失业率高达

[①] U. S. Bureau of Economic Analysis, *The National Income and Product Accounts of the United St at es, 1929 – 1976, and S urvey of Current Business*, July 1982. U. S. Bureau of Economic Analysis, Quarterly Date in Survey of Current Business, monthly. 1982 – 1983.

7%。随着经济的衰退，美国人的购买力自二战结束以来首次出现了下降，1980年美国人的平均收入要比1970年减少5%。① 在20世纪70年代，由于政府在经济和社会领域内干预力度的加强和干预范围的扩大，政府开支急剧增长，联邦政府的财政负担日益加重。从1974年到1980年，联邦开支以每年平均14%的速度增长，到1980年各级政府总开支在国民生产总值中的比率达到33.1%。② 比这种增长更重要的是开支构成（包括开支的类型和政府的级别）的变化。到1980年，联邦政府开支占各级政府总开支的69.3%。③

在上述经济形势下，1980年共和党竞选纲领提出了经济增长优先的原则："对国家的国防和社会福利来说，没有比经济增长更重要的。"同时，"美国的经济政策需要彻底的变革"。竞选党纲承诺："要实施减低税率、限制开支、管制改革的勇敢计划，这些计划将给这个国家的经济血脉注入新的活力"。④ 党纲批评民主党已经制造了"僵化的、庞大的中央政府"，并宣称"变革的时候到了"。宣称"放权是联邦政府的优先重点"，"最好的政府是最贴近人民的政府"⑤。里根在就职演说中同样强调经济问题的重要性：美国正面临着严重的经济困境。经济产业的停滞不前，已使许多工人失业，也使他们生活困苦，丧失个人尊严。近几十年来，赤字累积不断，为了眼前的方便而将我们的未来和我们孩子的未来做抵押。⑥ 显然，对里根政府来说，"在目前的危机中，政府不是解决我们各种难题的良药，政府本身就是需要解决的问题"⑦。

里根的经济政策在很大程度上反映了里根的保守主义思想，用他

---

① U. S. Bureau of Labor Statistics, *Employment and Earnings*, Monthly Bullet in 2096. 1984.
② Eric J. Schmertz, Natatlie Datlof, and Alexej Ugrinsky eds., *Ronald Reagan's America*, p. 19.
③ *Economic Report of the President*, 1978, 1982.
④ Charles O. Jones, ed., *The Reagan Legacy*, Chatham, N. J.: Chatham House Publisher, p. 58.
⑤ George C. Eads, Michael Fix, *Relief or Reform?* Washington, D. C.: Urban Institute Press, 1984, p. 21.
⑥ "Inaugural Address of President Ronald Regan", *Weekly Compilation of Presidential Documents*, Washington, D. C.: Government Printing Office, 1981.
⑦ Charles O. Jones, ed., *The Reagan Legacy*, p. 55.

自己的话来说:"我的经济计划是建立在以下信念之上的:政府必须尊重、保护和促进个人的自由和完整性之上的。经济政策必须寻求创造一种气候,鼓励私人机构的发展,增进个人责任和创新……我的计划旨在寻求创造一种新的环境,促使美国的力量能够服务于全体美国人的福利。"①

如果说美国的宏观经济形势迫使里根政府进行经济改革的话,那么美国环境政策对经济的负面影响则是其进行环境政策变革的主要考虑因素。尼克松总统于1969年签署《国家环境政策法》后宣布"环境十年"(Environmental Decade)已经到来,环境保护在20世纪70年代逐渐成为民主党和共和党两党的共识。国会在70年代通过的环境法规成倍增加,达到了一个新的高潮,从而奠定了现代美国环境政策体系的法律基础。民意测验表明,许多美国人认为,尽管在过去十年中美国政府在环境保护方面做了许多的努力,美国的环境状况在一定程度上得到了改善,但环境问题并没有得到根本的解决。到20世纪70年代末期,在环境法规日益健全的同时,环境保护的费用日益增加。根据环境质量委员会的有关数据,到1980年为了履行联邦环境保护规章条例,美国每年要花费400多亿美元。如此庞大的费用迫切要求环境保护要讲求效果和效率。在环境管制中,联邦政府采用"命令—控制性"的管制方式,将单一的联邦标准用于所有情况,企业不得不遵守这种管制规则。过去人们往往只注重环境管制所带来的效益,而忽视了为此付出的成本。70年代以来,美国经济学家将研究转向对管制成本的量化分析。根据时任美国总统经济顾问委员会主席威登波姆的估计,管制机构每花1美元的管理费用,私营企业就要花20美元的履行费用。即管制费用与履行费用的比例约为1∶20。1979年,美国的管制费用是48亿美元,履行费用达997亿美元。② 在经济学家看来,环境管制加重了企业的负担。同时,环境管制的方式也受到了广泛的

---

① Matin Feldstein ed., *American Economic Policy in the 1980*, Chicago: University of Chicago Press, 1991, p. 126.
② Murry Weidenbaum, *The Cost of Government Regulation of Business*, Government Printing Office, 1982, p. 52.

质疑。

环境政策是否会对经济发展造成重要的影响？自 20 世纪 70 年代以来，在联邦环保项目日益增加的情况下，美国社会就这个问题进行了激烈的辩论。随着里根的当选，这一辩论随之终结。对里根来说，答案是肯定的，即美国的环境政策已对美国经济发展造成了负面影响。

里根政府的环境政策变革与其经济政策是紧密相连的。里根认为，环境保护与经济增长和繁荣是相冲突的。过度的环境管制导致了政府对美国企业经济活动的过度干预，妨碍了美国的经济发展。他指出："过去十年中，美国社会经历了政府管制的激增，其结果却是更高的价格、更多的失业和更低的经济增长率。过度的管制促使许多独立的小企业主以及大企业推迟或取消发展计划。"因此，里根政府积极寻求改变或削弱前十年实施的许多环境政策。在里根政府看来，环境政策更多地以对经济的贡献，而不是对环境质量的贡献加以衡量。环境政策成为其经济政策的组成部分。

20 世纪 70 年代末兴起的土地私有化运动和新保守主义思潮也是促使里根政府进行环境政策变革的一个重要因素。"灌木嵩反叛"（the Sagebrush Rebellion）是 70 年代后期在美国西部州发起的要求联邦土地私有化的一场政治运动，是因 1976 年《联邦土地政策与管理法》的通过而引发的。联邦政府拥有落基山及其以西各州平均 60% 的土地。西部州的牧民、矿主、伐木工、开发商、农场主认为，联邦政府对土地的所有权不仅会对各州的经济造成负面影响，而且触犯了各州的权利。他们要求联邦政府把对大片土地的控制权转让给各州，并坚持认为各州对土地本身和自然资源的管理拥有决定权。1979 年 6 月，内华达州议会首先通过一项法律，宣称对在该州的联邦公共土地拥有所有权。该项法律是建立在这样一种观念之上的：即内华达曾经拥有对该州内所有联邦土地的所有权，但这种权利在某种程度上被取消。[1]尽管"灌木嵩反叛"没有法律上的依据，但它反映了某些西部州对联邦土地管理政策的不满。许多西部州相继通过类似的法律。在联邦国

---

[1] Paul R. Portney ed., *Natural Resources and the Environment: the Reagan Approach*, p. 297.

会，来自西部州的国会议员提出议案，要求将土地管理局和森林局管理的土地转移到各州，这样更有利于对这些土地的开发利用。两个来自科罗拉多州反叛立法的倡议者罗伯特·博福特（Robert Burford）、安娜·格萨奇（Anne Gorsuch）后来成为里根政府的土地管理局局长和环保局局长。这两人和内政部长吉姆·沃特（Jim Watt）主张的是一致的，认为私人所有权总比公共所有权更有生产力，提高联邦公共土地生产力和效率的唯一办法是将其私有化。① 换言之，在这些支持者看来，所谓私有化就是将土地管理局和森林局管理的土地转归私人所有。

与这一运动遥相呼应的是，一场由经济学家发起的新资源经济学运动在20世纪80年代初期达到了顶峰。他们著书立说，为私有化运动进行理论上的辩护。他们认为，土地的公有是缺乏效率的，因为土地的管理离开了自由市场的激励。只有转让给私营部门，这些土地也能得到最有效率的管理。② 这一运动提倡在管理自然资源时更加依赖于私有财产权和自由市场。这一方法恰好与里根政府的自由市场经济学哲学相吻合。1982年2月，在内阁经济事务委员会通过了一项资产管理计划，私有化的思想从理论变成政策实践。

二 里根政府环境政策变革的主要措施

1980年共和党竞选纲领宣布"向过度的政府管制宣战"，主张放松管制。因为"我们相信应由市场而不是官僚来调节管理决策"。纲领支持有关机构"对现行的规章条例进行审核，并对拟议的管制条例进行成本—收益分析"。竞选纲领比较详细地阐述了其环境政策目标，重申了"对保护和明智管理美国自然资源的长期承诺"，宣称"一个健康的环境对我们人民的现在和未来福利是一个基本保障"。"在污染

---

① Paul R. Portney ed., *Natural Resources and the Environment: the Reagan Approach*, p. 298.
② ［美］威廉·P. 坎宁安主编《美国环境百科全书》，张坤民等译，湖南科学技术出版社2003年5月版，第510页。

控制和公众健康保护方面，政府的作用是必要的。"然而，"必须对环境法律法规进行审核，有必要的话进行改革，以保证成本和收益的平衡。由于现行的环保法规过于僵硬和狭窄，在改善环境方面不能进行个人的创新"。因此，"我们相信必须改革管制程序，以方便环境决策"[1]。可以看出，里根的环境政策变革目标是其管制改革议程的一个重要组成部分。

里根政府环境政策变革的主要措施具体包括以下几个方面：

（一）进行机构重组和人事调整

里根政府的环境政策变革首先表现在对环保机构的重组及相应的人事调整，这些举措在一定程度上能确保里根政府的环境政策得到充分实施。

在环保机构内部，一些被里根政府认为重叠而不需要的机构被撤销或被其他机构合并，其原有的机构职能在很大程度上被削弱。例如，环保局的特种杀虫剂审核科被撤销，而其职能被转移到负责普通杀虫剂登记的科室。内政部废除了其内部设立的水资源委员会和水资源与技术办公室，并将这两个机构的某些职能合并到国家公园管理局，同时撤销了负责户外娱乐规划和名胜保护的遗产保护和娱乐局，将其职能归并到国家公园管理局。为了削弱有关环保项目，同时给州政府更多的权力，里根政府进行了其他机构内的组织变革。例如，内政部的表层开采办公室将该部门的现场办公室从原来37个削减到20个，撤销了5个区域办公室，代之以两个技术服务中心。在环保局，安娜·格萨奇在就任局长的第一年中首先对其中的实施办公室进行重组。在1982年初，她撤换两名高级实施官员和该办公室的部门主任，并对办公室的职责进行了重新确认。[2]

在联邦政府层面，里根组建了5个内阁级委员会。每个委员会由一名部长任临时主席，如自然资源和环境内阁委员会由内政部长詹姆

---

[1] Congressional Quarterly Weekly Report，1980年7月19日，第2030—2056页。
[2] Paul R. Portney ed., *Natural Resources and the Environment: the Reagan Approach*, p.165.

斯·沃特担任。该委员会在环境政策的协调方面发挥了重要的作用。根据一项评估报告，这些委员会有效地解决了白宫与下属机构的矛盾，同时帮助总统个人不必过多关注低层的政策问题，使整个行政班子将注意力集中在总统的一般议程。里根同时废除了其他一些管制决策机构，其中包括工资和价格稳定委员会、管制审核小组和美国管制委员会，并把这些机构的职能转移到预算管理办公室。里根认为这些机构在实施管制政策方面既缺乏权威，又缺乏专业知识。[1]

环保机构的人事调整包括人事任命和职员裁减两个方面。里根政府对内政部和环保局的政治任命大多数与商业集团有联系，这与卡特政府时期的任命形成了鲜明对比，那时许多政治任命的人选主要来自环保组织。不过，在里根政府时期，环保局的许多高级官员本身不是商界人士，而是代表企业利益的专业游说人士、律师或科学家。他们几乎没有管理经验，但大多数与他们所管制的企业和行业有着千丝万缕的联系。里根政府任命的内政部和环保局高层官员主要来自西部州右翼的共和党人。他任命吉姆·沃特担任内政部长。在担任内政部长前，沃特是西部"山地州法律基金会"的负责人，主要致力于遏止和取消联邦政府在科罗拉多和其他西部州的管制活动。沃特是一位典型的反环保主义者。他直言不讳地指出，大多数资源问题可以通过自由市场机制加以解决，有组织的环保组织对资本主义制度和美国生活方式是一种威胁。[2] 1981 年 5 月，里根任命安娜·格萨奇担任环保局局长。格萨奇是沃特的追随者，曾担任科罗拉多电话公司的律师和该州议会的议员，但她没有在联邦政府任职的经验，也没有环境保护的管理经历，更没有丰富的环境政策知识。作为州议员，她奉行自由市场经济，反对政府对环境和经济的管制。[3]

在普通雇员方面，几乎所有的环保机构雇员受到裁减。在一些总体人员没有被削减的机构，如农业部的林业管理局和内政部的土地管

---

[1] Norman J. Vig, Michael E. Kraft eds., *Environmental Policy in the 1980s: Reagan's New Agenda*, Washington, D.C.: CQ Press, 1984, p. 36.
[2] Paul R. Portney ed., *Natural Resources and the Environment: the Reagan Approach*, p. 145.
[3] Paul R. Portney ed., *Natural Resources and the Environment: the Reagan Approach*, p. 147.

理局，与环境有关的职员也被部分裁减。与此同时，里根政府增加了与木材生产和其他资源利用职能有关的部门的雇员。受里根政策影响最大的是环境质量委员会。里根政府本来计划废除这一机构，但考虑到这一决定很难通过国会的批准，并有可能付出很高的政治代价，因此决定放弃这一计划。但里根政府解雇了该委员会的许多人员，其中包括一些是在尼克松和福特政府时期任命的官员。结果，该机构雇员总数减少一半多，同时其预算被削减了72%。[1] 在雇员裁减方面，环保局受到的影响最严重。环保局的总就业人数从1981年1月的14269人减少到1982年11月的11474人。环保局总部的人员从里根就职时的4700人减少到1982年9月的2500人。根据人事管理办公室在1983年3月的报告，自1981年1月以来，环保局共有2618个职位被裁减，其中1513人是全职的永久性雇员，包括许多职业文官，特别是有经验的律师和其他专业人士。[2] 显然，人员的裁减极大地削弱了环保局的行政能力。

（二）削减环保预算

削减环保预算也是里根政府整个预算计划的一个组成部分。里根政府削减环保预算主要有两大目标：一是减少联邦在环保项目上开支的增加；二是限制联邦的环境管制活动。在里根就任初期，内政部长沃特就宣称："我们将利用预算系统，作为做出重要决策的理由。"[3]

卡特和里根在1981年提交的预算报告可以反映出各自的政策。根据卡特1981年离任前提交的预算报告，卡特政府估计1984年财政年度自然资源和环境项目需要的预算是162亿美元。同年里根政府提出了89亿美元的预算，比1980年的实际开支要少32%。几乎所有负责

---

[1] Norman J. Vig, Michael E. Kraft eds., *Environmental Policy in the 1980s: Reagan's New Agenda*, p. 85.

[2] Jonathan Lash, Katherine Gillman & David Sheridan, *A Season of Spoils: the Reagan Administration's Attack on the Environment*, New York: Pantheon Books, 1984, p. 182.

[3] Jonathan Lash, Katherine Gillman & David Sheridan, *A Season of Spoils: the Reagan Administration's Attack on the Environment*, p. 129.

自然资源和环境管理的联邦机构都受到了里根预算计划的影响。从1970年到1980年，环境保护和自然资源项目的开支从联邦总预算的1.5%增加到2.4%，到1983年下降到1.5%，到1984财政年度下降到1.2%。[1] 显然，里根通过控制预算达到了对政策优先的重新安排。里根之所以在环境法律领域没有推动具体的立法改革，主要因为它能通过预算手段取得相应的目标。时任参议院环境与公共工程委员会主席的共和党人罗伯特·斯塔福特就一针见血地指出，"削减预算在事实上等于取消某些环境法律"[2]。

里根政府不仅大幅裁减了环保局的雇员，而且有效地削减了环保局的预算。里根提议的环境保护局1984年运行预算是9.486亿美元，比联邦批准的10.39亿美元要少，而比1981年财政年度的13.468亿美元要减少约30%。而这削减比例没考虑到通货膨胀因素。[3] 国会预算办公室分析了环保局在空气质量、水质量、危险废物和有毒物质方面的项目。1983年这四个项目占该机构运行预算的约60%。到1984年这四个项目的预算计划要比1983年的实际开支减少19%。水质量项目的开支将减少33%，空气质量、危险废物和有毒物质项目的开支分别减少14%，10%和9%。[4]

在自然资源保护方面，里根政府也希望通过增减预算，来实现其政策的变化。1984年，里根提议大规模削减在资源保护、化石燃料、太阳能和其他可再生能源研究项目的预算。这些项目经费的削减对此后的环境研究和环境政策产生了重要的影响。里根政府对国家森林管理局的拨款也发生了重大变化。该机构的研究经费从1981年的1.27亿美元减少到1983年的1.05亿美元。但里根政府实施了为期5年的公园恢复和改善项目，将工作重点从增加公园和娱乐土地的供给量转

---

[1] Jonathan Lash, Katherine Gillman & David Sheridan, *A Season of Spoils: the Reagan Administration's Attack on the Environment*, New York: Pantheon Books, 1984, p. 175.
[2] Paul R. Portney ed., *Natural resources and the environment: the Reagan Approach*, p. 171.
[3] Paul R. Portney ed., *Natural resources and the environment: the Reagan Approach*, p. 66.
[4] Eric J. Schmertz, Natatlie Datlof, and Alexej Ugrinsky eds., *Ronald Reagan's America*, Westport: Greenwood Press, 1997, p. 18.

移到为现存的联邦公园提供更多的资金。尽管里根政府对开垦局在西部的项目资金拨款给予保障,但减少了水土保持局许多项目的经费。另一方面,里根政府加大了对木材和矿产开发的拨款,对野生、娱乐、土壤和水的保护方面的拨款却明显减少。[1] 可以看出,里根的预算天平从环境保护、娱乐等领域转向更加传统的对自然资源的商业利用。

(三) 建立以"成本—收益"分析为核心内容的审核机制

针对环境法规不断增长,且其负面效应日益突出的状况,里根政府决定改变环境政策的审核机制,加强对环保管制的分析。这样可以减少和拖延管制政策的出台,规范环境决策的程序,从而减少政府对企业的干预。

里根政府首先在 1981 年 2 月 17 日颁布了 12291 号行政命令,对包括环保局在内的管制机构的决策行为订立了如下五条原则:(1) 行政决策应建立在对有关拟议中政府行动的需要及后果的充分信息之上。(2) 如果一项管制对社会的潜在效益低于潜在成本,政府就不应采取管制行动。(3) 管制目标应是最大限度地增进对社会的效益。(4) 在选择为达到任何既定管制目标所采取的各种手段中,应选择对社会来说净成本最低的一种。(5) 为了最大限度增进对社会的纯受益程度,管制机构应确立优先管制的项目,同时应考虑受管制产业的状况、国民经济的形势以及未来的其他管制行动。[2] 以上五项原则的核心内容是要对包括环境管制在内的管制项目进行成本—收益分析,以保证各项管制措施最大限度地增进社会的净受益程度。这意味着联邦政府试图通过改革监督机制,以使管制决策更有效率,更加规范。

其次,里根政府将所有行政分支机构的管制监督职能集中到新设

---

[1] Robert F. Durant, *The Administrative Presidency Revisited: Public Lands, the BLM, and the Reagan Revolution*, Alban, NY: State University of New York Press, 1992, p. 125.

[2] Executive Order 12291, February 17, 1981. 关于该行政命令的详细论述,参见 V. K. Smith ed., *Environmental Policy Under Reagan's Executive Order: The Role of Benefit-Cost Analysis*, Chapel Hill: University of North Carolina Press, 1984。W. Kip Viscusi, John M. Vernon, Joseph E. Harrington, *Economics of Regulation and Antitrust*, Lexington: D. C. Heath & Co., 1992, p. 25.

立的信息和管制事务办公室。该办公室设在由总统控制的行政管理和预算局。其主要任务是审核各管制机构报送的规章条例，复查历年来颁布的规章条例，对其中不合格的或已经过时的条例进行修改或予以取消。从 1981 年到 1983 年，行政管理和预算局审核了 6701 项拟议中的新管制项目，其中有 1/9 的项目被修订或被发回原管制机构复议。①

最后，为了加强对管制改革的指导，里根在上任后的第一个工作日就宣布成立由副总统布什领导的放松管制特别小组。该小组在其第一份报告中列举出 41 个项目作为放松管制的对象，其中 36 个属于健康、环境和安全方面的管制。该小组的主要职责包括三方面：复审行政机构提出的主要管制计划，特别是那些有重要政策意义的计划；评估行政机构已经发布的规章条例，特别是那些对国民经济或主要产业部门来说难于负担的条例；监督国会在管制立法方面的进展情况，并编撰总统关于管制机构的作用和目标方面的观点。② 特别小组作为落实总统管制改革措施的直接机构，为管制改革订立了 10 条指导方针。这些方针与 12291 号行政命令在原则上是一致的，但在许多方面更加详尽细致。

通过上述组织和政策上的变化，实际上在环境等领域的管制方面已形成了三个层次的管制审核机制：第一，每个具有管制权力的机构和部委应根据 12291 行政命令的指导原则负责基本的管制监督。这事实上是一种自我监督。第二，行政管理和预算局负责第二层次的监督，它主要集中于成本和效益分析方面。第三，总统特别小组负责对管制条例的终审。这种比较严密的管制监督机构能够保证管制活动符合里根政府的管制政策，从而在持久的基础上推进包括环境管制在内的管制改革。

---

① L. W. Weiss, M. W. Klass, *Case Studies in Regulation: Revolution and Reform*, Boston: Little, Brown, 1981, p. 105.

② George C. Eads, Michael Fix, *The Reagan Regulatory Strategy: An Assessment*, Washington: The Urban Institute Press, 1984, p. 23.

（四）向各州转移环境管制职能

在经济和环保领域实施新联邦主义是里根政府的一个重要改革目标。美国总统经济顾问委员会在1982年提交给总统的经济报告中指出："本届政府的一个重要原则是：逐渐依靠州和地方政府行使必要的政府职能。"关于环境管制等问题，该报告作了如下阐述："管制应在适当级别的政府中进行。大多数管制的主要经济理由是外部效应的存在。这些外部效应的成本及对它的容忍度在各地有所不同，因此要求管制的幅度和类型也随之变化。全国性标准在某些地区往往过于严格，而在另一些地区则过于宽松。联邦管制应限于下列情形：某一州的行为对其他州产生实质性的外部效应、涉及宪法权利，或州际商业因地方管制条例的差异而陷入严重混乱。"[①] 报告指出，各级政府间管制责任的分配并未能达到经济效率这一目标。因此，总统经济顾问委员会要求将管制责任向下一级政府转移，这样能同时达到本届政府在政治和经济上的双重目标。在政治上，减少联邦政府的干预，增强州政府的自主权，这是里根"新联邦主义"的基本目标。在经济上，将管制权力向州和地方政府转移将使管制措施适合各地的具体条件。这从理论上说可用更低的成本取得更高的效益。同时，权力的转移可以简化管制过程，从而节省时间和费用。

在环境政策领域，里根政府利用责任转移，试图将环境管制和财政等责任从联邦转移到各州，废除联邦政府的某些职能。里根政府主要在以下几方面扩大州政府在环境管制领域的权力：首先，实施环保项目权限的正式转移。在许多情况下，这种转移是分阶段进行的，直到各州对项目拥有完全的权限。到1983年，里根政府授权实施《清洁空气法》中有关防止空气恶化项目的州从16个增加到26个，另有3个州有权发放许可证。被授权管理有害废物项目的州从18个增加到34个，有关管理水质量的州增加了3个。另外，里根政府将《饮用水

---

① Charles O. Jones, ed., The Reagan Legacy, p. 119.

安全法》中的地下水污染控制项目转移给 24 个州管理。① 其次，减少联邦对各州管制活动的监督，放宽或取消联邦颁布的项目标准。这实际上增强了各州在管制上的灵活性，从此各州既可以保留旧的管制条例，又可以采用新的管制条例。

但在实施过程中，环境管制职能的转移产生了两方面的问题：第一，由于美国经济的衰退和里根对各州资助预算的削减，这种职能转移逐渐放慢。根据国会预算办公室的报告，按 1982 年的美元不变价格计算，从 1981 年到 1984 年，各州在水污染治理方面获得的资助减少了 53%，同期在空气污染治理方面的资助减少了 33%，其他环境保护项目的资助也相应减少。② 这些举措极大地削弱了各州实施既有污染控制项目的能力。1982 年，平均每个州在空气污染治理方面的经费 45% 要依赖联邦资助，在水污染治理方面达到 46%。第二，在联邦资助经费日益减少的情况下，环境保护局仍然通过转移全部项目，或授予各州某些原来由联邦政府承担的特殊职责，要求各州承担更多的污染控制项目的责任，这在很大程度上增加了各州的行政负担，他们将负责更多的管理工作，而这些工作原先是由环境保护局做的。因此，从效果上看，联邦预算的削减是以各州财政负担增加为代价的。

（五）利用市场机制促进环境保护

在污染控制领域利用市场机制是里根政府的一个政策目标。在空气污染管制中，环境保护局在空气污染政策中引进经济激励措施，实施可交易许可证制度。福特政府在这一方面开了先河。从 1974 年开始，环保局就将排污权交易作为旨在改善地区空气质量中的一个项目进行试验。根据有关规定，厂商的排污削减量如果超过法律规定水平，就有权获得排污"信用"，这种"信用"可以抵消厂商在其他地方稍高的排污量。只要总的排污量不突破规定的水平，厂商可在内部的不同污染源之间进行排污削减量的交易。里根在执政之初就开始采取实

---

① Paul R. Portney ed., *Natural Resources and the Environment: the Reagan Approach*, p. 172.
② Paul R. Portney ed., *Natural Resources and the Environment: the Reagan Approach*, p. 173.

质性措施，推动可交易许可证制度的实施，并提出用交易政策指导未来环境管制决定。这一政策沿袭了卡特时期的做法，规定一个厂商只要在总的排污量不变的情况下，不必对新的排放源进行新的审核。这意味着一个企业在另一处的排污量得到了削减，就不必对排污装置的改装进行审核。但该政策被华盛顿特区巡回法庭否决。

1982年，环保局批准了汽油生产商之间的铅排放信用交易计划。按照规定，如果汽油生产商生产的汽油铅含量低于规定的标准，它们就会取得相应的铅排放信用。1985年，环保局颁布了一项法令，允许生产商储存铅排放信用。当铅排放削减获得阶段性成功后，环保局于1987年终止了这一制度。值得肯定的是，铅排放交易制度在实施其环境目标上取得了明显的成果，对节约环保成本也是相当有效的。环保局估计，因执行铅排放交易制度，每年可节省大约2.5亿美元的成本，如果不考虑铅储存项目，较其他类似的制度节省约20%的成本。

里根政府在自然资源政策方面的变革主要包括两个方面：一是实施矿产租让计划；二是将联邦土地私有化。

根据《1872年采矿法》，美国联邦政府有权对联邦土地上的硬石采矿进行管制。里根政府之所以采取相关的放松管制政策，是为了在联邦土地上进行更多的矿产开采，以减少美国对某些战略性矿产的进口依赖。在预算方面，里根政府减少了对矿产资源加工、替代和回收的研究开发的支持，强调对联邦土地进行更多的勘探开发。主要措施是实施矿产租让计划，将能源矿产转移给私人部门。不过，根据有关的法律规定，煤炭和外部大陆架石油的租让价格不能低于"公平的市场价值"。如果联邦政府认为矿产租让的价格低于政府估算的"公平价值"，一般有权拒绝拍卖。70年代以来的历届政府一直坚持这一原则。而里根政府不顾这些惯例，鼓励进行更多的租让，不管其价格是否低于"公平的市场价值"。在国会已授权内政部在决定何时何地发放联邦矿产租让权的情况下，里根政府决定加快对外部大陆架石油和天然气开采的租让进程。内政部长沃特建议租让至少10亿英亩的面积，但这一建议遭到沿海各州和环保组织的反对。

里根政府还通过其他各种方法加快对联邦控制的能源资源的私

有化，提出扩大在国家野生生物保护区的石油天然气的租让计划，但这一政策也引发了许多法律诉讼。① 1982年2月，内阁经济事务委员会通过了一项资产管理计划，授权白宫专门工作组将"多余的"的联邦土地卖掉。联邦土地私有化的思想从理论走向实践。里根在1983年财政年度的预算中要求在5年内出售联邦土地（除去阿拉斯加）的5%，约为1418万公顷。1983—1987年，从该计划中可以得到的收入共为170亿美元，其中大部分来自土地管理局和林业局所出售的土地。1983年2月，林业局宣布将寻求法律授权来处置由其管理的多达243万公顷的土地。同时还提出了各州考虑用来处置的土地的具体数量，其中比较高的数额包括蒙大拿州的35万公顷，以及联邦政府在俄亥俄州土地的36%。与此同时，土地管理局也提出一个处置土地的计划。② 资产管理计划在公布后立即遭到了有关方面的强烈反对，主要的反对者是环保主义者，还有林业专家和西部的很多政治家。面对这种情况，林业局不得不放弃将这一立法提交国会通过，同时宣布从资产评估计划中取消了内务部的土地，因为担心这一计划"正在损害总统在西部得到的支持"③。

总之，在里根政府的自然资源议程中，加快矿产资源的开发是其优先考虑。私有化和减少联邦政府的管制是取得这一目标的主要手段，但其实施效果并不尽如人意。

三 里根政府环境政策改革的制约因素和特点

里根政府在其第一任期内试图通过行政策略促使美国环境政

---

① C. Brant Short, *Ronald Reagan and the Public Lands: America's Conservation Debate, 1979 - 1984*, College Station: Texas A&M University Press, 1989, p. 56.

② Jonathan Lash, Katherine Gillman & David Sheridan, *A Season of Spoils: the Reagan Administration's Attack on the Environment*, p. 139.

③ Jonathan Lash, Katherine Gillman & David Sheridan, *A Season of Spoils: the Reagan Administration's Attack on the Environment*, p. 140.

策发生实质性变革，但国会、法院、环境非政府组织对里根的政策变革做出了不同的反应，从而使其环境政策并未达到预期的效果。

尽管国会在一开始与里根政府合作，尤其是在环保预算削减方面，但在环保主义者和国会民主党人施加压力的情况下，国会不久就转而维护现存的环境政策。值得肯定的是，国会在阻止里根环境政策变革方面取得了一定的成功。行政部门提出的绝大多数环境法律修正提案在国会未能通过。另一方面，国会不断地批评总统对环保局和内政部的管理，特别是对环境局局长伯福特和内政部长沃特进行了严厉的批评和指责，最后迫使两人于1983年年底辞职。由于对行政部门严格执行政策缺乏信心，国会开始致力于制定更加细致和严格的环境法律。如在1984年修改了《资源保护和恢复法》；1986年通过了《超级基金修正案和重新授权法》；1986年通过了《安全饮用水法》。

法院在环境法律诉讼中发挥主要的作用。法律诉讼的主要影响主要是延缓而不是阻止行政部门的反环保行动。到1983年底，法院共受理针对内政部的约4000件法律诉讼。通过法院的判决，该部门的许多煤炭、矿物和石油租借项目最终被冻结。不过，一旦法院判定行政机构的决定有缺陷，他们通常要求行政机构修改相关的建议，以达到相同的管制目标。

环境非政府组织不仅通过法律诉讼挑战里根政府的反环保行动，而且通过国会和公共舆论更有效地施加他们的影响。他们在保持主要环境法规的完整性和迫使里根最初任命官员离职方面取得了成功。但他们在初期几乎完全被排除在行政决策之外。虽然在格萨奇和沃特辞职后，他们在行政部门的决策中发挥了咨询作用，但与卡特时期相比，其影响力已大大降低。

尽管如此，里根环境政策变革的一个出人意料的后果是加强了美国的环保力量。"由于里根政府在环境政策方面放松管制的政策，里根在事实上创造了全国性和地方性环境组织可以借以组织的政治问题。他们成功地动员和吸引了一大批遭受环境污染和生态破坏维护的民众。"① 结果，全国环境非政府组织性的成员在80年代后期猛增，新的地方性环境组织也不断成立并不断壮大。这为各级政府的环境行动增加了新的政治动力。例如，山地俱乐部的成员从1980年的18万人增加到1990年的60万人。荒野协会的会员从1980年的4.5万人增加到1990年的35万人。环境组织成员数量的增加意味着公众对环境问题的强烈关注和对环境政策的日益支持。② 80年代的民意调查显示，在里根执政后期，公众对改善环境质量的关注度明显增加，这也意味着公众对里根的环境政策的反对力量在加强。

通过以上分析可以看出，里根的环境政策变革是其经济政策的一部分。重振美国经济是里根政府上台执政后的当务之急。里根认为环境保护与经济增长和繁荣是相冲突的。环境管制是实施其"供应学派经济学"政策的障碍，因此寻求改变或削弱前十年实施的许多环境政策。放松联邦政府对企业的管制是里根政府经济政策的主要内容。环境管制是放松管制的一个主要目标。在里根政府看来，环境政策更多地以对经济的贡献，而不是对环境质量的贡献加以衡量。环境政策成为其经济政策的组成部分。

里根政府主要通过行政手段而不是立法手段实现其环境政策的变革。由于担心会遭到国会的反对，里根政府决定绕过国会，通过行政手段调整其环境政策。里根政府的行政策略由5部分组成：（1）人事变动。通过新的人事任命，特别是任命与他改革思想相近的人担任主要环保机构的负责人，旨在改变有关环保机构的工作导向，从而确保环保机构和其他机构执行里根的改革计划。同时裁减所有环保机构的雇员，减少环保机构的开支和规模。（2）机构重组。旨在加强白宫对政策的控制，促进有关部门内部的变革，从而协调内阁委员会与白宫人员的政策联系，以推进总统的政策议程。（3）预算削减，迫使有关机构更有"效率"地运作，同时减少他们的环境管制活动。（4）建立更

---

① Norman J. Vig, Michael E. Kraft eds. , *Environmental Policy in the 1980s: Reagan's New Agenda*, p. 36.
② Mark Dowie, *Losing Ground: American Environmentalism at the Close of the Twentieth Century*, Cambridge, Mass: MIT Press, 1995, p. 54.

加细致的管制审核机制，以保证经济目标和放松管制目标的实现。（5）实施新联邦主义，向各州转移环保职权，以减少联邦政府对企业的干预。行政策略是在里根职权范围内实施的，因此在实施过程中比较方便快捷，从短期效果来看是明显的。但由于缺乏法律基础，从长远的角度看，不能从根本上改变20世纪六七十年代形成的环保政策和法律体系。

对环境管制进行成本—收益分析是里根政府环境政策的一项创新，标志着美国的环境决策开始朝着规范化和讲求效率的方向迈进。1969年《国家环境政策法》要求政府和企业对每项显著影响人们环境质量的重大活动，都要事先准备"环境影响报告书"，详细阐述对环境的影响及可供选择的每一项方案。这意味着要求政府和企业采取行动时必须考虑环境后果。但里根政府提出的"成本—收益"分析，侧重于考虑环境政策的经济和社会影响。当然，里根政府希望通过严格的环境管制审核程序，减少和拖延管制政策的出台，从而减少政府对企业的干预。

自然资源和污染管制领域利用市场机制是里根政府的一个政策目标。国有土地的私有化政策以及可交易许可证制度的实施，反映了以效率为基础，以市场为导向的环境政策逐渐扮演越来越重要的角色，标志着美国环境政策从一个单一追求环境质量目标的时代过渡到寻求更有效率、更加灵活多样的环保方法和机制的时代。

（原载《学术研究》2013年第10期）

桑巴特问题的探究历程

邓 超

桑巴特问题即"为什么美国没有社会主义",是一个引起不同学术领域众多学者关注的著名问题。它不仅是美国史研究中无法忽视的重大难题,更是世界社会主义运动史研究中富有魅力的谜题。从20世纪初开始,无论是社会主义理论家还是自由主义思想家,无数的学者都曾参与讨论,其中许多人还是拥有世界声望的著名学者。有意思的是,这个问题经过一百多年的争论仍然没能达成广泛的共识。更重要的是,它不仅涉及对美国社会发展、国家特性和对外政策的把握,而且涉及发达国家社会变革与社会稳定的研究,甚至涉及资本主义发展趋势、资本主义与社会主义的关系、社会主义本质、社会主义的未来等一系列根本性和全局性的问题。毫无疑问,该问题具有极强的学术性、拓展性与现实性。但是很遗憾,这一重要问题在改革开放之前一直被摒弃于国内主流研究的视野之外,直到改革开放之后,我国学者才陆续开始关注、介绍和讨论。回顾国内外学术界对这一问题的相关研究历程,有助于推动国内学人更广泛和深入的讨论。如有不当之处,敬请方家指正。

一

根据马克思主义理论,经济基础决定上层建筑,无产阶级的阶级意识是资本主义固有矛盾的必然产物,因此,资本主义国家的生产力越是发达,就越能产生强大的社会主义运动。学界一般认为,美国在

19世纪末期已经成为世界上最发达的资本主义国家。按照上述理论预期，欧洲的社会主义者普遍对美国社会主义抱有很大希望，19世纪晚期和20世纪初一些著名的社会主义者，如德国的伯恩施坦、考茨基、倍倍尔、英国的海德门以及法国的拉法格等都表达过类似的看法。[①]然而与他们的希望和预测相反，像欧洲那样影响广泛的社会主义运动在美国却迟迟没有出现，并且20世纪的美国社会主义总体上是沿着日渐陷入低潮的方向演化的。正是这一似乎反常的现象激发了有关"美国例外论"[②]的长久讨论。

事实上，美国的独特性很早就引起过马克思和恩格斯的注意。1851年8月，恩格斯在写给魏德迈的信中说起美国的特殊情况，"过剩的人口很容易流入农业地区，国家正在不可避免地迅速而且日益加快地繁荣，因此他们认为资产阶级制度是美好的理想等等"[③]。1851年12月，马克思在《路易·波拿巴的雾月十八日》一文中写道："像北美合众国那样；在那里，虽然已有阶级存在，但它们还没有固定下来，它们在不断的运动中不断更新自己的组成部分，并且彼此互换着自己的组成部分；在那里，现代的生产资料不仅不和经常的人口过剩现象同时发生，反而弥补了头脑和人手方面的相对缺乏；最后，在那里，应该占有新世界的物质生产的那种狂热而有活力的运动，没有给予人们时间或机会来结束旧的幽灵世界。"[④]虽然他们已经看到这些现象，但是当时并没有在理论上给予特别关注，毕竟他们研究的重点在欧洲。

此后几十年中，尽管在美国的德国社会主义者做了很多努力，但是一直没能吸引大批土生土长的美国人。1887年，在《美国工人运动》一文中，恩格斯写道："美国的舆论几乎一致认为：美国没有欧洲式的工人阶级，因此，那种使欧洲社会四分五裂的工人和资本

---

① 参见 Seymour Martin Lipset and Gary Marks, *It Didn't Happen Here: Why Socialism Failed in the United States*, New York and London: W. W. Norton & Company, 2000, p. 17。
② "美国例外论"包含其他分支如"建国神话"等，桑巴特问题只是其中之一，不过在世界社会主义运动史中，"美国例外论"即指桑巴特问题。
③ 《马克思恩格斯全集》第27卷，人民出版社1972年版，第592页。
④ 《马克思恩格斯选集》第1卷，人民出版社1995年版，第593页。

家之间的阶级斗争，在美利坚合众国不可能发生，所以社会主义是一种舶来品，决不能在美国的土壤上生根。"① 在分析过美国的最新形势之后，恩格斯认为："造成工人阶级和资本家阶级之间的鸿沟的原因，在美国和在欧洲都是一样的；填平这种鸿沟的手段也到处都相同。"② 换言之，恩格斯认为，美国的工人运动发展并不例外，终将与欧洲的运动走上相同的方向。可是，后来事态的进展表明，美国的社会主义运动并没有按照预期的方向发展。当时，恩格斯曾在信中严厉地批评在美国的德国社会主义者。1893年12月，恩格斯在写给左尔格的信中说他们"大多数不是优秀的"，"绝不是德国党的真正代表"等，但同时也承认："不能否认，美国的情况的确也给工人政党的不断发展带来十分巨大和特殊的困难。"③

对于美国的难题，马克思和恩格斯曾经有过一些初步的思考，但是未能给予全面系统的研究，所以并没有从根本上解决。马克思曾指出，美国体现了"资产阶级社会的最现代的存在形式"④。但是，由于美国社会"不是在封建制度的基础上发展起来的"，"国家和一切以往的国家形成不同，从一开始就从属于资产阶级社会……并且从来未能用某种自我目的掩饰起来；……资产阶级本身的对立仅仅表现为隐约不明的因素"⑤。于是，才产生了一些特殊现象。相比之下，恩格斯的回答更加系统一些，他从政治、文化和经济几个方面列举了美国的三个基本特点。首先，美国的两党制，支持第三党的选票都会成为废票；其次，外来移民把工人分成两派，移民本身又分成一些小派别，此外还有黑人；再次，保护关税制度和日益繁荣的国内市场使工人处于欧洲所没有的兴旺状态。⑥ 其中第二点，恩格斯认为特别重要。除此之外，恩格斯还在不同地方论及其他两个阻碍美国社会主义发展的因素。

---

① 《马克思恩格斯选集》第4卷，人民出版社1995年版，第387页。
② 《马克思恩格斯选集》第4卷，第389—390页。
③ 《马克思恩格斯全集》第39卷，人民出版社1974年版，第170页。
④ 《马克思恩格斯选集》第2卷，人民出版社1995年版，第22页。
⑤ 《马克思恩格斯全集》第46卷（上），人民出版社1979年版，第4页。
⑥ 《马克思恩格斯全集》第39卷，第170—171页。

一个是前面提到过的,即过剩的人口很容易流入众多的农场,另一个是德国移民中存在的宗派主义,把马克思主义教条化,不认真学习该国的语言和了解当地的生活情况。在后续的研究中,马克思和恩格斯所列举的几点因素,将会被后辈学者们改头换面之后以不同的表述反复出现,下文将会述及。至于恩格斯所说的最后一点,后来的历史表明,土生土长的美国社会主义者并没有比德国移民做得好多少。

使"美国例外论"闻名世界的是德国学者韦尔纳·桑巴特(Werner Sombart)。在他的学术生涯的早期阶段,桑巴特比较接近马克思主义。在德国的国家社会主义出现之前,桑巴特被看作是马克思在学术界的拥护者,他甚至一度自称"坚定的马克思主义者"[1]。他至少仔细地研究过马克思的理论,并在其著作《现代资本主义》第三卷的导言中对马克思明确地表达了钦佩和感谢。对于桑巴特解读马克思理论方面的贡献,恩格斯曾经热情地称赞道,"韦尔纳·桑巴特对于马克思体系的轮廓,总的说来做了出色的描述。第一次由一位德国大学教授,做到了在马克思的著作中大体上看出马克思真正说的是什么"[2]。1896 年,桑巴特出版了一本小书《19 世纪的社会主义和社会运动》。这本书一出版就获得了巨大反响,五年内被翻译为 11 种文字,仅德文版就出了 4 个版本。在这本书里,桑巴特回顾了各种各样的社会主义思想家的观点,尤其是马克思的思想,而且还研究了英、法、德三国工人运动的历史和传播。1905 年在该书的德文第 5 版中,他又添加了前述三国社会主义运动的详细发展资料,以及其他 11 个国家社会主义运动的粗略情况。在书中,桑巴特的主要研究结论是,社会主义运动是不可避免的,这场运动已经采取了唯一可能的形式。[3] 这一版本影响更大,后来被翻译为包括日语在内的 17 种语言。

---

[1] 参见 Abram L. Harris, "Sombart and German (National) Socialism", *Journal of Political Economy*, Vol. 50, No. 6, 942, p. 807。

[2] 恩格斯:《〈资本论〉第三册增补》,载《资本论》第 3 卷,人民出版社 2004 年版,第 1012 页。

[3] 参见 Daniel Bell, "American Exceptionalism Revisited: The Role of Civil Society", *Public Interest*, Vol. 95, 1989, p. 43。

这时候，美国的异常现象引起了桑巴特的注意。在桑巴特看来，美国拥有世界上最发达的资本主义，美国的工人阶级理应成为最激进的社会主义运动的支持者，可是相对于西欧各国风起云涌的社会主义运动，美国既没有影响巨大的社会主义政党，也没有形成无产阶级意识并信奉社会主义的工人阶级，总之，这是一个没有社会主义的国家。这是怎么回事呢？这个问题激起了他"最强烈的兴趣"，他认为，"对于社会理论家和社会立法者来说，没有什么比认识这个现象的根源更重要的了"[1]。于是，他写了一系列集中关注美国的文章，发表在那个时代最有影响的社会科学杂志《社会科学与社会政策文丛》上面。值得一提的是，马克斯·韦伯正是这份杂志的编辑之一，两人在1904年就已熟识。

1906年，桑巴特将《文丛》上发表的几篇同主题的文章汇集成一本书，这就是迄今为止影响广泛的著作《为什么美国没有社会主义》。这本书以德文出版后，又陆续被译成多种文字。《为什么美国没有社会主义》不仅成为研究美国社会主义运动的名著，而且还为一般的社会运动研究提供了广泛的启示，甚至有关社会稳定的理论都是直接从这部著作所涉及的主题发展而来。[2] 由于这本书的影响，"美国例外论"开始广为人知，并有了一个通俗的提法："为什么美国没有社会主义？"

二

对于这个问题，桑巴特在书中做出的解释主要包括以下几点：第一，美国工人基本认同美国的资本主义；第二，美国工人认同美国的政治制度；第三，美国的两党制能有效抑制第三党的崛起；第四，美国工人阶级较高的生活水平消解了潜在的激进倾向；第五，美国社会

---

[1] ［德］W. 桑巴特：《为什么美国没有社会主义》，赖海榕译，社会科学文献出版社2003年版，第28—29页。

[2] 参见赖海榕《资本主义起源与社会主义研究的界碑：关于桑巴特及其〈为什么美国没有社会主义?〉的述评》，载《马克思主义与现实》2001年第4期。

良好的社会流动性为工人阶级提供了向上层流动的机会；第六，美国拥有广阔的边疆，为工人阶级提供了广泛的发展机会，起到缓解社会矛盾的安全阀作用。

桑巴特的分析奠定了后续研究的基础，并为后人所称道。尤其是他所采用的比较方法，还有所得出的几个重要结论，迄今为止在"美国例外论"的传统研究中都占有核心地位。但是他所提出的另外一些论点和不太严谨的论证也广受诟病。[1] 在全书的结尾，桑巴特得出了这样的结论："所有这些迄今为止阻碍了社会主义在美国发展的因素都将消失或转向它们的反面，其结果是，在下一代人那里，社会主义在美国很有可能发生最迅速的发展。"[2] 这一积极乐观的总结与全书的大部分论证相互抵牾，颇令后人费解。丹尼尔·贝尔对此有一种解释，他认为桑巴特"就像一位真正的学者，他不能容忍仅凭一点眼前的现实就否定理论"[3]。

对于"桑巴特之问"，当时的马克思主义者很快就有了回应。马克思和恩格斯逝世以后，卡尔·考茨基被认为是第二国际的头号理论权威，享有无比的声望。1906年，考茨基发表了《美国工人》一文。这篇文章并非仅仅为了回应桑巴特，同时也是俄国1905年革命的产物。[4] 因为这次革命发生在资本主义发展最落后的欧洲国家，而最发达的工业国美国的社会主义运动却持续相对衰弱。这是一个明显背离理论的事实，马克思主义者必须提出历史唯物主义的分析。在文章中，考茨基对俄国、英国和美国的资本主义发展特点进行了比较分析，研究了这些特点分别对该国工人运动的影响。

考茨基认为，在当时世界上资本主义占主导地位的一系列国家中，没有任何国家把资本主义生产方式的各个方面发展到相同程度。其中

---

[1] 参见许宝友《从桑巴特到李普塞特的美国社会主义例外论》，《科学社会主义》2005年第1期。
[2] [德] W. 桑巴特：《为什么美国没有社会主义》，第214页。
[3] Daniel Bell, "American Exceptionalism Revisited: The Role of Civil Society", p. 44.
[4] 参见 Daniel Gaido, "'The American Worker' and the Theory of Permanent Revolution: Karl Kautsky on Werner Sombart's Why Is There Socialism in the United States?", *Historical Materialism*, Vol. 11, No. 4, 2003, p. 87。

有两个特别的国家，互相形成极端情况，资本主义生产方式的构成要素之一在这两个国家中都异常强大。这种强大已经超越其发展水平所应有的程度，即美国的资产阶级和俄国的无产阶级。美国资本的专制是其他任何国家都不能比拟的，与之相反，俄国无产阶级的反抗程度则远胜于其他国家。而德国介于这两个极端之间，它的经济接近于美国模式，政治则接近于俄国。这样，美国和俄国就昭示着德国的未来，它将具有半美半俄的特征。对美国和俄国的研究越多越能理解这两个国家，也会更清楚德国的未来。考茨基特别强调，如果仅仅把美国或者俄国作为单独的范例，只会令人误入歧途。

考茨基接着指出，俄国在当时的资本主义世界大国中是最落后的，如果不考虑资本家的组织程度，仅限于工人阶级的反抗程度，认为俄国无产阶级将会昭示着德国的未来，当然是一件奇怪的事情。这种看法似乎违背了唯物主义的历史观念，因为根据历史唯物主义，经济的发展构成了政治的基础。"但是，这仅仅与我们的对手和批评者所谴责我们的那种历史唯物主义相矛盾，他们把这种历史唯物主义理解为简易的模型，而不是研究的方法。"[1] 考茨基进一步解释了这一看似反常情况出现的原因。他认为，俄国的大部分资本家来自外国，相对更加虚弱，而工人来自本土，所以很容易团结一致对抗资本家，无产阶级的强大超过了国家工业发展水平所应具有的程度；相反，美国相当大一部分工业工人来自世界各地，工人之间缺乏凝聚力，而资本家却完全来自本土，且几乎完全集中于工业资本的利益范围内，所以资本家更强，工人更弱，他们的强弱都超过了国家工业发展水平所应具有的程度。值得注意的是，从他的论述中，看不出丝毫的经济决定论和单线历史发展观的影子。基于这一分析，考茨基认为，资本家和无产者来自国外的程度差异，是美国无产阶级相对虚弱和俄国无产阶级相对强大的最重要的原因之一。[2]

但是，考茨基认为这绝不是唯一的原因。另外一个原因是，俄国

---

[1] Karl Kautsky, "The American Worker", *Historical Materialism*, Vol. 11, No. 4, 2003, p. 16.
[2] Karl Kautsky, "The American Worker", *Historical Materialism*, Vol. 11, No. 4, 2003, p. 38.

无产阶级充满了更多"革命浪漫主义",而大多数美国工人仍然追随着"健康的现实政治",这种观念使他们只应付最紧迫的和最实际的事情。观念的分野不是源于不同民族特点,而是源于两个国家不同的意识形态发展状况。在这里,考茨基强调了观念对于历史发展的重要意义,通过比较分析美国、英国、俄国的资本主义,他清楚地阐明了经济发展水平、知识分子、阶级意识与历史发展之间的不同层次关系。

由于俄国资产阶级力量相对薄弱,资本主义处于较低的发展水平,利润远非丰厚,财富积累还处于初级阶段,资本家本身倾向于节俭的生活,没有太多闲暇消费文化与娱乐。而且资本主要来自国外,外国资本家倾向于消费本国的文化、艺术和娱乐等,而不是消费俄国的文化产品。因为资本家的影响力只限于他们消费剩余价值的阶层,所以在俄国生产的剩余价值只能提高外来资本家对于本国的影响。正是因为这样,俄国的大多数知识分子比任何其他国家的知识分子生活水平更低,更多地独立于资本,更深地理解无产阶级,更强烈地反对资产阶级,更忠诚于自己的事业。俄国的资本主义在专制的框架中发展,无产阶级在重重障碍和疯狂的政治环境中,学会了仇恨与反抗。知识分子阶层和他们的处境相似,把革命与反抗意识传递给他们。无产阶级以前模糊感觉和怀疑过的东西,变得越来越清楚,越来越明确,改良没有出路,只有革命才能重建秩序。

相反,美国的资本主义高度发达,资本家积累了大量财富,除了用于个人挥霍,他们还养活了庞大的非生产性劳动者。而且美国是资本主义世界最自由的国家,美国人早已享有欧洲人经过残酷斗争才获得的政治和社会权利。在美国,知识分子起着联系无产阶级和资产阶级的作用,许多无产阶级还进入了政治、新闻和法律专业领域,拥有广阔的致富机会,不难脱离赤贫进入社会上升通道。美国知识分子被富裕的生活吸引,满怀着发财致富的梦想。他们没有传递给工人阶级有关启蒙的信息,即使他们明白些什么,也会小心翼翼地隐藏起来。因此,美国社会非常不利于工人阶级形成坚定的阶级意识,更不要说产生改变整个社会的伟大目标。工人们更多地追求"实用的"目标,即在现存体制内短期可以获得的利益。至此,考茨基指出,正是因为缺乏"革命浪漫主义"和现实政治观念的流行,美国工人运动的政策在强度和方向上一直反复无常。①

最后,考茨基通过数据分析认为美国无产阶级正在贫困化,所以在全文末尾提出,美国社会主义运动在下一代人那里甚至更早的时候就会兴盛,或许美国无产阶级能在欧洲之前夺取政治和经济权力,建设一个社会主义社会。②虽然他的结论已被史实推翻,但他对美国社会主义运动微弱原因的分析仍然非常有启发意义。

此后近一个世纪中,不断有学者旧话重提,纷纷发表自己的见解。一方面,这个问题是美国历史学家有关本国独特品质的争议的重要来源。另一方面,美国的社会主义者也想知道他们难以发动群众的原因。同时,欧洲人也对这个强邻又爱又恨,更想知道美国独特的经济和政治表现的根源。所以,每隔几十年,就有一些学者把这个问题翻腾出来品评一番。迄今为止,这个问题似乎已经变成一项可以无穷无尽地争论下去的"谜题"。

仅在美国学术界,从弗里德里克·特纳的"边疆学派"、路易斯·哈兹的"新保守主义学派"、约翰·康芒斯和塞利格·帕尔曼的"威斯康星学派",以及进步学派的戴维·香农、约翰·拉斯莱特和新左派的詹姆斯·温斯坦,一直到利昂·萨姆松、迈克尔·哈林顿、丹尼尔·贝尔、塞缪尔·亨廷顿和西摩·李普塞特等,都对这一问题有过深入研究。可以说,几乎每一本研究美国激进主义和工人运动的著作,都曾或明或暗地提出对该问题的回答。所以,要想穷尽已有的相关研究似乎是不可能的任务。总体而言,他们对"美国没有社会主义"的解释基本包括以下方面:美国的民主制和两党制、缺乏封建主义传统、自由主义和美国主义、边疆的安全阀作用、较好的阶级流动性、中产阶级占多数、美国发达的市民社会、丰裕与繁荣、工人缺少阶级意识和工人的个人主义、社会主义政党和主流工会的分裂、统治阶级的镇压,以及移民和宗教原因等。这些学者的结论不一定都能令

---

① Karl Kautsky, "The American Worker", *Historical Materialism*, Vol. 11, No. 4, 2003, p. 43.
② Karl Kautsky, "The American Worker", *Historical Materialism*, Vol. 11, No. 4, 2003, p. 74.

人信服，也有许多反对意见。① 但是他们的研究本身，特别是所采用的角度和方法是值得思考和借鉴的。

经过一百多年的争论，"为什么美国没有社会主义"这一问题的相关研究成果极为丰富，所有可能的解释几乎已经穷尽，以至于后来者"鲜有创见"②。因此，总结性的研究开始盛行起来了。

2000年，李普塞特和他的学生美国北卡罗来纳大学教师盖瑞·马克斯合著了一本新书，即《这里没有发生：为什么美国的社会主义失败了》一书。在这本书中，他们并未提出多少新观点，只是回顾了此前学者们的相关论述，"通过此番审视，希望不仅提出一种美国社会主义失败原因的政治社会学解释，而且能够更深入地理解美国社会和政治制度"③。他们认为，美国社会主义者失败在三个方面：第一，他们没能保持一个强大而稳定的社会主义政党；第二，与其他说英语的社会不同的是，他们未能创建一个同主流工会联合起来的、独立自主的工党；第三，他们没有赢得主要政党之一的地位。为了解释这一失败，他们利用历史比较分析的研究方法，在国际层面上，将美国与其他社会作了对比，在国内层面上，分别从个人层次、城市层次和各州层次上作了考察，甚至作了时间跨度上的比较。考虑到逐一考察业已提出的所有解释不太可能，所以他们只重点评估了那些自认为最有说服力的观点。最后，他们提出，美国的价值观念、政治结构、异质的工人阶级和分裂的政党与工会这四大因素的交互影响导致了社会主义者在美国的失败。而另外一些解释，例如白人男性较早获得普选权、联邦制、立法机关的影响和政府的镇压，看似很有道理，却经不起他们的仔细推敲。④

---

① 详细争议请见 Eric Foner, "Why Is There No Socialism in the United States?", *History Workshop*, 17 (1984: Spring), pp. 61-72。

② 参见 Seymour Martin Lipset and Gary Marks, *It Didn't Happen Here: Why Socialism Failed in the United States*, p. 10。

③ Seymour Martin Lipset and Gary Marks, *It Didn't Happen Here: Why Socialism Failed in the United States*, p. 10。

④ Seymour Martin Lipset and Gary Marks, *It Didn't Happen Here: Why Socialism Failed in the United States*, pp. 264-268.

虽然这本书视野广阔，对问题的探讨较为深入，但是这绝对不意味着毫无争议和问题的终结。近几年来，新的研究依然连绵不绝，但基本上仍属于总结性研究的模式，创新多来自研究方法上的局部调整。传统的研究多依靠与欧洲的比较，特别是与西欧国家进行比较，后来扩大到与英语国家如英国、加拿大、澳大利亚等进行比较，比较的范围逐步扩展，讨论的范围、层次逐步细化和深入。

2007年，英国伦敦经济政治学院教授罗宾·阿彻（Robin Archer）出版了《为什么美国没有工党》一书。该书认为，19世纪90年代的美国与同为新世界的澳大利亚具有最多的相似之处。澳大利亚工会在1891年组建了工党，而同期的美国劳联（AFL）却在为是否组建工党争论不休。通过美国与澳大利亚的比较，阿彻教授发现，关于"美国例外论"的许多传统解释很难成立。他认为是镇压、宗教和宗派主义影响了美国的工人运动，而不是种族分裂与经济状况影响的结果。他的研究表明，19世纪末澳大利亚的经济繁荣水平高于美国，从而排除了一种长久以来的看法，即美国的经济矛盾不足难以促进工党的建立。他还指出，正是广泛存在的政府镇压使得美国有别于澳大利亚，抑制了非熟练工人和半熟练工人工会的扩张。他的研究和李普塞特等学者的结论形成了鲜明的对比，因此他坚持认为这些结论"颠覆了有关美国例外论的许多传统看法"[1]。虽然如此，他的研究也招致了诸多批评。纵观美国工人运动的历史，美国工会组织一向与民主党关系密切，而阿彻教授对此予以忽视。在讨论美国的时候，作者重点关注工业化的北方和中西部各州，而忽视了南方。对于同时期达到鼎盛的人民党，他只是略有述及。因此，批评者认为阿彻教授的结论有失于偏颇之嫌。

三

迄今为止，国内学术界在"为什么美国没有社会主义"问题上缺

---

[1] Robin Archer, *Why Is There No Labor Party in the United States*, Princeton: Princeton University Press, 2007, p. 243.

乏比较系统、深入的研究，尚没有讨论该问题的专著。除了将桑巴特的名著《为什么美国没有社会主义》翻译出版之外，相关文献不是很多。国内学者的论述散见于一些有关美国政治、历史、文化方面的著作与博士论文中，这些作品至多只是辟出专章进行讨论，最终仍然是为了阐明全书主题的需要。还有为数不多的几篇文章，基本停留在介绍和述评的阶段，没有超出国外学术界讨论的范围。下面按照时间顺序分为两个阶段，即重新提出问题与分学科讨论阶段，将改革开放以来国内的相关研究简要介绍一下。

第一阶段，重新提出问题阶段。改革开放以来，随着国际形势的变化和各个学科的蓬勃发展，有关美国的研究也逐步深入，学者们往往发现，"为什么美国没有社会主义"或者"为什么美国缺乏强大的工人阶级政党"已经成为无法回避的问题，必须给予科学的解释，而不能用简单否定或一概斥责代替严肃的论证。

老一辈美国史学家陆镜生的专著《美国社会主义运动史》属于这一领域中早期的研究，该书于1986年由天津人民出版社出版。在书中，陆镜生先生比较系统、全面、详尽地论述了美国社会主义运动的历史进程，时间的跨度从19世纪50年代初至20世纪10年代末，即从科学社会主义开始传播到美国共产党成立为止这一重要历史时期。该书的一个突出特点就是，在全书的最后一章"美国社会主义运动史学述评"中，作者介绍了各个主要史学流派对于"美国社会主义运动为什么没能取得成功"这一问题的观点和争论。但是，作者并没有提出自己的综合分析，只是给予"美国例外论"彻底的否定和坚决的批判。他认为，美国并没有处于资本主义的普遍规律之外，社会主义运动能否成功取决于主客观条件是否成熟。他特别强调，美国社会主义运动未能取得成功与美国社会主义注定失败，是两个不同的概念。作者还对未来的研究提出了殷切希望，相信"只要坚持按照马克思主义的基本原理，深入了解美国社会主义运动的历史事实，进行长期的研究，总是能够找到比较科学的答案的"①。由于这本书话题的范围所

---

① 陆镜生：《美国社会主义运动史》，天津人民出版社1986年版，第424页。

限,并未引起学界对于"美国例外论"的广泛注意。

1997年,清华大学教授秦晖发表了《公平竞争与社会主义——"桑巴特问题"引发的讨论》一文,专门讨论"美国例外论"问题。该文一经发表,引发了较多的关注,尤其是得到网络媒体的频频转载。此后,秦晖教授又先后发表了《不患寡而患不公——关于"为什么美国没有社会主义"的讨论》与《寓平等与自由之中——评李普塞特新著〈美国例外论〉》两篇文章,继续展开他的论述。在这些文章中,作者对西方学界对于"美国例外论"的研究进行了简要回顾与评述。作者谈到了该问题中存在的一些争议,并提出了自己的看法,比如批评那些强调统治者的镇压是问题根源的看法、指出"烤牛肉与苹果馅饼"这种物质替代说的缺陷以及否定文化决定论等。在作者看来,正是美国那种"相对的起点平等、规则公平的自由竞争气氛",才是社会主义者看好美国和社会主义在美国碰壁两种现象的基本原因。[①] 但是作者的这一结论并非基于对美国社会主义运动的内外环境的历史考察之上,而是对桑巴特、哈斯班兹、哈林顿、李普塞特等人观点的归纳总结的结果。这样,他就忽视了一些相反意见,比如如何解释美国社会主义运动在1912年之前迅速崛起的事实。而且从文章论证的重点来看,作者的目的不在于寻找这一特殊现象的根源,也不在于解释现实与理论的冲突问题,而在于提出他所主张的"在起点平等的基础上建立公平的竞争规则"。无论如何,这些文章引起了国内学者们对"美国例外论"的关注,使一个尘封已久的老话题重新进入国内学界的视野,此后有关讨论逐渐多了起来。

第二阶段,分学科讨论阶段。参与讨论的学者们来自美国研究、世界社会主义研究、工运史等政治学和历史学的分支领域,他们的讨论基本上是由各自学科范围内重要问题延伸而来。这些研究成果各有侧重,也取得了一定程度的进展。

1999年,商务印书馆出版了中国社会科学院美国研究所研究员李

[①] 参见秦晖《公平竞争与社会主义——"桑巴特问题"与"美国例外论"引发的讨论》,载《战略与管理》1997年第6期。

道揆的《美国政府与美国政治》一书，其中政党一章中的第四小节讨论了美国何以未出现强大的工人阶级政党问题。作者从美国工人阶级的状况、统治阶级的政策、工人阶级政党的状况几个方面展开了论述。在作者看来，美国工人阶级和劳动人民之所以没有接受马克思主义，原因主要有：美国工业化过程中劳动力不足，工人经过斗争往往能获得处境的改善；美国资本主义过渡到帝国主义阶段以后，通过资本输出和外贸从海外取得了巨大超额利润，从而可以收买工人阶级的上层，把工人运动纳入改良主义轨道；资产阶级的价值观为广大美国人所接受；二战以后工人阶级的构成发生变化，白领阶层和中产阶级成为工人阶级的主体，这些人的思想更倾向于资产阶级意识形态。关于统治阶级政策，他认为镇压和改良双管齐下的政策削弱了社会主义政党。他还分析了工人阶级政党自身的问题，比如来自拉萨尔分子、第二国际和无政府工团主义的种种不良影响以及"左"倾宗派主义的干扰。现在看来，作者的分析总体上沿用了国外研究中的传统视角，但是他对美国的帝国主义扩张和统治阶级的政策的讨论，突破了自由主义学者的讨论范围。

2000年，美国研究所前所长资中筠发表了《论美国强盛之道》一文，其中也论及社会主义思潮在美国始终不成气候的原因。作者除了肯定欧美学者的观点之外，还提出了"时间差"和"反面榜样"的补充解释。所谓"时间差"是指，美国的发展落后于欧洲，欧洲的社会主义是在资本主义矛盾激化的情况下兴起的，而当时的美国还有很大的缓和空间，等到美国矛盾尖锐化时，各种改良措施又相继出台，将矛盾缓和到可控程度。所谓"反面榜样"是指，苏联的现实社会主义实践产生了很多负面影响，比如大清洗和镇压不断令美国社会主义的追随者幻灭，败坏了社会主义的形象。后来，资中筠在2007年出版的专著《20世纪的美国》中又补充了一条，即实用主义传统与渐进改良的实践消解了社会主义主张。她认为，"美国的政治是高度实用主义的"，两大党虽然在选举中互相攻讦，执政后却实行大同小异的政策，而且为了选票往往会吸收社会主义政党提出的政策主张，当政者和权势集团总是在矛盾激化之前棋先一着，及时采取改良和缓和矛盾的措施。与此相反,社会主义者"对于不同的主张,甚至是分寸上的不同都难以妥协",结果不断分裂,"把精力消耗在派别斗争之中"①。

南京师范大学钱满素出版于 2006 年的《美国自由主义的历史变迁》一书也有相关论述。作者认为,美国拒绝社会主义的原因很多,大致不外乎以下八点:阶级的流动性;种族、族裔的认同对阶级阵线的干扰;中产阶级占多数;自由主义思想的深入人心,使美国面对社会主义表现出明显的保守态度;美国的独立宣言承认革命的权利,美国宪法保障表达和结社自由;美国的制度提供了一定的纠正空间;美国历史上进行过社会主义社区的试验,如博立叶式法郎吉等,在小范围内试验失败的理论很难对大众再有说服力;美国得天独厚的地理条件和自然资源,再加上成功的经济,使工人阶级有可能分享利益。② 同年,社科院美国研究所周琪研究员主编的《意识形态与美国外交》出版了。该书的第七章第一节重点讨论了"美国为什么没有社会主义"问题,作者回顾了欧洲社会主义者、美国社会主义者、自由主义者和中国学者的不同解释。在结尾处提出一个重要的问题,即"为什么美国历史上对制度的批判是通过进步主义运动,而不是像欧洲那样是通过社会主义运动来进行的"③。

同样值得关注的是,一批与美国社会主义运动有关的博士论文相继问世,其中一部分已经出版成书。青岛大学的丁金光于 2003 年出版了《白劳德评传》,该书一反过去对白劳德大加批判的传统,给予了白劳德比较全面、客观的重新评价。书中也涉及"美国例外论"的部分研究,作者认为,"社会主义代替资本主义是一个长期的曲折的过程,尤其是像美国这样经济高度发达的资本主义国家,进行社会主义革命的条件尚不成熟。因此,共产党人只能采取渐进的、改良的政策,开展合法的斗争,促使政府采取有利于人民的政策,在资本主义社会

---

① 参见资中筠《20 世纪的美国》,生活·读书·新知三联书店 2007 年版,第 141—142 页。
② 钱满素:《美国自由主义的历史变迁》,生活·读书·新知三联书店 2006 年版,第 136—139 页。
③ 周琪主编:《意识形态与美国外交》,上海人民出版社 2006 年版,第 433 页。

里不断增长社会主义因素"[①]。2005年，华东师范大学历史系刘疆完成了博士学位论文《为何星火难以燎原：美国共产主义运动研究（1919—1947年）》。该文通过对美国共产主义运动的研究，力图揭示共产主义在美国难以发展的更深层根源。华中师范大学丁淑杰的《美国共产党的社会主义理论与实践》出版于2006年，作者对美国社会主义运动曲折发展的状况进行分析之后认为，这里既有外因的作用，又有内因的作用，是多种因素综合作用的结果。经过进一步分析，他把美国社会主义运动衰微的原因归结为，美共没有把马克思列宁主义的基本原理与美国的具体实际、时代特征结合起来。2009年，中央编译局许宝友研究员的博士论文也含有相当多的有关内容。《迈克尔·哈林顿的生平及社会主义思想研究》不仅涉及美国社会主义运动，而且还介绍了哈林顿对"美国例外论"的思考。哈林顿认为，美国存在无形的群众运动，即社会民主主义传统，由于历史原因，这种传统从来没有以自己的名字出现过。简言之，"美国资本主义是资本主义的社会主义形式"。许宝友指出，以"美国例外论"来否定美国的社会主义运动是走极端，同样，以所谓的资本主义和社会主义的普遍规律来否定美国历史发展的特殊性也不是科学的态度。

此外，还有数篇涉及美国社会主义运动和"美国例外论"的论文，可谓见仁见智，各有千秋。1999年，社科院世界历史研究所研究员刘军的论文《"美国例外论"和工运史研究》比较系统地介绍了这一研究课题，论述了研究中的一些争议性问题，以及指出"美国例外论"提出的一系列需要我国学术界回答的重要问题。2000年，郭更新、丁淑杰的文章《二十世纪美国社会主义的潮起潮落》主要论述了百年间美国社会主义运动存在三个明显的起伏阶段，并在此基础上对美国社会主义运动的衰落提出了一些有启发性的解释。中央编译局赖海榕研究员于2001年发表了《资本主义起源与社会主义研究的界碑》，重点介绍了桑巴特的学术生涯、主要作品及其思想演变，并对其名著《为什么美国没有社会主义?》进行了评述。丁淑杰还于2003

[①] 丁金光：《白劳德评传》，甘肃人民出版社2003年版，第137页。

年发表了《美国社会主义运动曲折发展的原因分析》一文，从内因和外因两方面对美国社会主义运动的兴衰进行了综合分析。2005年，中央编译局许宝友研究员使该研究又向前迈进了一步。在其论文《从桑巴特到李普塞特的美国社会主义例外论》中，作者除了全面介绍了问题的来龙去脉，还指出了该研究的重要意义，以及提出他对此课题的一些看法。同年，刘军研究员又在《北大史学》第11期上发表了《桑巴特命题的联想》一文，作者对这一命题的回答是，很多社会主义因素已经内化在今天的资本主义社会中了。2010年，清华大学的赵可金和山东潍坊教育学院的刘明智共同发表文章《结构刚性与制度约束——试论美国社会主义的"生命力"问题》，该文认为美国分散的自由竞争的经济结构、中产阶级居于主导地位的社会结构、多元化的文化结构以及移民社会的传统共同导致的刚性结构，是美国缺乏社会主义的主要原因。因此，只要这一刚性结构没有发生根本性的改变，社会主义就无法在美国兴起。

除了以上重点介绍的研究成果之外，国内还有一些提及"美国例外论"的著作，但是基本上只介绍了各种观点，没有进一步的研究内容，比如袁铎于2008年出版的著作《非意识形态化思潮研究》，还有刘瑜2009年出版的《民主的细节：美国当代政治观察随笔》等，在此就不逐一列举了。总之，国内的研究已经逐步深入，取得了不小的进展。相信随着参与讨论的研究者越来越多，该项研究将更倾向于往跨学科的综合研究方向发展。到那时，真理会越辩越明。

四

从整体上看，国内外学者的研究已经相当丰富。这些著作都围绕美国缺乏社会主义这一独特现象而展开，所提出的主要决定因素近乎涉及美国国内生活的方方面面。粗略地归纳一下，这些因素可以分为三个大类，即政治、经济和文化三个领域。还有一种分类，将各种原因分为美国社会主义运动的内部因素与外部因素。美国历史学家埃里克·方纳指出，所有业已提出的解释，即无论是内部原因和外部原因，还是社会的、意识形态的、经济的和文化的原因，都具有某种说服力，然而也同样存在缺陷。也不能像凉拌沙拉一样把它们简单地混合在一起，这样的答案不会令人满意。① 先不论这些解释正确与否，仅仅把比较有说服力的影响因素放在一起观察就会发现，各个因素之间本身就处于密切的相互影响之中。另外，如同阿彻教授等人的研究所展示的那样，当与美国比较的对象发生变化的时候，一些本来看似挺有说服力的因素就会失去解释力。更何况，这些争议本身又制造了更多的争议。② 众多的争议使得"美国例外论"似乎变成永无止境且见仁见智的话题。

科学史上许多曾经争执不下的问题，最后都终结于研究者视野的变换，比如"日心说"之于"地心说"。从局部看似乎正确甚至无解的问题，放在更大的视角下或者说整体的背景下，立刻就能看出先前看法的谬误或者不足。后世学者的争议基本上没有太多地超出马克思和恩格斯当年所开创的研究思路，即都是试图从美国国内社会不同于其他国家的特点出发。这就启发我们，需要思考从全球史和世界体系的高度研究这一问题的必要性。

虽然既有研究并不缺乏国际视野，多国比较的著作已然成为主流，但是却恰恰忽视了全球或世界体系层面的影响。从整体的角度来看，美国作为全球资本主义经济体系的一个重要组成部分，全球体系的变动不可能不会波及美国国内社会。再者，那些美国例外论者所谓的美国"独特之处"，如果离开世界经济体系的支撑，就会变得毫无意义。因为这些"独特之处"，之所以具有了历史上未曾显现的作用，根本原因在于资本主义的全球扩张。比如"广阔的边疆"这个特点，桑巴特就认为起到了安全阀的作用。可是，如果没有资本主义的全球扩张，压力从何而来？没有压力，"安全阀"的作用又从何说起？再比如说"移民社会"，没有资本主义的扩张，持续的人规模移民根本不会

---

① 参见 Eric Foner, "Why is There No Socialism in the United States?", *History Workshop*, 17 (1984; Spring), p. 76。

② 关于这一点，美国学者埃里克·方纳以及中国学者刘军、许宝友等人的述评文章已有介绍，此处不赘。

出现。

　　进一步而言，如果从作为一个整体或者体系的全球视角出发，还会发现隐藏在所谓"例外论"背后的"单线进化观"。关于世界上一切国家的发展都遵循某种普遍模式的看法，是建立在社会进化论基础上的。从 18 世纪以来，知识界在近代生物学与地质学进化理论影响之下，把人类社会看成一个从低级向高级发展的进化过程，认为世界上不同民族的历史演进遵循相同的发展过程。但是，从 19 世纪末开始，古典进化论就受到其他学派和学者们的批评。随着人类学家们搜集的民族志资料越来越多，单线进化论的缺陷就变得越来越明显，因为仅凭一种简单的、普遍进步的单线框架无法解释复杂多变的各种文化。近半个世纪以来，不同人类学理论流派对单线进化论屡屡抨击，一些人类学家意识到不能仅用简单的发展阶段论来概括人类社会历史的实际复杂过程。[1]

　　诚然，古典进化论对早年马克思和恩格斯都产生过很大影响，马克思的社会发展理论也明显建基于社会进化论之上，但是未见其有明确的单线发展的观点。事实上，马克思曾多次反对把社会历史的发展规律等同为一种公式或图式的看法。在《给〈祖国纪事〉杂志编辑部的信》一文中，马克思谈到米海洛夫斯基对《资本论》的误解时说："他一定要把我关于西欧资本主义起源的历史概述彻底变成一般发展道路的历史哲学理论，一切民族，不管他们所处的历史环境如何，都注定要走这条道路，——以便最后都达到在保证社会劳动生产力极高度发展的同时又保证人类最全面的发展的这样一种经济形态。但是，我要请他原谅。（他这样做，会给我过多的荣誉，同时也会给我过多的侮辱。）"[2]

　　由马克思的论述可知，不能机械地、简单地理解社会发展的规律问题，而是要深入地去研究这些"例外"中的各种复杂联系，从中寻找规律性。应该说，"美国没有社会主义"这一问题的提出并非虚假

---

[1] 参见周大鸣编《人类学导论》，云南大学出版社 2007 年版，第 35 页。
[2] 《马克思恩格斯文集》第 3 卷，人民出版社 2009 年版，第 466 页。

的和无意义的。对它进行认真的研究，不但不否定社会发展规律的存在，反而会大有助于加深对美国乃至世界社会主义运动发展规律的认识。然而在20世纪20年代后期，共产国际曾对洛夫斯通等人所谓右倾的"美国例外论"展开过批判。国内有学者后来指出，共产国际的做法缺乏事实依据，尽管洛夫斯通等人的确在思想和组织路线上有严重错误。[①] 由于受共产国际和苏联理论的影响，在改革开放之前的很长时期内，关于"美国没有社会主义"的看法在国内曾屡遭批判，被视为资产阶级史学家的无稽之谈和逃避历史唯物主义社会发展规律的错误理论，被排除在严肃的学术研究领域之外。

事实上，美国并非完全"没有社会主义"。作为资本主义世界经济体系的一个重要组成部分，美国社会毫无例外地产生了生产的社会化和生产资料私人所有制之间的矛盾，产生了资产阶级与工人阶级的阶级斗争。所以，也毫不例外地出现了社会主义运动。学界公认，美国社会主义运动的顶峰出现在1912年。然而，美国的社会主义运动的确呈现出一些看似迥异于欧洲的特点，即作为世界上最发达的资本主义国家却没有出现欧洲意义上的影响广泛的社会主义运动，"美国例外论"正是在这个意义上成为一个有研究价值的问题。因此，所谓"美国例外"问题正确的表述应该是，美国虽然有过社会主义，但却未能发展成欧洲那样的大规模群众性运动，反而很快呈衰落之势。表面上看，似乎违背了马克思主义的理论预期。但是，究其实质，这种看似反常的现象非但没有违背马克思主义理论，反而是历史发展规律在特定历史时空下和世界体系局部上的表现。最明显不过的是，在全球化时代，一些以前被视为美国"独有的"现象今天已经变成大多数国家普遍存在的"常规"。总之，我们没有理由把这个问题长久摒弃于我们的视野之外，而是要正视和发展理论去求得对这一问题的答案。

（原载《史学理论研究》2013年第2期）

[①] 参见肖庆平《共产国际反对美共洛夫斯顿派所谓"美国例外论"的斗争》，《国际共运史研究资料》总第17辑，人民出版社1986年版，第95—115页。

"9·11"事件以来美国对外援助机构调整以及效果分析

孙明霞

对外援助是外交政策的工具。冷战期间,对外援助在美国确保反共国家内部政治稳定方面发挥了不可或缺的作用。随着冷战的结束,对外援助作为美国外交政策工具的重要性下降了,援助数额在20世纪90年代末降至历史最低点[①],对外援助机构也经历了一场撤并风波。2001年"9·11"事件发生,美国政府迅速调整了国家安全战略,不管乔治·W. 布什政府(之后简称小布什政府)还是奥巴马政府都认为"发展"[②]对维护美国国家安全具有重要作用,是解决美国面临的全球性威胁和挑战的重要工具。两任政府都根据变化的全球安全形势,调整了援助政策,并大幅增加了援助拨款,对对外援助机构的组织架构也进行了相应调整。

国内既有的文献对"9·11"事件以来的美国对外援助调整给予极大的关注,对对外援助机构的变化也进行了简单介绍和分析。这些研究成果在论述调整后的对外援助机构时基本上存在一个潜在的逻辑,即认为调整后的美国对外援助机构适应了美国援助政策,很好地执行

---

① 周琪:《新世纪以来的美国对外援助》,《世界经济与政治》2013年第9期。
② 对于发展与对外援助的区别,笔者在这里赞同并借鉴了丁韶彬的观点,详见丁韶彬《奥巴马的对外援助变革——以国家安全战略调整为背景》,《外交评论》2012年第3期。严格意义来说,发展与对外援助是有区别的。发展是一种结果或目标,对外援助是一种手段。但从美国的官方文件来看,发展政策实施的主要机构是国际开发署,而发展的核心内容是对外援助。因此,两者可以视为同一政策的不同表述,没有本质区别,为了行文方便,笔者不再对两者进行严格的区分。

和完成了援助任务。① 这一认识与美国对外援助机构的实际现状不符。

在新的国家安全战略指导下，调整后的对外援助机构状况是怎样的？效果如何？背后的原因有哪些？本文就以上问题进行分析解答，以求对"9·11"事件后美国对外援助机构调整后的状况进行深入分析。

一 "9·11"事件以来美国对外援助机构的调整

冷战期间，对外援助作为实现美国冷战目标的工具，在支持反共国家内部稳定和经济发展方面，发挥了重要作用。随着冷战结束和美国国内对援助效果的不断质疑，对外援助作为美国外交政策工具的重要性大大降低。援助数额不断减少（1990—2000，详见附表1），对外援助机构也经历了一场撤并风波。1993年国际开发署更换了50名高层专家雇员，关掉了21个代表处，同时削减了50个受援国，如智利、哥斯达黎加等；② 1995年参议院外委会主席杰西·赫尔姆斯提议将国际开发署取消，设立一个慈善基金会代替，国会否决了这一提议；1998年国会通过了《外交政策机构重组法案》，该法案将军控与裁军署和美国新闻署并入国务院，后者曾负责海外图书馆的管理

---

① 李瑞：《9·11后美国对外援助评析》，硕士学位论文，中共中央党校，2013年；管恩霞：《冷战后美国对外经济援助分析》，硕士学位论文，外交学院，2008年；袁亚楠：《9·11后美国对非援助评析》，硕士学位论文，外交学院，2011年；李勇：《冷战后美国经济援助解析》，硕士学位论文，中国人民大学，2009年；潘苗：《二十一世纪初美国对非洲官方援助分析》，硕士学位论文，外交学院，2011年；马斌：《冷战后美国对中亚援助政策研究》，硕士学位论文，复旦大学，2012年；朱培香：《美国对非洲援助战略研究》，硕士学位论文，山东大学，2008年；桑颖：《美国对外援助中的私人志愿组织》，博士学位论文，中共中央党校，2010年；夏咸军：《美国对外经济援助》，博士学位论文，上海社会科学院，2011年；关春巧：《布什政府的对外援助政策改革探析》，《国际政治研究》2005年第1期；许亮：《美国援助非洲政策评析》，《西亚非洲》2010年第7期；陈珂旭：《美国中亚战略研究——基于地缘政治视角》，博士学位论文，华东师范大学，2012年；魏雪梅：《试析冷战后美国对外援助政策的调整及其影响》，硕士学位论文，新疆大学，2008年；柳青：《浅析小布什政府时期的美国对外援助政策》，硕士学位论文，外交学院，2009年；冯喆颖：《二十一世纪初中美对非洲援助的比较研究》，硕士学位论文，外交学院，2010年。

② 关春巧：《布什政府的对外援助政策改革探析》，《国际政治研究》2005年第4期。

(属于对外援助事务范畴),取消了国际开发合作署①,将国际开发署置于国务卿领导之下。② 对外援助在美国国家安全战略中地位的下降导致了对外援助机构在冷战结束后初期被削减和合并。

2001年"9·11"事件的发生震惊了一直处于安全与和平环境中的美国人民。美国政府迅速调整了国家安全战略,反恐成为刚上台的小布什政府的首要任务。在反思恐怖主义的源头时,美国政府认为发展中国家的贫穷、不平等和动乱等助长了恐怖主义的滋生,因此要加大对发展中国家的援助力度,减少恐怖主义滋生的可能性。③ 在2002年出台的《美国国家安全战略》中,布什多次提到发展的字眼,并把促进发展中国家的发展作为外交政策的首要事务。④ 布什政府不仅大幅度增加了对外援助拨款(2001—2008,详见附表1),同时也对对外援助机构进行了调整。小布什政府建立了新的援助机构——千年挑战集团(The Millennium Challenge Corporation),并开始实施新的援助项目——总统防治艾滋病紧急救援计划(President's Emergency Plan for AIDS Relief),设立了相当于副国务卿级别的援助协调员,推动转型外交战略,促进对外援助机构之间的合作。小布什在其任内对对外援助各方面的调整是自肯尼迪政府以来幅度最大的一次。⑤

2009年打着"变革"口号上台的奥巴马政府并未偏离小布什政府的援助政策,仍将促进发展中国家可持续发展和全球人民的福祉作为外交政策的主要目标。⑥ 在2010年出台的《美国国家安全战略》中,奥巴马政府认为当今的国际社会已经发生了巨大的变化。意识形态之

---

① 1979年设立的内阁级别代替国务院监督国际开发署的机构。

② Susan B. Epstein, Larry Q. Nowels, and Steven A. Hildreth, "Foreign Policy Agency Reorganization in the 105th Congress", p. 1, http://pdf.usaid.gov/pdf_docs/PCAAA780.pdf.

③ Bush Administration, "The National Security Strategy of the United States of America", 2002, p. 4, http://www.globalsecurity.org/military/library/policy/national/nss-020920.htm.

④ Bush Administration, "The National Security Strategy of the United States of America", 2002, p. 21.

⑤ Carol Lancaster, *George Bush's Foreign Aid: Transformation or Chaos?*, Washington, D. C: Brookings Institution Press, 2008, p. 1.

⑥ Douglas M. Gibler, Steven V. Miller, "Comparing the Foreign Aid Policies of Presidents Bush and Obama", *Social Science Quarterly*, Vol. 93, No. 5, December 2012, p. 1205.

战让步给了宗教、种族和部落之间的冲突。核危险在扩散，贫富不均和经济不稳定在加剧，环境遭到破坏，全球性的饥饿与疾病肆虐。[1]为了解决所面临的这些威胁，奥巴马政府承诺将会帮助发展中国家发展经济、稳定局势，建立民主体制，这样不仅可以使这些国家解决自身问题，也可以使他们成为国际社会中负责任的一员与美国一道解决面临的全球性问题。[2] 在随后出台的全球发展政策中，奥巴马政府更是声明将提升发展的地位，将其视为与外交和国防同等重要的维护美国国家安全的支柱。这是美国政府第一次出台关于发展方面的总统政策指令。[3] 奥巴马上台后不仅继续增加对援助的投入（2009—2012，详见附表1），还计划将国际开发署打造成为对外援助领域的全球领导性机构[4]，并出台第一份《四年外交与发展回顾》报告来指导国务院与国际开发署在援助领域的合作。

"9·11"事件之后，国际形势发生了变化，各种全球性问题层出不穷。小布什与奥巴马政府根据变化的国际形势调整了援助政策，将对外援助视为维护美国国家安全的重要支柱，并不断增加援助的拨款，通过建立新的机构和对现存机构的调整来加强对外援助在维护美国国家安全方面的作用。美国对外援助机构的数量与在国家安全战略中的地位和冷战结束初期相比有所增加与提升。

二 美国对外援助机构的组织架构

在新的国家安全战略指导下，经过两任政府的调整，现有的美国

---

[1] Obama Administration, 2010, "The National Security Strategy of the United States of America", p. 1, http://www.whitehouse.gov/sites/default/files/rss_viewer/national_security_strategy.pdf.

[2] Obama Administration, 2010, "The National Security Strategy of the United States of America", p. 15.

[3] The White House, "Fact Sheet: U. S. Global Development Policy", http://www.whitehouse.gov/the-press-office/2010/09/22/fact-sheet-us-global-development-policy, September 22, 2010.

[4] The White House, "U. S Global Development Policy", September 22, 2010, p. 11, http://fas.org/irp/offdocs/ppd-6.pdf.

对外援助机构主要由国际开发署、国务院、国防部、农业部、财政部、千年挑战集团和其他一些独立执行机构,包括和平队、海外私人投资公司、泛美基金会、非洲发展基金会以及其他一些联邦机构构成。

(一) 美国国际开发署 (United States Agency for International Development)

国际开发署是美国最主要的对外援助机构[1],是肯尼迪总统在1961年合并了已有的两个援助机构:发展借贷基金 (the Developemnt Loan Fund) 和国际合作署 (the International Cooperation) 的基础上建立起来的专门从事长期发展援助的机构。国际开发署主要负责旨在建立可持续发展、良治、满足人民基本需求为目标的长期发展援助项目。其直接管理的援助账户[2]有:发展援助、国际灾难援助、转型计划、复杂危机基金、发展信贷授权以及一部分全球健康援助。[3]

发展援助账户主要用于农业、私人部门发展、小额贷款、水和卫生设施、教育、环境、民主治理项目的拨款。其中2013财年,发展援助账户首要拨款的项目有:未来粮食保障、全球气候变化、教育、经济增长、公平和民主治理。[4] 国际灾难援助账户主要向发生自然或人为灾难,紧急事件的国家提供人道主义援助。转型计划账户在1994年建立,主要用于向转型国家(从战争过渡到和平,或从冲突过渡到重建,发生政治动荡但未发生动乱的国家)提供短期、灵活的援助计划。复杂危机基金账户的拨款则是用于解决由冲突或不稳定引起的危机。发展信贷授权主要用于给私人银行贷款提供担保,来承担他们在

---

[1] Carol Lancaster, Ann Van Dusen, *Organizing U. S. Foreign Aid*: *Confronting the Challenges of Twenty-first Century*, Washington, D. C: Brookings Institution Press, 2005, p. 14.

[2] 援助账户是援助拨款法案中设立的接收拨款的单位。国会根据不同的目标,相关的授权,以及政策规定向指定的账户划拨资金用于援助事务的执行。每个账户之下设立多个援助项目来分配和使用资金。

[3] Curt Tarnoff, Marian Leonardo Lawson, "Foreign Aid: An Introduction to U. S. Programsand Policy", February 10, 2011, p. 21, http://fpc.state.gov/documents/organization/157097.pdf.

[4] "Congressional Budget Justification Volume 2 Foreign Operations Fiscal Year 2013", p. 88, http://www.state.gov/documents/organization/185014.pdf.

房屋安置、水和卫生系统、小额贷款以及小公司发展项目贷款的风险。全球健康援助中，国际开发署主要负责传染性疾病预防、疟疾、肺结核、母婴健康、弱势儿童、计划生育、生殖健康项目。[①]

此外，国际开发署还与其他机构合作，负责管理和实施一些援助账户。这样的援助账户有：第一，全球健康援助中的"总统艾滋病紧急救援计划"。这一账户由国务院下属的全球艾滋病协调员办公室管理，国际开发署、美国国立卫生研究院、美国疾病控制和预防中心等机构联合实施。国际开发署获得60%的拨款[②]；第二，经济支持基金。该援助账户是利用发展援助支持对美国外交具有重要意义的国家，来维护美国的政治和战略利益。国务院负责账户之下项目的决策，国际开发署则负责具体的项目实施；最后，国际开发署还负责根据480号公法第二章实施的粮食援助（即粮食换和平计划），这一援助账户的拨款给予农业部，但由国际开发署负责具体项目的实施。[③]

（二）国务院（The Department of State）

国务院是国际开发署的领导机构，开发署署长直接向国务卿汇报。同时国务院本身也承担一些援助任务。这些援助任务主要与安全和难民救助有关。负责的援助账户有：移民和难民援助，紧急移民和难民援助，国际麻醉品管制和执法，防扩散、反恐和排雷，国际组织和项目，中东和北非刺激基金。[④] 移民和难民援助账户用于全球范围内的难民救援，包括难民安置的资助；紧急移民和难民援助账户是对于紧急难民事件给予援助；国际麻醉品管制和执法账户主要是用于反毒品行动和预防犯罪行为，比如买卖儿童妇女，同时支持司法改革；防扩

[①] Curt Tarnoff, Alex Tiersky, "State, Foreign Operations Appropriations: A Guide to Component Accounts", pp. 9 – 10, http: //www.fas.org/sgp/crs/row/R40482.pdf.

[②] Curt Tarnoff, Marian Leonardo Lawson, "Foreign Aid: An Introduction to U. S. Programs and Policy", April 20, 2012, p. 22, https: //eads.usaid.gov/gbk/docs/foreign-aid-intro.pdf.

[③] Curt Tarnoff, Marian Leonardo Lawson, "Foreign Aid: An Introduction to U. S. Programs and Policy", April 20, 2012, p. 22, https: //eads.usaid.gov/gbk/docs/foreign-aid-intro.pdf.

[④] "Congressional Buget Justification Volume 2 Foreign Operations Fiscal Year 2013", pp. 96 – 114, 121 – 151.

散、反恐和排雷账户的设立用于禁止大规模杀伤性武器的扩散,支持反恐训练和排雷;国际组织和项目是向各种发展、人道主义、科学活动的国际组织提供自愿捐助,这些国际组织包括联合国开发署、联合国环境署、联合国儿童基金会、联合国人口基金会①;中东和北非刺激基金是奥巴马政府在2013财年预算中提出的支持"阿拉伯之春"的援助账户,主要用于为"中东与北非地区转型国家和准备进行改革的国家提供长期的经济、政治和贸易改革刺激",进一步推动该地区出现的改革运动,实现该地区的经济发展与政治稳定。②

国务院也与其他机构合作,管理和执行一些援助账户和援助项目。如国务院下属的全球艾滋病协调员办公室,是负责管理"总统艾滋病紧急救援计划"的机构。这一项目的实施由国际开发署联合其他机构来完成。国务院还同国际开发署联合负责管理经济支持基金,国务院负责该账户政策制定,国际开发署则负责具体项目执行。除此之外,国务院还与国防部合作,负责一些援助账户的拨款和政策制定,而国防部负责具体项目的实施。这样的援助账户有:国外军事资助、国外军事人员教育与培训、维和行动、全球突发安全应急基金。③

2006年国务院曾设立援助协调员(相当于副国务卿级别),由国际开发署署长兼任,并建立对外援助指导办公室,来协调美国所有援助项目的实施,指导其他援助机构项目的执行,为项目制定提供框架。千年挑战集团和全球艾滋病协调员办公室不在援助协调员的管辖范围内。④ 这一办公室后改名为资源管理办公室。

---

① Curt Tarnoff, Alex Tiersky, "State, Foreign Operations Appropriations: A Guide to Component Accounts", pp. 11 – 13.
② Susan Corenwell, "Obama Proposes $800 Million in Aid for 'Arab Spring'", February 13, 2012, http://www.reuters.com/article/2012/02/13/us-usa-buget-foerign-idUSTRE81C1C920120213.
③ Curt Tarnoff and Marian Leonardo Lawson, "Foreign Aid: An Introduction to U. S. Programs and Policy", April 20, 2012, p. 21, https://eads.usaid.gov/gbk/docs/foreign-aid-intro.pdf.
④ Larry Nowels and Connie Veillette, "Restructuring U. S. Foreign Aid: The Role of the Director of Foreign Assistance", June 16, 2006, p. 1, http://fas.org/sgp/crs/row/RL33491.pdf.

(三) 国防部 (The Department of Defense)

国防部主要负责军事援助,在国务院政治—军事局的政策指导下,来实施维和行动、国外军事人员教育与培训、国外军事资助、全球突发安全应急基金、特殊国防物资采办基金账户下的援助项目。[1] 维和行动账户主要是用于解决冲突地区和国家的维和行动,比如训练非洲的维和力量和资助西奈国际观察团的行动;[2] 国外军事人员教育与培训则是对选取的外国军事和文职人员进行美国军事教育和培训;国外军事资助账户用于在赠予的基础上对美国武器的海外转让进行资助[3];全球突发安全应急基金是2012财年新建立的援助账户,由国防部和国务院各划拨一部分资金组成这一基金,用于应对两个机构职能交叉领域的问题。目前这一账户的援助项目用于中东和非洲地区安全力量的培训与司法部门的建立;特殊国防物资采办基金账户则是用于加快防御物资的采购来支持美国的盟国、伙伴国家以及与美国一道参与突发事件的国家。[4] 这些援助账户都是国务院与国防部联合实施的,国务院负责政策的制定,国防部负责具体项目的执行。但在全球突发安全应急基金账户的管理上,由于国防部出资大大多于国务院,因此在战略地区的选择上,更加偏向于国防部关注的中东和非洲地区,而不是国务院关注的亚太地区。

除了在援助拨款法案中出现的与国务院联合管理的援助账户,国防部在本部门的拨款法案中,通过指挥官应急响应计划、伊拉克救援和重建基金、阿富汗基础建设基金以及国防部健康计划、反毒品行动、

---

[1] "Congressional Budget Justification Volume 2 Foreign Operations Fiscal Year 2013", pp. 144 - 151.

[2] Curt Tarnoff, Alex Tiersky, "State, Foreign Operations Appropriations: A Guide to Component Accounts", p. 12.

[3] Curt Tarnoff, Alex Tiersky, "State, Foreign Operations Appropriations: A Guide to Component Accounts", p. 13.

[4] "Congressional Budget Justification Volume 2 Foreign Operations Fiscal Year 2013", pp. 150 - 151.

人道主义和灾难救援账户向伊拉克和阿富汗提供发展援助。① 其中伊拉克警察培训和军事行动项目按照惯例本应该由国务院下属的国际麻醉品管制和执法办公室来负责，但由于伊拉克重建工作由国防部在进行，所以这一项目也相应由国防部来实施。不过，在 2010 年之后，国际麻醉品管制和执法办公室又重新负责伊拉克警察培训援助项目。②

（四）农业部（The Department of Agriculture）

美国农业部主要负责粮食援助。管理的援助账户有两个：一是根据 480 号公法第二章进行的粮食换和平计划。这一账户主要是用于解决全球范围内粮食紧缺问题和接受了发展援助的国家的粮食安全问题③，农业部获得拨款，由国际开发署负责实施；二是"粮食为教育和儿童营养麦戈文—多尔国际食品援助"。此账户用于向国外学校提供食品捐助，减少营养不良、饥饿死亡事件，由农业部负责管理、实施。④

（五）财政部（The Department of the Treasury）

财政部负责国际事务的副部长管理财政部的对外援助事务。其援助账户有三个：国际金融组织、债务调整和国际事务技术援助。财政部通过国际金融组织账户向世界银行等多边发展机构捐助，并通过任命总统提名的银行负责人，在多边机构的援助工作方面代表美国的立场；财政部利用债务调整账户处理外国债务问题，包括减少或免除贫困国家的债务；同时，财政部还通过国际事务技术援助账户向那些实施经济改革（如建立金融机构，制定预算、税收政策，打击金融犯

---

① Curt Tarnoff and Marian Leonardo Lawson, "Foreign Aid: An Introduction to U. S. Programs and Policy", p. 23.
② Curt Tarnoff and Marian Leonardo Lawson, "Foreign Aid: An Introduction to U. S. Programs and Policy", p. 21.
③ "Congressional Budget Justification Volume 2 Foreign Operations Fiscal Year 2013", p. 165.
④ "Congressional Budget Justification Volume 2 Foreign Operations Fiscal Year 2013", p. 168.

罪，建立金融问责体制等）的国家提供建议和技术支持。[1] 其负责的国际金融组织账户和国务院的国际组织和项目账户的区别在于，财政部向这些组织的捐助属于自发或者某些政策驱使，而国务院负责的国际组织的捐助则属于参与国际组织之后的义务摊派。

（六）千年挑战集团（The Millennium Challenge Corporation）

千年挑战集团成立于2004年2月，是一个独立机构。它旨在集中美国优势资源向那些实行良治、投资于人民、实施自由经济政策的发展中国家提供发展援助。千年挑战集团援助的特点在于受援国将自己规划、提出和实施双方都同意的长期援助计划。这些援助计划主要集中在基础设施建设上。参议院将任命一名CEO负责千年挑战集团的日常管理，由国务卿、财政部长以及总统管理预算办公室主任组成的董事会进行监督，千年挑战集团负责人每年向由国务卿领导的董事会做年度报告。[2]

（七）其他执行机构

美国其他的对外援助机构还包括和平队、美国贸易和发展署、海外私人投资公司、泛美基金会和非洲发展基金会和一些联邦机构。和平队主要是通过9000名志愿者向75个国家提供人力方面的援助。志愿者们一般在受援国执行教育、医疗和社区发展方面援助项目；贸易和发展署主要是对私人部门在扩大美国贸易出口可行性研究上进行资助；海外私人投资公司主要对在发展中国家进行投资的美国公司提供政治风险的保险和为其投资提供贷款和保证。它也支持投资活动并提供投资前的信息服务；泛美基金会和非洲发展基金会主要负责向受援国的小公司和自食其力的平民提供小额的无偿资金援助，帮助他们发

---

[1] Curt Tarnoff, Alex Tiersky, "State, Foreign Operations Appropriations: A Guide to Component Accounts", p. 11.

[2] Larry Nowels, "The Millennium Challenge Account: Congressional Consideration of a New Foreign Aid Initiative", March 19, 2004, p. 20, http://assets.opencrs.com/rpts/RI31687_20040319.pdf.

展、脱贫。①

除了这些出现在每年援助拨款法案中的独立执行机构之外,还有一些联邦机构也参与一些援助项目的实施。对于这些机构援助项目的拨款不包括在每年的援助拨款法案中,而是根据援助项目的技术要求,由相对应的机构在本部门预算中划拨一部分资金用于项目执行。这样的项目有美国环保署(The Environment Protection Agency)负责的、通过非政府组织实施的向他国政府提供的环境保护和污染治理方面的技术援助②;美国内政部下属的美国渔业和野生动物局(The U. S. Fish and Wildlife Service)负责的跨国物种保护基金会、热带候鸟保护、北美湿地保护基金援助项目③;美国能源部(The Department of Energy)在核不扩散方面对外国政府的协助和国际节能和清洁能源合作方面的参与;美国劳工部(The Department of Labor)资助的旨在减少其他国家童工的使用和在工作场合提高艾滋病意识的项目;美国司法部(The Department of Justice)向外国政府提供针对身份盗窃和网络犯罪执法的培训;以及美国和平研究所(The U. S. Institute of Peace)通过教育计划、会议、研讨会、专业培训、应用研究和推动对话的方式,促进美国和其他国家在维护世界和平方面的努力。④

三 对美国对外援助机构的评估

"9·11"事件以来美国对外援助机构在新的国家安全战略的指导下进行了调整。对外援助执行体系与在冷战结束后初期相比更加庞大,新的机构建立,一些传统意义上处理国内事务的联邦机构参与了援助

---

① Curt Tarnoff and Marian Leonardo Lawson, "Foreign Aid: An Introduction to U. S. Programs and Policy", p. 23.

② Carol Lancaster and Ann Van Dusen, *Organizing U. S. Foreign Aid: Confronting the Challenges of Twenty-first Century*, p. 17.

③ Overseas Loans and Grants, FY 2011, http://gbk.eads.usaidallnet.gov/about/reporting_concepts.htmlnotes.

④ Marian Leonardo Lawson and Susan B. Epstein, "Foreign Aid Reform: Agency Coordination", p. 10, http://www.fas.org/sgp/crs/row/R40756.pdf, 2016 年 3 月 19 日。

事务，援助账户种类繁多，机构之间合作更为密切。调整之后的对外援助机构主要有以下四个方面的特点：

（一）非涉外机构参与援助事务

除了每年援助拨款法案里出现的对外援助机构之外，还有一些传统意义上处理国内事务的联邦机构参与了援助事务。比如美国环保署、美国内政部、美国能源部、美国劳工部、美国司法部等。这些机构在本部门预算中划拨一部分拨款，用于相关项目的管理和实施。由于执行的项目只占他们职责范围的很小部分，并且会根据政策的需要或撤销或增加。因此，这些机构的援助行为一般不太受关注。1999年海外事务顾问小组的报告中总结参与援助的联邦机构有30个，而到了2005年这一数目增长到50个。[①] 这些机构参与援助执行可以使政府通过更多部门的预算获得援助拨款，并从这些机构获得执行援助项目所需的技术支持，但同时这些机构的参与也带来一些负面的影响。这些机构负责的援助项目只占本部门事务的一小部分，每个机构都有本部门的优先事务，援助项目实施的效果并不是这些机构最关注的。同时，如此广泛的机构参与援助执行，在信息收集上会花费更多的成本，决策层很难知晓这些机构项目执行的具体情况，从而不利于决策层对整体援助执行状况做出正确的评估。

（二）缺乏内阁级别的机构统一领导与管理

小布什和奥巴马政府都认为发展在维护美国国家安全方面具有重要的作用，奥巴马在美国历史上第一份《全球发展政策》中更是将发展与外交和国防并列作为维护美国国家安全的重要支柱。但相比国务院与国防部，美国政府仍然缺乏一个内阁级别的援助机构，对所有的对外援助机构和援助事务进行管理、监督和评估。

[①] Carol Lancaster and Ann Van Dusen, *Organizing U. S. Foreign Aid: Confronting the Challenges of Twenty-first Century*, p. 18.

国际开发署是美国最主要的对外援助机构,是肯尼迪总统在1961年根据《对外援助法》建立的专门从事长期发展援助的机构,至今仍管理着美国绝大部分对外援助项目。[①] 冷战期间,国际开发署以向反共国家提供发展援助的方式为美国的冷战目标而服务。作为最主要的从事发展援助的机构,国际开发署备受美国政府重视,具有大量的援助资源与自主权。冷战结束后,国际开发署在美国国家安全战略中的地位降低,被置于国务院的领导之下。一些原本属于国际开发署的援助项目由国务院执行,比如苏联解体后在东欧国家实施的援助项目。2001年国际开发署不再向总统预算管理办公室直接提交预算请求,由国务院代为提交。[②]

"9·11"事件发生后,小布什政府调整了国家安全战略,将发展视为维护美国国家安全的重要工具。在新的国家安全战略指导下,小布什政府设立了相当于副国务卿级别的援助协调员,由国际开发署署长兼任,对现有的对外援助机构进行改革。援助协调员获得授权对国务院和国际开发署的援助项目进行管理,并对其他援助机构的项目执行进行指导。[③] 这一职位的设置主要用于解决援助执行体系长期以来形成的分散局面,加强援助执行的透明化、一致性和有效性,使国会能够通过一个合理和透明的执行体系来获得更多的援助信息进行决策。[④] 由援助协调员推动的旨在合理化援助执行过程的改革被称为F过程。F过程的改革效果实际上并不理想。很多国会议员认为这次改革的方式是自上而下的,改革小组并没有听取工作在第一线的发展专家与工作人员的意见。首任援助协调员兰德尔·托拜厄斯被批评作为国际开发署署长几乎都在国务院办公,只是向国际开发署工作人员传达指令。同时他还减少了国际开发署

[①] 丁韶彬:《美国对外援助法律架构及其演进》,《国际论坛》2012年第2期,第69页。

[②] J. Brian Atwood and M. Peter McPherson and Andrew Natsios, "Arrested Development: Making Foreign Aid a More Effective Tool", http://www.foreignaffairs.com/articles/64613/j-brian-atwood-m-peter-mcpherson-and-andrew-natsios/arrested-development.

[③] Larry Nowels and Connie Veillette, "Restructuring U. S. Foreign Aid: The Role of the Director of Foreign Assistance", CRS Report for Congress, RL33491, June 16, 2006, p. 3.

[④] Carol Lancaster, George Bush's Foreign Aid: Transformation or Chaos?, p. 30.

的行政支出，将更多的资金给予经济支持基金而不是发展援助账户。国际开发署定期的信息杂志被停止发行，驻各国的任务团负责人会议也被停止。① 这次改革不仅没有实现援助执行过程合理化，反而使国际开发署更加依附于国务院，削弱了国际开发署的地位和作用。

奥巴马上台后，将发展视为美国国家安全的重要一极，承诺建立一个强有力的国际开发署，在全球的发展援助事务中发挥领导作用。② 奥巴马政府通过给予国际开发署行政拨款的方式，支持国际开发署进行内部改革。③ 2010 年国际开发署设立政策、计划和学习局，来参与和指导新的发展动议的制定，如全球健康，粮食安全，反暴动，反恐，帮助妇女和儿童，经济发展和民主治理，天气变化和实现千年发展目标的动议，以及制订多年发展规划国家发展合作战略；④ 设立预算和资源管理办公室，来负责制定国际开发署每年预算建议和监督预算执行，并对同一国家内援助项目的资源自由配置。⑤ 正是因为设立了这两个新的部门，国际开发署在 2012 年部门内部拨款的划拨和分配比往年提早了三个月。⑥ 同时国际开发署将逐步参与外交政策的协商与决策，包括由国际开发署领导跨机构的全球发展委员会工作的开展，在必要时列席国家安全委员会会议。⑦ 国际开发署在奥巴马任内被给予了一定程度的制定政策和预算的授权，自主

---

① Carol Lancaster, *George Bush's Foreign Aid: Transformation or Chaos?*, pp. 38, 39.

② USAID, "USAID Forward Progress Report 2013", p. 4, http://www.usaid.gov/sites/default/files/documents/1868/2013-usaid-forward-report.pdf.

③ Connie Veillette, "The Future of U. S. Aid Reform: Rhetoric, Reality, and Recommendations", p. 12, http://www.cgdev.org/publication/future-us-aid-reform-rhetoric-reality-and-recommendations.

④ U. S. Department of States and USAID, "The First Quadrennial Diplomacy and Development Review", p. 109, http://pdf.usaid.gov/pdf_docs/PDACQ604.pdf.

⑤ U. S. Department of States and USAID, "The First Quadrennial Diplomacy and Development Review", pp. 111 – 113.

⑥ USAID, "USAID Forward Progress Report 2013", p. 7, http://www.usaid.gov/sites/default/files/documents/1868/2013-usaid-forward-report.pdf.

⑦ U. S. Department of States and USAID, "The First Quadrennial Diplomacy and Development Review", p. 115.

性和在对外援助机构体系中的地位有所提升。

尽管奥巴马政府通过一系列措施提升国际开发署的地位，但国际开发署并没有改变从属于国务院的机构设置。国际开发署署长仍需要直接向国务卿报告政策制定与执行的情况，国务院负责管理和资源的副国务卿负责管理和提交国际开发署的预算。① 国际开发署将预算请求提交国务院，由负责管理和资源的副国务卿审查并联合国务院预算请求提交给总统管理预算办公室。② 在决策层面，国际开发署署长虽然可以在必要时列席国家安全委会会议，但仍然不是国家安全委员会成员。由国际开发署领导的旨在为总统提供发展政策建议的全球发展委员会从 2010 年建立以来，直到 2014 年才召开了第一次会议。③ 甚至在主张推动国际开发署改革的《四年外交和发展回顾》报告中，没有提及国际开发署署长。"在讨论一个机构改革时，却只字不提其负责人。这也许一种疏忽也许是一种地位下降的表示。"④

缺乏内阁级别援助机构的统一领导和管理会给援助政策的制定、执行和评估带来负面影响。国际开发署不是内阁机构，开发署署长也不是国家安全委员会的成员，当美国政府制定发展方面的政策时，作为最重要的援助机构，国际开发署很难将援助经验提供给决策层做参考。援助的执行也需要一个级别较高的机构来负责项目实施的安排。在海外事务顾问小组（Overseas Presence Advisory Panel）的报告中，多位执行援助项目的负责人曾向顾问小组的调查人员表示，在海外执行援助任务时，会接到很多优先任务的指令，这些指令没有等级次序，

---

① Kate Almquist Knopf, "USAID: Destined to Disappoint", August 2, 2013, http://www.cgdev.org/blog/usaid-destined-disappoint.

② U. S. Department of States and USAID, "The First Quadrennial Diplomacy and Development Review", p. 113.

③ Nancy Birdsall and Ben Leo, "US Global Development Council Finally Weighs In... with An Excellent Blueprint", April 21, 2014, http://www.cgdev.org/blog/us-global-development-council-finally-weighs-%E2%80%A6-excellent-blueprint.

④ Casey Dunning, "Missing: USAID Administrator in New QDDR Bill", http://www.cgdev.org/blog/missing-usaid-administrator-new-qddr-bill.

使他们不知道应该执行哪一个。用顾问小组人员的话来说，"这是接近一种危机的状态"①。此外，缺乏内阁级别机构的统一协调和管理，各援助机构执行状况的信息很难被收集。2006年设立的对外援助指导办公室曾要求参与执行的机构能够提供援助信息，但很多机构因为执行过程中的时间不统一，援助任务不是本机构的首要任务，不愿意给自己的员工增加额外负担，导致信息收集很不顺利。②没有整体的援助执行的信息，援助评估很难做到精准和全面。这也就为下一步的政策制定埋下了隐患。因此，设立一个内阁级别机构来统一负责援助事务的管理和评估，负责援助政策的制定，才能更好地提升援助效果。

（三）援助账户任务重叠与目标混乱

援助账户是国会在援助拨款法案中设立的用于向各机构拨款的单位。国会根据政策的规定和援助的实际需求设立和撤并援助账户。③由于美国政府对援助目标缺乏明确的界定，国会在设立援助账户时，缺少战略性的考量与账户之间的统筹规划，导致了援助账户任务重叠和目标混乱的状况。

促进受援国发展是对外援助的一个最基本的要求，具体表现为促进受援国人均收入水平提高、减少贫困，提升健康和教育水平，推动储蓄、投资和贸易，建立良治政府。④按照这一定义，很多援助机构的援助账户都是以促进发展为目标。比如国际开发署的发展援助、发展信贷授权援助账户与千年挑战集团、国务院的经济支持基金、财政部的国际金融组织、债务调整和国际事务技术援助、国防部针对伊拉克和阿富汗的重建工作、和平队、泛美基金会和非洲发展基金会。这些机构所负责的这些援助账户都旨在促进受援国的经济发展与良治的

---

① Carol Lancaster and Ann Van Dusen, *Organizing U. S. Foreign Aid: Confronting the Challenges of Twenty-first Century*, p. 18.
② Marian Leonardo Lawson and Susan B. Epstein, "Foreign Aid Reform: Agency Coordination", CRS Report for Congress, R40756, August 7, 2009, p. 12.
③ Jean Arkedis, "Getting to a 'Grand Bargain' for Aid Reform: The Basic Framework for U. S. Foreign Assistance", February 2011, p. 7, www. cgdev. org/content/publications/detail/1424793.
④ Carol Lancaster, *George Bush's Foreign Aid: Transformation or chaos?*, p. 3.

实现。尽管这些机构都在执行发展援助的项目，但无论是机构本身还是国会每年通过的拨款法案都未对这些实现发展目标的援助账户进行明确分工和详细的说明。这些从事发展援助的机构很容易在同一国家出现任务重复的现象，从而造成援助资源的浪费。

表1　　　　　　　　　执行发展援助的机构与相关账户

机构	援助账户
国际开发署	发展援助*、发展信贷授权*
千年挑战集团*	向实行良治、投资于人民，实施自由经济政策的发展中国家提供发展援助
国务院	经济支持基金*
财政部	国际金融组织*、债务调整*、国际事务技术援助*
和平队*	执行教育、医疗和社区发展援助项目
国防部	指挥官应急响应计划*、伊拉克救援和重建基金*、阿富汗基础建设基金*、国防部健康计划*、反毒品行动*、人道主义和灾难救援
泛美基金会*、非洲发展基金会*	向受援国的小公司和自食其力的平民提供小额的无偿资金援助，帮助他们发展、脱贫

注：带*为援助账户，详细介绍参见第二部分对外援助机构架构的介绍。

除了援助账户任务重叠的现象，很多援助账户存在目标混乱的问题。作为维护美国国家安全的工具，对外援助除了促进受援国发展之外，还具有其他的目的。[①] 研究援助问题的著名学者 Carol Lancaster 认为对外援助具有多重目标，其中发展与外交是对外援助最主要的两个目标。[②] 此外，根据援助账户设立的意图，对外援助还被用来解决全

[①] 对于援助目标的研究分析不属于本文的讨论范围。在这里笔者在借用 Carol Lancater 观点基础上，认为援助目标分为发展、外交和安全目标、解决全球问题、人道主义救援。Lancaster 教授认为除了这四个目标，反恐也是对外援助的目标。但笔者将反恐归于第二个目标外交和安全目标之下。有兴趣的读者可参阅 Carol Lancater 的 *George Bush's Foreign Aid: Transformation or Chaos?*, Washington, D. C.: Brookings Institution Press, 2008, 中相关论述。

[②] Carol Lancaster, *George Bush's Foreign Aid: Transformation or chaos?* p. 3.

球性问题①，比如气候变化、跨国犯罪、毒品交易、全球性疾病、资源短缺等问题。人道主义救援也是对外援助的一个目标。对外援助虽然存在多重目标，但美国政府一直以来都缺乏对援助目标明确的界定。对外援助目标界定的缺失使国会在设立援助账户时，难以将援助账户的目标界定清楚，从而导致援助账户出现目标混乱的问题。以经济支持基金为例，这一援助账户主要是向对美国有战略意义的国家提供发展援助。表面看这一账户执行的是发展援助，国会也以发展援助的标准来评估执行的效果，但实际这一账户最主要的目标在于推进美国与具有战略意义的国家的外交关系或者维护美国战略地区的稳定。因此，以发展标准来衡量经济支持基金的执行情况将会南辕北辙。② 同样，发展援助账户虽然是针对发展问题设立的，但下设的全球气候变化项目则是用来解决全球性的气候变化问题。③ 再比如国际开发署对乌兹别克斯坦的农业援助，表面看是为了促进乌兹别克斯坦农业发展，实则是为了获得飞越乌兹别克斯坦领空的特权向阿富汗运输军队和物资。④ 千年挑战集团的建立主要通过向愿意在政治、社会、经济领域做出改革承诺的发展中国家提供发展援助，以实现援助效果最大化。但2002年11月布什政府将一些中等收入国家如约旦、埃及和俄罗斯也列为援助对象，其目的主要在于奖励这些国家在反恐方面对美国的支持。⑤ 类似状况的援助账户有很多，因为缺乏明确的目标界定，存在目标混乱状况的援助账户很难被察觉。

援助账户任务重叠与目标混乱的状况会严重影响美国对外援助实施的效果。首先，援助账户任务重叠，会造成援助资源的浪费。将相

---

① 所谓全球性问题，是指当代国际社会面临的超越国家和地区的界限，关系到整个人类生存与发展的严峻问题，如环境、气候变化、跨国犯罪、资源短缺、毒品泛滥等。

② Jean Arkedis, "Getting to a 'Grand Bargain' for Aid Reform: The Basic Framework for U. S. Foreign Assistance", p. 3.

③ Jean Arkedis, "Getting to a 'Grand Bargain' for Aid Reform: The Basic Framework for U. S. Foreign Assistance", p. 7.

④ Marian Leonardo Lawson, "Does Foreign Aid Work? Efforts to Evaluate U. S. Foreign Assistance", CRS Report for Congress, R42827, February 13, 2013, p. 11.

⑤ Anne Boschini and Anders Olofsgard, "Foreign Aid: An Instrument for Fighting Communism?", p. 641, Journal of Development Studies, Vol. 43, No. 4, 622 – 648, May 2007.

同功能或者相同目标的项目交由同一机构管理实施会提高效率与效果。[①] 国际开发署是执行发展援助的专门性机构，其工作人员在执行发展援助方面的经验最丰富。将发展援助的项目划归国际开发署执行，不仅有利于执行的管理，更有利于援助资源的节约和效率的提高。其次，援助账户存在的目标混乱问题会使援助执行评估变得非常困难。不同的目标，评估的标准不同。发展目标主要在于是否促进了受援国经济的发展和良治的实现，外交目标则在于是否推进了美国与具有战略意义的国家的外交关系或者维护了美国战略地区的稳定。解决全球性问题账户的评估则是看这些全球性问题是否在援助到位后，有所缓和或解决。如经济支持基金，这一账户主要目标还是为了维护美国的战略目标，而不是真正想要促进这些对美国具有战略意义的发展中国家的经济发展和良治。因此如果单纯以发展的各种标准来评估经济支持基金的援助执行结果将会不尽如人意。同样以发展为目标的千年挑战集团将资金给予不需要援助的中等收入水平国家，背离了机构建立的初衷。援助账户目标混乱的状况，会使决策层难以对账户的执行情况进行清楚的分析和正确的评估。

（四）对外援助执行多头化

很多对外援助机构除了单独负责援助账户的管理和下设项目的执行之外，还与其他机构联合管理和实施一些援助账户和项目。这种多机构联合实施的状况，主要有两种表现方式：一是同一援助账户由多个机构联合实施。二是同一援助账户的决策和执行由不同的机构负责，即决策和执行过程分开。

多机构联合管理和实施的援助账户和项目有："总统艾滋病紧急救援计划"，这一项目由国务院下属的全球艾滋病协调员办公室管理，国际开发署、国防部、商务部、劳工部、卫生部和和平队联合实施；其次，

---

① Luther Gulick, "Notes on the Theory of Organization", in *Classics of Public Administration*, [edited by] ay Shafritz, Albert Hyde, and Sandra Parkes, Belmont, Calif.: Thompson Wadsworth, 2004, pp. 90 – 104.

根据480号公法第二章实施的粮食援助，即"粮食换和平计划"。农业部获得这一援助账户的拨款，国际开发署负责具体项目实施。

由不同机构负责决策与执行的援助账户有："经济支持基金"与国防部负责实施的军事援助。"经济支持基金"是利用发展援助支持对美国外交具有重要意义的国家，来维护美国的政治和战略利益。国务院负责政策制定，即向哪些国家提供援助及援助多少，国际开发署则负责账户之下具体项目的实施；由国防部负责实施军事援助账户包括了"维和行动""国际军事教育与培训""国外军事资助""全球突发安全应急基金""特殊国防物资采办基金"。这些援助账户由国务院下属的政治—军事局负责政策的制定，国防部负责账户项目的实施。

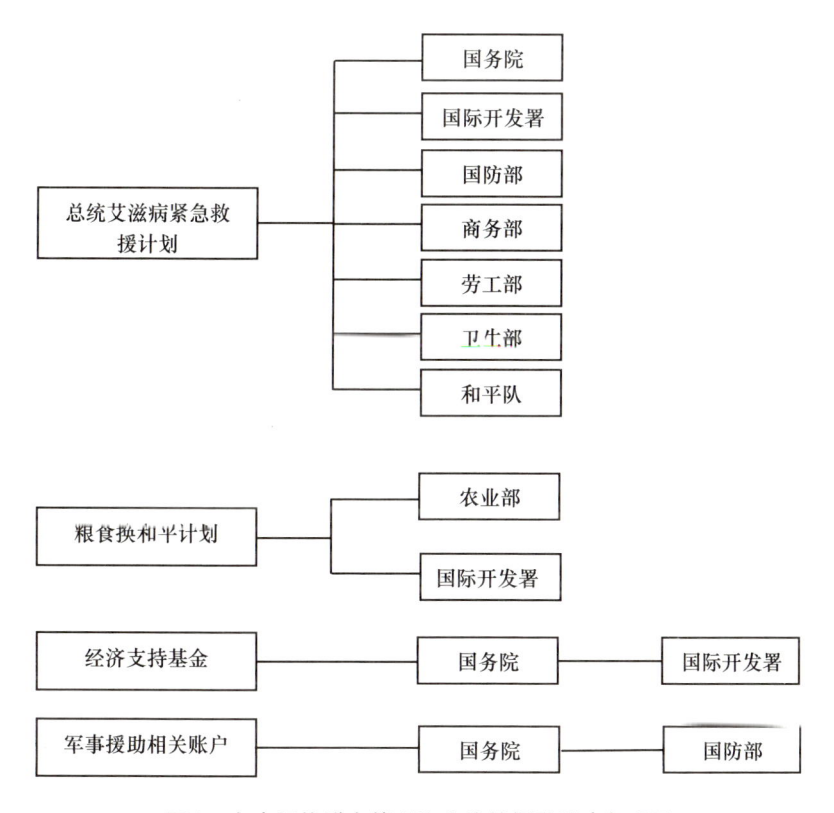

图1 多个机构联合管理和实施的援助账户与项目

说明：作者根据相关资料自行绘制。

援助执行多头化的状况主要会带来以下几个方面的负面影响。一会增加援助账户的管理成本和执行成本。多个机构联合管理与实施同一账户或项目，各机构必须实现信息共享和密切的配合。各机构因本部门利益、人力资源的配置、执行程序安排不同，很难做到协调一致。同时，一些执行机构在执行援助任务时，既要服从本部门的规定和安排，也要服从拨款机构的安排，增加了执行机构的负担。二不利于与受援国和其他援助国展开合作。多个机构执行同一项目或管理同一援助账户，受援国与其他援助国对具体的各机构执行的状况不清楚，会很难找到相应的机构展开合作。以莫桑比克艾滋病防治计划的实施为例。在莫桑比克有五个部门在执行这一援助项目，分别是：疾病防治中心、国际开发署、国防部、国务院和和平队。每个机构都有自己的部门规定和执行程序。这种多头化的执行模式，不仅给受援国带来困惑，也使得其他援助国在寻求合作时，不知与哪一个机构联系协商合作事宜。[①] 三由不同的机构负责决策和执行，会使援助执行问责变得非常困难。

四 美国对外援助机构现状的原因分析

造成美国对外援助机构现状的原因既有历史因素，也有因国际形势变化政府调整不利带来的新问题。具体主要有四方面原因所导致，即援助执行的技术局限、国会的制约和影响、对外援助目标缺乏明确的界定与现有合作机制的有限有效性。

（一）援助执行的技术局限

冷战结束后，随着全球性问题的不断出现，对外援助参与解决的不单单是冷战的问题了。对外援助不仅要解决传统的发展、安全问题，也要在反恐、粮食安全、气候变化、动植物保护、核不扩散、能源利

---

① Marian Leonardo Lawson and Susan B. Epstein, "Foreign Aid Reform: Agency Coordination", p. 7.

用等全球性问题的解决上发挥作用。随着全球性问题的增多以及各种问题的复杂性，对外援助执行需要各个领域的专家与技术人员参与执行，但主要的援助执行机构如国际开发署、国务院在人员配置方面不够完善，需要国内相关机构提供技术支持来参与援助项目执行。[1] 例如美国环保署、美国内政部下属的美国渔业和野生动物局因技术的需求负责实施环境污染治理与动植物保护的援助项目。美国能源部、美国劳工部、美国司法部美国和平研究所也各自在清洁能源使用、减少童工、网络犯罪执法培训、和平研究的领域负责相关项目的执行。这些机构都是传统意义上的非涉外机构，所执行的援助项目只占本部门职责范围的很小部分，对援助项目的拨款从本部门预算中划拨，不会出现在每年援助拨款法案中。[2]

这些非涉外机构对援助事务的参与可以使政府通过更多机构的预算获得拨款以及从这些机构获得技术支持。在主要对外援助机构特别是国际开发署存在人员短缺的情况下，这些机构参与解决不断出现的全球性问题，为主要的援助机构节约了执行成本，同时也使美国政府能够对全球性问题做出积极的回应。但由于参与援助事务各机构独立负责项目的制定和预算的划拨，因此，如何解决统一管理和信息收集方面的困难需要美国政府在整体援助执行规划上做出进一步努力。

（二）国会的制约和影响

对外援助是花费一定公共资源的，对外援助政策的制定和预算数额的确定都体现在国会拨款过程中。对外援助机构每年向国会提交预算请求，国会通过听证会、讨论、投票环节，生成拨款法案。拨款法案不仅决定援助的预算数额，还决定援助事务的优先排序以及援助对

---

[1] Carol Lancaster, Ann Van Dusen, *Organizing U. S. Foreign Aid: Confronting the Challenges of Twenty-first Century*, p. 27.

[2] Carol Lancaster, *Transforming Foreign Aid: United States Assistance in the 21st Century*, Washington D. C. : Institute for International Ecnomics, 2000, p. 45.

象、执行机构的选择。① 国会通过每年的拨款法案制约和影响美国的援助事务。

国会一直以来对援助的效果有争议。冷战结束后，面对经济状况进一步恶化的广大发展中国家，特别是非洲国家，国会对援助效果的质疑有增无减。以参议员赫尔姆斯为首的国会议员认为，美国对外援助并未在促进经济发展方面取得积极成果，只是把钱装进了腐败独裁者的腰包。② 美国很多学者认为冷战期间美国为了与苏联争夺在第三世界的势力范围，不惜向一些不具备管理和使用援助资源的独裁国家提供援助，导致了援助的失败。还有一些学者认为，有很多发展援助的项目实际是出于维护美国的外交战略目标而实施，以发展援助的标准评估这些项目，自然也不会得到满意的结果。③ 正因为国会对援助效果的怀疑态度，影响了国会对援助改革的支持程度，特别是建立内阁级别援助机构的问题一直没有进展。

美国民众对援助的冷淡态度也影响了国会对援助的支持。总体来说，除了人道主义援助，美国民众对援助的态度比较冷淡。这主要是因为美国民众认为援助是用纳税人的钱用于国外的发展，是一种只输入不产出的行为。其次，由于援助信息不健全不透明，很多美国人误以为援助支出占国民生产总值比例过高。他们对美国援助的效果也知之甚少。再者，美国国内缺乏一种"民主社会主义"的传统。美国不像其他的西方国家，具有富人帮助穷人的社会传统。美国人具有自由主义精神，认为国家应该保护个人财产和鼓励个人奋斗，政府应该保护个人财富而不是充当财富再分配的执行者。④ 最后，由于美国政府对待发展问题上历来缺乏一致性的立场与连贯性的政策，美国民众很难理解，美国在国外推动其他国家发展的原因以及

---

① Carol Lancaster, *Transforming Foreign Aid：United States Assistance in the 21st Century*, Washington D. C. ：Institute for International Ecnomics, 2000, p. 36.

② Steven Radelet, "Bush and Foreign Aid", *Foreign Affairs*, September/October Issue, p. 107.

③ Carol Lancaster and Ann Van Dusen, *Organizing U. S. Foreign Aid：Confronting the Challenges of Twenty-first Century*, pp. 24, 41.

④ Carol Lancaster and Ann Van Dusen, *Organizing U. S. Foreign Aid：Confronting the Challenges of Twenty-first Century*, p. 41.

对美国的好处。①

国会对援助效果的怀疑和民众对援助事务的冷漠，影响了国会每年对援助的拨款水平，也同时决定了国会对援助改革的热情和主动性。2011 年因面对选民要求钱首先花在解决国内问题上的压力，国会将 2012 财年的援助预算砍掉 5 亿美元，比奥巴马政府所提的预算要求减少了 80 亿美元。对待援助机构改革方面，2004 年布什政府建立的千年挑战集团是美国政府在援助执行方面进行的新的尝试，布什曾经承诺从 2004 年到 2006 年将通过千年挑战集团向发展中国家拨款 100 亿美元。但实际上直到 2006 年国会只给予千年挑战集团 17.4 亿美元的拨款。② 奥巴马上台后意欲提升国际开发署的地位，但因国会的不配合进展得并不顺利。2013 年参众两院通过了 2014 财年对外援助拨款法案，旨在促进国际开发署进一步改革的国际开发署行政拨款在众议院通过的拨款法案中被削减了 15.4%。参议院虽然愿意支持国际开发署的改革，但参议院对该账户的拨款却比预算请求的数额减少 3.5%。③ 在目前美国国内财政赤字高涨不下的形势下，奥巴马政府想要提升援助数额或进一步推动援助机构改革将会更加困难。

（三）对外援助目标缺乏明确的界定

对外援助是美国对外政策甚至有时是美国国内政策的实施工具，被用来实现多个国家目标。④ 冷战期间，对外援助的核心目标是战略与安全，其他目标比如人权、发展等都要服从这一核心目标。⑤ 冷战结束后，国际形势发生了变化，全球化背景下各国之间相互依赖程度加强，贸易往来频繁，民主国家不断建立，但同时恐怖主义、全球性

---

① Kate Almquist Knopf, "USAID: Destined to Disappoint", August 2, 2013, http://www.cgdev.org/blog/usaid-destined-disappoint.
② 周琪：《新世纪以来的美国对外援助》，第 42、50 页。
③ U.S. Global Leadership Coalition, "Comparison of Senate and House FY14 State-Foreign Operations Bills", p. 1, http://www.usglc.org/downloads/2013/08/FY14-State-Foreign-Operations-Appropriations-Analysis.pdf, 2016 年 3 月 27 日。
④ Carol Lancaster, George Bush's Foreign Aid: Transformation or chaos? p. 3.
⑤ 周琪：《冷战时期美国对外援助的目标与方法》，《美国问题研究》2009 年第 2 期。

疾病、气候变化、毒品泛滥、环境恶化、能源短缺、跨国犯罪等全球性问题层出不穷。随着国际形势的变化，对外援助目标也发生了改变。援助不仅仅是被用来维护美国安全与战略目标，在新形势下对外援助被赋予支持国家可持续性发展、加强脆弱国家和解决全球性问题的新使命。①

尽管对外援助在不同的历史背景下具有多重目标，但对目标的界定美国国内未形成一致意见。冷战期间，很多研究报告认为援助无效有多方面原因，尽管这些报告对原因的分析不尽相同，但援助目标混乱是所有报告的共识。② 为了解决援助目标界定不清晰的问题，2006年援助协调员制定了一个政策框架，将援助目标分为五大类：和平与安全、投资于人民、民主和公正治理、促进经济发展和人道主义援助。框架对援助目标进行了清楚的界定，为援助资源分配和避免项目重复提供了政策指导。但这一框架并未将千年挑战集团、和平队、国防部以及其他独立的援助机构如泛美基金会等包括在内。现有的援助账户与这些目标也无法衔接和对应，美国政府也未在框架指导之下对援助账户进行调整，援助账户任务重叠与目标混乱的状况依然存在。③ 美国政府对援助目标缺乏广泛的、被认可的明确界定导致了国会在设置援助账户时，缺少统一的、连贯的战略考量。有些议员甚至为了某些特定选民的意愿和某个部门的利益来增设援助账户，从而进一步加剧了援助账户任务重叠与目标混乱的程度。④

（四）现存合作机制的有限有效性

参与美国对外援助执行的机构繁多，为了加强机构之间的协调，美国政府曾设立一些合作机制促进机构之间的合作。但这些合作机制

---

① U. S. Agency for International Development, 2006, Policy Framework for Bilateral Foreign Aid, pp. 1 – 2, http://www.usaid.gov/sites/default/files/documents/1868/201mam.pdf.
② U. S. Agency for International Development, *Policy Framework for Bilateral Foreign Aid*, p. 4.
③ Curt Tarnoff and Marian Leonardo Lawson, "Foreign Aid: An Introduction to U. S. Programs and Policy", p. 3.
④ Jean Arkedis, "Getting to a 'Grand Bargain' for Aid Reform: The Basic Framework for U. S. Foreign Assistance", p. 8.

只涉及部分对外援助机构,合作机制的效果也是参差不齐。2004年国务院建立全球艾滋病事务协调员办公室来协调总统艾滋病紧急救援计划的实施。参与该项目执行的机构众多,办公室的职责在于协调国内不同机构以及与非政府组织、其他国家以及国际组织在执行这一项目过程中的合作,避免重复性的援助行为。协调员直接向国务卿报告。从评价来看,这一合作机制是有效的,被视为机构之间合作的有效模式。但是能否在其他机构如国际开发署、国防部、国务院的援助项目中推广并无定论。[1]

"9·11"事件之后,国防部因在反恐战争中起主导作用,承担了阿富汗、伊拉克战争后重建工作,成为一个重要的援助执行机构。为了促进国防部和国务院、国际开发署等民事机构在重建工作中的合作,国务院在2004年设立了重建和维稳协调员办公室来负责军事机构与民事机构在重建工作中的合作事宜。但由于民事机构在人员和资金方面严重短缺,国防部在重建工作中成为主导性的机构,新设立的办公室并没有发挥应有的协调作用。[2] 同样,2012年国会新设立全球突发安全应急基金援助账户,主要用于加强民事机构援助执行能力,使民事机构在冲突后能够代替国防部提供后续的援助,但因为国防部划拨大部分资金,在政策制定方面,国防部仍然起主导作用。具体表现为这一账户关注的地区是国防部着力经营的中东和非洲地区,而不是国务院看重的亚太地区。美国政府促进军事机构与民事机构在重建工作中合作的尝试未取得理想效果。

2006年国务卿赖斯提出转型外交战略。为了使援助执行更好地服务于美国外交政策目标,国务院设立了援助协调员办公室对美国的对外援助执行体系进行管理和调整。这一改革过程被称为F过程。由于在改革的过程中,首任援助协调员的兰德尔过于专断,很多的改革建议都是在兰德尔小组内部形成,并没有吸收第一线的国际开发署工作

---

[1] Marian Leonardo Lawson and Susan B. Epstein, "Foreign Aid Reform: Agency Coordination", p. 14.

[2] Marian Leonardo Lawson and Susan B. Epstein, "Foreign Aid Reform: Agency Coordination", p. 14.

人员的意见，也没有与国会进行沟通、协商，因此这种自上而下的改革方式受到了援助领域以及国会的严厉批评。① F 过程没有将千年挑战集团这一重要的援助机构包括在内，在信息收集上也遭遇了来自其他机构的拖延与阻挠。这一改革过程仅仅促进了国务院与国际开发署的信息共享，并没有在促进机构之间的协调与合作上取得实质性的进展。②

　　粮食换和平计划一直由农业部与国际开发署联合实施。农业部获得拨款，国际开发署负责项目的实施。这样的安排方式主要在于资金划拨给农业部后，首先被用来购买美国国内的粮食，并运用美国运输工具来承运。这批粮食被运往哪一国家或地区由国际开发署决定，并负责粮食在当地的分配或处理。美国国内的农业产业与运输行业是这种执行方式的最大受益者，但这种方式并非最有效的执行方式。远距离的采购与运输，会花费更多的成本和更长的时间，无法及时将粮食运送给需要紧急救助的饥饿灾民。③ 因此，从小布什上任开始，美国政府便计划改革粮食援助这种饱受诟病的执行方式，但因为受到国内农业和运输行业的阻挠，没有成功。④ 奥巴马上台后，在 2013 财年预算请求中要求将粮食换和平计划的拨款直接给予国际开发署的发展援助账户和国际灾难援助账户⑤，但这一提案没有在众议院获得通过。⑥ 美国政府解决粮食援助不合理的联合执行方式的努力最终不了了之。其他合作机制如国家安全委员会下属的政策协调委员（The Policy Co-

---

① Carol Lancaster, *George Bush's Foreign Aid: Transformation or chaos?* p. 38.
② Marian Leonardo Lawson and Susan B. Epstein, "Foreign Aid Reform: Agency Coordination", pp. 11 – 12.
③ Tom Murphy, "Last Ditch Effort for Food Aid Reform", June 19, 2013, http://www.humanosphere.org/world-politics/2013/06/a-last-gasp-for-food-aid-reform/.
④ Mark Drajem, "Bush Courts Charities in Bid to Change Foreign Food-Aid Program", January 25, 2006, http://www.bloomberg.com/apps/news?pid=newsarchive&sid=aLc6v1V.1TFQ&refer=us.
⑤ Sarah Jane Staats, "A Scalpel, Not an Ax, for President's FY14 Foreign Aid Budget", April 15, 2013, http://international.cgdev.org/blog/scalpel-not-ax-president%E2%80%99s-fy14-foreign-aid-budget.
⑥ Sarah Jane Staats, "Bipartisan Appetite for Reform but Food Aid Amendment Fails", June 21, 2013, http://international.cgdev.org/blog/bipartisan-appetite-reform-food-aid-amendment-fails.

ordination Committees）因为官僚政治的扯皮行为在援助政策制定协调上没有提出有益的建议。[①] 现存大部分的合作机制缺乏有效的协调作用使美国对外援助机构之间缺乏配合与协调，从而带来援助执行成本的增加与援助管理、问责的困难。

五　结　论

"9·11" 事件以来，国际形势发生了变化，恐怖主义袭击了美国本土，各种全球性问题层出不穷，比如大规模杀伤性武器扩散，毒品泛滥，跨国犯罪猖獗，环境遭到破坏，饥饿与全球性疾病肆虐。面对众多的挑战，美国政府认为对外援助在解决各种全球性问题和反恐方面具有重要作用，并将发展视为与外交、国防平起平坐的维护美国国家安全的重要支柱。在此背景下，美国的对外援助数额不断增加，对外援助机构也在经历了20世纪初的撤并风波后不断的增设与调整。但调整后的美国对外援助机构并非完全适应了援助需求、与政策相一致，仍然存在很多问题：越来越多的传统意义上非涉外机构参与援助事务；美国对外援助执行体系缺乏内阁级别的援助机构统一管理与协调；援助账户存在任务重叠与目标混乱的状况；多机构联合实施项目的执行主体多头化影响了对外援助的效果。

这些问题的出现既有历史原因也有美国政府因国际形势变化调整不适带来的现实因素。冷战结束后，许多全球性问题如恐怖主义、粮食安全、气候变化、动植物保护、大规模杀伤性武器扩散、能源短缺等层出不穷，这些全球性问题的复杂性和主要援助机构存在的技术局限，使一些传统意义上非涉外的联邦机构因技术的需求参与援助事务。这些机构的参与为援助项目的执行提供了技术支持也提供了更多预算支撑，但由于这些机构独自负责援助项目制定与实施，拥有独立的预算，因此增加了政府在管理和评估方面的困难。

[①] Marian Leonardo Lawson and Susan B. Epstein, "Foreign Aid Reform: Agency Coordination", p. 11.

美国政府虽然在 20 世纪 60 年代建立专门的援助机构——国际开发署,但以国际开发署为主体的庞大对外援助执行体系一直以来缺乏内阁级别的援助机构统一管理与协调。国会一直对援助效果持怀疑态度,冷战结束后广大发展中国家,特别是非洲国家经济恶化状况进一步加深了国会对援助效果的质疑以及对对外援助机构的不信任。而美国民众对援助的冷漠态度也在一定程度上影响了国会对援助改革和拨款的支持程度。缺乏国会的全力配合,政府想要推动援助改革,特别是建立内阁级别的援助机构将会变得非常困难。

国会通过援助账户向对外援助机构拨款用于项目的实施。美国目前的援助账户存在任务重叠与目标混乱的状况。导致这种状况出现的原因在于美国对外援助的目标缺乏明确的界定。2006 年援助协调员曾制定一个框架将援助目标进行分类,但由于所确立的援助目标与目前的援助账户无法衔接,同时政府也未按照框架对援助账户进行调整,援助账户任务重叠与目标混乱的现象依然存在。

美国有些援助项目与援助账户因为援助的实际需求由多个机构联合管理和实施,美国政府曾建立一些机构间的合作机制来解决这种执行多头化带来的执行成本高和管理困难问题。但这些合作机制效果非常有限,很多合作机制并没有发挥应有的作用。如 2006 年援助协调员发起的促进机构合作以更好地服务于美国外交目标的 F 过程就以失败告终。国防部与民事机构在援助领域的合作也一直因为民事机构经费和人员的缺乏,无法实现很好的协作。为解决饥荒问题设立的粮食换和平账户,本应该置于国际开发署管理之下,但因为国内农业产业与运输行业的反对,农业部与国际开发署联合实施的情况没有改变。而援助政策的协商也因为各个部门扯皮行为没有为决策层提供有益的建议。

对外援助机构是执行援助政策的主体,机构的组织安排对援助政策的执行与效果具有很重要的影响。"9·11"事件以来美国政府根据变化了的国际形势对对外援助机构进行了调整,但调整后的机构并非完全适应了援助的实际需求和实现了政策的要求,依然存在着众多的问题。

对于崛起中的中国来说，想要进一步开展好对外援助工作，在对外援助机构设置方面，应该借鉴美国政府的经验和教训。首先，要建立级别较高的机构来统一管理和协调对外援助项目的执行。中国目前对外援助主管部门是商务部对外援助司。援外司不论是在级别设置上还是业务管理范围广度上，都不能满足中国政府不断扩大的对外援助规模的需求。① 其次，面对越来越多的全球性问题的挑战，如何建立协调机制，调动和协调相关部门的参与也是中国政府应该考虑的一个问题。有效协调机制的建立可以避免出现政出多门，各自为政的局面，节约执行成本。最后，中国政府至今未通过有关对外援助的法律或者公布对外援助方面的战略。明确对外援助目标，是有效开展对外援助工作的根本，可以避免对外援助工作过程中资源重复的问题。中国政府要想更好地开展对外援助工作，必须根据需求，借鉴相关经验，进行深入的改革和调整。只有这样才能保证不断增加的大规模对外援助资金得到有效的利用。

附表1　　　　　　1990—2012财年美国对外援助拨款趋势　　　　　单位：万美元

财年	以当年美元价格计算	以2012年不变美元价格计算	占GDP的百分比（%）	占可随意支配预算授权的百分比（%）	占总预算授权的百分比（%）
1990	150.3	255.6	0.3	3.0	1.2
1991	160.8	262.4	0.3	2.9	1.2
1992	149.3	233.1	0.2	2.8	1.0
1993	150.5	228.0	0.2	2.9	1.0
1994	140.4	208.9	0.2	2.7	0.9
1995	141.1	204.5	0.2	2.8	0.9
1996	125.8	178.4	0.2	2.5	0.8
1997	124.7	173.1	0.2	2.4	0.8

---

① 进入21世纪特别是2004年以来，在经济持续快速增长、综合国力不断增强的基础上，中国对外援助资金保持快速增长，2004年至2009年平均年增长率为29.4%。2010年至2012年，中国对外援助金额高达893.4亿元人民币，是2009年之前总援助额的1/3。参见《中国的对外援助（2011）白皮书》《中国的对外援助（2014）白皮书》。

续表

财年	以当年美元价格计算	以2012年不变美元价格计算	占GDP的百分比（%）	占可随意支配预算授权的百分比（%）	占总预算授权的百分比（%）
1998	142.2	196.0	0.2	2.7	0.8
1999	164.9	224.4	0.2	2.8	0.9
2000	173.5	230.6	0.2	3.0	1.0
2001	159.3	206.8	0.2	2.4	0.8
2002	175.4	224.6	0.2	2.4	0.8
2003	253.8	318.1	0.2	3.0	1.1
2004	404.2	493.9	0.3	4.4	1.7
2005	236.5	279.9	0.2	2.4	0.9
2006	248.3	284.5	0.2	2.5	0.9
2007	277.4	309.9	0.2	2.6	1.0
2008	297.5	320.8	0.2	2.5	0.9
2009	367.3	393.4	0.3	2.4	0.9
2010	393.9	416.3	0.3	3.1	1.1
2011	347.2	356.6	0.2	2.8	1.0
2012 Est.	376.8	376.8	0.2	3.2	1.0

资料来源：美国海外贷款和赠款（绿皮书）、白宫管理与预算办公室2011财年预算、国会研究局拨款报告和国会研究局计算。转引自Curt Tarnoff and Marian Leonardo Lawson, "Foreign Aid: An Introduction to U. S. Programs and Policy", April 20, 2012, http://gbk.eads.usaidallnet.gov/docs/foreign-aid-intro.pdf。

（原载《复旦国际关系评论》2016年第2期）